土木工程研究生系列教材
西华大学研究生示范课程（项目编号：SFKC2018003）配套教材

现代工程项目管理

主　编　项　勇　卢立宇　徐姣姣
副主编　舒志乐　王　辉　黄佳祯
参　编　陈小勇　陈冬虎　陈泽友　李　阳　熊　伟

机械工业出版社

本书根据工程项目管理学科前沿相关问题、行业发展趋势和国家对研究生专业能力培养的基本要求进行编写。全书分为七个专题共十五章，具体内容为：专题一工程项目主体行为风险管理，包括工程项目行为主体及风险管理概述、建设工程项目主体行为风险评价与博弈分析；专题二工程项目风险损失控制管理，包括工程项目风险损失控制理论方法、工程项目风险损失控制基本理论模型；专题三工程项目实施目标偏差监控与预警，包括建设工程项目实施目标偏差监控、工程项目实施目标偏差预警模型与机制；专题四工程项目信息化管理及信息安全管理，包括工程项目信息化管理、工程项目信息安全管理；专题五工程项目绿色施工与环境管理，包括不同主体对绿色施工与环境管理的责任、工程项目环境管理评价与方案；专题六健康建筑管理，包括健康建筑管理概述、健康建筑的主要技术设施与评价；专题七工程项目智慧建造管理，包括智慧建造概述、云技术的建设工程项目全生命周期 BIM 集成管理和不同智慧建造方式下的工程项目管理创新。

本书可以作为土木工程建造与管理专业、土木水利专业硕士研究生的教材，也可以作为从事工程项目管理方面研究人员的参考书。在利用本书进行教学时，可根据课程教学要求在内容和学时上进行适当的调整。

图书在版编目（CIP）数据

现代工程项目管理 / 项勇，卢立宇，徐姣姣主编. —北京：机械工业出版社，2020.8（2025.2 重印）

土木工程研究生系列教材

ISBN 978-7-111-66198-6

Ⅰ. ①现… Ⅱ. ①项… ②卢… ③徐… Ⅲ. ①工程项目管理－研究生－教材 Ⅳ. ①F284

中国版本图书馆 CIP 数据核字（2020）第 135437 号

机械工业出版社（北京市百万庄大街 22 号　邮政编码 100037）
策划编辑：刘　涛　责任编辑：刘　涛　高凤春
责任校对：李亚娟　封面设计：马精明
责任印制：单爱军
北京虎彩文化传播有限公司印刷
2025 年 2 月第 1 版第 2 次印刷
184mm×260mm・16.25 印张・391 千字
标准书号：ISBN 978-7-111-66198-6
定价：49.80 元

电话服务　　　　　　　网络服务
客服电话：010-88361066　机　工　官　网：www.cmpbook.com
　　　　　010-88379833　机　工　官　博：weibo.com/cmp1952
　　　　　010-68326294　金　书　网：www.golden-book.com
封底无防伪标均为盗版　机工教育服务网：www.cmpedu.com

前　言

现代工程项目具有规模大、决策流程复杂、科技含量高、组织结构庞大、风险管控要求高等特点，需要复合型高层次的人才才能胜任此类工程项目的管理工作。同时建筑行业要求从事工程项目管理工作的研究生应具备良好的政治思想素质和职业道德素养，掌握系统的管理理论、管理方法，以及相关工程领域的专门知识，具备分析问题和解决问题的能力。笔者通过调研发现，目前适用于土木工程建造与管理专业、土木水利专业使用的工程项目管理方向硕士研究生的工程项目管理教材相对较少，因此，组织教学团队编写了本书。

本书与同类书籍相比，有以下特色：首先，在内容布局上，根据目前工程项目管理的热点和前沿问题，以专题的形式进行编写，比较符合当前硕士研究生的教学方式，能够达到提升硕士研究生专业综合能力的要求。其次，在各专题内容上，增加了理论方法，将相关理论、数学方法等纳入其中。第三，将我国工程项目管理相关专业的硕士研究生能力培养的目标、行业和企业对研究生专业能力的要求融入其中。

本书大纲及编写原则由项勇、卢立宇提出。各章编写人员分工为：第一章、第九章和第十章由黄佳祯编写；第二章、第三章由舒志乐和王辉编写；第四章、第五章和第六章由项勇、陈小勇和陈冬虎编写；第七章和第八章由熊伟、陈泽友和李阳编写；第十一章和第十二章由卢立宇编写；第十三章、第十四章和第十五章由徐姣姣编写。

本书的编写得到了西华大学研究生部、西华大学工程项目管理研究所、西华大学工程造价研究所、四川省建设厅的大力支持，这些部门和机构为本书的编写提供了案例、资料、数据支持以及政策和文件查询等帮助。重庆大学的向鹏程教授、魏峰教授对本书提出了很多宝贵的修改意见。此外，西华大学土木建筑与环境学院的向勇书记、舒波院长、李海凌教授等在本书编写过程中提供了很大的支持和帮助。在本书编写过程中，参考了学者陶燕瑜、甘露、李久林、王清勤、乌云娜的部分研究成果，在此对以上各位同事、朋友及学者表示衷心的感谢。

由于作者水平有限，书中难免会有缺点、纰漏和不足之处，恳请读者批评指正，以便再版时修改、完善。

西华大学土木建筑与环境学院
项　勇

目 录

前 言
专题一　工程项目主体行为风险管理 ·· 1
　　第一章　工程项目行为主体及风险管理概述 ·· 1
　　　　第一节　工程项目行为主体的理解 ·· 1
　　　　第二节　工程项目主体行为风险概述 ··· 2
　　第二章　建设工程项目主体行为风险评价与博弈分析 ·· 9
　　　　第一节　建设工程项目主体行为风险评价 ··· 9
　　　　第二节　建设工程项目中主体行为博弈分析 ··· 12
专题二　工程项目风险损失控制管理 ·· 19
　　第三章　工程项目风险损失控制理论方法 ·· 19
　　　　第一节　工程项目风险管理的程序与方法 ·· 19
　　　　第二节　工程项目风险损失控制理论与方法 ··· 26
　　第四章　工程项目风险损失控制基本理论模型 ·· 32
　　　　第一节　随机型风险损失控制模型 ··· 32
　　　　第二节　模糊型风险损失控制模型——以质量为例 ······································· 39
　　　　第三节　混合型风险损失控制模型——调度与采购 ······································· 50
专题三　工程项目实施目标偏差监控与预警 ·· 61
　　第五章　建设工程项目实施目标偏差监控 ·· 61
　　　　第一节　建设工程项目目标偏差网格化监控模式 ·· 61
　　　　第二节　基于网格结构的目标偏差适时监控方法研究 ···································· 68
　　第六章　工程项目实施目标偏差预警模型与机制 ··· 77
　　　　第一节　工程项目评价式目标分级预警模型 ··· 77
　　　　第二节　工程项目进行式目标分级预警模型 ··· 80
　　　　第三节　工程项目目标偏差分级预警响应机制 ·· 88
专题四　工程项目信息化管理及信息安全管理 ··· 95
　　第七章　工程项目信息化管理 ·· 95

第一节　工程项目信息化管理概述 ………………………………………… 95
　　第二节　工程项目信息化管理系统 …………………………………………… 97
　　第三节　工程项目信息化管理系统的应用——以某施工总承包单位为例 …… 103
　第八章　工程项目信息安全管理 ……………………………………………… 116
　　第一节　工程项目信息安全管理概述 ………………………………………… 116
　　第二节　工程项目信息安全管理体系 ………………………………………… 118

专题五　工程项目绿色施工与环境管理 ………………………………………… 122
　第九章　不同主体对绿色施工与环境管理的责任 …………………………… 122
　　第一节　勘察设计单位对绿色施工与环境管理的责任 ……………………… 122
　　第二节　施工单位对绿色施工与环境管理的责任 …………………………… 125
　　第三节　监理单位对绿色施工与环境管理的责任 …………………………… 131
　第十章　工程项目环境管理评价与方案 ……………………………………… 134
　　第一节　工程项目环境因素识别与评价 ……………………………………… 134
　　第二节　绿色施工和施工过程的环境控制 …………………………………… 137

专题六　健康建筑管理 …………………………………………………………… 148
　第十一章　健康建筑管理概述 ………………………………………………… 148
　　第一节　健康建筑的理念及在我国的发展 …………………………………… 148
　　第二节　国外健康建筑的标准和我国评价指标体系 ………………………… 150
　第十二章　健康建筑的主要技术设施与评价 ………………………………… 155
　　第一节　健康建筑的主要技术设施 …………………………………………… 155
　　第二节　健康建筑的评价与检测 ……………………………………………… 183

专题七　工程项目智慧建造管理 ………………………………………………… 191
　第十三章　智慧建造概述 ……………………………………………………… 191
　　第一节　智慧建造的理解 ……………………………………………………… 191
　　第二节　智慧建造相关技术 …………………………………………………… 194
　第十四章　云技术的建设工程项目全生命周期BIM集成管理 ……………… 201
　　第一节　建设工程项目全生命周期的BIM实施模式 ………………………… 201
　　第二节　基于云计算的BIM数据整合与共享研究 …………………………… 204
　第十五章　不同智慧建造方式下的工程项目管理创新 ……………………… 211
　　第一节　精益建造方式下的工程项目管理创新 ……………………………… 211
　　第二节　装配化建造方式下的工程项目管理创新 …………………………… 225
　　第三节　3D打印建造方式下的工程项目管理创新 …………………………… 244

参考文献 …………………………………………………………………………… 249

专题一

工程项目主体行为风险管理

第一章 工程项目行为主体及风险管理概述

第一节 工程项目行为主体的理解

现代工程项目信息的不确定性、项目管理的复杂性、环境的多变性以及主体认识的局限性,使项目相关主体所面临的各种风险因素也日益增多,风险所造成的损失也越来越大。目前在建设项目的风险管理中存在很多问题和挑战,不同主体面对风险进行分析和评估均会存在一定的偏差。

通常风险是指在项目建设活动中,各个主体遇到的各种不确定因素。由于风险事件发生的概率和造成影响的严重程度无法预知,进而影响建设目标的实现。美国项目管理协会(PMI)对风险的定义:项目风险是一种不确定的事件或者情况,一旦发生,会对项目目标的实现产生某种正面或负面的影响。工程项目的风险主要来自于两方面:一方面是外部环境的影响,如政策变化、宏观环境变化、不可抗力因素等;另一方面来自工程项目本身的影响,如组织风险、人为因素等。此外,按照对工程项目风险管理的有效性,风险可以划分为客观风险和主体行为风险。传统的工程项目管理从客观风险角度为管理者提供了关于风险的识别、分析和响应方面的技术,为风险事件发生的概率和影响程度做出了定量和定性分析;由于客观风险事件具有客观性,有效管理的程度比较低,项目主体发挥其主观能动性较差,进而忽略了项目主体行为所造成的风险。随着对工程项目风险管理研究的不断发展,研究人员认为在客观外部环境没有发生重大变化的前提下,各个参建主体的行为与工程项目面对的风险密切相关。常用的项目管理模式在业主和承包单位之间引入监理单位,形成建设项目管理的三大主体,如图1-1所示。

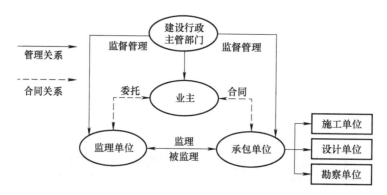

图 1-1 工程项目管理各主体相互关系

第二节 工程项目主体行为风险概述

一、建设工程项目主体行为风险的相关理论概述

1. 建设工程项目主体的目标

"建设工程项目主体"通常是指在整个建设工程项目生命周期内的主要参与者和主导者。如业主方作为项目建成后的所有者,其管理目标是通过投资控制以实现最佳的经济效益;设计(咨询)单位是工程项目前期设计(准备工作咨询)的服务机构,其管理目标是完成合同约定的设计(咨询)任务,并获得预期的设计(咨询)报酬;承包单位是建筑产品的生产者,其管理目标是实现合同约定的任务并追求最大的工程利润;政府是社会的执法者和监督者,其管理目标是通过对工程项目的监管以维护社会公共利益。

2. 建设工程项目主体行为风险的定义

在建设工程项目整个生命周期内,直接或者间接参与项目活动的主体众多,为了便于后续内容的分析,将相关主体界定为业主方、施工单位、监理单位、设计单位、建设行政主管部门以及设备材料供应单位等。各个主体之间依靠一系列的经济合同和法律法规建立合作关系。这些主体行为与工程项目产生的利益密切相关,所造成的任何风险都可能直接或者间接给项目造成损失。

3. 建设工程项目主体行为风险特征的分析

与工程项目客观风险相比,建设工程项目主体行为风险具有自身的特点,项目参与者是项目的直接决策者和影响者,与项目的利益密切相关。主体行为作为项目的基本风险,具有很大的不确定性。建设工程项目主体行为风险具有以下特点:

1)客观性和普遍性。主体行为风险造成的损失具有不确定性,而且风险也不以人的主观意志而转移,是客观存在的,管理者只能在限定的条件下改变风险存在和发生的条件。在建设项目的整个生命周期内,任何一个环节和主体的行为都会不同程度地直接或间接对项目产生影响。

2)全员性。建设工程项目每个参建主体的行为都可能给项目带来风险,因此主体行为风险的控制和防范不仅仅是某个参建主体的工作,也是全体参与方的共同任务,所有参建主体应该密切配合，准确、及时、全面地识别风险。

3）相对性。同样的风险事件中不同主体所遭受的损失和承受能力各不相同。

4）系统性。建设工程项目本身是一个开放的系统，包含着同一层次和不同层次的子系统，各个层次间的系统相互作用，都可能为建设工程项目带来风险。

5）复杂性。建设工程项目作为一个复杂的开放系统，参建的主体和涉及因素众多，如个体因素、组织因素、文化因素以及环境因素等，均会导致项目中各因素之间的协调有很大的不确定性，使项目的风险管理变得较为复杂。

6）可管理性。风险分为客观风险和主体行为风险。客观风险诸如政治、经济和社会风险很难以控制和管理。而主体行为风险具有不同程度的可控性，可以通过相关理论研究和工作经验进行预测，或者通过预先的管理措施加以消除和转移。相比客观风险，主体行为风险可以通过建立激励制度、完善组织管理制度、良好的沟通机制以及良好的组织文化氛围等来减少和降低。

4. 建设工程项目主体行为风险管理的过程和原则

(1) 建设工程项目主体行为风险管理的过程　风险管理包括了识别、确定和度量，并制定、选择和实施风险处理方案的过程，目的是减少和扫除风险事件发生的概率和影响。美国项目管理协会的项目管理知识体系将风险的管理过程划分为规划风险管理、识别风险、定性分析、定量分析、规划风险应对和监控风险六个过程，其风险管理的步骤如图 1-2 所示。

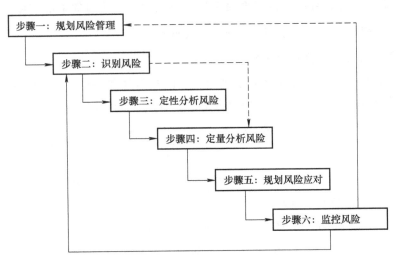

图 1-2　美国项目管理协会风险管理的步骤

规划风险管理就是通过建立系统的、能够实施工程项目风险管理活动的方案，并形成一套文件成果，用于识别建设工程项目主体行为风险，对其进行评估，并制定相关的处理方案，优化资源配置，降低项目主体行为风险。

识别风险就是将建设工程项目的各个环节进行分解，分析每个环节所处的环境和特征，找出导致主体行为风险的相关因素，确定各因素与风险来源的隶属关系。

定性分析风险是从本质上分析各主体产生的风险因素，总结和概括各风险因素发生的概率，并对这些风险因素依据概率大小进行排序，为定量分析做准备。

定量分析风险就是将定性分析得到的基本数据运用概率论、线性代数等数学方法将其量化分析，进而得出主体行为风险的量化指标，为决策者提供支持。

规划风险应对是指在识别、定性和定量分析风险的基础上，针对计算出的风险评估指标，分析出现的损失后果，制定相关的防范措施和应对计划，将风险控制在一定的范围之内。

监控风险是风险控制的后评估，即跟踪已实施的风险应对计划，并根据内外部环境的变化不断调整策略。除此之外，还要随着项目的进展不断检测出现的新风险，并寻找机会完善和细化风险规避计划。

（2）建设工程项目主体行为风险管理的原则

1）满意性原则。由于风险是客观存在，不可能完全消除，在进行主体行为风险管理时允许在一定程度上存在不确定性，其风险管理的最终目标是管理目标合理和满意即可。

2）连续性原则。在建设工程项目实施的各个环节中，随着外界不同因素的持续性影响，会产生新的主体行为风险，因此建设工程项目主体行为风险管理必须贯穿项目的整个生命周期，并制订连续的风险管理计划。

3）动态性原则。建设工程项目主体行为风险控制是一个持续的动态过程，应该根据项目的进展情况和内外条件的变化不断跟踪和识别风险。

4）经济性原则。对主体行为风险实施的管理必须考虑付出的成本与获得的收益之间的配比关系。应采用经济、合理的方式来控制和防范风险，以获得效果最大化。

二、建设工程项目主体行为风险的分类及其分析

1. 与业主方有关的主体行为风险

与业主方有关的主体行为风险主要包括业主的投资决策风险、组织管理能力风险、合同管理风险、资金融通风险、业主变更风险等，具体的原因分析见表1-1。

表1-1　业主方常见行为风险

风险类别	原因分析
组织管理能力风险	不能将拥有的各种资源合理地组织和有效协调，不能有效解决项目实施过程中产生的矛盾和冲突
投资决策风险	决策团队支持力度不够、拥有信息资源不足或者有效性差、执行系统和反馈系统不完善
业主变更风险	对于工程的建设内容、技术使用、质量和进度等提出不合理要求等
合同管理风险	合同条款不严谨，项目实施过程中添加遗漏的合同条款，合同执行能力差
资金融通风险	资金来源渠道单一、资金供给保障程度差、支付意愿不强、支付困难等

2. 与承包单位有关的主体行为风险

与承包单位有关的主体行为风险主要包括组织管理能力风险、合同管理风险、商誉风险、施工建设风险等，具体的原因分析见表1-2。

3. 与监理单位有关的主体行为风险

与监理单位有关的主体行为风险主要包括技术及管理水平风险、违规操作风险、职业道德风险、服务意识差风险等，具体的原因分析见表1-3。

表 1-2　承包单位常见行为风险

风险类别	原因分析
组织管理能力风险	承包单位的人员专业素质较差，施工现场管理混乱，不能将各种资源合理地组织和进行协调管理
商誉风险	承包单位口碑不好、商业地位不好、劳资关系不佳等
合同管理风险	对工程承包合同理解分歧，合同条款不够严谨、条款定义模糊等
施工建设风险	拥有的施工技术落后，施工现场噪声和环境污染不达标，相关安全措施不到位等

表 1-3　监理单位常见行为风险

风险类别	原因分析
技术及管理水平风险	监理单位的人员专业素质不高，施工管理乱，不能将各种资源合理地组织和有效协调
违规操作风险	下达指令违规、程序错误、越权指挥等
职业道德风险	不公正、科学履职，与承包单位合谋等
服务意识差风险	不能对工程项目给予充分的技术支持和帮助等

4. 与勘察设计单位有关的主体行为风险

与勘察设计单位有关的主体行为风险主要包括设计变更风险、设计人员综合素质风险、勘察风险、设计规范性风险等，具体的原因分析见表 1-4。

表 1-4　勘察设计单位常见行为风险

风险类别	原因分析
设计变更风险	与业主方和承包单位之间缺乏沟通、设计内容不完整、设计图错误等
设计人员综合素质风险	与业主方、施工单位沟通不充分、技术经验不足等
勘察风险	有关勘察检测数据有效性差，工作流程滞后
设计规范性风险	设计流程不合理，不遵守设计流程

5. 与建设行政主管部门有关的主体行为风险

与建设行政主管部门有关的主体行为风险主要包括工作程序及管理风险、政策及相关法律风险、专业技术管理水平风险等，具体的原因分析见表 1-5。

表 1-5　建设行政主管部门常见行为风险

风险类别	原因分析
工作程序及管理风险	监管力度不够、重视程度不高等
政策及相关法律风险	建筑市场法律体系不完善、管理权力使用不当、政府对地区规划的变动等
专业技术管理水平风险	管理水平低下，不能承担相应的监管职能

6. 与供应单位有关的主体行为风险

与供应单位有关的主体行为风险包括供应物资质量风险和供应保障风险，具体的原因分析见表 1-6。

表 1-6　供应单位常见行为风险

风险类别	原因分析
供应物资质量风险	供应物资质量不合格、不符合设计要求等
供应保障风险	物资供应延误、现场保护不到位等

三、建设工程项目主体行为风险形成机理分析

运用哈登的能量释放理论和海因里希的多米诺骨牌理论分析一般风险形成的机理。哈登认为人和财产都可以被看成是一个结构物，在解体之前能够承受一定的极限，一旦能量超过极限，风险事故就会发生。因此，通过控制能量或者改变能量作用的人和财产的相关结构，就可以预防事故。能量释放理论强调风险的发生是因为承受的能量超过组织结构承受的力量导致。海因里希认为事故的发生就像是一排竖着摆放的骨牌，前面的一个倒塌，后面的一系列都会跟着倒塌，等最后一个骨牌倒下，就意味着风险的发生。

风险管理过程也是对利益相关者协调的过程。利益相关者由于追求的利益不同，拥有的资源也不同，对风险的认知和应该承担风险的职责和范围也不相同，在一定程度上限制了对风险的管理能力。例如材料供应单位可以确保建筑材料质量的可靠性，承包单位掌握建筑材料的施工技术和使用方法，监理单位完成建筑材料质量的把关和进度控制，各主体之间可以相互制约使项目目标顺利实现，也可以相互合谋损害业主的利益，给项目带来风险。

工程项目的风险管理者要对影响项目目标实现的不确定性事件进行识别和评估，并采取应对措施将其影响控制在可接受范围内。影响项目目标实现的因素更多来自主体的某种特定行为。如项目前期阶段的不确定因素主要表现在以下方面：①估算数据的不确定性；②项目设计与施工冲突的不确定性；③项目各级目标实现顺序的不确定性；④项目行为主体之间基本关系的不确定性。

工程项目行为主体之间基本关系的不确定性是各种不确定性产生的根源。由于主体之间对角色的认知、知识结构、对待风险态度的差异，导致了工程项目利益相关主体之间利益的冲突，进而使项目产生了风险。可以运用契约理论中的显性契约和隐性契约分析利益相关者主体行为的不确定性。隐性契约是一种理论假设，用来描述双方达成的各种默契协议，明确了双方的益损分配。显性契约的缔结是为了降低市场利益主体的交易成本，契约内容得以履行的基本保证是相关的法律、法规。由于隐性契约没有法律的强制认可，其有效实施只能依靠项目利益相关者之间建立信用体系来保障。隐性契约和显性契约之间存在冲突性，会给项目带来一定的风险，主要原因是各利益相关主体追求自身经济利益最大化时因信息不完全产生的主体行为风险、各参建主体自身能力的不足等。在工程项目实施过程中，各参建主体经过博弈很容易出现道德风险和逆向选择，以及寻租等短期行为，影响项目效益的最大化。

1. 各利益相关主体追求自身经济利益最大化

工程项目的各个参建主体需要相互博弈才能完成项目目标，即工程项目实质上是业主单位、承包单位、监理单位、勘察设计单位及建设行政主管部门等利益相关者之间缔结的一系列契约的结合体。契约各方向工程项目投入一定的要素，如知识资源、财务资源等，按照谁贡献谁获益的原则，在签订契约之前，各方都是平等、独立的主体，有权获得未来自己在项目的经营活动中应该得到的收益。但这种独立、平等只是建立在项目主体获得项目利益的控制权和博弈权的机会，其最终结果取决于项目的各个主体自身的实力在项目实施过程中所处的地位等因素进行博弈的结果。因此，也确立了项目各个主体的目标是利益相关行为主体利益最大化。

项目主体都会受自身的利益驱动，因此项目主体在做行为决策时，都以获得最大利益为目的。例如，承包单位为了获得利益的最大化而与监理单位合谋降低工程质量等；业主代表利用自身在项目中的主导地位向施工单位、监理单位寻租而谋取私利等；监理单位与承包单位、材料设备供应单位之间存在利害关系或隶属关系，对承包单位不按照法律法规以及强制性标准来实施监管等。这些都是主体为了寻求自身利益最大化的行为给项目带来的风险，将致使项目目标不能顺利实现。

2. 基于信息不完全产生的主体行为风险

由于信息是通过人进行处理并传递，在沟通过程中信息通常被行为主体扭曲。信息的不完全性是不确定性产生的主要原因。不完全信息状态包括信息对称和信息不对称两种情况。在工程项目目标实现的过程中，信息不对称是产生逆向选择的关键因素，一旦信息不对称的情况出现，便会对资源的最优配置产生影响，拥有信息优势的主体可能会对其他主体做出恶意行为，为项目带来风险。图1-3所示为不完全信息与项目风险的关系。

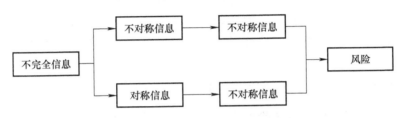

图1-3　不完全信息与项目风险的关系

信息本身具有时效性和真伪性等特征，加上工程项目主体之间缺乏足够的信息传播渠道，使项目面临的不确定性更大，产生的风险也更大。由于建设项目参建单位多，参建者沟通面大，参建各方有着不同的利益和动机，对目标和目的性的认识不同，则项目目标与他们的关联性存在差异，造成各参建主体的行为动机的不一致。因此，在研究信息不对称的情况下，应重点放在项目的各个主体行为上，一方面由于信息传播过程的不畅通，会导致信息失真，产生客观风险；另一方面拥有信息优势的主体往往会做出一些不道德的行为，此类风险为主体行为风险。通过以上分析，信息的不完全性是不确定性产生的主要原因，而信息不对称是信息不确定的根本原因，如图1-4所示。

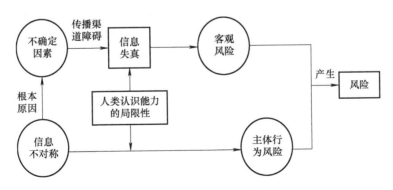

图1-4　信息不对称产生的风险

3. 参建各主体自身能力的不足

工程项目主体的能力包括技术能力和组织管理能力两个方面，如果参建主体自身能力不足，同样会给项目带来风险和损失。

业主方能力不足主要表现在管理能力欠缺、资金支付能力差、计划不充分、违约不能完成合同、资源的调配能力弱等方面。承包单位自身能力不足主要表现在管理能力不足，技术能力差，施工方案不合理，商誉较差，安全生产资金投入不足、威胁生产人员的生命安全，项目经理的管理能力较差、不能及时协调施工过程中出现的矛盾导致工期延误、施工质量出现问题等方面。监理单位自身能力不足主要表现在组织机构不健全，监理人员的技术及管理水平不能满足工作的需要；监理工作人员的流动性大，一个施工项目周期会调换多名监理人员；监理人员职业道德较差、服务意识差；监理人员事中、事前控制的能力偏差；关键部位、关键工序的监理旁站到位不到"点"等方面。设计单位自身能力不足主要表现在一味地追求高效，在建筑设计之初思考不够细致，导致日后的建筑功能粗糙、设计方案的不合理、设计图的正确率低等方面。建设行政主管部门自身能力不足主要表现在工程建设方面的法律法规的变化、政府监管的程度弱等方面。材料设备供应单位自身能力不足主要表现在建筑材料质量不符合要求、建筑材料供应情况差、到货及时率低、服务质量差等方面。

四、建设工程项目主体行为风险传导机理

对于建设工程项目主体行为风险而言，风险源主要是指参建主体追求自身利益最大化而做出的对其他参与方不利的恶意行为或不当行为，这是风险传导的根源和动力。传导载体主要是参建各方之间相互沟通的信息，与参与方之间的利益有关的资金、工程建设技术等。传导节点一般包含投资决策、勘察设计单位的选择、交付设计成果、招投标、合同签订、材料验收、工程款支付、竣工验收等，项目内外风险在此积聚放大直至发生风险事件。风险事件是酿成项目损失的直接原因，通常包括成本超支、进度拖延、工程款或劳务款拖欠、质量问题和安全事故等。工程项目主体行为风险传导机理如图1-5所示。

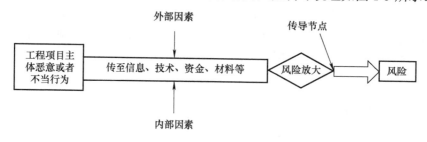

图1-5 工程项目主体行为风险传导机理

第二章　建设工程项目主体行为风险评价与博弈分析

第一节　建设工程项目主体行为风险评价

一、建设工程项目主体行为风险评价指标体系的构建

1. 指标体系构建的原则

建设工程项目主体行为风险评价的核心是确定风险评价指标体系。指标体系的科学性和合理性直接关系到主体行为风险评价的质量，因此指标体系必须科学、合理，尽可能全面地反映所有建设工程项目主体行为风险因素。

（1）系统性　建设工程项目主体行为风险评价指标体系要能全面地反映各参建主体的实际状况。评价对象需要有多个指标来进行衡量，各指标之间要有一定的逻辑关系，不但要从不同的侧面反映出各个不同主体所表现出来的不同的主体行为风险，还要反映各个主体行为对其他主体所产生的影响。每一个系统由一组指标构成，各个指标之间既相互独立，又彼此联系，共同构成一个有机的统一体。指标体系的构建应具有层次性，自上而下，从宏观到微观层层递进，形成一个系统性的评价体系。

（2）科学性　建设工程项目主体行为风险评价指标体系必须遵循理论与实践相结合，用科学的理论和方法确立的指标必须是能够进行定量和定性分析的指标。有科学的理论做指导，同时又能反映评价对象的客观实际情况，抓住最重要、最本质和最有代表性的东西，对客观实际进行简练、符合实际的抽象性描述。

（3）重要性　在建设工程项目的众多参与单位中，各个单位的行为风险因素很多，但不可能把所有的行为因素均列入评价指标体系中。因素过多将会造成评价的难以进行，不能反映出监理单位影响项目的关键风险行为因素。因此，建设工程项目主体行为风险评价指标体系的建立应当坚持重要性原则，将关键、对项目影响明显的主体行为因素列入指标体系，忽略一些对项目影响不大的次要因素。

（4）可操作性　指标体系的建立必须遵循可操作性原则，选取的评价指标要尽可能地简化，方法要简便易行。评价指标体系不能过于烦琐，在保证评价结果的客观、全面性的条件下，尽可能地简化，去掉对评价结果影响不大的指标。指标体系所需的数据信息应当易于采集，且能保证数据的真实性和准确性。指标体系评价工作应当依照一定的规范进行，使得整个评价工作规范化、标准化，能够广泛推广。

（5）综合性　任何系统都是由一些要素因特定的目的综合而成，建设工程项目主体行为风险作为一个综合性较强的系统，由业主行为、承包单位行为、监理单位行为等多种要素构成。这些要素彼此相互联系、相互制约。在指标体系的建立过程中，应当从建设工程项目整体综合考虑、平衡各种要素，建立一个合适的建设工程项目主体行为风险评价指标体系。

2. 指标体系的构成

（1）业主行为　业主行为风险常见的主要有组织管理能力风险、投资决策风险、业主变更风险、合同管理风险、资金融通风险等。引起组织管理能力风险的原因主要是业主不能将各种资源合理地组织、协调，沟通和合同实施的能力差等，组织管理能力风险往往造成建设工程项目组织体系不完善、合同实施不畅等问题。投资决策风险主要是由于决策团队、信息资源、执行系统和反馈系统不完善等，会引起决策失误、项目亏损，甚至业主撤走投资。业主变更的出现一般是由于业主对工程的质量和进度等提出不合理要求等，可能会对施工的进度、成本等产生一系列的连锁反应。合同管理风险主要是因为合同签订时合同条款不够严谨，存在争议。资金融通风险是由于业主的支付意愿不强、支付困难，影响工程款的支付，进而导致工期滞后。

（2）承包单位行为　承包单位行为风险主要包括组织管理能力风险、合同管理风险、商誉风险、施工建设风险等。组织管理能力风险主要由于项目人员专业素质不高、施工管理混乱、不能将各种资源合理地组织和有效地协调起来等。合同管理风险主要由于合同理解存在分歧、合同条款不够严谨、条款定义模糊等。商誉风险主要由于企业口碑不好、商业地位不高、劳资关系不佳等。施工建设风险主要由于施工技术落后、施工方案不合理、噪声和环境污染不达标、相关安全措施不到位等。

（3）监理单位行为　监理单位行为风险主要包括技术及管理水平风险、违规操作风险、职业道德风险、服务意识差风险等。技术及管理水平风险主要由于监理人员专业素质不高、施工管理混乱、不能将各种资源合理地组织协调起来。违规操作风险主要由于监理方单方面下达指令、越权指挥，常见行为有工作中不履行监理程序，不按设计图、规范要求，故意刁难承包单位等。职业道德风险主要由于监理人员不公正、科学，与承包单位合谋，常见的行为有监理单位态度差、做出虚假监理记录等。服务意识差风险主要由于监理单位不能给予项目充分的技术支持和热情帮助等。

（4）勘察设计单位行为　设计单位行为风险主要包括设计变更风险、设计人员综合素质风险、勘察风险等。设计变更风险主要由于勘察设计单位与业主和承包单位缺乏沟通、业主意志改变、图样设计不完整等。设计人员综合素质风险主要由于设计人员技术经验不足，与业主沟通不充分。勘察风险主要由于有关监测数据有效性差、工作流程滞后等。

（5）建设行政主管部门行为　建设行政主管部门行为风险主要包括工作程序及管理风险、政策及相关法律风险等。工作程序及管理风险主要由于建设行政主管部门监管力度不够、重视程度不高等，造成监管不到位、手续办理次序不恰当等。政策及相关法律风险主要由于建筑市场法律体系不完善、主管部门权力执行不到位、政府对地区规划的变动等。

（6）供应单位行为　供应单位行为风险包括供应物资质量风险和供应保障风险。供应物资质量风险主要由于供应的建筑材料质量不合格、建筑材料不符合设计要求等。供应保障风险主要由于建筑材料供应延误、建筑材料现场保护不到位等。

3. 指标体系的优化

运用德尔菲法，并结合主体行为表现形式，得出主体行为风险评价指标体系分为 6 个二级指标和 20 个三级指标。二级指标分别为业主行为风险、承包单位行为风险、监理单行为风险、勘察设计单位行为风险、建设行政主管部门行为风险、供应单位行为风险等，如图2-1所示。

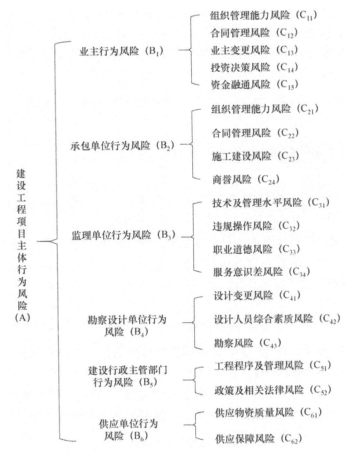

图 2-1　工程项目主体行为风险评价指标体系

二、建设工程项目主体行为风险评价指标的确定

1. 模糊综合评价法的定义

模糊综合评价法是一种基于层次分析法的模糊评价方法，运用隶属度理论将定性评价合理地转化为定量评价，能较好地解决模糊的、难以量化的问题，适合各种非确定性问题的解决。模糊综合评价法利用函数关系和元素之间的相互比较建立数学模型，是对多因素、多层次的复杂问题评判比较好的方法。对于建设工程项目主体行为风险这样一项复杂的系统，采用模糊综合评价法能有效地将定性指标和定量指标结合起来，目的是完善建设工程项目主体行为风险的评价指标体系，从而有效地对其进行主体行为风险评价。

2. 模糊综合评价的方法及步骤

建设工程项目主体行为风险评价原则是基于定量分析和定性分析的基础上的多属性综合决策的评价过程，具体步骤如下：

1）建立建设工程项目主体行为风险评价体系。

2）确定评语集。评语集是以判断者对评判对象可能出现的各种评判结果为元素的集合，设评语集 $v = \{v_1, v_2, v_3, v_4, v_5\}$。

3）构建模糊评判矩阵。由于主体行为风险的评价指标多为定性评价指标，具有较强的不确定性和模糊性，因此采用专家打分的方法能够有效地确定各评价指标对评语集的隶属度。专家打分法的基本原理为：n 名专家对各指标进行评定，假如对指标 u_i 有多名专家评定为 v_i，则模糊隶属度 $r_{ij} = m/n$，所有 r_{ij} 值会构成模糊评判矩阵 R，即 $R = \begin{bmatrix} r_{11} & r_{12} & \cdots & r_{1m} \\ r_{21} & r_{22} & \cdots & r_{2m} \\ \vdots & \vdots & & \vdots \\ r_{k1} & r_{k2} & \cdots & r_{km} \end{bmatrix}$。

其中，r_{ij} 为第 i 个评价指标对第 j 级评语的隶属度。

4）确定权向量。

① 构造比较判断矩阵。根据图 2-1 所建立的指标体系，使用成对比较法和专家咨询法构造判断矩阵 $A = (a_{ij})$（一般采用 1～9 及其倒数的标度方法）。

② 计算指标权重。指标权重的计算实际上可归纳为求解判断矩阵 A 最大特征值 $\lambda_{\max}$ 对应的特征向量，即 $AW = \lambda_{\max} W$ 的特征向量 $W = (\omega_1, \omega_2, \cdots, \omega_n)^T$。在 AHP 方法中，利用得到的比较判断矩阵 R，计算对于上一层某指标，本层与之有联系的指标的权重，用方根法计算指标 C_i 的权重，对 ω_i 做归一化处理，即 $\omega_i = \sum_{j=1}^{n} a_{ij} / (\sum_{i=1}^{n} \sum_{j=1}^{n} a_{ij})$，$\lambda_{\max} = (1/n) \sum_{i=1}^{n} \left[(\sum_{i=1}^{n} a_{ij} \omega_j) / \omega_i \right]$。

③ 一致性检验。由于矩阵 R 是依据模糊数学原理确定，需检查其是否满足一致性。各矩阵的平均随机一致性指标（RI）见表 2-1。因此，实际操作时，引入变量一致性比例 CR=CI/RI 来检验一致性，当 CR<0.1 时，判断矩阵具有一致性，否则就不满足一致性。其中 CI $= (\lambda_{\max} - n)/(n-1)$ 为一致性指标，RI 为平均随机一致性指标，根据矩阵阶数而取值。

表 2-1 RI 与 n 的对照关系

n	1	2	3	4	5	6	7	8	9	10	11	12
RI	0	0	0.58	0.90	1.12	1.24	1.32	1.41	1.45	1.49	1.52	1.54

5）运用模糊数学计算综合评判值，并确定风险等级。

第二节 建设工程项目中主体行为博弈分析

建设工程项目的参建主体主要包含业主方、承包单位、监理单位、勘察设计单位和建设行政主管部门等。相互之间建立了一系列的契约合同关系，合同关系主要有监管与被监管、委托代理及合作关系等。各行为主体根据契约合同关系承担和履行自身的职责和义务，而契约本身具有不完全性，由于参建主体自身专业的差异和掌握信息的不对称，会产生逆向选择和道德风险。在实现项目目标过程中，各参与方都会通过博弈分析做出各自的决策以维护和实现自身利益的最大化，但这些博弈策略之间存在着相互依存性，即决策主体在确定自己的最优行动策略时须考虑其他局中人可能选择的策略。通过主体之间的博弈分析，得出相关主体方的激励与约束机制，以及降低主体行为风险的相关措施，实现契约效应最大化。

博弈论是研究决策者在相互作用的情况下如何进行决策及有关决策结果均衡问题的理论。博弈参与者、博弈规则、博弈结局、博弈效用这四个基本要素构成一个博弈。博弈参与者是战略主体——在一个博弈中能够将对方的行为纳入自身行为选择过程中的主体。博弈规则是对博弈如何进行所做的完整定义,是建立博弈模型的核心,包括行为、时间与信息等关键点。博弈结局是指在规则允许的所有行为进行完毕之后,最终的结果。各博弈参与者采取不同的行为会带来不同的博弈结局。博弈的效用则给出在所有可能的博弈结局之下,每个参与者的效用,由博弈各方的效用函数决定,博弈主体总是依据最终结局的效用来选择行为。

一、建设工程项目实施阶段主体行为对成本控制的博弈分析

在建设工程项目实施过程中,各参建主体对建设工程项目的质量、进度和安全文明等方面的控制,最终都会从成本的角度进行控制。参建主体可以分为监控主体和被监控对象两类。两者在项目实施过程中如果对成本进行控制,都要付出一定的代价。根据以上分析建立一个二元模型,从完全信息动态博弈和静态博弈两种情形分析项目实施阶段对成本监控的博弈模型。假设前提如下:①在博弈过程中,双方均为理性的经济人,目的是实现自身利益最大化;②博弈过程中信息完全对称,即对方采取的任何策略以及对方所获得收益和所付出的成本均充分了解。

1. 监控主体与被监控对象之间的完全信息静态博弈

(1) 博弈要素分析和假设

1) 被监控对象作为理性的经济人,其目标是追求经济利益的最大化。

假设建筑施工过程中对成本控制所付出的总成本为 $C-M+N(M>0,N>0)$,M 是被监控对象在施工过程中对成本控制应该付出的成本;N 是监控主体应该担当的那部分成本。

2) 如果被监控对象按照合同、规范的要求投入足够的资源,保证工程的质量、进度、安全等,而且监控主体得知该情况后就会对被监控对象进行奖励,这部分奖励表示为 I。如果监控主体对被监控对象是否采取成本控制不予关注,则被监控对象就得不到奖励 I。

3) 如果被监控对象在施工过程中没有承担采取措施的那部分成本,而且监控主体严格控制施工成本。此情况下,被监控对象就面临罚款,用 F 表示罚款金额。若监控主体如果监管不严,被监控对象就不会被罚款,即被监控对象不承担任何成本。两者的成本博弈矩阵见表 2-2。

表 2-2 监控主体与被监控对象之间的完全信息静态博弈

项目	被监控对象实施成本控制	被监控对象不实施成本控制
监控主体监管(T)	$N+I-B, M-I$	$M+N-F, F$
监控主体不监管(W)	$0, M$	$0, 0$

(2) 博弈双方的成本分析

1) 基于监控主体的角度。

① 当监控主体选择 T,即对被监控对象进行监管时,监控主体为此付出的成本为 $U(T,\alpha)=N+I$ 或者 $U(T,\beta)=N-F$。

② 当监控主体选择 W，即不对被监控对象进行监管时，监控主体为此付出的成本为 $U(W,\alpha)=N$ 或者 $U(W,\beta)=0$。

在此博弈过程中，当被监控对象选择实施成本控制时，监控主体实施监管的成本为 $N+I-B$ 与不实施监管的成本 0 是一个博弈选择的过程。若监管主体监管后带来的效益可观，且 $N+I-B<0$，那么监控主体会选择监控；反之，当 $N+I-B>0$ 时，监控主体可以选择不监控。当被监控对象选择不实施成本控制时，监控主体监管的成本 $M+N-F$ 要小于监控主体不监管的成本 0。在此博弈过程中，监控主体不存在严格的优势策略。

2）基于被监控对象的角度。当被监控对象选择 α 时，也就是对成本进行控制时，被监控对象对成本控制所花费的成本为 $U(T,\alpha)=M-I$ 或者 $U(W,\alpha)=M$。当被监控对象选择 β 时，也就是被监控对象不进行控制时，被监控对象对成本控制所花费的成本为 $U(T,\beta)=F$ 或者 $U(W,\beta)=0$。

当监控主体选择不监管时，被监控对象选择对成本不实施控制所花费的成本为 0，小于被监控对象对成本进行控制所花费的成本 M，故被监控对象肯定会选择不实施成本控制。当监控主体选择监管时，被监控对象选择不实施成本控制，那么这时被监控对象所付出的成本为 F；如果被监控对象选择实施成本控制，则其付出的成本为 $M-I$。两者在博弈过程中，如果 $F<M-I$，那么为被监控对象的严格优势策略。也就是说如果 $F<M-I$，那么被监控对象将选择不实施成本控制；反之，如果 $F>M-I$，则为被监控对象的严格优势策略。

2. 监控主体与被监控对象之间的完全信息动态博弈

（1）博弈要素分析

1）假如加大罚款的力度，虽然会使被监控对象不存在一个严格的优势策略，但也不能保证被监控对象就一定会选择对成本实施控制。在对被监控对象实施监管时，其对成本实施控制要优于不实施控制。如果监控主体不实施监管，那么被监控对象选择不实施成本控制策略明显优于实施成本控制。

2）考虑监控主体监管概率，当监管的概率不同时，其博弈的结果也不一样。假设监控主体对被监控对象实施监管的概率为 A，不实施监管的概率为 B，其成本博弈矩阵见表 2-3。

表 2-3 监控主体与被监控对象之间的完全信息动态博弈

项目	被监控对象实施成本控制	被监控对象不实施成本控制
监控主体监管	$A(N+I),A(M-I)$	$A(M+N-F),AF$
监控主体不监管	BN,BM	$B(M+N),0$

（2）博弈双方的成本分析（对被监控对象而言）

1）被监控对象实施成本控制的效益为 $U(T,\alpha)=A(M-I)$ 或者 $U(W,\alpha)=BM$。

2）被监控对象不实施成本控制的效益为 $U(T,\beta)=AF$ 或者 $U(W,\beta)=B\times 0=0$。

被监控对象在成本控制中所付出的成本与监控主体监管的概率的关系如图 2-2 所示。

设监控主体监管的概率为 X，被监控对象的成本为 Y，可以得到方程组
$\begin{cases} Y_1=FX \\ Y_2=M-IX \end{cases}$，令 $Y_1=Y_2$，可以求得 P_0 处的概率为 $X=M/(F+I)$。由图 2-2 可知，当监控

主体监管的概率位于 P_0 的左边时，即监控主体监管的概率小于 $X=M/(F+I)$ 时，被监控对象会选择 L_2 成本线，也就是不对成本实施控制；当监控主体监管的概率位于 P_0 的右侧时，即监控主体监管的概率大于 $M/(F+I)$ 时，被监控对象会选择 L_1 成本线，也就是对成本实施控制，因为此时选择实施成本控制对被监控对象有利。

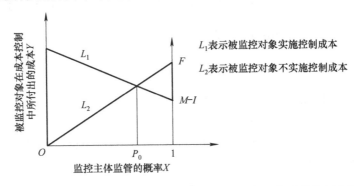

图 2-2　被监控对象在成本控制中所付出的成本与监控主体监管的概率的关系

通过以上分析，监控主体对于那些不实施成本控制的被监控对象要加大罚款力度，要满足 $F>M-I$，使得罚款的金额大于被监控对象实施成本控制所付出的代价。另外，监控主体要增大监管的力度，增大监管的概率，这样会促使被监控对象主动去实施成本控制。

二、基于委托代理的建设工程项目主体的激励机制博弈分析

委托代理是指代理人依据被代理人的委托，以被代理人的名义实施的民事法律行为。在委托代理的过程中，委托人希望代理人按照他们的意愿选择行动，但由于信息不对称和利益目标不一致，委托人不知道代理人在实现目标的过程中所采取的所有行动，只能通过观察其他相关变量推测，而这些相关变量是由代理人内部和其他外部因素共同决定。因此，通过分析委托代理模型，委托人可以确定如何通过激励促使代理人做出对委托人有利的行动。在建设工程项目实施过程中，由于业主与监理单位之间的关系是委托与被委托、授权与被授权的关系，因此选择建设工程项目实施过程中业主与监理人员之间的委托代理模型博弈的双方，得出相关的激励机制。假设前提如下：

1）业主和监理人员都是理性经济人。
2）业主的风险偏好为中性，监理人员规避风险。设监理人员的效用函数为 $U(\omega)=-\mathrm{e}^{-r\omega}$。其中，$\omega$ 为监理人员的实际收入；r 为监理人员对风险的规避系数，且大于 0。

用 α 表示监理人员的工作努力程度，k 表示业主为监理人员提供的设施和工作条件，π 表示产出函数且为 $\pi=k\alpha+\theta$（其中 θ 的均值为 0，方差是 σ^2 的呈正态分布的随机变量），则监理人员的总收入函数为 $s(\pi)=\alpha+\beta\pi$（其中 α 为监理人员的固定工资；β 为业主的激励程度）。

监理人员在施工过程中，假设成本均用货币表示，则要支付自身的努力成本 $c(\alpha)$ 为 $c(\alpha)=\dfrac{b\alpha^2}{2}$。其中，$b$ 表示成本系数，大于 0，b 越大，在 α 相等的情况下，$c(\alpha)$ 的负效应

就越大。

设 ω 为监理人员所获得的实际收益,则有 $\omega = s(\pi) - c(\alpha) = \alpha + \beta(k\alpha + \theta) - \frac{1}{2}b\alpha^2$。其中,由于 θ 是呈正态分布的随机变量,因此 ω 也是变量,具有风险性,设 $p(\omega)$ 为风险升水,监理人员规避风险后获得的最大收益等值为 $R = E(\omega) - p(\omega)$。其中,$E(\omega) = \alpha + \beta K\alpha - \frac{1}{2}r\beta^2\alpha^2$,$p(\omega) = \frac{1}{2}r\operatorname{var}(\omega) - \frac{1}{2}r\beta^2\alpha^2$。则

$$R = \alpha + \beta K\alpha - \frac{1}{2}b\alpha^2 - \frac{1}{2}r\beta^2\alpha^2$$

对于业主而言,得到的期望效应就是期望收益,即

$$E[\pi - s(\pi)] = k\alpha(1-\beta) - \alpha$$

只有监理人员从报酬合同中得到的期望收益大于不接受该合同所获得的最大收益 R' 时,监理人员才会接受合同的约束条件,即

$$R \geqslant R'$$

由于监理人员效用函数是递增函数,因此监理人员的效用随着收益的增大而不断地增大,R 也必然达到最大值,效用 $U(R)$ 达到最大值。

$$\max[R] = \max\{E[\pi - s(\pi)]\}$$
$$E[s(\pi) - c(\alpha)] \geqslant R'$$

利用导函数可以求得最佳努力程度,即 $\alpha^* = \frac{\beta k}{b}$,最佳激励程度为 $\beta^* = \frac{k^2}{k^2 + rb^2\sigma^2}$,进一步得出 $\alpha^* = \frac{k^3}{bk^2 + rb^2\sigma^2}$。

由 $\alpha^* = \frac{\beta k}{b}$ 可知,监理人员的努力程度跟业主提供的设施和工作条件以及业主的激励程度成正比,在 α^* 和 k 值一定的情况下,b 值越大,监理人员需要付出的努力程度就越大,相反 b 值越小,监理人员需要付出的努力程度就越小。

由 $\beta^* = \frac{k^2}{k^2 + rb^2\sigma^2}$ 可知,r 与 β^* 成反比,即风险规避系数越大,最佳激励程度就越小。说明监理人员的期望收益和承担的风险是正相关的,风险越大获得的收益也就越大,风险越小获得的收益也就越小。同样,$\frac{\mathrm{d}\beta^*}{\mathrm{d}k} = \frac{2kbr\sigma^2}{(k^2 + br\sigma^2)^2} > 0$ 说明业主的最佳激励程度会随着 k 的变大而变大;$\frac{\mathrm{d}\alpha^*}{\mathrm{d}k} = \frac{bk^4 + 3rk^2b^2\sigma^2}{(bk^2 + rb^2\sigma^2)^2} > 0$ 说明监理人员的努力程度也会跟着 k 的变大而变大。因此,业主可以通过提高监理人员的设施和工作条件,来提高监理人员的工作努力水平和监理单位的产出,同时也要考虑监理人员承担风险的能力,以达到提高业主的期望收益的目的。

三、建设工程项目主体行为合作策略博弈分析

美国科学家托马斯和克尔曼认为参建主体在利益博弈的过程中,有两种可供选择的结果:一种是关心自己;另一种是关心他人。关心自己是参建者追求自身利益过程的武断

性，关心他人是参建者追求利益过程中与他人的合作性，用纵坐标表示武断性，用横坐标表示合作性，按合作性与武断性的不同组合，参建主体有五种策略供其选择，分别是回避策略、强制策略、克制策略、合作策略、妥协策略。这五种策略的合作性-武断性分布如图 2-3 所示。

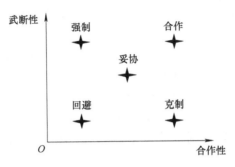

图 2-3 参建主体策略的合作性-武断性分布

从图 2-3 中可以看出：回避策略是既不合作，又不武断的策略，参建者既不合作，也不维护自身利益、忽略问题，任冲突自由发展，导致问题往往向更加严重的地步发展，长期使用该策略，效果不佳。

克制策略是具有高度合作性，但武断程度低的策略。参建者从长远角度出发，为了满足他人的要求，牺牲自己的利益，以寻求与对方合作。这种策略是对方最喜欢的，一旦参建者停止克制策略，双方将会产生更大的冲突。

强制策略是具有高度武断性和不合作性的策略。当事人为了自己的利益而牺牲他人的利益，采取此策略也注定了一种"赢—输"的结果。采取强制策略的一方通常是权利、地位在冲突中占绝对优势的一方。因对手当然不欢迎这种策略，这只能让双方的冲突和对抗更激烈化。

妥协策略是指合作性和武断性都处于中间状态时所产生的结果，需要通过各方参与者一系列的让步和谈判所形成的结果。妥协策略能够满足参建者部分的要求，也是在冲突管理中常常用到的策略。

合作策略是指具有高度武断性和高度合作性的策略。参建者运用合作策略最大限度地获取合作的收益，在这个过程中，既照顾到了对方的利益，也充分考虑了自身的利益，形成"和谐共赢"的局面，是参建者期望的局面。

伯克曾对以上策略的有效程度进行调查，结果表明合作策略能够有效解决冲突问题，而强制策略效果很不好，回避和克制策略很少使用。企业要有长远的目标，走可持续的发展道路，就需要在竞争中合作，将合作视为企业长期发展战略之一。这也促使了在工程建设领域一些业主与承包单位建立战略合作伙伴的关系的现象。解决主体之间利益冲突的措施包括承诺、明确各自的角色及责任、公平的风险分担、良好的沟通机制、客观评价机制以及公平的奖惩机制。

① 承诺。项目参建者为实现共同的目标，必须为这个目标做出承诺以实现自身的利益。

② 明确各自的角色及责任。项目参建者众多，不但需要通过合同关系来确定各方的责

任和义务,更重要的是还要明确各个参建者自身的角色和责任。

③ 公平的风险分担。建筑行业涉及的风险因素众多,合理地分担风险是建立良好伙伴关系的重要基础。要保证风险的承担与责任、利益相吻合,本着和谐共赢的理念,积极采取措施降低风险

④ 良好的沟通机制。合作伙伴之间应该建立良好的沟通机制,确保良好的沟通,减少沟通障碍造成的负面效应。

⑤ 客观评价机制。对于承包单位来讲,稳固的合作伙伴关系可以带来工程承包业务,并从中实现收益。对业主来讲,可以节约时间及成本等。这些都要建立在双方互相履行承诺,以及合作伙伴之间良好的履约评价基础上。

⑥ 公平的奖惩机制。恰当合理的激励机制可以最大限度地拉拢合作伙伴之间的关系,实现合作收益。例如制定控制质量和安全管理方面的奖励、工期提前奖励、节约成本奖励等机制。

合作伙伴关系建立后,为了实现共同目标,参建者会有效地解决矛盾,避免不必要的争端,有效地避免冲突。此外,建立合作伙伴关系之后,要注意合作关系的维护,履行相关承诺,避免合作关系崩溃瓦解。

专题二

工程项目风险损失控制管理

第三章 工程项目风险损失控制理论方法

第一节 工程项目风险管理的程序与方法

一、风险管理的程序

风险管理是目的性很强的工作，最主要的目标是处置风险和控制风险，防止和减少损失，以保障社会生产及各项活动的顺利进行。詹姆斯·奎斯提指出"风险管理是企业或组织控制偶然损失的风险，以保全盈利的能力"。可见通过有效的风险管理希望实现的是：①降低意外损失；②维持组织正常运作；③提高价值效益。因此，为了有效地管理一个组织的资源和活动以实现风险管理的目标，需要应用一般的管理原则并以合理的成本尽可能减少风险损失及其对所处环境的不利影响。风险管理的一般过程遵照风险识别—风险评估—风险管理决策—提出相应的管理建议和实施措施来进行，如图 3-1 所示。

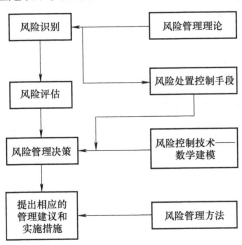

图 3-1 风险管理的一般过程

二、风险管理的方法

风险识别是风险主体逐渐认识自身所面对风险的一个过程，即对风险构成中的风险来源、风险因素、风险特征及可能造成的后果进行全面的定性描述，是风险管理的基础性工作，为风险评估提供必要的信息，使其更具有效率。常用的风险识别方法有头脑风暴法、德尔菲法、情景分析法、事故树分析法、事件树分析法、工作风险分解法等。

（1）头脑风暴法　头脑风暴法一般由五六个人采取小组开会的形式，通过充分发挥参与人员的积极性和创造力，以获得尽可能多的设想。这种方法应用于风险识别，需要主持人就待讨论的议题提出能促使参与者急需回答的问题，通过集体的组合效应，获取更多的信息，使得预测和识别的结果更为准确。头脑风暴法操作简单可行，已得到广泛的重视和采用，但使用时需注意以下问题：

1）谨慎地选择人员。参会人员应是熟悉问题、了解风险的专家；主持人应有较强的逻辑思维能力、较高的归纳力和较强的综合能力。

2）具备明确的会议议题。待讨论的议题必须是能为参会者充分理解和把握。

3）充分的轮流发言。无条件接纳任何意见，并充分展示每条意见。

4）可循环的发言过程。如果专家意见不收敛，可以通过反复咨询、搜集、整理意见，逐步实现意见的趋同。

5）综合的意见总结。要求主持人能够提炼综合各轮讨论的意见，以求最终结果。

（2）德尔菲法　德尔菲法是具有广泛的代表性，较为可靠并具匿名和收敛特性的用以集中众人智慧预测风险的方法。用这种方法识别风险时，主要考虑专家意见的倾向性和一致性。当然也要充分考虑专家意见的相对重要性，即不同专家的知识结构和对问题的了解程度不同，各自意见的重要性也不尽相同。此时可以通过加权系数来解决，其中需要注意以下问题：①德尔菲法的使用须采用匿名发表意见的方式；②应通过多轮次收集调查专家对所提问题的看法，并反复征询、归纳、修改核心内容，最后汇总成基本一致的意见，作为预测和识别风险的依据。

（3）情景分析法　情景分析法是通过有关数字、图标和曲线等，对未来某个状态进行较为详细的描述分析，从而识别引起系统风险的关键因素及其影响程度的一种风险识别方法。它注重说明出现风险的条件和因素，以及因素有所变化时连锁出现的风险和风险的后果等。一般而言，情景由四个要素构成，即最终状态、故事情节、驱动力量和逻辑。

（4）事故树分析法　事故树分析法又称为故障树分析法，主要以树状图的形式表示所有可能引起主要事件发生的次要事件，揭示风险因素的聚集过程和个别风险事件组合可能形成的潜在风险事件。事故树分析法是从结果到原因找到与事件损失有关的各因素之间的因果关系和逻辑关系的作图分析法，是一种执果索因的思维方式。

编制事故树通常采用演绎分析的方法，把不希望发生的且需要研究的事件作为"顶上事件"放在第一层，找出"顶上事件"发生的所有直接原因事故，列为第二层。如此层层向下，直至最基本的原因事件为止。同一层次的风险因素用"门"与上一层次的风险事件相连接。"门"有"与门"和"或门"两种逻辑关系。如建设工程项目调度风险的事故树分析法应用如图3-2所示。

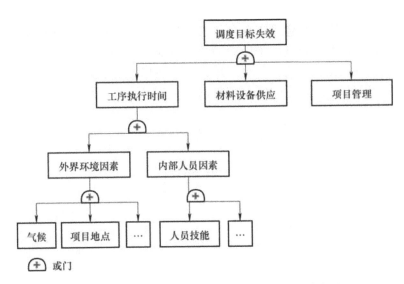

图 3-2　建设工程项目调度风险的事故树分析法应用

由图 3-2 可以看到，如果出现了调度目标失效的情况，则通过对整个项目系统的分析，逐步确定出事件发生的原因以及发生的逻辑关系。同时，可以确定调度目标失效为顶上事件，因为它的出现有一定的可能且会造成不良的后果。通过演绎分析，造成此事件的直接原因为工序执行时间没能达标、材料设备供应出现了问题、项目管理不当。这些因素与顶上事件用"或门"连接，表明因素之间是"或"的关系。在这些直接因素当中，导致调度目标失效最为关键的因素是各个工序的执行时间。影响各工序执行时间的因素主要有外界环境因素和内部人员因素两个方面。外界环境因素可能包含气候、项目地点环境和其他的一些因素，而内部人员因素可能是因为人员技能的欠缺等原因出现操作上的失误。可以看到导致工序完成时间超标的因素有很多，而且具有层次性，任何一层或者一个因素出现问题，都能致使工序无法按期完成，进而影响调度目标的实现。另一方面，材料设备的供应不足或者供应不及时也会影响调度目标的完成。管理方面可能出现的问题实质上就是项目人员方面的问题。

（5）事件树分析法　事件树分析法是一种从原因到结果的过程分析，是和事故树分析法相匹配的逆向思维模式。它利用逻辑思维的规律和形式，分析事故的起因、发展和结果的整个过程，分析引发风险事故的各环节事件是否能够出现，从而预测可能出现的各种结果。主要通过确定或寻找可能导致系统重要后果的初因事件，再进行分类，构造事件树，通过进行事件树的简化和事件序列的定量化来完成对风险的识别。

利用事件树来分析事故，不但可以掌握事故过程的规律，还可以识别导致事故的危险源。如建设工程项目地震风险的事件树分析法应用如图 3-3 所示。

由图 3-3 可知，当建设工程项目遭遇地震时，最为直接的影响就是会对项目场内外建筑物和交通网络设施造成破坏，由此不仅会引发人员伤亡和财产损失，还将会严重影响震后的救援行动。如果灾害同时造成空气、水和土地等资源的破坏污染，还有可能会引起大面积的疫病灾害。另一方面，建设工程项目如果震后救灾不及时，就会造成一些基础性的设施、设备和材料等得不到抢修和补充，这将直接导致项目无法尽快恢复施工，产生不可预计的严重损失。因此，地震对建设工程项目造成损害，最直接的表现就是破坏。地震所带来的破坏具有严重的后果，而且由于地震的难以预测性，加之不同的建筑结构在遭遇地震时，抗震能力的不同，其破坏的程度也不尽相同，所以破坏有着很强的不确定性。由此，可以把破坏识别为地震风险最为重要的风险因素之一。

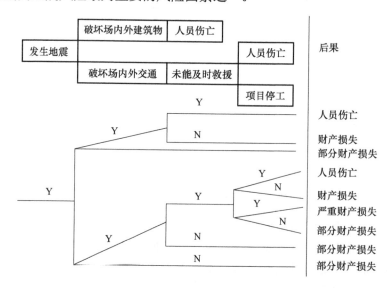

图 3-3　建设工程项目地震风险的事件树分析法应用

（6）工作风险分解法　工作风险分解法又称 WBS-RBS 法，是将工作分解构成 WBS 树，将风险分解形成 RBS 树，然后将工作分解树和风险分解树进行交叉，从而得到 WBS-RBS 矩阵来进行风险识别的方法。它的研究和应用很广泛，尤其是在风险识别中的应用。用 WBS-RBS 法识别风险，首先要进行工作分解，这主要是根据风险主体与子部分以及子部分之间的结构关系和工作流程来进行。如建设工程项目采购风险的工作风险分解法应用如图 3-4 所示。

可以从建设工程项目采购风险的 WBS-RBS 识别矩阵判断，采购风险最主要的风险因素是购买价格变动和运输成本变动。

通过各种风险识别方法的使用，可以有效地对主要风险因素进行识别，为风险评估提供依据，并据此提出相应的风险管理手段。通常情况下，还需要基于各风险的主要因素详细分析其风险类型，以便于进行风险的估计。风险的类型分为确定型和不确定型，而根据风险不确定性的主要表现形式不同，又可细分为随机型不确定和模糊型不确定。确定型风险是指那些很有可能出现的风险，基本上可以视为是确定发生的，而其后果可以依靠精确、可靠的信息资料来预测。随机型不确定风险是指不但它们出现的各种状态已知，而且这些状态发生的概率（可能性大小）也已知的风险。而模糊型不确定风险是指那些出现概率难以确定，在质上没有明确含义，在量上没有明确界限的风险。

三、工程项目中的主要风险类型

1. 风险类型

（1）调度风险　在调度风险中最为重要的因素就是工序执行时间。在建设工程项目的调度安排中，有很多的风险来源和因素，其中最为常见和重要的就是项目工序执行时间。这主要是因为在项目初期的计划安排中，往往无法清楚地估量项目各阶段所需的用时，也没法观察到各阶段的相互影响。建设工程项目面临的气候环境、人员技能、场地环境、材料设备和管理等方面的原因都可能影响项目工序的执行乃至整个项目的工期。其中不确定的项目工序执行时间是形成建设工程项目调度风险的最主要因素。

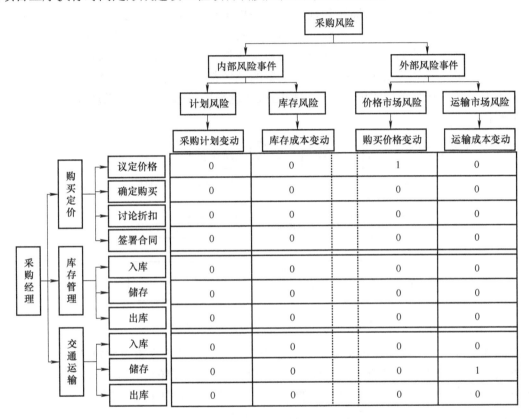

图 3-4　建设工程项目采购风险的工作风险分解法应用

通常对于不确定的项目工序执行时间，将其观察为随机变量，使用相关的随机理论来讨论和处理。随机变量是指在一定条件下，并不总是出现相同结果的现象的一切可能出现的结果的变量。作为调度风险的最主要风险因素，项目工序执行时间具有随机性，因此可以用它来描述调度风险的风险类型，即调度风险是随机型的风险。

（2）采购风险　建设工程项目的采购环节涉及购买定价、库存管理和交通运输等一系列的工作，在各个工作任务中又有可能会出现很多的不确定性。在采购彻底完成之前，采购人员都无法准确地把握供应单位的行为，难以用获取的数据准确描述整个采购过程，这就导致不确定性的发生，从而引发风险。因此，根据实际采购当中的不确定性，将采购里所涉及的不确定因素（例如购买价格变动、库存价格变动和运输价格变动等）视为采购风险的风险因素。

由于采购过程中缺乏足够的数据来分析其详细过程，难以用已知的数据来描述因素，导致整个采购环节处于不确定、不清楚或者不清晰的状态。此情况通常被描述为"模糊"

的,用模糊变量来描述,并采用相关的模糊理论来处理。模糊变量是基于模糊集理论提出的,是用来描述模糊现象的。由于采购风险是因为各个不确定因素导致的,故采购风险是模糊型不确定风险。

(3)地震风险 地震对建设工程项目造成的最为直接的影响就是破坏,地震对项目中建筑物和交通网路设施的结构破坏是地震风险的重要因素。在现实中,破坏所属的等级经常没法通过简单的界定来准确描述其程度。采用地震对建筑结构的复合不确定性破坏作为地震风险的风险因素。对于复合不确定性的地震破坏,可以用模糊随机变量来描述。模糊随机变量是一种常用来描述复合不确定性的数学变量,是一种复合了模糊和随机两种的不确定性。关于它的理论研究有很多,且在很多的领域都已得到广泛的应用。建设工程项目地震灾害中,对于建筑结构的破坏能用模糊随机变量来描述的原因,可以通过图3-5的描述来详细解释。

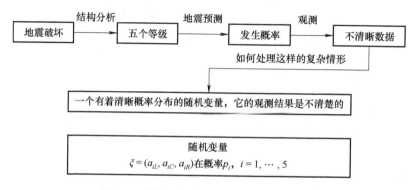

图 3-5 模糊随机变量描述地震破坏程度

由图3-5可知,用模糊随机变量来描述建设工程项目中地震灾害对建筑结构(包括项目场内外建筑物和交通网络设施)的破坏程度。即针对某个特定的地震区域,可以通过对相关数据的统计分析,得出各类建筑结构遭受地震破坏可能出现的程度等级以及相应的概率规律,再进一步探讨这个破坏等级观测结果的模糊性。

由于地震对建筑结构的破坏是地震风险的重要因素,所以通过对它的分析可得到地震风险的风险类型是模糊随机不确定型。

(4)环境风险 同地震对建筑结构造成的破坏类似,建设工程项目对环境破坏的程度也常常用等级描述,分别是从基本无破坏到严重破坏的程度。对于某种特定的建设工程项目,由于其建设施工的特征,对环境造成破坏的等级可能呈现出一定的规律性,即根据以往同类建设工程项目的历史数据预测出可能造成的环境破坏等级以及相应的概率规律。同样,预测结果往往没有这么简单直白,破坏所属的等级经常没法通过简单的界定来准确描述其程度,可以采用项目对环境的复合不确定性破坏来综合描述环境风险。当然也可以用模糊随机变量来表现这样的复合不确定性。

由于环境破坏程度与地震破坏程度的复合不确定性类似,所以在这里就不再对其具体的成因和变量进行赘述。由此带来的环境风险是一种模糊随机型不确定风险。

2. 风险评估

风险评估就是对识别出来的风险进行衡量和评价,为之后的风险管理决策提供服务,从而将系统的风险损害减缓至最低并将其控制在可接受的范围内。

风险识别是整个风险管理的基础，它可以定性地辨别出潜在的风险，通过风险评估知道风险的载体、风险发生的可能性以及可能造成的影响。风险评估是风险管理量化和深化的过程，即风险管理中的评估程序就是要在过去损失资料分析的基础上，运用概率论、数理统计方法和相关的不确定性理论，对某些特定风险事故发生的规律和发生后可能造成的影响进行定量分析。风险评估主要包括风险估计和风险评价两个部分，常用的方法主要有针对随机型不确定、模糊型不确定、混合型及复合型不确定风险的估计方法，如层次分析法、模糊综合评价法、人工神经网络法、因子分析法及综合各类方法的风险评价方法。

3. 风险管理决策

风险管理就是通过风险识别、风险评估以及有效风险管理方案的实施，实现管理的目标和宗旨。风险决策的基本程序如图 3-6 所示。

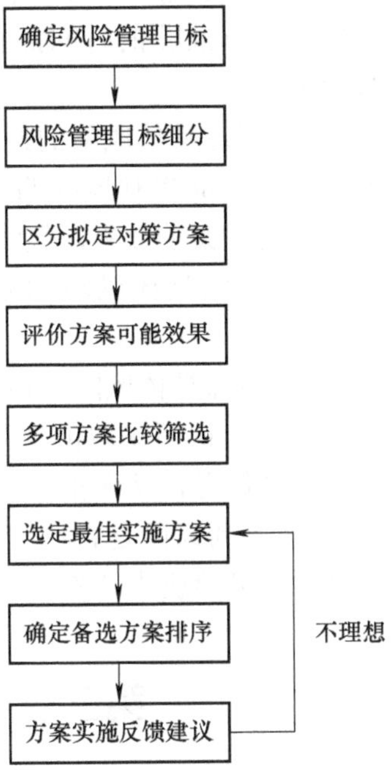

4. 风险管理实施措施

根据风险管理决策的结果，提出风险管理的具体措施以指导实际实施。例如损前预防手段，就是基于对风险主要不确定性因素的估计，事先采取相应的办法来减缓风险、降低损失的方法；再如过程中的风险监控方法，就是对风险进行跟踪，监视已识别评估的风险和残余风险、识别进程中新的风险，并进一步评估、决策和实施措施。在风险控制的基本方法中，损失控制是通过制订计划和采取措施降低产生经济损失和社会损失的可能性，或者是减少实际的损失。这是一种面对风险积极应对的举措，而不是消极地放弃风险。损失控制通过直接对风险加以改变，试图使其由大变小或变无，可以有效地控制风险，对风险管理有着重要的意义。

图 3-6 风险决策的基本程序

5. 风险监控

风险监控是指通过对风险规划、识别、估计、评价等全过程的监视和监制，以保证风险管理达到预期的目的。其目的是考察各种风险控制行动产生的实际效果，确定风险减少的程度，监视残留风险的变化情况，进而考虑是否调整管理计划以及是否启动相应的措施。风险监控是动态跟踪风险因素的变化，即时预测可能造成的损失，并采取针对措施加以控制，以达到风险损失最小的目标。

风险监控包括风险的监测和控制。风险监测就是对风险进行跟踪，监视已识别的风险和残余风险，识别进程中新的风险，并在实施风险应对计划后评估风险应对措施对减轻风险的效果。风险控制则是在风险监视的基础上，实施风险管理规划和风险应对措施，并在情况发生变化时，重新修正风险管理规划或风险应对措施。在某段时间内，风险监测和控制交替进行，即发现风险后经常必须马上采取控制措施，或风险因素消失后立即调整风险应对措施。监视风险实际上是监视风险控制执行进展和环境等变数的变化。通过监视，核对风险策略和措施的实施效果是否有效，并寻找改善和细化风险规避计划的机会，获取反馈信息,以便将来的决策更符合实际。对风险及风险控制行动进展、环境的变化的评价应反复不断地进行。

风险监控可以采取以下步骤:

1)建立风险监控体系。监控体系主要包括风险责任制、风险信息报告制、风险监控决策制、项目风险监控沟通程序等。

2)确定监控的风险事件。

3)确定风险监控责任。所有需要监控的风险都必须落实到人,同时明确岗位职责,对于风险控制应实行专人负责。

4)确定风险监控的行动时间。这是指对风险的监控要制订相应的时间计划和安排,不仅包括进行监测的时间点和监测持续时间,还应包括计划和规定解决风险问题的时间表与时间限制。

5)制定具体风险的控制方案。根据风险的特性和时间计划制定出各具体风险的控制方案,找出能够控制风险的各种备选方案,然后对方案做必要的可行性分析,以验证各风险控制备选方案的效果,最终选定采用的风险控制方案或备用方案。

6)实施具体风险的监控方案。要按照选定的具体风险的控制方案开展风险控制的活动。

7)跟踪具体风险的控制结果。这是要收集风险事件控制工作的信息并给出反馈,即利用跟踪去确认所采取的风险控制方案是否有效、风险的发展是否有新的变化等,以便不断提供反馈信息,从而指导项目风险控制方案的具体实施。

8)判断风险是否已经消除。若认定某个风险已经解除,则该风险控制作业就已完成。若判断该风险仍未解除,就需要重新进行风险识别,重新开展下一步的风险监控作业。

第二节 工程项目风险损失控制理论与方法

一、风险损失控制理论

风险控制方法是对风险加以改变的一种风险管理法,是指在风险成本最低的条件下,采取防止风险事故发生和减少其所造成的社会损失和经济损失的方法。改变风险即是试图使风险由大变小或由小变无。改变风险的途径有两种:一种是通过改变损失达到"风控"目的;另一种是不改变损失(保持损失不变)而直接改变风险。而损失控制方法就是通过改变风险的损失来控制风险的方法。

1. 风险损失控制的基本理论

(1)人为因素管理理论 由 Hernrich 提出的人为因素管理理论,认为损失控制应该重视人为管理因素,即加强安全规章制度建设,向员工灌输安全意识,以杜绝容易导致风险事故的不安全行为。他把事故定义为任何可能出乎计划之外且未能加以控制的事件,在此事件中,一个物体、一种物质或是一个人的运动、行为或反应都可能导致人身伤害或财产损失,并认为机械或物质方面的危险因素也是由于人的疏忽造成的,人的行为成为事故发生的主要原因。于是他提出了一套控制事故发生的理论,即工业安全公理。Hernrich 提出的公理揭示了事故的因果关系，人和机械物质的相互关系，不安全行为的潜在原因，风险管理和其他管理的关系，组织机构中实现安全、进行风险管理的基本责任，风险的代价以及安全的关系等。因此，Hernrich 总结出事故的发生主要是由人的行为引起的，而且对此是可以进行控制的。同时他还提出了损失预防和控制的理念，强调风险控制的入手点为事故，把重点放在控制导致事故发生的人为因素上。基于事故与损失的关系和损失控制理念，把意外事故的发生图解为一系列因素的连续作用，用多米诺骨牌来表示，这就是著名的多米诺骨牌理论，如图 3-7 所示。

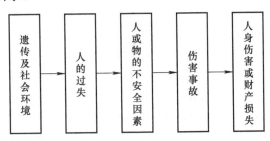

图 3-7　多米诺骨牌理论

风险损失以及影响因素用五张骨牌来表示，一张骨牌倒塌，就会引发连锁反应，每张骨牌表示的因素都取决于前面的因素而发生作用。

（2）能量释放理论　能量释放理论是由 Haddon 提出的，该理论认为在损失控制中应该重视对机械或物的因素的管理，从而创造一个更为安全的物质环境。该理论把意外事故视为一种物理工程问题，而没有主要关注人的行为，认为人或财产可以看作结构物，他们在解体之前有一个各自的承受极限，而当能量失控，超过这个极限的时候，就会导致事故的发生。所谓能量失控，可以是所有造成伤害或损失的情况，包括火灾、事故和工伤等情形。在该理论下，预防事故的发生是控制能量，或者是通过改变能量作用的人或物的结构来达到。因此 Haddon 提出了以下 10 种控制能量破坏性释放的策略：防止能量的产生和聚集，从一开始就避免意外的发生；减少已聚集的可能引发事故的能量以降低意外发生的概率；防止已聚集的能量释放以避免危险的产生；从源头上改变能量释放的速度或空间分布；利用时空将释放的能量和被损害的结构物隔离；利用物质屏障，即用物品隔离能量和易损对象；改变接触面的物质从而改变危险的性质，以减少伤害；加固结构物，以加强其防护能力；意外事故发生时要及时救护，以减轻损害的程度；持续提供事故后的恢复与复原。

Haddon 的理论控制能量对结构物的破坏，主要是通过对能量的产生、释放到作用的各个环节进行控制来实现的。该理论自提出以来，就一直被研究者关注，得到了很好的发展和应用。研究者还从风险管理的角度出发，重新解释了这个理论，使其能够方便地在风险损失控制管理中得到应用。

（3）TOR 系统理论　TOR 系统（Technique of Operation Review System），全称为作业评估技术系统，该理论认为组织管理方面的缺失是导致意外事故发生的主要原因。该理论提出了风险控制的五项基本原则，并将管理方面的失误归纳为八类。

五项风险控制的基本原则包括：①危险的动作、条件和意外事故是组织管理系统确实存在的征兆；②对于可能发生严重损害的意外情况，应该彻底地进行辨识和控制；③和其他的管理功能一样，风险管理也应该制定管理目标，并通过计划、组织、领导、协调和控制等职能来实现目标；④权责明晰是有效进行风险管理的关键；⑤规范操作错误导致意外发生可被容许的范围是风险管理的功能，通过了解意外事故发生的根本原因和寻求有效的风险控制措施来实现。

八类管理方面的失误包括：教导和训练上的不适当作为，没有明确划分和分配责任，权责不当，监督不严，紊乱的工作环境，计划不适当，个人过失，组织结构设计不当。

（4）其他主要理论

1）一般控制理论。在 Hernrich 的多米诺骨牌理论提出后的数年间，工业卫生专家和安全工程师发展出了一般控制理论。该理论强调危险的物质条件或因素比危险的人为操作更为重要。

2）系统安全理论。该理论的提出源于所有的事物均可视为系统，而每个系统都是由很多较小的且相关的系统组成。该理论认为当一个系统中的人为或物质因素不再发挥其应有作用时，就会发生意外的事故。它旨在通过了解意外事故发生的机制来寻求预防和抑制风险的方法。

3）多因果关系理论。在实际情况中，许多事故的发生并不是如多米诺骨牌理论中所描述的是由单因素顺序作用的结果，而是多种因素综合作用的结果。这些因素往往是随机地结合在一起，共同导致事故发生。因此从多因果关系理论出发，风险控制就不仅仅是针对人为或外物的风险因素，而是从其根本原因着眼。风险产生的根本原因通常可能与管理的方针和方法、监督控制制度以及教育培训等有关。

各种损失控制理论解释意外发生的侧重点不同，但均是以降低风险发生的概率和减小损失为目标，通过提出不同的风险控制措施来减少风险对人们所产生的威胁和损害，减少其对社会经济生活的影响。

2. 风险损失控制的理解

风险管理的方法众多，最为常用的是风险控制方法，也就是通常所称的"风控"，它也是诸多风险管理方法中最为重要的方法之一。而"风控"对风险的改变，一方面是通过对损失加以改变，另一方面则是直接改变风险本身。

改变损失以实现风险控制目的的方法称为风险损失控制。它通常定义为风险管理者有意识地采取行动防止灾害事故的发生或减少其造成的社会风险和经济损失。风险与损失密不可分，改变损失对风险管理有着如下重要的意义：

1）控制损失可以降低风险损失，即试图通过降低损失频率和损失程度来改变风险，从而降低风险。无论是损失频率还是损失程度中的任何一个改变，风险都将得到改变，如果风险管理者可以同时降低损失频率和损失程度，则风险将得到更大程度的降低，成功地实现风险控制的目标。

2）控制损失可以降低风险管理的成本。损失是风险管理当中密切关注的点，损失决定了风险管理的成本。通过损失控制，可以降低风险的平均损失结果，从而降低风险管理的成本。风险管理常被拟定义为"以最低的代价"应对风险，所以损失控制凭借对风险成本降低的"奇效"成为风险管理中尤为重要的方法。

损失控制的途径有两个：一个是改变损失频率，即在损失发生之前，消除损失发生的根源，尽量减小损失发生的频率；另一个是改变损失的程度，在损失发生之后努力减轻损失的程度。由于两者着眼点不同，采用的措施也不尽相同，可以用图 3-8 来说明。

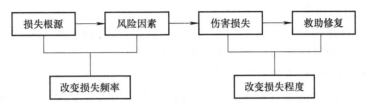

图 3-8　损失控制的途径

从图 3-8 中可以看到，损失控制改变损失的频率，可从损失的根源入手，尽量消除损失，防止损失出现，例如在汽车上装配减震系统等。接下来应该强调对可能受损的对象进行持续检查维护，以减少风险因素，例如检查建筑物的抗震能力等。

3. 风险损失控制的分类

风险损失控制涉及的内容很广，众多学者提出的方法、措施也较多。参照文献，并综合其他通用的分类标准，从控制目标、控制时间、控制手段三个不同角度对风险损失控制进行了分类并且做简单介绍，如图 3-9 所示。

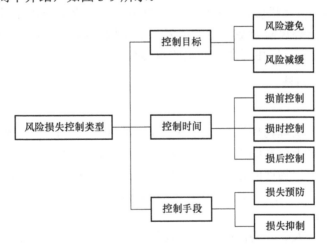

图 3-9　风险损失控制分类

（1）控制目标　风险损失控制的目的一般有两个：完全杜绝一切可能发生的风险和最大程度上减缓风险造成的损害。

技术上，当风险决策能让风险不发生时，所采用的应对措施就实现了风险避免，此时风险管理者的风险态度是完全保守规避型的。风险避免的措施是通过避免任何损失发生的可能性来规避风险。虽然在有些情况下，风险避免是风险管理的唯一选择，但这是消极应对风险的方法。管理者若经常采用风险避免的方法，会导致组织的无所作为，从而无法实现其最基本的发展目标。风险避免过于消极的性质，限制了其使用。即采用风险避免可能有以下问题：①风险可能无法避免；②避免风险可能需要付出昂贵的代价；③避免一种风险可能产生另一种风险。

因此，应对风险的最后方法才是风险避免，且在其他方法都失效时才将其纳入考虑范围之内。当然，当风险可能存在灾难性的严重后果时，并且在风险无法减缓和转移的情况下，则必须避免风险的发生。

风险减缓是风险管理中的术语，用来定义一系列使风险最小化的努力，尤其是损失最小化的大量措施。就如之前所讲，损失控制的两种主要途径，也就是风险减缓中的"损失预防"和"损失抑制"两种手段。广义上损失预防是尽力防止损失的出现，虽然不是所有的损失都可以防止，但确实也存在可能被预防的损失。另外，如果损失确实发生，则只能通过损失抑制的方式降低损害的严重程度。即降低损失频率的手段是为了集中预防和防止损失的发生，而试图减轻已经或正在发生的损失的严重程度的技术措施则是为了抑制损失所带来的伤害。

（2）控制时间　控制的时间包括事前、事中和事后三个时间段，事前控制主要是为了降低损失的概率，事中控制和事后控制主要是为了减少实际发生的损失。对应于控制的区分有：损前控制、损时控制和损后控制。损前控制的目标有：经济目标、安全系数目标、合法性目标和社会公众责任目标等；损时控制的目标有：时效性目标等；损后控制的目标有：生存目标、持续经营目标、发展目标和社会目标等。

（3）控制手段　损失预防是指为了消除和减少可能引起损失的各种因素，在风险发生之前采取的处理风险的具体措施，如一些工程物理方法、教育指导和强制手段等。

损失抑制是指在意外风险事故发生时或发生后采取的各种防止损害扩大化的措施，如建筑物上的防火喷淋装置、医生对危重病员的救助和康复计划等。

二、风险损失控制方法

1. 风险损失预防

（1）工程物理法　工程物理法强调削减不安全的外界条件以实现预防损害的目的。这种方法主要假设人们对于自身的人身安全并不太注意，且人性固有的无心之失是无法遏制的，因此，必须要用工程物理的方法，即有相应的安全工程来帮助人们保护自身，不被不安全的行为伤害。例如针对火灾有阻燃结构、防盗有保险箱、锅炉窑定期检修以及给汽车配备更为安全的装置等。

（2）人类行为法　人类行为法强调的是人的动机，关注人的行为、活动和对风险的反应。这种预防防护的方法，认为大部分事故是由人类的不安全行为引发的，偏重于人为因素的控制，试图通过规划人的行为来取得安全和损失预防的最大成效。该方法的目标是通过教育、培训和指导来规范人们的行为。

人类行为法中控制风险的首要因素就是教育。通过教育实现的功能有：一方面教育可以给人以警示，让人们意识到自身所处的危险，而且很可能面临严重的后果损失，借此可提升人们的安全意识；另一方面，教育可以给出具体的安全操作方法，用以指导人们的行为。

（3）规章制度法　由于某些不明的原因，人们对于危险的意识并不明确，缺乏对安全应有的关注，所以不足以保证他们能够及时地采取应有的安全行为来保护自身的人身和财产安全。因此，为了加强安全防护的力度，很多国家都已将此上升到了国家法律的高度，并且颁布实施了相关的规章制度，试图以强制的手段来防止风险的发生。依据国家制定的相关规章制度，风险管理单位应在这些规章制度的范围内进行经济和社会活动，从而预防风险事故的发生。

2. 风险损失抑制

风险损失抑制是在损失不可避免地发生了以后的补救措施，其技术方法相对直接，力图最大限度地减小风险所造成的危害和影响。

（1）机械设备配备　如果风险已出现并且造成了不良后果，带来损害，首先是设法在损害发生时，尽量让其破坏的程度降低。例如在可能的事故和灾害现场常备必要的救助机械和设备，以备不时之需，如防火喷头、灭火器等。

（2）抢救救护　当为预防损失做出的努力失败而损失真的发生时，就要立即采取措施来保护没有被损害的剩余价值，以减少损失的程度。抢救措施不仅包括保护财产使其免受进一步的损害，争取保持其价值，更重要的是对于人员的及时救护，避免其遭受二次伤害。这样的措施可以在很大程度上减缓原本还会继续发生的损害，从而降低损失。

（3）康复修复　康复主要是对于人身而言的，例如对于工人的康复，无论是对其本人还是雇主，都意味着对事故所造成的经济损失的控制。此外，对受到破坏的物质环境进行修复，也是促使其尽快恢复正常，减少损失的必要措施。

风险管理者在选取方法时应该注意的是：

1）控制措施和使用时机。对于不同的风险情形，不是每个措施随时都是行之有效的，使用不当还可能引发更严重的后果。所以在适当时机，选择适当的控制措施，并在应该执行的时间段采用，才能保证损失控制的有效性。

2）控制措施和使用对象。不同的损失控制措施使用的对象是有区别的，有的措施可能是直接指向具体的对象，比如针对人、机械和设备等，有的则是指向事故发生的机制或者风险发生的环境等。因此，应该对不同的使用对象有针对性地选择适合的控制措施。

3）协调搭配措施。合理组合多种控制措施，让措施协调配合才行之有效。各种风险损失控制的技术方法乃至具体的措施都有赖合理的损失控制计划来保障其顺利实施，而控制计划的确定则要依靠风险管理者对所面临具体风险的全面认知和系统分析，并在此基础上进行风险控制决策才能最终达成目标。

第四章 工程项目风险损失控制基本理论模型

第一节 随机型风险损失控制模型

一、工程项目问题概述

工程项目是由一系列相互关联的工序和多种不同的执行模式组成的,每种模式对应确知的工序执行时间和随机的资源需求。管理目标一方面要求在考虑随机资源约束的条件下使项目工期和成本最小化,另一方面要使资源流最大化。这是一种典型的考虑不确定环境的资源约束下多模式项目调度。而在实践中,这些情况无处不在:当出现资源约束时,有限的资源将根据事先做好的准备以满足某一建设工程的需要;同时考虑到不确定情况,资源量通常是满足正态分布的一个随机变量,如各种材料的库存,这就形成了随机的资源约束。此外,由于工序的提前完成可能导致浪费预先分配给这些工序的资源。所以,提前和延期成本系数也相应地是满足随机规律,这种情况可以使用随机变量来处理不确定参数的随机性。

二、随机型风险损失控制模型概述

假设条件如下:
1) 单个项目包括多项工序,每项工序都有多种不同的执行模式。
2) 每项工序的每个模式都有确知的执行时间和资源消耗。
3) 每项工序的开始时间依赖其前一项工序的完成。
4) 部分资源数量是随机的,其他资源数量是确定的并且后期可更新使用。
5) 相互之间不存在可替代资源。
6) 工序不能被打断。
7) 有限的资源将根据事先做好的准备以满足某一建设工程的需要。
8) 提前和延期成本系数是随机的。

综合众多文献研究,rc-PSP/mM 问题通常考虑随机型不确定性以及可能面临的风险。因此,本章遵循以往的研究,将资源限制的数量及提前和延期成本系数识别为随机性。

三、随机型风险损失控制模型的建立

随机型风险损失控制模型中相关符号的含义见表 4-1。

表 4-1 随机型风险损失控制模型中相关符号的含义

序号	符号	含义
1	i	一个项目中的活动,$i=1,2,\cdots,I$
2	j	模式,$j=1,2,\cdots,m_i$(m_i 是活动 i 的模式可能值)

(续)

序号	符号	含义
3	k_r	一个项目中随机约束下的可更新资源类型，$k_r = 1, 2, \cdots, K_r$
4	k_d	一个项目中确定约束下的可更新资源类型，$k_d = 1, 2, \cdots, K_d$
5	t	一个项目中的时期，$t = 1, 2, \cdots, T$
6	t_{ij}^F	活动 i 选择模式 j 的完成时间
7	t_i^{EF}	活动 i 最早完成时间
8	t_i^{LF}	活动 i 最迟完成时间
9	T_{whole}	整个项目的持续时间
10	C_{total}	项目的过早和递延总成本
11	$F_{resources}$	项目的资源流
12	$l_{k_r}^M$	每一时期可更新资源 k_r 的一个已知的随机最大限制完全独立分布常量
13	c_i	i 的递延成本，一个已知的完全独立分布随机系数
14	$l_{k_d}^M$	每一时期可更新资源 k_d 的一个已知的确定最大限制不变常量
15	$Pre(i)$	活动 i 的紧前集合
16	r_{ijk_r}	随机限制时执行活动 i 采用模式 j 需要的可更新资源 k_r 数量
17	r_{ijk_d}	确定限制时执行活动 i 采用模式 j 需要的可更新资源 k_d 数量
18	p_{ij}	活动 i 选择模式 j 的处理时间
19	t_i^E	活动 i 的预计完成时间

1. 目标函数

第一个目标是最小化项目工期 T：用最后一个工序的完成时间来标记项目工期。在充分考虑所有可能执行模式的情况下，将其描述为

$$T_{whole} = \sum_{j=1}^{m_i} \sum_{t=t_i^{EF}}^{t_i^{LF}} t x_{ijt}$$

第二个目标是最小化成本 C_{total}。通常项目经理会事先确定每项工序的预计完成时间以协调整个项目工期。如果工序在预计时间之前或之后完成就会浪费预先配置的资源，或较长时间地占用资源造成对其他工序甚至整个项目的影响。因此，相应的总成本表达为

$$C_{total} = \sum_{i=1}^{I} c_i \left(\sum_{j=1}^{m_i} \sum_{t=t_i^{EF}}^{t_i^{LF}} t x_{ijt} - t_i^E \right)$$

第三个目标是最大化资源流。有限资源将根据库存事先做好的准备以满足某建设工程的需要。最大化所有的资源流可以保证资源更加有效地使用，避免浪费。其表达为

$$F_{\text{resources}} = \sum_{k_r=1}^{K_r}\sum_{j=1}^{m_i}\sum_{t=t_i^{\text{EF}}}^{t_i^{\text{LF}}} x_{ijt} r_{ijk_r} + \sum_{k_d=1}^{K_d}\sum_{j=1}^{m_i}\sum_{t=t_i^{\text{EF}}}^{t_i^{\text{LF}}} x_{ijt} r_{ijk_d}$$

2. 约束条件

每项工序都必须有计划，以确保所有的工序如期进行，其完成时间必须在最早完成时间和最迟完成时间之间。表达式为

$$\sum_{j=1}^{m_i}\sum_{t=t_i^{\text{EF}}}^{t_i^{\text{LF}}} x_{ijt} = 1, \quad i=1,2,\cdots,I$$

在项目调度中，优先顺序是保证安排合理性最重要的基本约束条件。只有当所有的紧前工序以一定的模式完成后，紧后工序才能被安排。表达为 $\sum_{j=1}^{m_e}\sum_{t=t_e^{\text{EF}}}^{t_e^{\text{LF}}} t x_{ejt} + \sum_{t=t_i^{\text{EF}}}^{t_i^{\text{LF}}} p_{ij} x_{ijt} \leqslant \sum_{j=1}^{m_i}\sum_{t=t_i^{\text{EF}}}^{t_i^{\text{LF}}} t x_{ijt}, i=1,2,\cdots,I; e\in \text{Pre}(i)$，$\text{Pre}(i)$ 是工序 i 的一项紧前活动。

在项目调度中，总资源消耗数量限制是重要的约束条件，所有工序的资源消耗总和表达为

$$\sum_{i=1}^{I}\sum_{j=1}^{m_i} r_{ijk_r} \sum_{s=t}^{t+p_{ij}+1} x_{ijs} \leqslant l_{k_r}^{M}, k_r=1,2,\cdots,K_r; t=1,2,\cdots,T \text{ 和}$$

$$\sum_{i=1}^{I}\sum_{j=1}^{m_i} r_{ijk_d} \sum_{s=t}^{t+p_{ij}+1} x_{ijs} \leqslant l_{k_d}^{M}, k_d=1,2,\cdots,K_d; t=1,2,\cdots,T$$

T 是一定时期内项目的适当数量。

在实际意义模型中，为描述一些非负变量和 0-1 的变量，提出下列约束：

$$t_{ij}^{F} \geqslant 0, i=1,2,\cdots,I; j=1,2,\cdots,m_i$$

$$t_{ij}^{\text{EF}} \geqslant 0, i=1,2,\cdots,I; j=1,2,\cdots,m_i$$

$$t_{ij}^{\text{LF}} \geqslant 0, i=1,2,\cdots,I; j=1,2,\cdots,m_i$$

$$x_{ijt}=0 \text{ 或 } 1, i=1,2,\cdots,I; j=1,2,\cdots,m_i; t=1,2,\cdots,T$$

3. 最终模型

基于上面的目标及约束条件，得出随机型多目标 rc-PsP/mM 模型为

$$\min T_{\text{whole}} = \sum_{j=1}^{m_i}\sum_{t=t_i^{\text{EF}}}^{t_i^{\text{LF}}} t x_{ijt}$$

$$\min C_{\text{total}} = \sum_{i=1}^{I} c_i \left(\sum_{j=1}^{m_i}\sum_{t=t_i^{\text{EF}}}^{t_i^{\text{LF}}} t x_{ijt} - t_i^{E} \right)$$

$$\max F_{\text{resources}} = \sum_{k_r=1}^{K_r}\sum_{j=1}^{m_i}\sum_{t=t_i^{\text{EF}}}^{t_i^{\text{LF}}} x_{ijt} r_{ijk_r} + \sum_{k_d=1}^{K_d}\sum_{j=1}^{m_i}\sum_{t=t_i^{\text{EF}}}^{t_i^{\text{LF}}} x_{ijt} r_{ijk_d}$$

$$\text{约束条件}\begin{cases} \sum_{j=1}^{m_i}\sum_{t=t_i^{\text{EF}}}^{t_i^{\text{LF}}} x_{ijt}=1, i=1,2,\cdots,I \\ \sum_{j=1}^{m_e}\sum_{t=t_e^{\text{EF}}}^{t_e^{\text{LF}}} tx_{ejt}+\sum_{t=t_i^{\text{EF}}}^{t_i^{\text{LF}}} p_{ij}x_{ijt} \leqslant \sum_{j=1}^{m_i}\sum_{t=t_i^{\text{EF}}}^{t_i^{\text{LF}}} tx_{ijt}, i=1,2,\cdots,I; e\in \Pr e(i) \\ \sum_{i=1}^{I}\sum_{j=1}^{m_i} r_{ijk_{\text{r}}}\sum_{s=t}^{t+p_{ij}+1} x_{ijs} \leqslant l_{k_{\text{r}}}^{M}, k_{\text{r}}=1,2,\cdots,K_{\text{r}}; t=1,2,\cdots,T \\ \sum_{i=1}^{I}\sum_{j=1}^{m_i} r_{ijk_{\text{d}}}\sum_{s=t}^{t+p_{ij}+1} x_{ijs} \leqslant l_{k_{\text{d}}}^{M}, k_{\text{d}}=1,2,\cdots,K_{\text{d}}; t=1,2,\cdots,T \\ t_{ij}^{F} \geqslant 0, i=1,2,\cdots,I; j=1,2,\cdots,m_i \\ t_{ij}^{\text{EF}} \geqslant 0, i=1,2,\cdots,I; j=1,2,\cdots,m_i \\ t_{ij}^{\text{LF}} \geqslant 0, i=1,2,\cdots,I; j=1,2,\cdots,m_i \\ x_{ijt} \geqslant 0 \text{或} 1, i=1,2,\cdots,I; j=1,2,\cdots,m_i; t=1,2,\cdots,T \end{cases}$$

为了对上述模型求解，期望值模型（EVM）将随机变量转变为确定性变量。考虑到实际运用，对上述使用随机优化理论，主要使用期望值模型处理目标和约束限制的随机系数。

4. 等效模型

根据前述模型，用优化理论来解决提出的随机问题。通常在编程中涉及不确定性时很难得到最优结果，因此要将随机转变为确定得到等效模型。EVM 对不确定性的平均意义描述是最常见的使用方法。在现实中，当管理者想要得到平均水平意义的最佳管理措施时，EVM 更加方便且更容易实现。因此，当项目经理想要实现最合理的管理目标时，主要使用 EVM 处理目标和约束限制的随机系数。目标函数可看作为

$$E[C_{\text{total}}, C_i]=E\left[\sum_{i=1}^{I}\left(\sum_{j=1}^{m_i}\sum_{t=t_i^{\text{EF}}}^{t_i^{\text{LF}}} tx_{ijt}-t_i^{E}\right)\right]$$

i 是随机延期成本系数。

同时，使用期望值模型处理资源约束方程的随机系数如下：

$$E\left[\sum_{i=1}^{I}\sum_{j=1}^{m_i} r_{ijk_{\text{r}}}\sum_{s=t}^{t+p_{ij}+1} x_{ijs}-l_{k_{\text{r}}}^{M}\right] \leqslant 0, k_{\text{r}}=1,2,\cdots,K_{\text{r}}; t=1,2,\cdots,T$$

提前和延期成本系数是完全独立分布的随机变量，表示为 $c_1,c_2,\cdots,c_I$。$\phi_i(x)$ 和 $\varPhi_i(x)$ 分别表示概率密度函数和分布函数。由定义 $C_i=\left(\sum_{j=1}^{m_i}\sum_{t=t_i^{\text{EF}}}^{t_i^{\text{EF}}} tx_{ijt}-t_i^{E}\right), i=1,2,\cdots,I$ 得到

$$E\left[\sum_{i=1}^{I} a_i c_i\right]=E[a_1 c_1+a_2 c_2+\cdots+a_i c_i+\cdots+a_I c_I]$$

因此

$$E\left[\sum_{i=1}^{I} a_i c_i\right] = E[a_1 c_1 + a_2 c_2 + \cdots + a_i c_i + \cdots + a_I c_I] = a_1 E[c_1] + a_2 E[c_2] + \cdots + a_i E[c_i] + \cdots + a_I E[c_I]$$

将期望值目标函数转化为

$$E\left[\sum_{i=1}^{I} a_i c_i\right] = \sum_{i=1}^{I} a_i \int_{-\infty}^{+\infty} x_i \Phi_i(x) \mathrm{d}x_i = \sum_{i=1}^{I} a_i \int_{-\infty}^{+\infty} x_i \mathrm{d}\Phi_i(x)$$

基于以上内容，目标函数的期望值可以转化为下式 [$\Phi_i(x)$ 是随机延期成本 c_i 的分布函数]：

$$E[C_{\text{total}}, C_i] = E\left[\sum_{i=1}^{I} c_i \left(\sum_{j=1}^{m_i} \sum_{t=t_i^{\text{EF}}}^{t_i^{\text{LF}}} tx_{ijt} - t_i^E\right)\right]$$

$$= \sum_{i=1}^{I} \left(\sum_{j=1}^{m_i} \sum_{t=t_i^{\text{EF}}}^{t_i^{\text{LF}}} tx_{ijt} - t_i^E\right) E[c_i]$$

$$= \sum_{i=1}^{I} \left(\sum_{j=1}^{m_i} \sum_{t=t_i^{\text{EF}}}^{t_i^{\text{LF}}} tx_{ijt} - t_i^E\right) \left(\int_{-\infty}^{+\infty} x_i \mathrm{d}\Phi(x)\right)$$

另外，当考虑 $\Phi_{k_r}(y)$ 是随机资源限制 $l_{k_r}^M$ 的分布函数时：

$$E\left[\sum_{i=1}^{I} \sum_{j=1}^{m_i} r_{ijk_r} \sum_{s=t}^{t+p_{ij}+1} x_{ijs} - l_{k_r}^M\right] \leq 0, k_r = 1,2,\cdots,K_r; t = 1,2,\cdots,T$$

$$\sum_{i=1}^{I} \sum_{j=1}^{m_i} r_{ijk_r} \sum_{s=t}^{t+p_{ij}+1} x_{ijs} - E[l_{k_r}^M] \leq 0, k_r = 1,2,\cdots,K_r; t = 1,2,\cdots,T$$

$$\sum_{i=1}^{I} \sum_{j=1}^{m_i} r_{ijk_r} \sum_{s=t}^{t+p_{ij}+1} x_{ijs} - E[l_{k_r}^M] \leq \left(\int_{-\infty}^{+\infty} y_{k_r} \mathrm{d}\Phi_{k_r}(y)\right), k_r = 1,2,\cdots,K_r; t = 1,2,\cdots,T$$

因此，通过期望值转换的过程，目标函数和资源限制在确定的条件下可以得到解决。对 EVM 问题进一步说明为

$$\min T_{\text{whole}} = \sum_{j=1}^{m_i} \sum_{t=t_i^{\text{EF}}}^{t_i^{\text{LF}}} tx_{ijt}$$

$$\min C_{\text{total}} = \sum_{i=1}^{I} \left(\sum_{j=1}^{m_i} \sum_{t=t_i^{\text{EF}}}^{t_i^{\text{LF}}} tx_{ijt} - t_i^E\right) \left(\int_{-\infty}^{+\infty} x_i \mathrm{d}\Phi_i(x)\right)$$

$$\max F_{\text{resources}} = \sum_{k_r=1}^{K_r} \sum_{j=1}^{m_i} \sum_{t=t_i^{\text{EF}}}^{t_i^{\text{LF}}} x_{ijt} r_{ijk_r} + \sum_{k_d=1}^{K_d} \sum_{j=1}^{m_i} \sum_{t=t_i^{\text{EF}}}^{t_i^{\text{LF}}} x_{ijt} r_{ijk_d}$$

$$\text{约束条件}\begin{cases}\sum_{j=1}^{m_i}\sum_{t=t_i^{\text{EF}}}^{t_i^{\text{LF}}}x_{ijt}=1,i=1,2,\cdots,I\\\sum_{j=1}^{m_e}\sum_{t=t_e^{\text{EF}}}^{t_e^{\text{LF}}}tx_{ejt}+\sum_{t=t_i^{\text{EF}}}^{t_i^{\text{LF}}}p_{ij}x_{ijt}\leqslant\sum_{j=1}^{m_i}\sum_{t=t_i^{\text{EF}}}^{t_i^{\text{LF}}}tx_{ijt},i=1,2,\cdots,I;e\in\text{Pr}e(i)\\\sum_{i=1}^{I}\sum_{j=1}^{m_i}r_{ijk_{\text{r}}}\sum_{s=t}^{t+p_{ij}+1}x_{ijs}\leqslant\left(\int_{-\infty}^{+\infty}y_{k_{\text{r}}}\text{d}\Phi_{k_{\text{r}}}(y)\right),k_{\text{r}}=1,2,\cdots,K_{\text{r}};t=1,2,\cdots,T\\\sum_{i=1}^{I}\sum_{j=1}^{m_i}r_{ij}k_{\text{d}}\sum_{s=t}^{t+p_{ij}+1}x_{ijs}\leqslant l_{k_{\text{d}}}^{\text{M}},k_{\text{d}}=1,2,\cdots,K_{\text{d}};t=1,2,\cdots,T\\t_{ij}^{F}\geqslant 0,i=1,2,\cdots,I;j=1,2,\cdots,m_i\\t_{ij}^{\text{EF}}\geqslant 0,i=1,2,\cdots,I;j=1,2,\cdots,m_i\\t_{ij}^{\text{LF}}\geqslant 0,i=1,2,\cdots,I;j=1,2,\cdots,m_i\\x_{ijt}\geqslant 0\text{或}1,i=1,2,\cdots,I;j=1,2,\cdots,m_i;t=1,2,\cdots,T\end{cases}$$

四、随机型风险损失控制模型求解算法

1. 求解算法

rc-PsP/mM 问题属于典型 NP–hard 类型。基于对上述模型的理解，学者甘露提出了更加合理和有效的新算法来解决多目标随机情况下的 rc-PsP/mM，即 $(r)a-hGA$ 方法。此算法由处理随机变量的随机模拟遗传算法 $(GA)(r)$，处理多目标的加权求和过程，以及处理 rc-PsP/mM 的自适应混合遗传算法 $(a-hGA)$ 组合而成。

2. 算法步骤

步骤 1：设置遗传算法的初始值和参数（种群规模 pop–size、交叉概率 p_{c}、变异概率 p_{m} 和最大进化代数 max–gen）。

步骤 2：形成初始种群。

步骤 3：遗传算子，交叉和变异。

步骤 4：在 GA 循环中应用迭代爬山法。

步骤 5：评价和选择。

步骤 6：对自适应地调节 GA 参数应用启发式探索（即交叉概率和变异算子）。

步骤 7（停止条件）：如果在遗传搜索过程中达到一个预定义的最大代数或最优解，就停止；否则转到步骤 3。

3. 算法程序代码

（1）染色体编码

步骤 1：对项目中的每个工序使用编码程序生成一个随机优先序号。模型中共有 I 项活动，随机生成 $1\sim I$ 条染色体。

步骤 2：对项目中的每个工序使用多级编码程序生成对应的模式，每个工序的执行模式为 m_i。

（2）染色体解码

步骤 1：解码一个可行的工序序列，满足模型中提出的优先约束。

步骤2：随机选择每个工序的活动模式。
步骤3：使用上面找到的工序序列和模式创建一个工序进度 S。
步骤4：对应工序进度 S 画一个横道图，如图4-1所示。

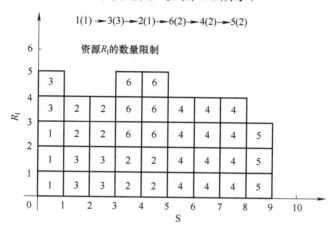

图4-1　工序进度 S 的横道图

（3）染色体评价
步骤1：将随机变量通过 EVM 转化为确定的。
步骤2：通过每个染色体的横道图计算目标值 T_{whole}、C_{total}、$F_{\text{resources}}$。
步骤3：综合三个目标值得到每个染色体的适应值：$\text{eval} = \omega_t T'_{\text{whole}} + \omega_c C'_{\text{total}} + \omega_f F'_{\text{resources}}$

（4）染色体迭代
步骤1：在当前一代选择一个最优染色体。
步骤2：最优染色体附近随机生成新的染色体并达到种群规模（pop-size）。
步骤3：在群体附近选择一个最优适应值的染色体。
步骤4：比较当下最优染色体和附近选择的最优染色体，选择更优的，将其放到当前一代中成为最优染色体。

（5）交叉
步骤1：选择上代染色体中的一个，并随机选择一组位置。
步骤2：通过复制这些位置到相应的位置中形成子代新染色体的一部分。
步骤3：同样，从上代染色体中另选一个，合并形成子代新染色体，如图4-2所示。

（6）变异
步骤1：从当前染色体随机选择一组关键基因。
步骤2：寻找接近的染色体，直到达到工序模式数量的约束。
步骤3：评价并选择最好的染色体。
步骤4：如果选择的染色体比当前的更好，替换掉，如图4-3所示。

（7）自适应调节机制
步骤1：计算父母和当代的后代的平均适应值，分别为 $\overline{f_{\text{par-size}}(t)}$ 和 $\overline{f_{\text{off-size}}(t)}$，$\text{par-size}$ 和 off-size 分别是上下两代种群规模的约束条件。

步骤2：根据 $\left(\overline{f_{\text{par-size}}(t)}/\overline{f_{\text{off-size}}(t)}\right)-1$ 的值，调节交叉和变异的比率。

步骤3：在下一代中使用新比率。

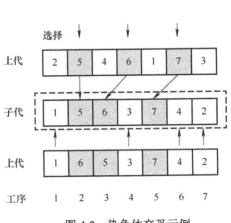

图 4-2　染色体交叉示例

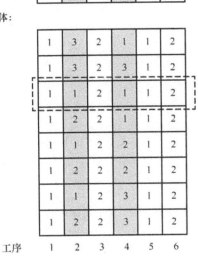

图 4-3　染色体变异示例

第二节　模糊型风险损失控制模型——以质量为例

一、工程项目问题概述

1. 对 GSC 中 DA 的简要叙述

DA（数据处理）的出现是为了适应全球供应链的国际连锁节点（GSC）中的"敏捷性"和连续变化的特点。供应链是一个网，由很多企业作为链节点。在 DA 的整个生命周期内，很多企业会将采购、生产、交付和其他功能等工作打包。图 4-4 显示了 GSC 中 DA 重组的整个生命周期。

在创建阶段，针对一个新的市场，选择居于不同层次和拥有不同地位的节点企业迅速结成联盟。然后，这些链节点为实现 GSC 的目标将分别实施自己的职能，目标实现后联盟将解散。当以另一个新市场为目标时，另一个新的联盟将创建并且开始新的生命周期。

2. FMEA 在 GSC 的 DA 中的简述

工程项目团队通过不同的链节点实现基本且重要的生产、技术环节。而由于资质和实施经验的不同，不同企业即便面对同一个生产或技术环节都有可能存在不同的潜在问题，影响整个生产、服务、建设过程。因此，GSC 中 DA 的"敏捷性"和持续变化等特点会加剧质量风险。故应用先进的失效模式和影响分析（FMEA），并结合模糊关系模型中风险的不确定性，促进深层次质量的改进设计、服务和建设过程，实现事先分析。

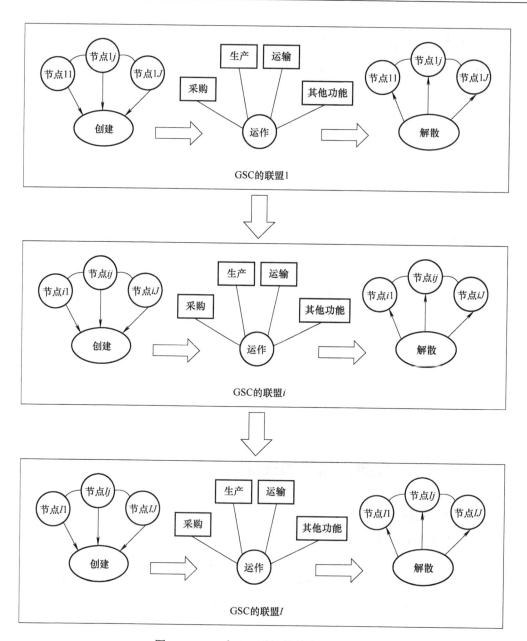

图 4-4　GSC 中 DA 重组的整个生命周期

其中，确定失效模式和评估其严重性是整个 FMEA 质量管理中最关键的任务，在 GSC 的 DA 中应用 FMEA 进行质量管理时，会出现更加烦琐的情况。模糊关系模型的相关理论和方法适合描述这样的复杂系统，可用于完成失效模式识别和评估其严重性的任务。为了得到模糊关系模型的有效预测结果，GSC 中 DA 节点项目团队实施基本生产或工艺过程的参数评估结果作为模型的输入，所有可能的失效模式及其严重程度作为模型的输出。为提高识别的精度和改善模型的长期适应性，自我调节和动态更新机制也需要融入模糊关系模型中，并应考虑使用方便、有效、可用的算法。图 4-5 显示的是 FMEA 结合模糊关系模型在 GSC 的 DA 中的应用流程。

第四章　工程项目风险损失控制基本理论模型

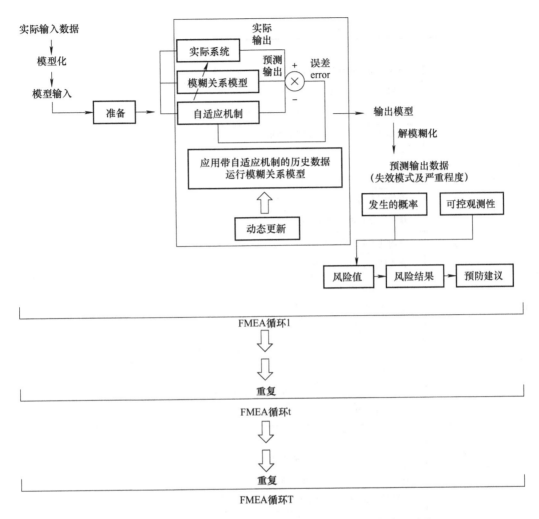

图 4-5　FMEA 结合模糊关系模型在 GSC 的 DA 中的应用流程

二、模糊型风险损失控制模型的建立

模糊型风险损失控制模型的定量和定性结合，始于 GSC 中 DA 节点项目团队实施基本生产或工艺的过程，用于表示创建一个新的动态联盟。模糊型风险损失控制模型中相关符号的含义见表 4-2。

表 4-2　模糊型风险损失控制模型中相关符号的含义

序号	符号	含义
1	m	输入项的索引变量，$m=1,2,\cdots,M$
2	n	输出项的索引变量，$n=1,2,\cdots,N$
3	t	实际参数，$t=1,2,\cdots,T$
4	k	输入输出量的等级，$k=1,2,\cdots,K$
5	s	模糊集合的索引基于输入和输出数据的等级，$s=1,2,\cdots,S$
6	a	输入项的时间延后变量的指数，$a=1,2,\cdots,A$

(续)

序号	符号	含义
7	b	输出项的时间延后变量的指数,$b=1,2,\cdots,B$
8	l	新输入项的索引变量相关分析,$l=1,2,\cdots,L$
9	e	当不排斥时最临近的索引下标值模糊集,$e=1,2,\cdots,E$
10	t'	自动调整的模糊关系规则组的指数,$t'=1,2,\cdots,T$
11	f	工艺过程的指数,$f=1,2,\cdots,F$
12	c	失效的索引模式,$c=1,2,\cdots,C$
13	d	原始因素的指数,$d=1,2,\cdots,D$
14	g	现存操纵测量的指数,$g=1,2,\cdots,G$
15	I_{mt}	在周期为 t 的输入变量
16	O_{nt}	在周期为 t 的输出变量
17	G_k	输入和输出的等级
18	F_s	基于输入输出等级 s 的模糊集
19	μ_s	模糊集的从属函数,$s=1,2,\cdots,S$
20	x_{lt}	l 表示在以 t 为周期的相关分析后得到的新的变量
21	p_{lts}	在模糊集以 t 为周期的新输入变量 l 的可行性分布
22	p_{nts}	在模糊集以 t 为周期的新输出变量 n 的可行性分布
23	$F(I_{mt})$	I_{mt} 的隶属模糊集
24	$F(O_{nt})$	O_{nt} 的隶属模糊集
25	R_{nt}	使用周期为 t 时,模糊关系规则下 n 的输出变量
26	R_n	模糊关系规则下 n 的输出变量的总和(集)
27	λ_l	新的输入 x_l 变量为最临近的模糊集的下标值
28	$F_{lt\lambda_l}$	新的输入变量 x_{lt} 最临近的模糊集
29	$\overline{Fo_{nt}}$	在周期 t 内输出变量 n 隶属函数的预测值
30	$\overline{o_{nt}}$	在周期 t 内输出变量 n 的预测值
31	P_n	输出变量的预测值与实际的平均方差
32	$\text{error}_{nt'}$	n 的输出变量在 t' 的模糊关系规则下真实值与预测值之间的误差
33	$E(\text{error})$	周期 t 内识别误差的隶属函数
34	TP_f	f 的工艺技术
35	FM_c	c 的失效模型
36	OF_d	d 的原始因数
37	EM_g	g 先有的操作方法

1. 前期准备阶段

为实现提出的工程质量管理 FMEA 模糊关系模型在 GSC 的 DA 中的应用,前期准备包括:

1)明确在 GSC 的 DA 中的质量管理改进的目标。

2）一个集结了各种专业人士组成的多层次、多功能的团队是保障人力资源的基础。

3）细分生产或工艺过程的完成和服务步骤。必须找到每个产品完成和服务体系的细分子系统，以最基础的环节作为方法应用和讨论的基本单位。

4）找到针对生产或工艺过程的关键且重要的基础环节。

5）用于建立模型的历史数据。如果已有针对 FMEA 的管理过程，可综合使用历史数据，否则组织安排规模适宜的试验来执行 FMEA 过程获取数据。

FMEA 结合模糊关系模型的输入和输出项都基于历史数据。在 GSC 的 DA 的质量管理应用中，输入项是在每一个不同的全生命周期循环里，对 GSC 的 DA 中的节点企业或项目团队实施基本生产或工艺过程的参数评估结果。输出项则为生产或工艺过程必需的关键且重要的基础环节中所有可能出现的失效模式及其严重程度。为了更准确清楚地描述所有输入和输出项，评估值被定义在一个实数的边界[0,10]内，精确度可至 0.1。评估标准及模型输入和输出项意义见表 4-3。

表 4-3 评估标准及模型输入和输出项意义

输入										
评估	极好	非常优秀	优秀	非常好	好	中等	不错	较为不错	糟糕	非常糟糕	不合适
价值	10	9	8	7	6	5	4	3	2	1	0
输出										
失效模式的严重程度	严重没有报警	严重带有报警	非常高	高	中等	低	非常低	轻微	十分微弱	极其微弱	没有
价值	10	9	8	7	6	5	4	3	2	1	0

2. 失效模式及其严重程度

应用 FMEA 质量管理，首要且最重要的阶段是失效模式及其严重程度的识别。当一个确定的输入出现时，其模糊关系模型由历史数据结合自我优化和动态更新机制预测得出。把每一个在 GSC 的 DA 中的节点企业或项目团队实施基本生产或工艺的过程，在每个不同的全生命周期循环的历史作为一期的数据。考虑到输入和输出项，可以根据实施者的资格以及产品、服务过程按类型确认进而可以避免重项和漏项。

（1）模糊的输入和输出数据　在[0,10]中划分10等级的输入和输出数据，每个的定义如下：$G_k \underline{\Delta} [k-1, k]$。基于10等级建立10个模糊集合，确认每个模糊集的隶属函数。用一个梯形模糊变量来准确地描述评价的模糊属性值，如下：

$$\mu_1(x) = \begin{cases} 1, 0 \leqslant x \leqslant 0.75 \\ \dfrac{x-1.5}{0.75-1.5}, 0.75 \leqslant x \leqslant 1.5 \end{cases} ; \mu_2(x) = \begin{cases} \dfrac{x-0.5}{1.25-0.5}, 0.5 \leqslant x \leqslant 1.25 \\ 1, 1.25 \leqslant x \leqslant 1.75 \end{cases}$$

$$\mu_3(x) = \begin{cases} \dfrac{x-1.5}{2.25-1.5}, 1.5 \leqslant x \leqslant 2.25 \\ 1, 2.25 \leqslant x \leqslant 2.75 \\ \dfrac{x-3.5}{2.75-3.5}, 2.75 \leqslant x \leqslant 3.5 \end{cases} ; \mu_4(x) = \begin{cases} \dfrac{x-2.5}{3.25-2.5}, 2.5 \leqslant x \leqslant 3.25 \\ 1, 3.25 \leqslant x \leqslant 3.75 \\ \dfrac{x-4.5}{3.75-4.5}, 3.75 \leqslant x \leqslant 4.5 \end{cases}$$

$$\mu_5(x)=\begin{cases}\dfrac{x-3.5}{4.25-3.5},3.5\leqslant x\leqslant4.25\\ 1,4.25\leqslant x\leqslant4.75\\ \dfrac{x-5.5}{4.75-5.5},4.75\leqslant x\leqslant5.5\end{cases};\mu_6(x)=\begin{cases}\dfrac{x-4.5}{5.25-4.5},4.5\leqslant x\leqslant5.25\\ 1,5.25\leqslant x\leqslant5.75\\ \dfrac{x-6.5}{5.75-6.5},5.75\leqslant x\leqslant6.5\end{cases}$$

$$\mu_7(x)=\begin{cases}\dfrac{x-5.5}{6.25-5.5},5.5\leqslant x\leqslant6.25\\ 1,6.25\leqslant x\leqslant6.75\\ \dfrac{x-7.5}{6.75-7.5},6.75\leqslant x\leqslant7.5\end{cases};\mu_8(x)=\begin{cases}\dfrac{x-6.5}{7.25-6.5},6.5\leqslant x\leqslant7.25\\ 1,7.25\leqslant x\leqslant7.75\\ \dfrac{x-8.5}{7.75-8.5},7.75\leqslant x\leqslant8.5\end{cases}$$

$$\mu_9(x)=\begin{cases}\dfrac{x-7.5}{8.25-7.5},7.5\leqslant x\leqslant8.25\\ 1,8.25\leqslant x\leqslant8.75\\ \dfrac{x-9.5}{8.75-9.5},8.75\leqslant x\leqslant9.5\end{cases};\mu_{10}(x)=\begin{cases}\dfrac{x-8.5}{9.25-8.5},8.5\leqslant x\leqslant9.25\\ 1,9.25\leqslant x\leqslant10\end{cases}$$

基于以上模糊集的隶属函数，可以由输入和输出项变量（例如 I_{mt}、I_{nt}）决定某些模糊集的模糊属性，如下：如果 $\mu_{F_s}(I_{mt})=\max\{\mu_{F_1}(I_{mt}),\mu_{F_2}(I_{mt}),\cdots,\mu_{F_s}(I_{mt})\}$，$I_{mt}$ 对 F_s 的属性定义为 $F(I_{mt}),\mu(I_{mt})=\mu_{F(I_{mt})}(I_{mt})$；如果 $\mu_{F_s}(O_{nt})=\max\{\mu_{F_1}(O_{nt}),\mu_{F_2}(O_{nt}),\cdots,\mu_{F_s}(O_{nt})\}$，$O_{nt}$ 对 F_s 的属性定义为 $F(O_{nt}),\mu(O_{nt})=\mu_{F(O_{nt})}(O_{nt})$。因此，可以找出模糊集中每个输入和输出项变量对应的属性，就可以完成对其数据的模糊化。

（2）确认模糊关系模型的结构　模糊关系模型是一个预测性的模型。它是由输入项通过一系列模糊关系规则配置从而得到输出项的结果值。通过对输入和输出项变量的相关分析可以获得预测模型产生的预测值。因此，确认输入和输出项的结构变量主要是依赖相关分析。另外，识别系统模型可进行多个输入和多个输出，得出所有的输出项变量都是在模糊关系模型中通过输入变量得出的精确的确认结果。进行相关分析的目的是分析每个输出项的变量本身和所有输入项变量考虑时滞情况下的相关性。所以，确认的结构如下：

$$[I_{1(t-a)},\cdots,I_{m(t-a)},\cdots,I_{M(t-a)},O_{n(t-a)},O_{nt}],a=1,2,\cdots,A;n=1,2,\cdots,N$$

考虑时间延迟的情况下，针对每一个输出项变量本身和所有其他输入项变量，做质量相关分析。以建立的模糊集合为索引，使用各个不同的全生命周期中每个输入和输出项变量作为分析数据。相关分析结果给出了由原始输入项变量在当前时期的可用输入项变量，以及原始输入项变量的时间滞后和原始输出项变量的时间滞后时期。

另外，考虑到提出的模型所要表达的意义以及在 GSC 的 DA 中的实际应用，不同实施者的质量和评估值不会对彼此造成多大的影响，即不需要考虑过多时间滞后的相关分析。每个输入和输出项变量扩大的两个周期的相关分析时间能满足分析需求。

（3）确认模糊关系规则　在确认的每个输出本身和所有输入项考虑时间延迟的基础上，根据模糊规则预测每个特定输入项的输出项是关键问题。通过相关分析，相对于输出项变量而言，考虑可使用的输入项变量。获得每个输出项变量的模糊关系规则的过程为：

第一步：计算在 t 时内，所有有效的输入和输出数据的可能性分布模糊集，公式如下：

$$\begin{cases} p_{lts} \triangleq \text{poss}(F_s \mid x_\mu) = \sup\min\{F_s(x_\mu), \mu(x_\mu)\}, l=1,2,\cdots,L; s=1,2,\cdots,S \\ p_{nts} \triangleq \text{poss}(F_s \mid O_{nt}) = \sup\min\{F_s(O_{nt}), \mu(O_{nt})\}, n=1,2,\cdots,N; s=1,2,\cdots,S \end{cases}$$

设定 $\mu(x_\mu)$ 是隶属 x_{lt} 的函数，$\mu(O_{nt})$ 是隶属 O_{nt} 的函数。

第二步：构造向量为：

$$\begin{cases} p_{lt} = [p_{lt1},\cdots,p_{lts},\cdots,p_{ltS}], l=1,2,\cdots,L \\ p_{nt} = [p_{nt1},\cdots,p_{nts},\cdots,p_{ntS}], n=1,2,\cdots,N \end{cases}$$

第三步：构造在 t 时期的模糊关系规则 R_{nt}，如下：

$$R_{nt} = p_{1t} \times \cdots \times p_{lt} \times \cdots \times p_{Lt} \times p_{Nt}, n=1,2,\cdots,N$$

x 表示笛卡儿操作，如下：

$$R_{nt}(1_\gamma,\cdots,l_\gamma,\cdots,L_\gamma,n_\gamma) = \min\{p_{1t1\gamma},\cdots,p_{ltl\gamma},\cdots,p_{LtL\gamma},p_{ntn\gamma}\}$$

$$1_\gamma,\cdots,l_\gamma,\cdots,L_\gamma,n_\gamma = 1,2,\cdots,S; n=1,2,\cdots,N$$

使用最大、最小运算符，$1_\gamma,\cdots,l_\gamma,\cdots,L_\gamma,n_\gamma = 1,2,\cdots,S$ 表示笛卡儿操作的维度。

第四步：计算 n 的综合模糊关系规则输出项变量，如下：

$$R_n = \bigcup_{t=1}^{T} R_{nt}$$

例如

$$R_n(1_\gamma,\cdots,l_\gamma,\cdots,L_\gamma,n_\gamma) = U_t^T R_{nt}(1_\gamma,\cdots,l_\gamma,\cdots,L_\gamma,n_\gamma)$$

$$1_\gamma,\cdots,l_\gamma,\cdots,L_\gamma,n_\gamma = 1,2,\cdots,S; n=1,2,\cdots,N$$

（4）预测输出 若模糊关系规则 R_{nt} 对输入项变量 n 是已知，则获得输出项变量的预测值如下：

第一步：找到在周期 t 最临近的每个新输入项变量 x_{lt}（$l=1,2,\cdots,L$）的模糊集 $F_{lt\lambda_t}$，其中 λ_t 如下：

$\lambda_t = \{s \mid p_{lts} > q, s=1,2,\cdots,S\}, l=1,2,\cdots,L$，$0 < q < 1$，$q$ 是预先设定的值。

第二步：如果 λ_t 是独立的，预测输出的模糊集变量属性如下：

$$\overline{F_{O_{nt}}} = \max{}_{n_s} \times \min\{R_n(\lambda_1,\cdots,\lambda_l,\cdots,\lambda_L,n_s), \mu(O_{nt})\}, n=1,2,\cdots,N; n_s=1,2,\cdots,S$$

如果 λ_t 不是独立的，定义为 $\lambda_l^{(1)},\cdots,\lambda_l^{(e)},\cdots,\lambda_L^{(E)}$，将上式转化为

$$\overline{F_{O_{nt}}} = \max{}_{\lambda_1^{(e)}} \times \cdots \times \max{}_{\lambda_l^{(e)}} \times \cdots \times \max{}_{\lambda_L^{(e)}} \times \max{}_{n_s} \times \min\{R(\lambda_1,\cdots,\lambda_l,\cdots,\lambda_L,n_s),\mu(O_{nt})\}$$

$$l=1,2,\cdots,L; \lambda_l = \lambda_l^{(1)},\cdots,\lambda_l^{(e)},\cdots,\lambda_l^{(E)}; n=1,2,\cdots,N; n_s=1,2,\cdots,S$$

第三步：根据隶属函数预测模糊集合使用的区域，输出项变量的预测值用 $\overline{O_{nt}}$ 来表示。

（5）检查有效性规则 获得模糊关系规则后，通过计算输出项变量实际的平均方差和预测值来获得，公式如下：

$$p_n = \frac{1}{T}\sum_{t=1}^{T}\left(O_{nt} - \overline{O_{nt}}\right)^2$$

（6）自我调节优化和动态更新机制 模糊关系模型是根据输入和输出的数据在一系列时期之上建立的，为了提高预测的精度，提出基于模型评估值和预测值之间的误差，调整

模糊关系规则，步骤如下：

步骤1：随机选择一组针对某模糊关系规则的输入项变量值和合理范围内预测的输出项变量值。

步骤2：计算选定的模糊关系规则的实际评估值和预测值之间的误差，公式如下：

$$\text{error}_{nt'} = O_{nt'} - \overline{O_{nt'}}$$

步骤3：如果 $\text{error}_{nt'} = 0$，那么执行另一个规则；否则，实际评估值将取代预测值。

此外，随着时间的推移，实际系统不断变化，则使用基于动态更新的模糊关系规则下的适应性模型为：

步骤1：通过模糊关系模型与特定的输入项变量的值计算针对输出项变量的预测值。

步骤2：如果不能完成步骤1，表明使用特定的评估值无法完成失效模式识别以及严重程度评估的过程，则可以得到新的模糊关系规则，并将其添加到针对输出的模糊关系模型中。

步骤3：否则，动态更新过程结束。

（7）稳定性分析　任何一个预测模型，稳定性分析是必需的。考虑到公式 $\text{error}_{nt'} = O_{nt'} - \overline{O_{nt'}}$，使用李雅普诺夫函数，即

$$V(\text{error}, \text{time}) = \frac{1}{2}\text{error}^{\text{Time}}(\text{time})e(\text{time}) > 0$$

$\text{error}^{\text{Time}}(\text{time})$ 近似为 $\text{error}^{\text{Time}}(\text{time}_t) = \frac{1}{2}[\text{error}(\text{time}_{t+1}) - \text{error}(\text{time}_t)]/\text{Time}_h$。其中，$\text{Time}_h$ 是采样时间，由此得

$$V(\text{error}, \text{time}_t) = \frac{1}{\text{Time}_h}\text{error}^{\text{Time}}(\text{time}_t)[e(\text{time}+1) - e(\text{time}_t)] > 0$$

定义 $V_t \triangleq V(\text{error}, \text{time}_t), \text{error}(\text{time}_t)$，得到 $V_t = \frac{1}{\text{Time}_h}[-\text{error}_t^{\text{Time}}\text{error} + \text{error}_t^{\text{Time}}(O_{t+1} - \overline{O_{t+1}})]$，因此，在 time_t 中，为保证 $V(\text{error}, \text{time}_t)$，有效条件为 $O_{t+1} - \overline{O_{t+1}} < \text{error}_t$。

上述方法中引入了自我调节优化机制以提高识别的精度，并且通过反复的自我调节机制来优化时间，所有预测值是高度近似于实际评估值的。因此，符合有效条件的稳定预测模型是满足要求的，且每一个输出项均可以完成此过程。

（8）确定失效模式及严重程度　通过确定一个关于严重程度的标准（例如≥1），这些符合标准的失效模式可以被选中。

3. 失效模式的发生及概率

评估失效模式的发生时，引起事故的因素及其来源在FMEA中发挥重要的作用。完成这项任务必须依靠一系列专业知识、试验、历史数据的统计分析，这阶段包括以下内容：

1）尽可能找到引发每个失效模式的所有原始因素。

2）当这些原始因素不独立时，应该进行相关的试验，查明主要的和可控的原始因素。

3）基于现有的统计数据评估这些原始因素的发生概率。

为了描述这些原始因素的可能性，可能性的值被定义在一个实数的边界[0，10]内，精

确度可至 0.1，见表 4-4。

表 4-4　失效模式的可能性

可能性	极高			高		中等			低		极低
频率	≥2/3	1/2	1/3	1/8	1/20	1/80	1/400	1/2000	1/15000	1/150000	≤1/150000
价值	10	9	8	7	6	5	4	3	2	1	0

4. 失效模式的可检测性

为了寻找减轻影响每个失效模式的原始因素，可对每个原始因素分别进行确认和控制。此阶段的要点是找到在当前设计方案下现有的控制措施，如可以防止失效模式或减少发生的概率的措施、可以降低其严重程度的措施、可以预测到失效模式的措施或者只能发现失效模式的措施。

为了描述失效模式的可检测性，可检测性的值被定义在一个实数的边界[0，10]内，精确度可至 0.1，见表 4-5。

表 4-5　失效模式的可检测性

可检测性	完全可测	非常高	高	中等偏上	中等	中等偏下	低	非常低	微小	极低	完全不可测
价值	10	9	8	7	6	5	4	3	2	1	0

5. 计算风险系数（RPN）

风险系数是严重程度、可能性和可检测性三者乘积，公式如下：

$$RPN = 严重程度 \times 可能性 \times 可检测性$$

$$RPN = Severity \times Probability \times Detection$$

对所选定的失效模式计算风险系数，反映风险的程度及损失控制的程度。

6. 预防和改正的建议

就 RPN 值最高的作为最关键失效模式提出建议与预防和纠正措施，以此来提高在 GSC 的 DA 中的质量管理。

7. 分析结果

FMEA 是一种用来发现并解决潜在问题的有效方法。在各个全生命周期循环中，针对每一个在 GSC 的 DA 中的节点企业或项目团队实施基本生产或工艺的过程进行质量风险的损失控制。对于每次的应用实施获得一个分析结果，可以提供 FMEA 模糊关系模型动态更新的历史数据。

三、模糊型风险损失控制模型的求解算法

为改进模糊关系规则，获得更准确的预测结果（即失效模式及其严重程度），需使用自我调节优化和动态更新机制，以更加自动、方便、高效地建立模型和确认模糊关系，因此提出 IABGA 算法。这种算法针对建模过程中带有多个输入和输出的情况，利用单一的输入和输出系统进行简化，根据算法运行的预测结果，可以利用 FMEA 整合模糊关系模型的方法找出 GSC 中 DA 的潜在问题（失效模式及其严重程度），在每一个不同的生命周期的循环中，改善并提出建议，最后使分析结果起到质量风险损失控制的作用。

1. 算法的步骤

步骤 1：输入和输出数据的模糊化，为算法做准备。即得到模糊集的数据 $F(I_{mt})$ 和 $F(O_{nt})$。

步骤 2：分析输出变量本身和所有输入变量在考虑时滞时的相关性，并基于模糊化的分析结果，获取可用的输入项变量及输出项变量。

步骤 3：通过模糊结果使用 IABGA 完善模糊关系规则，得到预测结果和有效性检查，进行自我调节优化和动态更新机制。

步骤 4：评估引发失效模式的原始因素和发生的可能性。

步骤 5：寻找每个失效模式的缓解因素和确认检测的可控性。

步骤 6：计算风险系数，即失效模式的严重程度、可能性和可检测性的乘积。

步骤 7：基于 RPN 值，提出预防和整改的建议。

步骤 8：分析结果。

其中步骤 1～步骤 3 的目的是获得失效模式及其严重程度。这些步骤在每个输出变量与所有输入变量数据中重复进行。

由此可知，整个方法都是基于提出的整合模糊关系模型的 FMEA。步骤 1 和步骤 2 可以通过使用计算机程序实现。步骤 4～步骤 7 应该更多地依赖专家知识、试验和历史数据的统计分析来完成。因此，方法的重难点在于步骤 3 中提出的 IABGA。

2. IABGA 算法

应用 GA 的编解码过程，首先随机生成一个染色体，其次评估随机染色体的适应值，再使用交叉及变异来传承母代基因和反映子代的基因突变。通过循环，直到它满足终止条件。最后，自我调节优化和动态时更新机制被引入以获得更加准确、有效的模糊关系规则。此外，模糊关系规则经实际的平均方差调整，检查这些规则的评估值和预期值输出项变量的有效性。步骤如下：

步骤 1：设置遗传算法的初始值和参数：种群规模 pop-size、交叉概率 p_c、变异概率 p_m 和最大进化代数 max-gen。

步骤 2：生成初始种群。

步骤 3：评估和选择。

步骤 4：遗传算子：交叉和变异。

步骤 5（停止条件）：是否达到预定义的遗传搜索过程的最优解，达到即停止；否则，回到步骤 3。设定如果相邻两代的最优值固定在一个预定义范围内，停止。此时，该算法成功。

步骤 6：所有的输入数据重复步骤 1～步骤 5 得到完整模糊关系规则，用来获取相应的输入和输出项变量的预测模糊集。

步骤 7：使用自我调节优化和动态更新机制调整模糊关系规则。

3. IABGA 演示流程

（1）编码 提出的模型在针对 GA 编码时，计算可能涉及的输入和输出数据，分别在总的模糊集中准备就绪。对提出的模型，进行随机的 GA 编码。在随机整数范围内分配模糊集中每一个基因点位的值。所有的基因点位都体现了模糊关系模型。随机生成的一个模型染色体如图4-6所示。

图 4-6　染色体图解

解码过程：从总模糊集中选择每个输入模糊集，根据基因值和输出项变量对应的基因点位选择模糊集。

（2）评估和选择　使用所有维度中确定的最小值作为一条染色体的适应值，将种群染色体中拥有最大适应值的染色体作为最好的染色体。使用 GA 随机遗传算法中轮盘赌法随机选择一条成为母代染色体，应用在 GA 循环中。

（3）遗传运算元

1）交叉。交叉是为了搜索新的解决方案空间和为交叉算子选择父母之间交换部分的字符串，采用子代和母代的交叉操作，如图4-7所示。

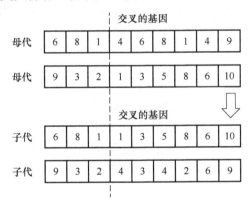

图 4-7　交叉图解

在交叉操作中，随机选择基因点位，然后交换两个基因点的母代染色体以改变最终的字符串。最后，生成改变后的子代染色体。

2）变异。变异是用来防止过早收敛和搜索新的解决方案空间，通常通过修改染色体上的基因完成。使用最优参考的变异操作如图4-8所示。

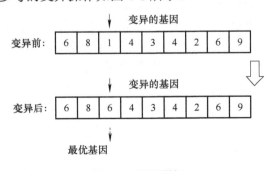

图 4-8　变异图解

在变异操作中，选择一个随机的基因位点，并使用现存的最优基因替代这个基因位点的基因。最优基因是模糊集的输入或输出项变量对应的基因点位中值最大的。

（4）自我调节优化和动态更新机制　自我调节优化：选择一组模糊关系规则计算实际的评估值和预测值之间的误差。

若误差为零，然后进入另一个规则，否则，用实际值取代预测的评估值。

动态更新机制：通过模糊关系模型与特定评估值的输入项变量计算预测输出项的值。如果不能完成上述要求，则将这个特定评估值对应的失效模式及其严重程度进行评估。运用此过程得到一个新的规则和模糊关系，并添加到目标的模糊关系模型的输出中。

（5）算法收敛　由于 R_t 作为模糊规则和 RR 作为实际系统的差别所致，用 $E_t(\text{error})$ 作为模糊集的误差，公式如下：

$$R_t = RR + [F(I_{1t}) \wedge \cdots \wedge F(I_{mt}) \wedge \cdots \wedge F(I_{MT}) \wedge E_t(\text{error})]$$

$E_t(\text{error})$ 反映了 R_t 和 RR 的不一致。当 $\text{error}_t \to 0, R_t \to RR$ 时，说明预测模型融合到实际的特点。

第三节　混合型风险损失控制模型——调度与采购

一、工程项目问题概述

建设工程项目特别是大型的建设工程项目是一个复杂的巨大系统，由许多子项目以及子项目中的工序组成，在多个功能结构的共同运作下进行。项目的调度安排和材料采购就是这些功能中最为重要的部分。调度安排是为项目具体建设实施做出指导性计划。计划主要是对各子项目以及各工序的开始、结束、连接和人员、材料、设备等进行调度安排。而项目所需材料设备的采购则是为项目建设提供物质支持的后勤保障，在建设工程项目正常运作中起着重要的作用。

1. 问题描述

项目调度安排涉及时间计划和建设施工材料设备的安排，且对某个具体项目而言有资源有限性带来的影响。每个项目工序都必须要在一个模式下执行，每个执行模式都对应着一个执行时间和资源的消耗量，且一旦进行实施，模式不容许改变，否则造成整个操作的混乱。模式的多样性为整个项目的完成提供了多种可行的解决方案。同时，项目面临有限的资源。这是一种典型的 MRCPSP（多资源约束下的进度编排）问题。

材料采购是 MRCPSP 问题中重要的一部分，主要是针对可更新资源的定期采购。建设工程项目中重要材料的采购必须通过招投标形式选择供应商。同时，为了满足整个建设工程项目进程的需要，通常情况下材料采购需要定期分批进行。在实际操作中，对于建设材料购置，通常都会根据类型有一定的规则：在项目的整个实施期内，采购负责人会根据库存量和建设需求决定各采购期需要购买材料的数量；并且计划每期采购时的最大量、最小量；在不同材料的购买数量上会存在一定的关系。由于各种材料的重要程度、价格和数量等不同，其采购成本也不相同，而且从最小化成本的角度出发，在寻求最优的总采购成本时，各种材料之间不可避免地存在着矛盾。因此，在进行采购风险损失控制决策时，需要面对多目标的情形。

综上所述，对于调度风险和采购风险，基于项目的实际情况，其"风控"是对 MRCPSP 问题和材料采购问题的综合考量。项目经理负责管理整个项目的调度安排，应对调度风险，而采购经理则需要考虑各采购期内的材料购置，以满足整个项目实施期的需要，控制采购风险。其混合控制就形成了二层决策结构：项目经理作为上层决策者，采购经理作为下层决策者，他们相互影响，相继决定，共同完成整个调度和采购的安排；项目经理追求的是短的建设工期和少的调度成本（包括各设备材料的成本），并在考虑多执行模式和资源约束（包括不可更新资源和可更新资源）情况下，做出最优的调度安排。而采购经理则是基于对材料价格、数量、库存、交通、短缺和材料间的相互关系等的考虑，力求做到采购成本最小化。上层决策将影响下层决策，而下层则需要在上层决策的范围内选择自己最优的方案，这融合了随机型和模糊型两种不确定性的二层混合结构。

2. 概念模型

对利用 MRCPSP 问题和材料采购问题的二层决策追求最优的调度安排和采购计划以实现建设工程项目风险损失控制的描述如图 4-9 所示。

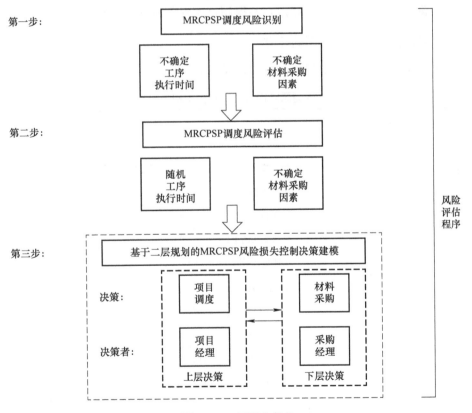

图 4-9 二层混合结构

由于建设工程项目涉及两种风险及其不确定因素，且风险损失控制需要综合考虑 MRCPSP 问题和材料采购问题，因此呈现出融合了随机型和模糊型两种不确定性的二层决策结构。为了能够对这两种建设工程项目风险提出损失控制的有效举措，使用二层多目标

复合不确定规划,通过数学建模的技术方法进行分析。其基本假设条件如下:

1)所讨论的一个项目包含多个工序(i),每个工序有多个已知的执行模式(j)。

2)每个工序都必须要在一个执行模式下实施,且对应于一个执行时间(ξ_{ij}),存在不可更新资源的消耗量(r_{ijn}^{NON})和可更新资源的消耗量(r_{ijk}^{RE})。

3)每个工序的开始时间由其紧前工序的完成时间决定。

4)在项目整个实施期内,每个可供所有工序使用的不可更新资源的量有限(q_n^{NON})。

5)在每个施工的单位时间内(以天来计算),每个可更新资源的供应量有限(q_k^{RE})。

6)每个采购期内,可更新资源(材料)的采购是根据工序的需要确定。

7)在项目整个实施期中,共有T^M个采购期,每个期间的时间为T^D(设定为30天)。

8)对每种材料通过招投标过程选择一个供应商。

9)设定材料的等待期为0,即经过每个阶段的采购,在下一阶段开始之前,所购置的材料已经到位。

10)共有k种需要采购的材料,且相互之间在数量上可能存在线性关系。

11)所有材料的实际购买量需在采购经理确定好的数量区间内。

12)材料都按照就近的原则储存,且不得超过库存限制(μ_k^{MAX})。

二、混合型风险损失控制模型的建立

混合型风险损失控制模型中相关符号的含义见表4-6。

表4-6 混合型风险损失控制模型中相关符号的含义

序号	符号	含义
1	i	工序,$i=1,2,\cdots,I$
2	j	执行模式,$j=1,2,\cdots,m_i$(m_i是工序i的执行模式数量)
3	n	不可更新资源,$n=1,2,\cdots,N$
4	k	可更新资源,$k=1,2,\cdots,K$
5	t^D	项目施工的单位时间,$t^D=1,2,\cdots,T^D$
6	t^M	采购期,$t^M=1,2,\cdots,T^M$
7	$\overline{T}^D$	采购单位时间
8	ξ_{ij}	工序i在模式j下的随机执行时间
9	$Pre(i)$	工序i的紧前工作集合
10	r_{ijn}^{NON}	工序i在模式j下消耗的不可更新资源n的数量
11	r_{ijk}^{RE}	工序i在模式j下消耗的可更新资源k的数量
12	q_n^{NON}	不可更新资源n的数量限制
13	q_k^{RE}	可更新资源k的数量限制
14	c_n^{NON}	不可更新资源n的价格
15	D	项目工期

（续）

序号	符号	含义
16	C	项目成本
17	P_l	下层规划
18	$u_k(\cdot)$	材料 k 的库存量
19	qb_k	在各采购期开始前，材料 k 的库存量
20	qe_k	在项目工期完成时，材料 k 的库存量
21	u_k^{MAX}	材料 k 的库存限制
22	$\zeta_k(\cdot)$	材料 k 的随机需求量
23	sh_k	不能满足材料 k 的需求时的惩罚价格
24	SC_k	不能满足材料 k 的需求时的惩罚成本
25	w_k^{L}，v_k^{L}	材料 k 购买量线性系数的下边界
26	w_k^{U}，v_k^{U}	材料 k 购买量线性系数的上边界
27	$l_{k,t^{\text{M}}}^{\text{MIN}}$	材料 k 在采购期 $(t^{\text{M}}+1)^{\text{th}}$ 的购买量最小值
28	$l_{k,t^{\text{M}}}^{\text{MAX}}$	材料 k 在采购期 $(t^{\text{M}}+1)^{\text{th}}$ 的购买量最大值
29	δ_k	材料 k 在第一个采购期的商定价格
30	$r\tilde{a}_k$	材料 k 的模糊变动价格
31	$\alpha_k(\cdot)$	材料 k 的强制保费
32	$\beta_k(\cdot)$	材料 k 的转化系数
33	r_k	材料 k 在最大购买量时的折扣
34	$c\tilde{c}_k$	材料 k 的库存模糊变动因素
35	h_k	材料 k 的库存价格
36	$c\tilde{t}_k(\cdot)$	材料 k 从供应商到入库的模糊运输价格
37	X_k	$X_k = (l_k(\cdot), u_k(\cdot))$
38	Q_k	材料 k 的最优成本
39	f_k	材料 k 的成本
40	f_k^{PC}	材料 k 的购买成本
41	f_k^{HC}	材料 k 的库存成本
42	f_k^{TC}	材料 k 的运输成本
43	$l_k(\cdot)$	材料 k 的购买量

1. 目标函数

（1）上层规划　用最后一个工序的完成时间 $x_{Ijt^{\text{D}}}$ 来表示项目的工期，说明最后一个工序 I 在模式 j 下执行，计划在时间 t^{D} 内完成。对于工序 I，有且仅有一个模式和时间的组合，在所有的 $x_{Ijt^{\text{D}}}$ 中，有且仅有一个值为 1。因此项目的工期目标函数可以用下式来表示：

$D = \sum_{j=1}^{m_I} \sum_{t^{\text{D}}=1}^{T^{\text{D}}} t^{\text{D}} x_{Ijt^{\text{D}}}$，其中用 $r_{ijn}^{\text{NON}} x_{ijt^{\text{D}}} cn_n^{\text{NON}}$ 表示工序 I 在模式 j 下执行并计划在时间 t^{D} 内完成

时，所消耗不可更新资源 n 的成本。将所有可能的工序、模式和完成时间的组合所对应的成本加总（即 $\sum_{i=1}^{I}\sum_{j=1}^{m_i}\sum_{t^D=1}^{T^D} r_{ijn}^{NON} x_{ijt^D} cn_n^{NON}$）得到这个不可更新资源 n 的总成本。$Q_k(l_k, \bar{a}_k)$ 表示可更新资源 k 的总成本，由下层规划计算而得。其中下层采购环节的风险，通过识别和评估在目标中体现出来，可以经模型进行损失预防控制。而整个项目的成本就是 N 种不可更新资源和 K 种可更新资源成本的总和，表示为

$$C = \sum_{n=1}^{N}\sum_{i=1}^{I}\sum_{j=1}^{m_i}\sum_{t^D=1}^{T^D} r_{ijn}^{NON} x_{ijt^D} cn_n^{NON} + \sum_{k=1}^{k} Q_k(l_k, \bar{a}_k)$$

（2）下层规划 目标函数为整个项目工期所有材料的采购成本。采购负责人的目标是力图实现各种材料成本的最小化。由于各种材料的重要性都不尽相同，关键材料的成本相对较高而辅助材料的成本相对较低，加之各种材料间存在的相互关系，则出现不同材料采购成本的矛盾。因此，不能简单地将各种材料采购成本加总并用一个目标函数表示，而应该将不同的 k 种材料各自的采购成本单独建立目标函数，形成多个目标函数，即

$$f_k(X_k, \bar{a}_k) = f_k^{PC}(l_k(\cdot), \bar{\delta}_k, r\tilde{a}_k) + f_k^{HC}(u_k(\cdot), c\tilde{c}_k(\cdot)) + f_k^{TC}(l_k(\cdot), c\tilde{t}_k)$$

2. 约束条件

（1）上层规划 每个工序都必须在一个模式下执行且在一定的时刻完成才能保证解空间的完备性，表达式为

$$\sum_{j=1}^{m_i}\sum_{t^D=1}^{T^D} x_{xjt^D} = 1, \forall i$$

要保证所有的工序都不违反优先序，其表达式如下所示。其中工序 i 的执行时间通过风险的识别和评估是不确定的，用随机变量表示，它是建设工程项目中调度风险的主要因素，经由模型来进行损失的预防控制。

$$\max_{e \in Pre(i)}\left(\sum_{j=1}^{m_e}\sum_{t^D=1}^{T^D} t^D x_{ejt^D}\right) + \sum_{j=1}^{m_i}\sum_{t^D=1}^{T^D} \xi_{ij} x_{ijt^D} \leq \sum_{j=1}^{m_i}\sum_{t^D=1}^{T^D} t^D x_{ejt^D}, \forall i$$

$r_{ijn}^{NON} x_{ijt^D}$ 是指工序 i 在模式 j 下执行，且计划在时间 t^D 内完成时所消耗的不可更新资源 n 的量。为了将整个项目实施期内不可更新资源的消耗总量控制在可提供的范围内，所有工序、模式和完成时间的组合所对应的 $r_{ijn}^{NON} x_{ijt^D}$ 值加总后不得超过资源的限制 q_n^{NON}，表示为

$$\sum_{i=1}^{I}\sum_{j=1}^{m_i}\sum_{t^D=1}^{T^D} r_{ijn}^{NON} x_{ijt^D} \leq q_n^{NON}, \forall n$$

为了保证在单位时间内，所有工序所消耗的可更新资源 k 不超过限制，需要对其在每个时间 t^D 的消耗分别计算（即从 1 到 T^D 的每个时间）。在 $[t^D, t^D + \xi_{ij} - 1]$ 内（即从工序的开始时间 t^D 到经过了 ξ_{ij} 的完成时间后结束的时间段内），所有工序、模式和完成时间的组合所对应的 $r_{ijk}^{RE} x_{ijs}$ 不得超过限制 q_k^{RE}，如下式所示。其中工序 i 的执行时间如上所述是不确定的，用随机变量表示，是建设工程项目中调度风险的主要因素，它同样也影响到施工中可更新资源的使用量，从而引起对这些资源（即为材料）采购的不确定性，引发风险。

$$\sum_{i=1}^{I}\sum_{j=1}^{m_i}\sum_{s=t^D}^{T^D+\xi_{ij}-1} r_{ijk}^{RE} x_{ijs} \leqslant q_k^{RE}, \forall k, t^D$$

所有的决策变量 x_{ijt^D} 根据实际意义，都是 0、1 变量，表达式为

$$x_{ijt^D} = 0 \text{ 或 } 1, \forall i, j, t^D$$

（2）下层规划 状态方程描述了库存量 $u_k(t^M)$ 和 $u_k(t^M+1)$，与购买量 $l_k(t^M)$ 以及需求量 $\zeta_k(t^M)$ 之间的关系。如果 $u_k(t^M) + l_k(t^M) - \zeta_k(t^M) \geqslant 0$，则材料 k 在购买期 $(t^M+1)^{th}$ 结束时，即购买期 $(t^M+2)^{th}$ 开始时的库存量 $u_k(t^M+1)$ 应该为 $u_k(t^M) + l_k(t^M) - \zeta_k(t^M)$；相反，则为 0。状态方程为

$$u_k(t^M+1) = [u_k(t^M) + l_k(t^M) - \zeta_k(t^M)]^+ \geqslant 0, \forall k, t^M = 0, 1, \cdots, T^M - 1$$

需要注意的是：

$$[u_k(t^M) + l_k(t^M) - \zeta_k(t^M)]^+ = \max\{u_k(t^M) + l_k(t^M) - \zeta_k(t^M), 0\}$$

另外，每个购买期所需材料 k 的量（即可更新资源的量）可以由上层决策得到，而项目工序执行时间的随机性使得这个数量也呈现出随机性，其表达式为

$$\zeta_k(t^M) = \sum_{t^D=1}^{\bar{T}^D}\sum_{t_i=1}^{I}\sum_{j=1}^{m_i}\sum_{s=t^D}^{t^D+\xi_{ij}-1} r_{ijk}^{RE} x_{ijs}$$

材料 k 在第一个购买期开始时的库存状态为

$$u_k(0) = qb_k, \forall k$$

相应的，材料 k 在最后一个购买期结束时的库存状态为

$$u_k(T^M) = qe_k, \forall k$$

如果材料 k 的供应无法满足需要，则会产生短缺的处罚成本。用 sh_k 表示在购买期 $(t^M+1)^{th}$ 的处罚价格，由于 $[\zeta_k(t^M) - u_k(t^M) + l_k(t^M)]^+ = \max\{\zeta_k(t^M) - u_k(t^M) + l_k(t^M), 0\}$，短缺的处罚成本为

$$\sum_{t^M=0}^{T^M-1} sh_k[\zeta_k(t^M) - u_k(t^M) - l_k(t^M)]^+ \leqslant SC_k, \forall k$$

材料的购买量之间可能存在相互影响，关键材料与辅助材料购买量间的关系可以表示为

$$w_k^L + v_k^L l_1(t^M) \leqslant l_k(t^M) \leqslant w_k^U + v_k^U l_1(t^M), k = 2, 3, \cdots, K; t^M = 0, 1, \cdots, T^M - 1$$

材料 k 在每个购买期的购买量必须要在计划的最大值、最小值之间。如果购买期 $(t^M+1)^{th}$ 的库存量 $u_k(t^M)$ 能够满足需求量 $\zeta_k(t^M)$，那么购买量 $l_k(t^M)$ 为 0，否则如下所示：

$$l_{k,t^M}^{MIN} \leqslant l_k(t^M) \leqslant l_{k,t^M}^{MAX} \text{ 或 } l_k(t^M) = 0, k = 2, 3, \cdots, K; t^M = 0, 1, \cdots, T^M - 1$$

（3）库存限制约束 材料 k 的库存量不能超过限制，即

$$u_k(t^M) \leqslant u_k^{MAX}, k = 1, 2, \cdots, K; t^M = 0, 1, \cdots, T^M - 1$$

3. 最终模型

由于建设工程项目的调度过程和采购环节密不可分，其中可能遭遇的风险也不能独立看待。只有根据调度安排中的可更新资源用量，制订出最优采购计划以实现成本最小化；反之，采购成本又会影响调度成本目标。通过风险的识别和评估，将各风险因素建立到模

型的目标和约束条件中，从而经过模型的求解实现损失预防控制的目标。

因此，最终的二层混合风险决策模型如下：

$$\min D(x_{Ijt^D}) = \min \sum_{j=1}^{m_i} \sum_{t^D=1}^{T^D} t^D x_{Ijt^D}$$

$$\min C(x_{ijt^D}, X_k, \bar{a}_k) = \min \sum_{n=1}^{N} \sum_{i=1}^{I} \sum_{j=1}^{m_i} \sum_{t^D=1}^{T^D} r_{ijn}^{NON} x_{ijt^D} cn_n^{NON} + \sum_{k=1}^{K} Q_k(X_k, \bar{a}_k)$$

约束条件 $\begin{cases} \sum_{j=1}^{m_i} \sum_{t^D=1}^{T^D} x_{ijt^D} = 1, \forall i \\ \max_{e \in \text{Pre}(i)} \left(\sum_{j=1}^{m_e} \sum_{t^D=1}^{T^D} t^D x_{ejt^D} \right) + \sum_{j=1}^{m_i} \sum_{t^D=1}^{T^D} t^D x_{ijt^D}, \forall i \\ \sum_{i=1}^{I} \sum_{j=1}^{m_i} \sum_{t^D=1}^{T^D} r_{ijn}^{NON} x_{ijt^D} \leq q_n^{NON}, \forall n \\ \sum_{i=1}^{I} \sum_{j=1}^{m_i} \sum_{s=t^D}^{t^D+\zeta_{ij}-1} r_{ijk}^{RE} x_{ijs} \leq q_k^{RE}, \forall k, t^D \\ x_{ijt^D} = 0 \text{ 或 } 1, \forall i, j, t^D \\ \{Q_1(X_1, \tilde{a}_1), Q_2(X_2, \tilde{a}_2), \cdots, Q_K(X_K, \tilde{a}_K)\} \\ = \min\{f_1(X_1, \tilde{a}), f_2(X_2, \tilde{a}), \cdots, f_K(X_K, \tilde{a}_K)\} \\ \text{约束条件} \begin{cases} u_k(t^M+1) = [u_k(t^M) + l_k(t^M) - \zeta_k(t^M)]^+, \forall k, t^M = 0,1,\cdots,T^M-1 \\ u_k(0) = qb_k, \forall k \\ u_k(T^M) = qe_k, \forall k \\ \sum_{t^M=0}^{T^M-1} sh_k[\zeta_k(t^M) - u_k(t^M) - l_k(t^M)]^+ \leq SC_k, \forall k \\ w_k^L + v_k^L l_1(t^M) \leq l_k(t^M) \leq w_k^U + v_k^U l_1(t^M), k=2,3,\cdots,K; t^M=0,1,\cdots,T^M-1 \\ l_{kt^M}^{MIN} \leq l_k(t^M) \leq l_{kt^M}^{MAX} \text{ 或 } l_k(t^M) = 0, k=1,2,\cdots,K; t^M=0,1,\cdots,T^M-1 \\ u_k(t^M) \leq u_k^{MAX}, k=1,2,\cdots,K; t^M=0,1,\cdots,T^M-1 \\ l_k(t^M) \in R^+, k=1,2,\cdots,K; t^M=0,1,\cdots,T^M-1 \end{cases} \end{cases}$

4. 模型分析

建设工程项目调度和采购风险的损失控制，是通过建立决策的数学模型来进行风险管理决策，从而选择有效的方案指导具体的实施。现用风险管理决策中的损失期望值分析法处理风险。

1）随机变量的期望值算子。随机变量的期望是由随机变量所有可能的取值在其概率下加权平均，可以提供随机项目工序执行时间段的平均水平。

对于包含有随机变量 ξ 的目标函数 $f(\xi)$ 和约束条件 $g(\xi)$，其期望值为 $E[f(\xi)]$ 和 $E[g(\xi)]$。研究中随机变量通常是连续并服从正态分布的，可以根据期望值的定义和引理得到期望值。

2) 模糊变量的期望值算子。

$$\min D(x_{Ijt^D}) = \min \sum_{j=1}^{m_i} \sum_{t^D=1}^{T^D} t^D x_{Ijt^D}$$

$$\min C(x_{ijt^D}, X_k, E^{Me}[\tilde{a}_k]) = \min \sum_{n=1}^{N} \sum_{i=1}^{I} \sum_{j=1}^{m_i} \sum_{t^D=1}^{T^D} r_{ijn}^{NON} x_{ijt^D} cn_n^{NON} + \sum_{k=1}^{K} Q_k(X_k, E^{Me}[\tilde{a}_k])$$

约束条件 $\begin{cases} \sum_{j=1}^{m_i}\sum_{t^D=1}^{T^D} x_{ijt^D}=1, \forall i \\ \max_{e\in\Pr e(i)}\left(\sum_{j=1}^{m_e}\sum_{t^D=1}^{T^D} t^D x_{ejt^D}\right)+\sum_{j=1}^{m_i}\sum_{t^D=1}^{T^D} E[\zeta_{ij}]x_{ijt^D}\leqslant \sum_{j=1}^{m_i}\sum_{t^D=1}^{T^D} t^D x_{ijt^D}, \forall i \\ \sum_{i=1}^{I}\sum_{j=1}^{m_i}\sum_{t^D=1}^{T^D} r_{ijn}^{NON} x_{ijt^D}\leqslant q_n^{NON}, \forall n \\ \sum_{i=1}^{I}\sum_{j=1}^{m_i}\sum_{s=t^D}^{t^D+E[\zeta_{ij}]-1} r_{ijk}^{RE} x_{ijs}\leqslant q_k^{RE}, \forall k, t^D \\ x_{ijt^D}=0 \text{ 或 } 1, \forall i,j,t^D \\ \{Q_1(X_1, E^{Me}[\tilde{a}_1]), Q_2(X_2, E^{Me}[\tilde{a}_2]), \cdots, Q_K(X_K, E^{Me}[\tilde{a}_k])\} \\ =\min\{f_1(X_1, E^{Me}[\tilde{a}_1]), f_2(X_2, E^{Me}[\tilde{a}_2]), \cdots, f_K(X_K, E^{Me}[\tilde{a}_k])\} \\ \text{约束条件} \begin{cases} u_k(t^M+1)=[u_k(t^M)+l_k(t^M)-\zeta_k(t^M)]^+, \forall k, t^M=0,1,\cdots,T^M-1 \\ u_k(0)=qb_k, \forall k \\ u_k(T^M)=qe_k, \forall k \\ \sum_{t^M=0}^{T^M-1} sh_k\{E[\zeta_k(t^M)]\}-u_k(t^M)-l_k(t^M), k=2,3,\cdots,K; t^M=0,1,\cdots,T^M-1 \\ w_k^L+v_k^L l_1(t^M)\leqslant l_k(t^M)\leqslant w_k^U+v_k^U l_1(t^M), k=2,3,\cdots,K; t^M=0,1,\cdots,T^M-1 \\ l_{kt^M}^{MIN}\leqslant l_k(t^M)\leqslant l_{kt^M}^{MAX} \text{ 或 } l_k(t^M)=0, k=1,2,\cdots,K; t^M=0,1,\cdots,T^M-1 \\ u_k(t^M)\leqslant u_k^{MAX}, k=1,2,\cdots,K; t^M=0,1,\cdots,T^M-1 \end{cases} \end{cases}$

对于模糊变量的期望值表示模糊变量的平均值，目前已有很多研究者从不同角度进行定义，这些定义都同样从不同的角度反映了模糊变量的平均意义。本书基于悲观—乐观调节选用期望值算子来处理模型中的模糊变量。对包含随机变量 ϑ 的目标函数 $f(\vartheta)$ 和约束条件 $g(\vartheta)$，其期望值为 $E^{Me}[f(\vartheta)]$ 和 $E^{Me}[g(\vartheta)]$，E 表示期望值算子。根据定义，选择三角模糊数 $\tilde{a}_k=(r_{1k}, r_{2k}, r_{3k})$，则期望值定义为

$$E^{Me}[\tilde{a}_k]=\frac{1-\lambda}{2}r_1+\frac{1}{2}r_2+\frac{\lambda}{2}r_3, k=1,2,\cdots,K$$

三、混合型风险损失控制模型的求解算法

1. 算法步骤

Jeroslow 在 1985 年就曾证明过二层混合决策的线性规划问题是一个 Non-deterministic Poly-nomial Time Hard（NP 难）问题，由此说明验证该问题的计算复杂性。基于二层规划的诸多特性，考虑到本章所讨论的问题规模较大，模型复杂，一般的算法不能可行、有效地求解。为此，采用多粒子群差别更新 PSO（Multi-Swarm Differential-Updating Particle Swarm Optimization，MSDUPSO）求解，过程如下：

第一步：初始化参数 swarm-size，swarm-group，iteration-max，粒子惯性和位置的范围，工序序值的个人和全局最优值的加速常量及工序序值的惯性权重。用粒子表示问题的解并初始化工序序值和模式的位置，以及工序序值的惯性。

第二步：解码粒子可行性检查。

第三步：用上层规划可行解求解下层规划，得到最优目标值，并计算每个粒子所对应的上层目标值。

第四步：用多目标方法计算 pbest 和 gbest，并存储 Pareto 最优解以及所对应的下层规划解，上下层规划各自的目标值。

第五步：更新各粒子的惯性和位置。

第六步：检查多目标 PSO 的终止条件，如果条件达到，则停止，否则返回第二步继续。

2. 算法演示流程

（1）粒子编码

步骤 1：初始化 swarm-group 个粒子群，各群有 swarm-size 个粒子，每个粒子有 I 个维度分别对应于 I 个工序。

步骤 2：设定 iteration-max=T。粒子 s^{th} 工序序值位置的惯性必须有所限制，$[\omega_x^{min}, \omega_x^{max}] = [-1,1]$，而其工序序值和模式的范围为 $[\theta_x^{min}, \theta_x^{max}] = [0,1]$ 和 $[\theta_{m_i}^{min}, \theta_{m_i}^{max}] = [1, m_i]$。分别设定工序序值的个人和全局最优值的加速常量为 c_p 和 c_g，其在 1th 和 T^{th} 代的惯性权重为 $\omega(1)$ 和 $\omega(T)$。在可行范围内，随机地选择粒子 s^{th} 工序序值和模式的位置和惯性。

（2）粒子解码

输入：$\text{Pr}e(i), \text{Suc}(i), i = 1, 2, \cdots, I$

开始

$\bar{S} \leftarrow \Phi, \bar{s} \leftarrow \{1\}; l \leftarrow 1, t \leftarrow I + 1$

while $(l \neq t)$ do

$\bar{S} \leftarrow \bar{S} + \text{Suc}(l); l^* \leftarrow \arg\max\{\bar{v}(l) | l \in \bar{S}\};$

while $\text{Pr}e(l^*) \not\subset \bar{s}$

$l^* \leftarrow \arg\max\{\bar{v}(l) | l \in \bar{S} \setminus l^*\}$

end

$\bar{S} \leftarrow \bar{S}l^*; \bar{s} \leftarrow \bar{s} + l^*; l \leftarrow l^*;$

end
结束
输出：$\bar{s}$

（3）资源约束可行性检查

步骤 1：根据解码后得到的工序及模式，计算不可更新资源的用量 $\sum_{1}^{I} r_{ij1}^{NON}$，如果 $\sum_{1}^{I} r_{ij1}^{NON} > q_1^{NON}$，意味着不可行；反之则可行。

步骤 2：若不可更新资源的检查为不可行，则进行步骤 3，否则进入步骤 6。

步骤 3：根据序值大小选择最大的工序 $i(i=1,2,\cdots,I)$ 和其对应的模式。

步骤 4：随机地从该工序对应的可选模式中选择更高的模式，计算 $\sum_{1}^{I} r_{ij1}^{NON}$。

步骤 5：如果 $\sum_{1}^{I} r_{ij1}^{NON} > q_1^{NON}$，将原有模式替换为现在模式，进入步骤 6，否则返回步骤 4 直到该工序的所有更高的模式都被选择完，再转向步骤 3。

步骤 6：根据现有的工序与模式依次检查余下的可更新资源，直到最后的资源都已检查完毕。

（4）粒子评价。

程序：PAES
生成一个新的解 c^N
如果（c 优于 c^N）
　　放弃 c^N
如果（c^N 优于 c）
　　用 c^N 替换 c 并将其加入到 Pareto 最优解中
如果（c^N 被 Pareto 最优解中的任意一个优于）
　　放弃 c^N
如果（c^N 优于 Pareto 最优解中的任意一个）
　　用 c^N 替换它并将其加入到 Pareto 最优解中
如果以上都不满足
　　对 c、c^N 使用检查程序来决定哪个作为新的当前解
以及是否将 c^N 加入到 Pareto 最优解中
直到终止条件出现，不然返回程序的开始

程序：检查
　如果 Pareto 最优解存储未满
　　　将 c^N 加入到 Pareto 最优解中
　如果（c^N 所在的区域不如 c 密集）
　　　接受 c^N 新的当前解
　否则

维持 c
不然，如果（c^N 所在的区域不如 Pareto 最优解中任意一个密集）
　　将 c^N 加入到 Pareto 最优解中，并从最密集的区域中移除一个解
如果（c^N 所在的区域不如 c 密集）
　　接受 c^N 新的当前解
否则
　　维持 c
不然
　　不将 c^N 加入到 Pareto 最优解中

（5）选择
步骤 1：用 10 除以每个区域中的 Pareto 最优解数。
步骤 2：利用轮盘赌选择一个区域。
步骤 3：从区域中随机选择一个 Pareto 最优解。

（6）粒子差别更新
步骤 1：在 τ 代，更新工序序值的惯性系数如下：
$$\omega(\tau) = \omega(T) + \frac{\tau - T}{1 - T}[\omega(1) - \omega(T)]$$
步骤 2：更新粒子 s^{th} 工序序值的惯性和位置，如下所示：
$$\omega_{xsi}(\tau+1) = \omega(T)\omega_{xsi}(\tau) + c_p u_r(\psi_{xsi} - \theta(\tau)) + c_g u_r(\psi_{xgi} - \theta_{xsi}(\tau))$$
$$\theta_{xsi}(\tau+1) = \theta_{xsi}(\tau) + \omega_{xsi}(\tau+1)$$
如果 $\theta_{xsi}(\tau+1) > \theta_x^{max}$，那么 $\theta_{xsi}(\tau+1) = \theta_x^{max}$，$\omega_{xsi}(\tau+1) = 0$；如果 $\theta_{xsi}(\tau+1) < \theta_x^{max}$，那么 $\theta_{xsi}(\tau+1) = \theta_x^{min}$，$\omega_{sh}(\tau+1) = 0$。

步骤 3：在区间 $[-m_i, m_i]$ 中随机选择一个数字作为粒子 s^{th} 工序模式的惯性，更新其工序模式的位置如下：
$$\theta_{xsi}(\tau+1) = \theta_{msi}(\tau) + \omega_{msi}(\tau+1)$$

专题三

工程项目实施目标偏差监控与预警

第五章 建设工程项目实施目标偏差监控

第一节 建设工程项目目标偏差网格化监控模式

一、目标偏差网格化监控模式的特性分析

网格化管理是计算机网格技术在其他管理领域的延伸，具有数据集成性、实效性、共享性、快速定位性等优势。这些优势与当前工程项目建设单位对建设目标监控模式的需求较为契合。因此，将网格化管理的思想用于建设工程项目目标偏差适时监控结构的构建，具有实用性与创新性兼备的意义，如图5-1所示。

虽然目前网格化管理研究成果显著，但多是在地域依赖性较强的领域得到应用和拓展。国内对于网格化管理中"网格化"这一概念的认识，较多地停留在具体可见的能够依靠地域特征或行政区域划分开来的网格中，这限制了网格化管理的发展和应用的广泛性。书中所建立的目标偏差网格化监控模式应具有以下特性：

1）结构的虚拟性。构建的建设目标网格化监控结构是一个多维监控思路的载体。在建设目标监控的过程中，通过多种管理元素的交叉进行，构成一个虚拟的网格结构。

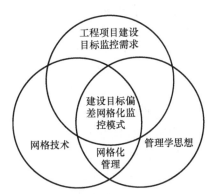

图 5-1 建设目标偏差网格化监控模式的形成

2）管理角度的多维性。根据建设单位需要进行目标动态性监控的需求，首先构建横向监控里程碑维度。这一管理维度从时间角度，对监控的执行时间进行规范。再根据监控范围需覆盖建设项目的多元目标这一需求，构建纵向目标维度，将工程项目施工过程中需要进行监控的建设目标进行分类和罗列，明晰监控范围。纵向和横向的管理维度共同构成了

建设目标网格化监控结构。

3) 目标的多元性与独立性相结合。工程项目建设目标偏差适时监控模式的监控范围涉及工程项目的多项建设目标，但不涉及多目标的集成研究。若将目标偏差情况进行集成，可能会产生不同目标间正负偏差相抵消而掩盖目标偏差实际情况。而且在集成分析中，如果发生需要纠偏的情况，仍需要追溯各单目标的情况以确定纠偏对象。因此，目标偏差分析以及预警是针对单个项目的，监控结果反映每项目标的偏差情况。在这种情况下，同一里程碑时刻，各项目标可能会出现不同的偏差情况：有的在正常范围内，有的出现了较为严重的偏差。

二、监控目标维度的建立

1. 监控目标维度的构建原则及目标分类

工程项目在施工阶段的建设目标管理可被描述为：建设单位管理层，根据在准备阶段所确定的投资额度、期望工期、功能需求、设计要素分析、环境调查等，在工程施工开始前，协同项目其他参与方，首先提出工程项目的目标因素，根据工程管理的需要，对目标因素进行重要性筛选，选定需要跟踪管理的建设目标。根据设计文件，会同专业人员，对选定后的目标因素进行详细设计和规划，最终制定出在整个工程项目的生命周期内所要达到的目标体系。根据目标体系，建设单位还需采用系统方法，将总目标分解成子目标和分阶段的可执行性目标计划，然后将分解后的目标落实到具体的责任人，把建设目标管理同职能管理高度结合，使工程建设目标与工程各参与方的任务、组织结构相联系，建立由整体到部分的目标管理体系。

工程项目的目标管理过程不仅仅是建立目标体系，在工程开始施工后，还要加强对工程各参与方在执行目标过程中的效果的评价，鼓励各参与方能够尽力完成任务。同时，目标体系还可以作为项目技术设计和计划、实施控制的依据，作为项目后评价的标准。

在施工项目网格化监控结构中，构建建设目标维度，主要是为了给整个监控过程的监控客体划定一个明确的范围界限，明确监控对象。同时，还要与里程碑维度紧密地配合。因此，工程建设目标维度的建立应具备以下特点：

1) 尽量全面地囊括施工阶段的所有建设目标。在工程项目管理中，全生命周期是指从一个工程的项目开始发起，一直到项目试运行结束的全过程。针对工程项目施工阶段建设目标的监控，在时间上范围是从工程开工建设到竣工验收这一段时间。目标维度的设置应该满足监控全面性要求，因此在监控范围内的目标须尽可能地包括项目实施的各个方面和各种要素。在工程施工过程中，成本、工期、质量、安全、环境等多项目标共同构成项目管理的目标系统。项目目标管理中，各目标间存在相互影响、相互制约的关系。因此，在目标监控过程中任何单方面考虑进度、质量或者费用的目标体系都是片面的。监控的时间范围定义为工程建设的施工全过程，目标范围定义为建设单位所选择监控的所有建设目标。这样的目标维度有助于管理者统筹兼顾，合理确定各项目标的标准。管理者要在需求与目标之间、各大目标之间进行反复协调，追求相互之间的优化和平衡。

2) 目标体系的建立是一个渐进的过程。在目标维度的构建中，每一项目标都应该针对整个项目的建设过程有一个系统的规划。因此，在项目前期由于历时长、涉及面广而要求设计完整、科学的目标系统较为困难。在项目初期，管理者掌握的信息较少，对项目全局的认识还不够深入和全面。与此同时，工程项目建设环境复杂、重复性小、不可预见的因素多，使得项目前期设计目标系统的指导原则、可参考性不够明确，很难做出正确的决策。

因此，在网格化监控结构的目标维度构建中，建设单位通常在项目前期，通过项目立项、审批的过程，进行项目目标总体设计，建立监控模型的目标维度总体框架，明确需要监控的目标，而具体、详细和完整的目标设计在可行性研究阶段和设计阶段进行。在设计阶段，根据施工图设计、施工组织设计等详细设计文件，各类目标的详细目标计划将根据网格化结构框架逐步展开，首先明确关键里程碑处的目标计划值，再逐步细化至辅助里程碑处的目标计划值，经过整体规划、调整，最终形成完整的目标计划体系。在工程的建设施工阶段不时出现的工程变更、自然因素等不可抗力的干扰，一定程度上打乱原有的目标计划。由于工程项目涉及面较广，变更目标计划会引发牵一发而动全身的效应，涉及的质量标准、工期、投资等方面的变更有可能会引发工程索赔等问题，目标计划的变更和调整通常会造成人力、物力、财力资源的浪费，因此，对目标计划影响小的情况通常不会引起建设目标计划的变更。但当这类情况较为严重时建设单位会与施工单位和设计单位协商对后续的目标计划进行动态调整，更新各里程碑处的目标计划值。因此，在建设目标监控网格中，目标体系的建立是一个渐进的过程，贯穿整个工程建设时期。目标体系的建立与更新过程如图 5-2 所示。

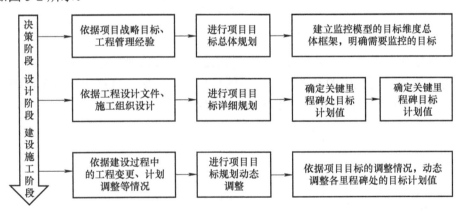

图 5-2 目标体系的建立与更新过程

3）建设目标计划的确定必须切实可行。在工程项目中，根据项目的实际投资情况、性能要求、各参与方的工作能力和外界自然环境、经济环境、政策环境的限制，做出切实可行的目标计划是工程建设目标动态监控能够有效进行的前提。标准过高，无法实现，在整个项目的监控过程中，出现的所有结果偏差过大、偏差严重、预警等级高等。这样的监控与预警结果高频率的出现，会挫败工程其他参与方的积极性，使工程各参与方不再重视建设目标监控与预警的结果。因此，建设单位管理者在构建目标计划时，除了成本、工期和质量的合理性外，还应确保目标计划必须切实可行。

4）与目标偏差监控方法和分级预警模型的普适性相协调。目标维度是网格化监控结构的一部分，其建立的根本目的是进行目标偏差适时监控与分级预警服务，因此，目标维度的建立需要与偏差监控与分级预警的模型设计相协调。目标维度的建立应着眼于施工阶段的全部建设目标。如果要对全部的建设目标进行监控，则目标偏差计算与分级预警模型应具有普遍适用性。在现实工程中，每一类建设目标都有不同的目标计划、执行方式、衡量标准等，很难用一套统一的偏差监控方法贯穿所有建设目标，获得较为准确的监控结果。因此，在经过对工程建设目标的细致分析与监控要求的综合考虑后，在目标维度上，按照目标的执行与衡量方式，将建设阶段的全部建设目标分为评价式目标（EO）和进行式目标（MO）两类，如图 5-3 所示。根据每一类的特点，设计契合的偏差监控与分级预警方法，实现整个研究的普遍适用性。

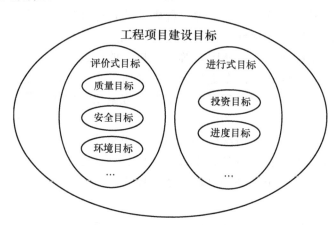

图 5-3 建设目标分类情况

在目标维度建立完成后，完整的施工项目建设目标网格化监控结构如图 5-4 所示。网格结构中的每个单元格所代表的是该部分工程的目标计划情况与目标实际情况。因此，网格结构中的单元格是目标监控与预警对象的最小单位。

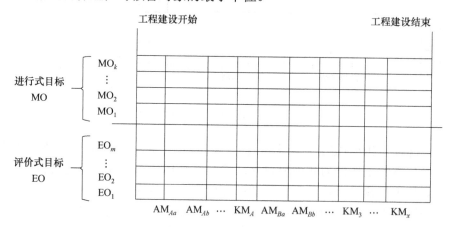

图 5-4 建设目标网格化监控结构

2. 进行式目标特点分析

（1）目标值的连续变化性　进行式目标的目标值是随着建设工程的进行而逐渐增长或逐渐下降的。在整个建设过程中目标或者逐渐积累，或者逐渐消耗，每一点的目标值都会呈一定的规律连续上升或下降，这一变化过程可以以一条平滑的曲线表示，如图 5-5 所示。而这种连续变化性在目标计划中按照里程碑顺序的目标计划值也会连续地增长或下降。

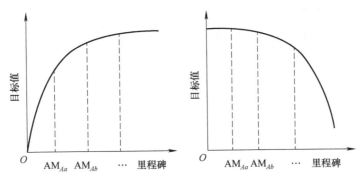

图 5-5　进行式目标的目标值的连续变化性

（2）目标值的单向变化性　进行式目标的实施过程是资源逐步消耗或者建设成果逐渐积累的过程。因此，从项目建设开始，进行式目标的目标值或者逐渐增长直到项目结束（例如进度目标），或者逐渐下降直到项目结束（例如某一资源消耗目标），不会有往复变化的现象出现，这一目标变化过程具有不可逆性。不可逆特性也决定了进行式目标如果出现目标偏差，不能通过返工、修复来改善这一状况以减小目标偏差，只能通过对后续工程的严格控制来减小偏差的继续扩大。

（3）目标总量的相对固定性　进行式目标的目标总量与工程建设项目的盈利情况、统筹规划相关。目标总量是项目决策层定立的，在项目决策阶段就会明确，并在相关的申报文件、招投标文件以及合同文本中体现。而详细的目标计划（各里程碑处的目标量）也是根据工程设计和目标总量的控制指导，在项目计划阶段就形成了较为明确的数量规定。由于进行式目标的目标值的连续性，如果在施工过程中的某一里程碑进行计划调整，就会牵动后续的工程都随之调整。而目标总量更是工程竣工移交和决算的重要参考依据，工程的实际施工中进行式目标的目标总量较计划发生较大变动，会引发决算时的索赔、责任追究，甚至工程纠纷。因此，进行式目标的目标总量通常是相对固定的，并且施工过程中也尽量维持进行式目标的目标值不变动。

3. 评价式目标特点分析

（1）目标值无法直观获取　评价式目标的目标值不能像进行式目标一样直观地通过连续变化的目标值额度来体现。其每个阶段的目标状况通常是反映在一定时间内的工程现状中。因此，如果需要获取某个里程碑处的评价式目标状况，需要通过一定的检验、测试、评价手段，并且经过一定的量化计算程序，才能转化为评价式目标的目标值。

（2）目标值的相对独立性　在目标计划中，评价式目标在各个工程阶段的目标标准通常是依据一定的国家或地区规定、行业标准文件、工程经验等，结合工程的用途需求而制定的。由于分部分项工程之间，施工方法、材料、工程用途都存在差异，因此评价式目标的标准制定依据也不尽相同。在建设过程中，评价式目标的目标状态评价通常只需要考虑本阶段的工程状况，其他阶段的工程状况由于已经体现在其所对应的里程碑目标值中。因此，对于评价式目标，各个里程碑处的目标计划值相对独立，目标实际状态评估也是相对独立的，受前后里程碑的目标值影响很小。

（3）目标值的相对稳定性　评价式目标的目标预期情况与评价标准多是根据相关的国家标准、行业标准、企业标准而制定的，而且目标的执行也是以这一系列标准为指导。因此，相比于进行式目标的目标值持续变化，评价式目标的目标值在整个工程执行过程中的各个里程碑间是相对稳定的，通常都是围绕着相关的标准上下浮动。而在低于标准的情况出现时，可以通过对上一里程碑内工程的返工、返修等措施进行弥补，提高目标值，使其符合计划标准。

三、基于网格结构的适时监控模式及其运行流程

工程建设目标偏差适时监控模式由以下四部分构成：

1. 网格化监控结构的建立

由于要对目标维度和里程碑维度进行明确的定义，因此，在网格化监控结构构建的过程中，建设单位必须明确：①针对该建设项目的特点，需要进行监控的目标有哪些（据此构建目标维度）；②根据该项目的紧要性、投资额度、技术难易程度等因素，明确目标适时监控的细致程度，即分部分项工程节点较为重要，适合进行目标监控（据此构建里程碑维度）；③根据施工图设计文件与设计单位的指导，明确各项目标在每个单元格中的计划情况（据此构建建设目标计划体系）。

2. 项目实施过程中的目标适时监控

在建设单位明确建设目标网格化监控结构后，项目进入实施阶段。每当项目实施至一个监控里程碑，便会触发建设单位目标监控的工作。而目标监控的主要任务便是获取该单元格内目标的实施情况，并进行量化，以方便与该单元格内的目标计划情况进行对比，获得目标偏差。

3. 基于监控结果的分级预警

因工程项目的建设规模各异，在每个监控单元格中，目标值的基数规模不一样。这就导致有些单元格内的目标偏差数值较大，但由于目标值基数大，因此其所反映的目标偏差情况其实并不严重；而有些单元格内的目标偏差数值较小，但由于目标值基数小，因此其所反映的目标偏差情况比较严重。因此，仅通过每个单元格内的目标计划情况与实际情况进行对比获取目标偏差量，并不能完全地反映项目是否出现了问题。还要根据目标监控的结果，划分多个预警级别，判断偏差情况所属级别，得到偏差警情。

4. 基于预警警情的响应及纠偏

建设单位的管理者在得到建设目标偏差预警结果的同时，通常还需要针对如何进行纠偏决策，获得更为科学的指导。因此，对建设目标偏差预警的警情进行响应，识别造成目标偏差的因素，采取适合的纠偏措施，及时制止偏差的继续扩大，是整个目标监控流程中不可缺少的部分。由以上四部分所构成的工程建设目标偏差适时监控模式，如图 5-6 所示。

综上所述，目标偏差适时监控模式的运行流程如图 5-7 所示。

第五章 建设工程项目实施目标偏差监控

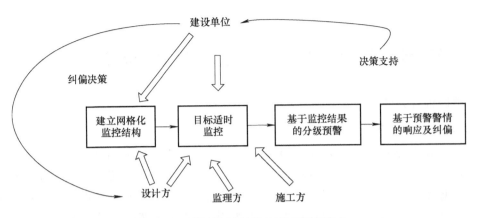

图 5-6 工程建设目标偏差适时监控模式

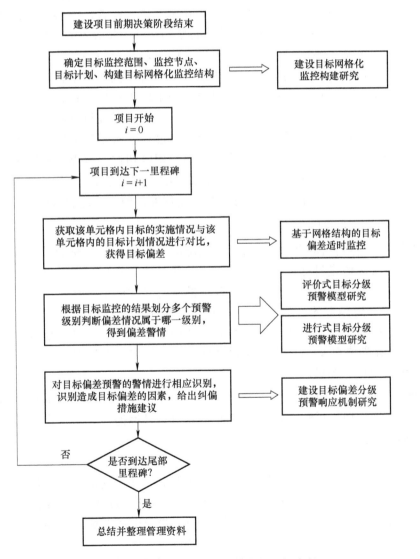

图 5-7 目标偏差适时监控模式的运行流程

第二节 基于网格结构的目标偏差适时监控方法研究

一、适时监控方法相关元素介绍

1. 建设目标偏差及目标偏差量

建设目标偏差是指在工程实际建设过程中,目标的实际情况与计划情况不完全重合、发生偏离的现象。工程项目各项目标计划通常在工程建设决策和设计阶段确定,由于工程项目建设周期长,各种不确定因素时有发生,再加上目标计划往往参照历史经验和对施工状况的预估来确定、人为判断因素较大、预测方法存在局限性,使得目标在施工过程中出现与计划值的偏差。学者伍志强等认为建设工程项目偏差检查及纠偏是在建设工程项目目标计划制订并执行的基础上,对建设项目的实际情况进行检查,并将其与计划相比较,分析产生偏差的原因和对计划的影响程度,进行必要的纠偏决策并不断循环的系统工作。

由于工程项目的众多不确定性,在工程项目施工承包合同中,一般会对各项目标在各阶段的偏差允许范围进行相应的说明。虽然小范围的目标偏差对工程项目的正常进行以及完成移交不会造成障碍,但如果在施工过程中,由于施工管理的疏忽,忽视小范围的目标偏差,并继续任其发展,很可能在工期较长的项目中,发展成目标严重偏离计划。如费用严重超支、质量与设计要求严重不符、环境污染超过规定水平等情况。因此,在工程项目管理过程中,应该对目标偏差程度动态监控,偏差程度超过一定界限时应采取一定措施进行纠偏。为判断偏差的严重程度,引出了目标偏差量(D)的概念。目标偏差量是对偏差程度进行量化的工具,以具体的数值反映目标的偏差程度,便于描述和对比偏差程度。

2. 目标偏差量衡量指标

目标偏差量是衡量目标实际状况与计划状况间关系的量,反映的是目标的健康状况。因此,计划值与实际值是目标偏差量衡量所需的最基本的指标。在后续的分级预警模型设计中,对偏差量阈值分割的设计是从非常理想的状态(实际值与计划值重合)到非常严重的偏差状态进行逐级预警的。为了便于预警模型的计算,将目标的计划值分解为两种状态:理想状态和极限状态。因此,根据网格化结构基础、预警模型的配合需要,通过四个指标:目标理想计划值O_e、目标极限计划值O_i、目标适时状态值O_a以及目标纠偏后状态值O_c,对目标偏差量进行衡量。

目标理想计划值O_e:是依据工程建设的平均先进水平,以目标所能达到的最好状态为标准所确定的目标计划,反映在每个监控单元格中的目标值,它是建设目标在执行中不断追求的一个最高标准。

目标极限计划值O_i:在设计文件、施工组织文件以及合同中,由建设单位或勘察设计单位参考国家相关标准、工程设计要求、施工过程中的操作规定以及工程的日后生产使用要求,对每个监控单元格中的目标所要求达到的最低标准做出的规定或描述。目标极限设计值是建设目标在执行中所被允许(但不被鼓励)的一个最低标准,如果目标实际情况低于这个标准,将会对整个项目带来非常严重的损失。

目标适时状态值O_a:在工程进行至某一监控单元格,并完成了该单元格工作的时刻,通过对该单元格内的工程目标情况进行及时的测量、检验、评价，所得到的反映该单元格工作真实执行情况的目标值。

目标纠偏后状态值O_c：当目标实时状态值显示工程项目在该单元格内的偏差较为严重时，项目管理者一般会启动返修、整改等主动进行目标纠偏的行为。经过纠偏行为后，再次对该单元格内的工程目标情况进行测量、检验、评价，所得到的目标值即为目标纠偏后状态值。

根据适时监控的运行原理，以上四个指标值在每个监控单元格都会有所体现，作为衡量每个单元格中目标偏差量的工具。其中，每个监控单元格的目标理想计划值O_e与目标极限计划值O_i是在工程项目的决策与设计阶段确定（即目标网格化监控结构构建时，由建设单位和勘察设计单位通过目标计划工作确定），被工程项目的各参与方一致认同，并在设计文件、施工组织文件以及合同中记录具体数值，作为施工过程中追责的依据。而目标适时状态值O_a与目标纠偏后状态值O_c则是在工程进行至该监控单元格时，根据工程实际情况测算得到。

根据以上四个量，可得到各里程碑处的目标偏差量D，如图5-8所示。

目标适时偏差量：
$$D_a = O_e - O_a$$

目标纠偏后偏差量：
$$D_c = O_e - O_c$$

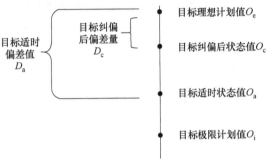

图5-8　目标偏差量衡量指标间的关系

评价式目标的目标值具有相对独立性和稳定性，且需要通过评价等方式才能获取的特点；而进行式目标的目标值具有连续性和单向变化且总量相对固定的特点。因此这两类目标在上述四项指标的计算上，具有非常大的差异。

二、评价式目标偏差方法

1. Choquet积分方法的选用

为了尽可能地使目标偏差评价结果科学合理，采用评价主体多元化的方法，通过工程项目的多参与方作为评价者对同一里程碑目标进行多指标定性评价（判定优、良、中、合格、不合格等级别）而获取目标偏差量指标的初始值，涉及群体决策的问题。常规的对质量、安全等目标的群体决策量化评价方法选择性很多，常用的有线性加权法、非线性加权综合法、理想点法等。这些算法有一个较为突出的共性：计算过程都建立在指标及决策个体相互独立、互不影响、互不交叉的前提下。但在现实情况中，目标的评价指标以及评价参与者相互依赖，相互联系，例如选定来自建设单位、施工单位、监理单位、勘察设计单位的多个项目参与者作为评价方。每一方都有多名人员参与评价，而评价人员的偏好会受到其社会地位、权利、知识等因素的影响，因此来自同一方的评价人员由于知识面、从事工作的相近，其评价偏好也较为相近；另外，建设单位与供应方由于不经常直接参与工程实施，对工程目标的评价会依据自己主观判断，再参考监理单位的报告文件，这就影响了其判断的独立性。由此可以判断，在对目标偏差情况进行评价时，评价者个体间的偏好并不是相互独立的，存在一定程度的相互交叉和相互关联。因此，采用上述线性集结算法具有很大的局限性。

Choquet 积分的区间值模糊集的优劣势排序（SIR）群体决策方法，通过集结不同决策者的决策信息，构建方案集的优势矩阵和劣势矩阵，再利用决策者或专家的不确定权重信息计算综合优劣势度，并得到相应的优劣势流，以此得到方案集的排序。

由此可见，Choquet 积分在多属性决策问题中的运用较为成功。将 Choquet 积分运用于基于多元评价主体的目标偏差量计算之前，其计算原理如下：

1）模糊测度。设 $I=\{i_1,i_2,i_3,\cdots,i_n\}$ 是非空经典集合，g 是从 $P(I)$（I 的幂集）到 $[0,1]$ 的映射，若满足：① $g(\phi)=0, g(I)=1$；② 若 $A,B\in P(I), A\subseteq B$，有 $g(A)\leqslant g(B)$，则称 g 是 I 上的模糊测度。

由模糊测度的定义可知，为了确定 n 个属性指标集上的模糊测度，通常需要 2^n-2 个值，为了减少模糊测度计算的复杂性，可用模糊测度来代替一般的模糊测度。

2）λ 模糊测度。对于任意的 $A,B\in P(I), A\cap B=\phi$，如果模糊测度 g 满足以下条件：

$$g(A\cup B)=g(A)+g(B)+\lambda g(A)g(B)$$

$\lambda\in(-1,\infty)$，则称 g 为 λ 模糊测度。

如果有限集合 $I=\{i_1,i_2,\cdots,i_n\}$，对任意的 μ、$v=1,2,\cdots,n$，且 $u\neq v$，$i_u\cap i_v=\phi$，那么 $\bigcup_{u=1}^{n}i_u=I$。此时，λ 模糊测度满足：

$$g(I)=\begin{cases}\dfrac{1}{\lambda}\left\{\prod_{u=1}^{n}[1+\lambda g(i_u)]-1\right\}, \lambda\neq 0\\ \sum_{u=1}^{n}g(i_u), \lambda\neq 0\end{cases}$$

对于单个元素 i_u，$g(i_u)$ 称为 i_u 的模糊密度函数，它表示元素 i_u 的重要程度，可由下式来确定唯一的参数 λ：

$$\lambda+1=\prod_{u=1}^{n}[1+\lambda g(i_u)]$$

3）Choquet 积分。设 $I=\{i_1,i_2,\cdots,i_n\}$ 是一个非空经典集合，f 是定义在 I 上的非负实值函数，g 是 $P(I)$ 上的一个 λ 模糊测度，函数 f 关于 g 的 Choquet 积分定义为

$$C_g(f)=\sum_{u=1}^{n}f(u)[g(A(u))-g(A(u+1))]$$

2. 基于 Choquet 积分算子的目标偏差多元主体评价

评价式目标理想计划值 O_e 与极限计划值 O_i 在项目设计阶段由建设单位与设计单位确定，而适时状态值 O_a、纠偏后状态值 O_c 需要在项目进行至某里程碑 μ 时，通过多元主体评价获得数据，应用 Choquet 积分算子综合计算得到状态值。

假设包含建设单位、监理单位、设计单位、施工单位的评价主体集 $Q=\{q_1,q_2,\cdots,q_n\}$、$I=\{i_1,i_2,\cdots,i_m\}$ 为反映目标状态的评价属性集，而 $L=\{l_1,l_2,\cdots,l_k\}$ 为评价主体对目标状态进行评价时所用的标度。利用 Choquet 积分算子计算目标偏差多元主体评价结果的计算步骤如下：

1）对于某一里程碑 μ 的评价式目标 E_n，评价主体 $q_k(k=1,2,3,\cdots,n)$ 对目标属性 $i_j(j=1,2,3,\cdots,m)$ 进行评价测度，可得到评价属性 i_j 的评价值 $r_j^k(r_j^k\in L)$，由此可以列出评价主体 q_k 对里程碑 μ 处的评价式目标 E_n 的评价属性集的评估决策矩阵 $\boldsymbol{R}^k=(r_1^k,r_2^k,\cdots,r_m^k)$。

2）确定评价属性集 I 中各属性的模糊密度函数 $g(i_j)(j=1,2,3,\cdots,m)$，计算得到相应的参数 λ_1。

3）确定评价主体集 Q 中各评价主体的模糊密度函数 $g(q_k)(k=1,2,3,\cdots,n)$，计算得到相应的参数 λ_2。

4）利用 LC 算子对评估决策矩阵 $\boldsymbol{R}^k$ 中的评价信息进行集结，得到评估人员对里程碑 μ 处的评价式目标 E_n 各评价属性的综合评价值 $r^k(k=1,2,3,\cdots,n)$：

$$r^k=LC_g(r_1^k,r_2^k,\cdots,r_m^k)=\sum_{j=1}^m r_j^k g(i_j)\prod_{h=j+1}^m[1+\lambda_1 g(i_h)]$$

式中，$r_1^k \leqslant r_2^k \leqslant \cdots \leqslant r_m^k$。

5）再利用 LC 算子对 n 个评价主体给出的属性综合评值 $r^k(k=1,2,\cdots,n)$ 进行集结，得到里程碑 μ 处的评价式目标 E_n 群体属性综合评价值 r：

$$r=LC_g(r^1,r^2,\cdots,r^n)=\sum_{k=1}^n r_j^k g(q_k)\prod_{k=k+1}^n[1+\lambda_2 g(q_k)]$$

式中，$r^1 \leqslant r^2 \leqslant \cdots \leqslant r^n$。

在评价式目标的多元主体评价过程中，由于评价主体直接参与工程建设，在熟知目标真实状况的同时，其对目标执行情况的评价结果容易受到在工程中的感受以及个人喜好等主观因素的影响，而使得评价主体的评价具有非线性，进而有可能会产生对某些目标过低或过高的评价。而且，各目标的属性指标往往相互关联，这些因素都有可能导致失实的群体评价结果。Choquet 算子利用模糊测度，能较好地描述多评价主体决策过程中，评价属性指标及评价主体的偏好存在相互关联、相互影响的现象，这样可以尽可能地消除这些因素的影响，增强了多元主体评价结果的合理性。

3. 评价式目标累积偏差量计算

通过 Choquet 积分多元主体评价算法，可得到评价式目标在每个单元格中独立的目标偏差量。由于评价式目标的目标值不存在连续性的性质，因此在某一监控单元格内的检验或评价结果，只能反映这一小段分项工程的目标状态。按照传统的质量等目标的监控研究思路，只要该单元格的目标值满足了最低限度要求，工程就被认为是没有问题，不会触发警告与究责。这种思路降低了评价式目标的管理难度，减少了目标监控所要考虑的因素；但也在一定程度上助长了施工单位的消极应检心理，只求不越过红线，不愿意追求更好的目标完成质量。因此，这种目标监控方式是不利于项目追求多目标最优的。

在工程项目管理领域存在风险的累积性。很多分项工程目标在预估最低极限值时，都默认其他分项工程处在一个良好的状态下，即不会对该分项工程造成不良影响或二次损伤。但如果某项评价式目标在所有分项工程中都只处在临界于极限值的状态，在相互影响的作用下，该目标的整体水平有可能会远低于预期极限值。以质量目标为例，房屋裂缝是工程项目中较为常见的质量问题。其成因较多，包括混凝土浇筑时的养护不及时、不规范造成混凝土收缩、地基及基础工程施工质量问题导致沉降不均、伸缩缝施工不规范等。如果在地基施工时，发现质量低于极限标准，考虑到会导致裂缝等后果，该工程就会被要求返工。但如果检测结果虽不理想，但未低于可以导致房屋裂缝的极限标准，因此顺利通过质量检查而未触发返工措施；在之后的墙体混凝土浇筑过程中，工程以同样的状态顺利通过质量检查。两次单独的质量检查中，都认为质量问题在可承受范围内，不会导致房屋裂缝的发生。但工程完工后，由于这两个因素的叠加，房屋裂缝问题发生。其实，在实际的工程中，房屋裂缝的成因往往就是因为多种质量因素叠加而产生的。

因此，不仅要对评价式目标超过计划极限值的情况进行预警及管理，还要考虑偏差的累积性，通过按照偏差累积量大小进行分等级预警的思路，达到控制评价式目标偏差累积量的目的。

工作分解结构（work breakdown structure，WBS）是归纳和定义整个工程项目范围的一种常用方法。它将工程项目按照其内在结构或独立实施过程的顺序进行逐层分解，把项目的可交付成果分解成相对独立、内容单一、便于目标分解和检测的工作单元，从而形成一个结构化的示意图。细分的层次越多，对项目元素的描述就越细致，定义也越详细。WBS作为梳理项目结构、确定项目范围的树形项目分级方法，在工程项目的内容管理、风险管理、目标管理等方面应用十分广泛。因此，通过 WBS 进行工作衔接管理，根据 WBS 的树形结构，设计不同参与方之间的工作接口，在时间和地点两方面实现多方更好的配合，以避免因工作衔接不畅而造成的延误。

在评价式目标累计偏差量的计算中，需要明确累积顺序与累积权重，因此，运用 WBS 原理对每个评价式目标的网格结构进行树形排列。由于目标的监控过程针对的是单目标，根据构建完成的建设目标网格化监控结构，将其中的一行（某一评价是目标 EQ_i）单独提出进行 WBS 排列，将关键监控里程碑与辅助监控里程碑的层级关系在 WBS 中体现，得到评价式目标 WBS 图，如图 5-9 所示。其中，关键里程碑节点：EQ_i-KM_A，EQ_i-KM_B，…，EQ_i-KM_M 为 WBS 的第一级分解（枝节点）；EQ_i-KM_{Aa}，EQ_i-KM_{Bb}，…，EQ_i-KM_{Mn} 为 WBS 的底层分解（叶节点）。为了配合目标偏差累积量计算，将目标网格化监控结构中的单元格作为划分的最小单位，即累积偏差量计算 WBS 中的叶节点，WBS 划分至叶节点为止，不再进一步细分。

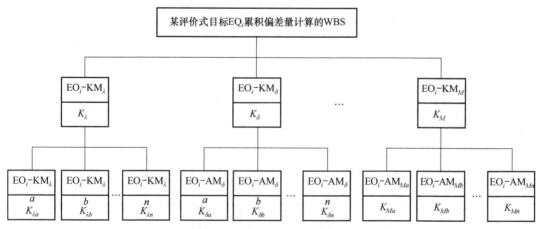

图 5-9　某评价式目标 EQ_i 累计偏差量计算的 WBS

根据偏差量计算，在每一个评价式监控单元格内，评价式目标适时偏差量：
$$ED_a^{Mn} = EO_e^{Mn} - EO_a^{Mn}$$

式中　　ED_a——评价式目标的适时偏差量；
　　　　EO_e——评价式目标的目标理想计划值；
　　　　EO_a——评价式目标的目标适时状态值；
　　　　M、n——单元格的横纵定位坐标。

由于在工程项目所有的分部分项工程中，有的处于重要位置，或工作量较大，对整体工程影响也相应较大；有的反之。因此，在计算目标的累计偏差量时需要考虑各个单元格如果出现偏差，对整个工程的影响程度。因此，需要首先确定 WBS 中每个叶节点和枝节点的权重系数 k，通过加权的方法来反映不同单元格中的目标情况对整体工程目标情况的重要程度。

权重的确定方法可分为主观赋权法、客观赋权法和主客观综合赋权法三类。主观赋权法是指人们基于知识和经验，由决策分析者根据各因素的主观重视程度赋权的一类方法，包括专家调查法、环比评分法、最小二乘法、层次分析法等。客观赋权法一般是根据所选择因素的实际信息形成决策矩阵，在此矩阵基础上通过客观运算形成权重，其基本思想是：权重应该是各个因素在总体中的变异程度和对其他因素影响程度的度量。主客观综合赋权法的基本思想是：从逻辑上将主观赋权法和客观赋权法有机地结合起来，使所确定的权重系数同时体现主观信息和客观信息。

在评价式目标累积偏差量计算的 WBS 中，各叶节点及枝节点的权重系数在设计阶段由相关管理者根据实际情况选择以上适合的方法进行确定。

根据偏差量的累积性，定义评价式目标在每个监控里程碑处的累计偏差量（Accumulate–ED）为项目进行至该里程碑时，所有单元格中目标偏差量的线性加权值。

$$\text{Accumulate}-\text{ED} = \sum_{z=1}^{n-1} ED_c^z k_z + ED_a^n k_n$$

其中，ED_c^z 为已完工单元格的纠偏后偏差量。当工程进行至单元格 AM 时，之前里程碑有可能经过纠偏，因此在累积时，要取纠偏后的偏差量。而当前单元格则取目标适时偏差量 ED_a。

综上所述，评价式目标的目标偏差监控计算步骤，如图 5-10 所示。

评价式目标的适时偏差量 ED 与累积偏差量 Accumulate–ED 都是衡量目标偏差程度的重要指标。

三、进行式目标偏差监控方法设计

1. 进行式目标计划中多级缓冲的设计

为了构建进行式目标偏差监控方法，在关键链理论的启发下，进行了进行式目标的多级缓冲设计。在工程项目进行中，进行式目标的目标值是由具体的数量直接表示的（如具体的时间长度、费用金额等）。因此，在进行式目标的目标监控方法设计中的难点是确定进行式目标偏差量计算的四个指标。因目标的理想计划值是依据工程建设的平均先进水平，以目标所能达到的最好状态为标准所确定的目标计划，反映在每个监控单元格中。目标极限计划值是对每个监控单元格中的目标所要求达到的最低标准做出的规定或描述。但是在一般的工程进度计划或费用计划中,都是以经验项目的平均水平,以及行业平均水平为参考而设定的单一计划值,并没有反映出理想值和极限值。因此,如何根据常规的进行式目标计划,确定每个监控单元格中目标的理想状态和极限状态,是进行式目标偏差监控中要首先考虑的问题。

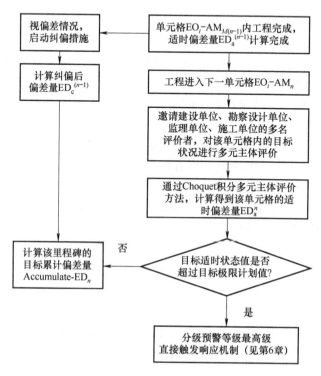

图 5-10　评价式目标的目标偏差监控计算步骤

关键链理论产生于关键路径法,其主要思想可理解为:

1)传统目标计划中的安全时间较长。在项目计划过程中,由于保险起见,估算的工程持续时间常根据历史经验中较为保守的时间制定,即每项工作的估算时间处于经验项目正态分布曲线的后半段。同时,计划人员为保证工作按时完成,会人为地再给工作的持续时间加入大量的安全时间,而且涉及的管理层越多,对项目各阶段加入的安全时间越长。因此,对工程进度的保守估计以及安全时间的重复添加,造成了工程进度计划比社会平均工作水平下的工程实际需要的时间长。

2)安全时间被浪费。大幅度增加的安全时间并不会被施工人员重视并节省。例如工期允许拖延、推迟完成,则工作总是推迟到它能够最迟完成的时刻,很少有提前完成。因此,安全时间越多,供施工人员拖延的空间就越多。各种原因导致了工程中很少出现工作提前完成的现象,而多数都是在富裕的安全时间前提下,项目仍然会延期、拖延。

3)安全时间转变为缓冲。关键链采用 50%的可能完成时间作为任务工期的估计,大幅度缩短了单项工作的安全时间。同时,为了吸收因为剔除安全时间而增大的延误风险,在工程项目的关键链后设置项目缓冲,将单项工作的风险因素放到关键链中的缓冲中考虑,从而在缩短工期估计的同时，将延误控制在预期的范围内。

进度、费用等进行式目标的特点是目标值具有连续性且总量相对固定，去除安全量后的目标计划可以理解为施工单位要完成工程所必需消耗的目标值，即为进行式目标的理想计划值 MO_e；加入缓冲后的目标计划，由于已经加入了相当数量的安全量，可以理解为要完成工程，建设单位所允许的最大目标量，即为进行式目标的极限计划值 MO_i。

在进行式目标的偏差量计算和监控中，参考了关键链的思想，与里程碑划分的思路相结合，在订立目标计划时，首先剔除原来存在的安全量，然后在目标计划中加入三类缓冲：项目总缓冲（PB）、关键里程碑缓冲（KB）以及辅助里程碑缓冲（AB）。

项目总缓冲（PB）：设置在目标监控网格的最后，吸收整个项目中的进行式目标偏差量，将偏差控制在预期的范围内。

为了对关键链的应用范围拓展至所有进行式目标，增加关键里程碑缓冲（KB）与辅助里程碑缓冲（AB）概念。

关键里程碑缓冲（KB）：设置在所有进行式目标监控网格的关键里程碑处，吸收关键里程碑中的目标偏差量。

辅助里程碑缓冲（AB）：选择性地设置在目标值波动幅度较为频繁的辅助里程碑处，例如对于费用目标，现金流出量较大的辅助里程碑往往易产生目标偏差，在该里程碑处设置一定量的费用缓冲，以缓解计划紧凑带来的目标超支风险。对于进度目标，通常选取工序较为复杂的辅助里程碑处设置缓冲，吸收该处工程的拖延风险。

综上所述，三类缓冲在某一进行式目标偏差网格中的位置，如图 5-11 所示。

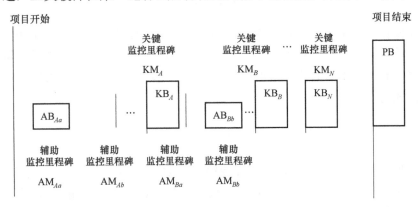

图 5-11 进行式目标缓冲设置

2. 进行式目标偏差量的计算

（1）进行式目标适时状态值 MO_a 与纠偏后状态值 MO_c。 由于进行式目标的目标计划与目标实际值都可以直观地用数字反映，因此其适时状态值的确定不需要经过项目各参与方的综合评价。其在每一个监控单元格内，目标发生变化（增长或下降）的实际数值，即为该单元格内的进行式目标适时状态值 MO_a。如在进度目标中，完成单元格 $MO_i - AM_{Mn}$ 中的工程实际消耗的工日数为 10 天，则该单元格中进度目标的适时状态值为 10。

由于进行式目标的目标值具有单向变化性，因此已完成的工程所消耗掉的目标值是无法再改变的，无法通过返工、修复等方法来减小已完成工程的目标偏差，只能通过对后续工程的严格管理、重新规划来缓解目标的偏差程度。因此，在进行式目标中，没有纠偏后状态值 MO_c。

（2）进行式目标的理想计划值 MO_e 与极限计划值 MO_i。去除安全量后的目标计划值即为进行式目标的理想计划值 MO_e，加入缓冲后的目标计划值即为目标的极限计划值 MO_i。因此，针对原有目标计划，去除安全量并确定缓冲值，是计算 MO_e 与 MO_i 的关键。

将单项活动的保守预估目标量 t_e 与活动理想目标量 t_m 之差 Δt 定义为安全量，采用 t_m 为去除安全量后的精确计划值，并将各项活动安全量的一半统一放到项目的尾端集中成为项目总缓冲（PB），如图5-12所示。

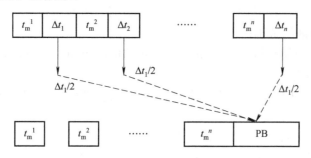

图 5-12　设置项目总缓冲

这种方法中，项目总缓冲（PB）的计算公式为

$$PB = \frac{1}{2}\sum_{i=1}^{n}\Delta t_i$$

该方法在操作上简单，但是缺点在于：如果工程中的单项活动较少，则 PB 偏小，而单项活动较多的话，又容易导致对 PB 的过量估计。为此，建议用 $\Delta t/2$ 作为目标量的标准差，用 2 倍的标准差作为 PB 的估计，以得出较为均衡的缓冲量，避免出现缓冲值过大或过小的情况。计算公式为

$$PB = 2\left[\sum_{i=1}^{n}\left(\frac{\Delta t_i}{2}\right)^2\right]^{1/2} = \left[\sum_{i=1}^{n}(\Delta t_i)^2\right]^{1/2}$$

将关键里程碑缓冲（KB）与辅助里程碑缓冲（AB）的计算方法定义为：两个关键里程碑之间，所有单项活动的安全量之和减去已放入项目总缓冲（PB）的安全量，即为这一段工程中的 KB 和若干个 AB 之和。而缓冲量如何在 KB 与 AB 之间分配，要参考勘察设计单位与建设单位的意见而定。

综上所述，在进行式目标偏差量指标的定义过程中，将去除安全量 Δt 后的各单元格目标计划值作为进行式目标的理想计划值 MO_e。而各单元格中的目标极限计划值 MO_i，则是理想计划值加上后续所有缓冲量后的目标值。

而在工程进行过程中，随着之前活动偏差量的产生，为了中和这些偏差量，会抵消一部分 KB 和 PB。因此，当活动进入一个新的里程碑，计划中的 PB 与 KB 值都要经过重新测算，减去为了抵消之前活动的偏差量而消耗掉的缓冲，或者加上由于之前活动优于计划完成而创造出的缓冲。

第六章　工程项目实施目标偏差预警模型与机制

第一节　工程项目评价式目标分级预警模型

一、目标偏差阈值分割及分级预警

1. 基于目标偏差量的预警需求分析

1）预警具有侧重性。目标网格化监控结构中，将工程项目的管理目标进行了精确划分，目标偏差量的计算结果也是基于单目标的。基于偏差量的目标预警反映的是在不考虑其他目标的优劣情况下，单个目标的偏差严重程度及其发展趋势，并判断是否需要引起管理者的重视。在同一时刻，每个目标都会有其对应的预警信号，每个预警信号侧重于反映其所对应的单一目标的情况。因此，基于偏差量的目标预警具有侧重性的特点。

2）预警具有适时动态性。预警的目的在于提醒管理者根据警情及危机趋势及时采取适当的管理措施，避免危机的进一步扩大。因此，预警信号的发布若滞后，便失去了其效力。通过对目标监控里程碑的选取，用在较为密集的里程碑处进行目标偏差适时测算与偏差程度预警，近似代替工程项目全过程实时预警，既减少因为追求实时监控而浪费的管理资源，又保障对工程项目进行动态的监控和有效的管控，提高管理效益，避免失误，减少损失。

3）预警具有分级性。目标偏差预警是为了将适时监控建设目标得到的结果，进行一定的分析后，反馈给建设单位管理者。预警具有分级性是要求该预警模型的输出结果，不仅能反映目标偏差是否存在，项目管理者是否需要采取纠偏行动，还能够给管理者一个明确的信号：警情已经到达了的级别（轻度警情、中度警情、重度警情等），以及应该采取对应等级的纠偏行动。分级的预警结果可以促使建设单位的管理者对于管理力度的把握进行正确的决策。

4）预警具有多功能性。基于偏差量的目标预警的特点是测算偏差量，并进一步对偏差量结果加以分析，提出严重性警报。该警报除了动态反映目标的状况外，对项目管理者来说还具有多重意义。首先，管理者可以预先对不同级别的警报制定不同程度的纠偏预案，不同级别的预警信息可以帮助项目管理者迅速正确地选择不同的纠偏方案。其次，由于基于偏差量的目标预警具有侧重性，在同一里程碑，根据各目标不同的警报等级，管理者可辨别出较为薄弱的目标，从而优化资源配置，平衡目标间的差距。最后，目标的偏差程度在一定程度上反映施工单位和监理单位在工程实施过程中行为的合规性，预警结果也可作为对施工单位和监理单位进行激励或责任追究的依据。因此，基于偏差量的目标预警系统同时具有监测、决策、防范、调控和激励等功能。

2. 目标偏差量的阈值分割

阈值分割是指对目标偏差量的取值区间进行分割，明确每个警戒级别所对应的取值区间，与二维图像的阈值分割存在很大差别。学者张继权等利用最优分割法对呼伦贝尔草原火灾风险预警阈值进行了定量、客观的划分，将1994—2004年火灾案例作为样本数据，进行最优分割，确定预警阈值，并划分为蓝色、黄色、橙色、红色预警。该学者认为最优分割方法能很好地对预警阈值进行合理的划分，进而得出科学的预警结果。学者柏晶晶等提出了基于组合赋值法的稳态电能质量预警阈值判定方案。该方案利用基于距离的聚类分析法和改进的最大类间方差法确定客观阈值，同时使用专家打分法计算出主观阈值，并按比例集权方式确定综合阈值。最后基于实测数据对相关算法进行了算例验证，结果表明所提方法可对异常数据预警阈值进行较好设定，并能将其有效应用于稳态电能质量预警系统。因此，针对评价式目标与进行式目标偏差量获取方法的特点，分别设计对应的偏差量阈值分割方法，成为分级预警模型中的重要部分。

3. 分级预警模型框架设计

在目标偏差预警模型设计上，将两类预警思路进行了结合和改进，集合其各自的优势，旨在提高预警模型的实用性及预警结果的准确性。首先，在预警数据的来源——目标偏差量的获取方面，更为贴近第二类预警方式的思想，即发现项目发展的趋势与理想状态的偏差，并量化偏差。在对目标偏差量进行阈值分割的步骤上，评价式目标与进行式目标所采用的方法差异较大。在由具体的偏差量数值转化为抽象的预警等级这一过程中，用峰度法-Fisher判别法分级预警模型。完整的评价式目标偏差分级模型设计如图6-1所示。

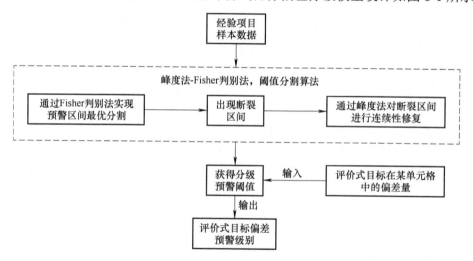

图6-1 评价式目标偏差分级预警模型设计

二、峰度法-Fisher 判别法的目标预警阈值确定方法

1. Fisher 判别理论初始阈值分割

在利用 Fisher 判别法实现目标偏差量最优分割的过程中，基本思想是寻找一个划分，可以保证在有序样本不破坏的前提下，使其分割的级内离差平方和最小、级间离差平方和最大。通过 Fisher 判别法实现最优分割的原理如下：

（1）定义类直径　首先按照某种指标排列成序 $(x_1, x_2, \cdots, x_n)$，并设 $x_1, x_2, \cdots, x_n$ 的某一类

是 $\{x_i, x_{i+1}, \cdots, x_j\}(i<j)$，其均值为 $\bar{X}_{ij} = \frac{1}{j-i+1}\sum_{l=i}^{j}x_l$，则可定义 $(x_1, x_2, \cdots, x_n)$ 的直径为 $D(i,j) = \sum_{l=i}^{j}(x_l - \bar{X}_{ij})^{\mathrm{T}}(x_l - \bar{X}_{ij})$，其中 $D(i,j)$ 为该类的类内离差平方和的计算值。

（2）定义目标函数 设 $p(n,k)$ 是将 n 个有序数据分为 k 类的一种方法，其中分点 $i_1 = 1 < i_2 < \cdots < i_k < i_{k+1} = n+1$，则可定义目标函数为各类离差平方的总和，即 $C(p(n,k)) = \sum_{j=1}^{k}D(i_j, i_{j+1}-1)$，则当 $C(p(n,k))$ 越小时，各类之间的平方和就越大。因此，最优化分就是使目标函数达到最小时的划分。

（3）计算最优分割 用 $p^*(n,k)$ 表示使 $C(p(n,k))$ 达到极小的分类。在两分割的情况下，$p^*(n,2):\{1,2,\cdots,j-1\},\{j,j+1,\cdots,n\}$。所以有 $C(p*(n,2)) = \min_{k \leqslant j \leqslant n}\{C(p*(j-1,k-1))+ D(j,n)\}$。同理，当 $k \leqslant j \leqslant n$ 时，则可用递归法求目标函数 $C(p*(n,k)) = \min_{k \leqslant j \leqslant n}\{C(p*(j-1, k-1))+D(j,n)\}$。因此，对于 n 个有序观察数据进行分割时，可先寻找 j_k 使得 $C(p*(n,k)) = \{C(p*(j-1,k-1))+D(j,n)\}$，于是得到第 k 类 $G_k = \{j_k, j_{k+1}, \cdots, n\}$。寻找 j_{k-1}，使其满足 $C(p*(j_{k-1},k-1)) = C(p*(j_k-1,k-1))+D(j_{k-1},n)$，得到第 $k-1$ 类 $G_{k-1} = \{j_{k-1}, j_{k+1}+1, \cdots, n\}$ 依次继续下去，最终求得所需最优 k 个分割为 $p*(n,k) = (G_1, G_2, \cdots, G_k)$。

（4）确定较优分段数 确定目标函数随有分段函数变化而形成的函数：$C(p(n,k))-k$，该曲线的拐弯处对应的分段数即为较优的分段数，计算该曲线的斜率差值

$$\beta(k) = |(C(p(n,k-1))-C(p(n,k))/(k-(k-1)))| - |C(p(n,k))-C(p(n,k+1))/(k+1-k)|$$

为了达到评价式目标偏差量分级预警的研究目的，采用 Fisher 判别法的思想，通过对样本的经验项目数据进行判别、分类，寻求对目标偏差量最优的阈值分割解。采用 Fisher 判别法，其特有的优势有：首先，当总体的均值向量共线性程度较高时，Fisher 判别法比较简单，根据几个判别函数就可以判别；其次，没有对总体的分布提出什么特定的要求，应用比较广泛；最后，Fisher 判别法通过降维可以从图形上使用目测法直接判别。Fisher 判别法对样本数据没有什么要求，而且用 SPSS 软件处理既避免了数据量大的缺陷，又有很高的正确率。

2. 峰度法对 Fisher 阈值分割的改进分析

（1）峰度法计算原理

1）计算断点同相邻两个区间构成的新样本的样本均值 $\bar{X}_n$ 和样本峰度 K_n。

$$\bar{X}_n = \frac{X_1 + X_2 + \cdots + X_N}{n} \text{ 和 } K_n = \frac{E(X_i - \bar{X}_n)^4}{[E(X_i - \bar{X}_n)^2]^2}, i = 1, 2, \cdots, n$$

2）判断峰度值，当 $K_n \geqslant 3$ 时，获得使 $|X_i - \bar{X}_n|$ 值最大的 X_i，并从样本中将其删除。

3）重复 1）和 2），直至峰度值小于 3。

4）在留下的样本点中选取最大的 X_i，该值则为阈值。

（2）利用峰度法解决阈值分割连续性问题 在利用峰度法解决阈值分割连续性问题时，其基本思想是将断点分别与其相邻两个分割区间组建新样本，同时求取这两个新样本

的峰度值。一方面通过对峰度值进行绝对比较,检验各分割区间是否合理;另一方面通过比较两个峰度值的大小,确定断点隶属的样本区间。由此,对不在分割区间的断点区间(断点形成的区间)分别进行分割,实现断点连续。

1)计算断点同相邻两个区间构成的新样本的样本均值 $\bar{X}_{n+1}$ 和 $\bar{X}_{m+1}$,以及样本峰度 K_{n+1} 和 K_{m+1}。

$$\bar{X}_{n+1} = \frac{X_1 + X_2 + \cdots + X_n + X'}{n+1}$$

$$\bar{X}_{m+1} = \frac{X_{n+1} + \cdots + X_{n+m} + X'}{m+1}$$

$$K_{n+1} = \frac{E(X_i - \bar{X}_{n+1})^4}{[E(X_i - \bar{X}_{n+1})^2]^2}, i = 1, 2, \cdots, n+1$$

$$K_{m+1} = \frac{E(X_i - \bar{X}_{m+1})^4}{[E(X_i - \bar{X}_{m+1})^2]^2}, i = 1, 2, \cdots, n+m+1$$

2)峰度值分析与比较。

① 绝对比较:若 K_{n+1} 和 K_{m+1} 中存在大于 3 的量,则需要重新验证该段分割区间的有效性;否则进入相对比较。

② 相对比较:若 K_{n+1} 和 K_{m+1} 中均小于等于 3,则 K_{n+1} 和 K_{m+1} 中较小者,表示断点 p 隶属于该分割区间。

3)断点区间连续性处理。在(2)的基础上,断点 p 与不隶属的相邻的分割区间端点形成了断点区间,依次对该断点区间进行分割,直至划分连续。

第二节 工程项目进行式目标分级预警模型

一、偏差缓冲对比分级预警模型的理解

1. 偏差缓冲对比分级预警模型的设计意义

由于进行式目标的实施方式具有较评价式目标更为鲜明的规律性与连续性,通过研究其目标执行规律,在进行式目标的偏差量获取中引入了关键链、缓冲等管理元素。这些元素本身的特性(分段计入、每段的数值固定等)为进行式目标偏差量严重程度的对比和衡量提供了基础。在基于关键链的进行式目标偏差监控方法设计的基础上,提出偏差缓冲对比预警模型,其意义在于:尝试更好地利用进行式目标的执行规律与特点,将分级预警中每一个警戒级别与目标缓冲状态一一对应,促进模型使用者对警戒级别的理解,在简化预警模型计算烦琐程度的同时,增强研究成果的实用性。

2. 偏差缓冲对比分级预警模型的特点

与评价式目标基于峰度法-Fisher 判别法的偏差分级预警模型相比,进行式目标的偏差缓冲对比分级预警模型具有以下特点:

1)模型运行过程直观,不需借助复杂数学算法。偏差缓冲对比分级预警模型的运行原

理是通过观察在进行式目标的目标计划中预先加入的多级目标缓冲（PB、KB、AB），在项目执行过程中由于目标偏差量的产生而消耗的情况，判断目标偏差的严重级别。由于多级目标缓冲在目标计划阶段已确定，进行式目标的适时状态值与目标偏差量可在每个里程碑处及时获得确定的量。因此，目标偏差量与缓冲的对比是一个较为直观的判断与逻辑推理过程，不需借助复杂的数学算法。

2）不需经验项目样本数据的支持。进行式目标的偏差缓冲对比分级预警模型由于没有涉及黑箱部分，因此模型的运行不需要样本数据的训练这一环节，只需根据单个项目本身的目标数据进行对比分析就可得到预警等级，减少了收集经验项目样本数据的工作量。

3）对目标计划精确性要求较高。进行式目标的多级缓冲是在目标计划阶段确定的，目标偏差量的计算以及预警阈值的分割，全部以加入多级缓冲后的目标计划为依据。因此，进行式目标的预警过程对目标计划的依赖度高，目标计划是否精确合理，直接影响到警情的准确性。而且，进行式目标还具有目标值连续性的特征。由于工程项目的进行式目标总量较为庞大，在工程开始实施后，中途对进行式目标计划进行变更通常会引起目标量较大的变动，会打乱后续所有工作原本的目标安排，不仅会造成返工等工程损失，还会因为要根据变更情况来制订新的目标计划而耗费很多的工作量。综合这两部分原因，在工程实施前，对进行式目标进行精确、可靠的计划，尽量减少中途变更的风险，对大型工程项目而言具有非常重要的意义。

4）适用范围受限制。偏差缓冲对比分级预警模型的运算较为简便直观，主要原因就是这一模型是严格按照工程项目进行式目标的实施规律所设计，针对大工程项目进行式目标总量大、难以控制的问题，运用了进行式目标一些特有的优势。但因此偏差缓冲对比分级预警模型的适用范围也受到了限制：只适用于进度目标、费用目标等典型的进行式目标，这些目标必须具备多级目标缓冲设置的条件。同时，该模型对监控目标的目标值连续、单向变化、总量固定等特性也有要求。

二、偏差缓冲对比分级预警模型设计

偏差缓冲对比法的总体思路为：首先，明晰目标计划中加入的各级目标缓冲的消耗与累积规律，以及各级缓冲消耗或累积所反映的目标状态；其次，明晰目标缓冲消耗与目标偏差量大小的对应关系，根据目标偏差量的大小，计算目标缓冲的消耗情况；最后，根据缓冲消耗的分布，判断偏差严重等级，并触发相应的分级预警。偏差缓冲对比分级预警模型框架如图 6-2 所示。

1. 缓冲消耗及累积规律的研究

进行式目标在订立目标计划时，首先剔除原来常规目标计划中存在的目标安全量，然后在目标计划中加入三级缓冲：项目总缓冲（PB）、关键里程碑缓冲（KB）及辅助里程碑缓冲（AB）。其中，项目总缓冲用于吸收整个施工项目的目标偏差，关键里程碑缓冲用于吸收每个分部工程内部的目标偏差，辅助里程碑缓冲用于吸收个别较为重要的分项工程内部的目标偏差。

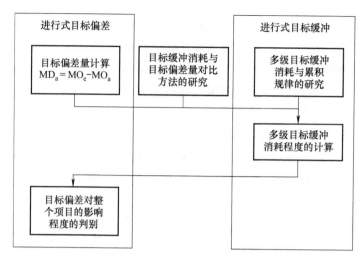

图 6-2　偏差缓冲对比分级预警模型框架

所谓缓冲的消耗是目标计划中的缓冲依次吸收目标偏差量的过程。进行式目标偏差量 MD 与目标缓冲量 MB（包括 PB、KB、AB）的量纲是一样的，都是直接以目标值计。例如费用目标中，目标的偏差量与目标的缓冲量均为具体的金额数值。进度目标中，目标的偏差量与目标的缓冲量均为具体的工作日数值。

进行式目标的缓冲量是目标计划时留出的富余量，MB > 0 表示目标计划存在富余的安全量，MB 无负值。而偏差量是较目标计划所超支的量，MD > 0 表示目标实际状态劣于目标计划，有超支；MD < 0 表示目标实际状态优于目标计划，有富余；MD = 0 表示目标实际状态与目标计划相一致。

定理：在工程项目等的某一监控单元格内，如果目标偏差为正，则目标缓冲要减少相应的数值，以吸收目标偏差，保持目标计划的稳定；如果目标偏差为负，则目标缓冲增加相应数值，以吸收目标多余的安全量。

证明：缓冲吸收目标偏差的过程类似于酸碱中和反应，一定量的目标缓冲可以吸收相同量的目标偏差。在某一单元格 $MO-AM_{Ij}$ 处，如 $MD_{Ij} > 0$，目标偏差为正，则表示目标出现超支，需要消耗缓冲来抵消超支，目标缓冲相应减少；如 $MD_{Ij} < 0$，目标偏差为负，则表示目标量出现富余，该富余会增加到目标缓冲中，目标缓冲相应增加；如 $MD_{Ij} = 0$，则表示目标实际状态与目标计划相一致，该里程碑的目标缓冲也不变。在目标偏差量对缓冲的消耗过程中，存在三级缓冲消耗的先后次序问题，即每个单元格中的偏差量，应该从对应的缓冲里扣除。由于缓冲是一个人为加入的概念，因此，在缓冲的消耗次序方面，没有一个特定的自然规律。为了方便计算和整合，在进行式目标偏差缓冲对比分级预警模型中，我们对目标缓冲和目标偏差相抵消的规律做出了规定。为了方便表达各单元格，将共用同一关键里程碑缓冲的所有单元格称为一个监控集，如图 6-3 所示。

（1）缓冲消耗规律　辅助里程碑缓冲（AB）只承担吸收单个监控单元格之内的目标偏差。因此，当某个单元格中，目标出现偏差后，最先消耗属于该单元格内的辅助里程碑缓冲。

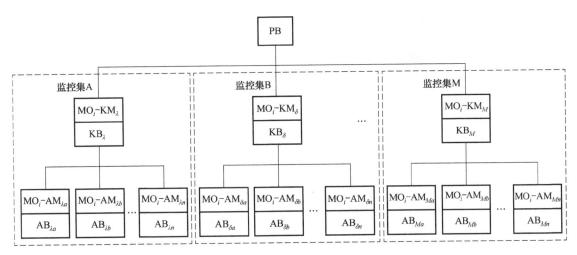

图 6-3 监控集示意图

关键里程碑缓冲（KB）承担吸收其所对应的监控集内的目标偏差。当某个单元格中，未设置辅助里程碑缓冲；或辅助里程碑缓冲已经消耗完毕，还未吸收全部的目标偏差，则剩余的目标偏差量由同一监控集内的关键里程碑缓冲吸收。

项目总缓冲（PB）承担吸收整个建设项目的目标偏差。当某个单元格中的目标偏差量在消耗完监控集内的关键里程碑缓冲后，为了不影响后续工作的目标缓冲安排，剩余的目标偏差量由项目总缓冲吸收。

项目总缓冲消耗完毕时，如果还存在剩余的目标偏差量，以尽量小地影响后续工作的目标计划为原则，依次由监控集内后续其他辅助里程碑缓冲、后续监控集的关键里程碑缓冲、后续监控集的辅助里程碑缓冲吸收。

（2）缓冲累计规律　进行式目标的缓冲，除了会被消耗外，还存在累计的情况，即某个单元格内设计有里程碑缓冲（AB 或 KB），但在实际工程中，$MD_{Ij} < AB_{Ij}$ 或 $MD_{Ij} < KB_{Ij}$ 的这种情况下，未消耗完的缓冲（$AB_{Ij} - MD_{Ij}$ 或 $KB_{Ij} - MD_{Ij}$）会转变为后续里程碑的缓冲量。

以方便缓冲的计算，最大程度保证后续工程的缓冲计划不变为原则，缓冲的累积规律为：工程进行中，剩余的目标缓冲量以逆向缓冲消耗的规律，填补有过缓冲消耗的目标缓冲，依次填补后续监控集中的辅助里程碑缓冲和关键里程碑缓冲，本监控集中的后续辅助里程碑缓冲、项目总缓冲，本监控集的关键里程碑缓冲，填补至最初计划值为止。目的是消除前面工程中目标偏差造成的缓冲消耗对后面工程的影响，保障后面的工程有足够的缓冲空间。

当出现以下两种情况时，剩余的缓冲量全部汇入项目总缓冲（PB）。

1）该单元格之后的所有里程碑缓冲没有发生缓冲消耗，都处于最初计划值水平。

2）剩余的缓冲量在填补完所有的缓冲消耗后，仍有剩余，则剩余的缓冲量全部汇入项目总缓冲。

综上所述，进行式目标缓冲的消耗与累计规律，如图 6-4 所示。

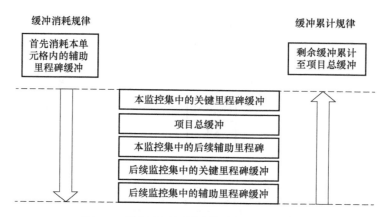

图 6-4 进行式目标缓冲的消耗与累计规律

2. 进行式目标偏差量阈值分割计算

通过偏差缓冲对比法实施进行式目标偏差量阈值分割的计算步骤,如图 6-5 所示。

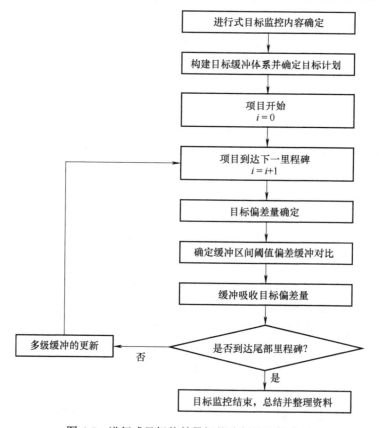

图 6-5 进行式目标偏差量阈值分割的计算步骤

(1) 进行式目标偏差量确定　$MD_a = MO_e - MO_a$,其中,MD_a 为进行式目标偏差量,MO_a 为进行式目标的适时状态值,MO_e 为进行式目标的理想计划值(即去除安全量后的目标计划值)。

（2）偏差缓冲对比　根据多级缓冲的消耗规律，可以以缓冲的消耗状况为依据，划分出若干个区间，通过判断每个单元格的目标偏差量落在的区间判断偏差对整个项目的影响程度，进而得到预警等级。

进行式目标的理想计划值 MO_e，是目标所能达到的最理想状态。因此，理论上不存在偏差量小于 0，即出现负偏差状态。按照图 6-4 中的缓冲消耗规律，可以将每个单元格所可能消耗的缓冲量划分为以下六个区间：

区间 1：$0 \leqslant MD_{Ij} \leqslant AB_{Ij}$。$AB_{Ij}$ 为本单元格内的辅助里程碑缓冲。在这一区间内，偏差量未消耗完单元格内的辅助里程碑缓冲，不会对后续活动造成任何影响。

区间 2：$AB_{Ij} \leqslant MD_{Ij} \leqslant AB_{Ij} + KB_I$。$KB_I$ 为本单元格所属监控集的关键里程碑缓冲。在这一区间内，偏差量在消耗完单元格内的辅助里程碑缓冲后，又消耗了一部分监控集共有的关键里程碑缓冲，因此会影响监控集内的后续活动共有的缓冲空间，但由于目标偏差量被监控集内的缓冲完全抵消，因此对后续监控集中的活动不造成任何影响。

区间 3：$AB_{Ij} + KB_I \leqslant MD_{Ij} \leqslant AB_{Ij} + KB_I + PB$。在这一区间内，偏差量在消耗完单元格内的辅助里程碑缓冲以及监控集共有的关键里程碑缓冲后，又消耗了一部分项目总缓冲，因此造成监控集内的后续活动没有关键里程碑缓冲，严重影响了监控集内后续活动的缓冲空间。此外，由于占用了整个项目共用的部分缓冲空间，因此如果目标偏差处在这一区间内，则这一活动对监控集内后续活动造成了较为严重的影响，同时也对后续监控集中的活动产生了轻微不良影响。

区间 4：$AB_{Ij} + KB_I + PB \leqslant MD_{Ij} \leqslant AB_{Ij} + KB_I + PB + \sum AB_I$。$\sum AB_I$ 为监控集内的后续所有辅助里程碑缓冲之和。在这一区间内，偏差量在消耗完单元格内的辅助里程碑缓冲、监控集共有的关键里程碑缓冲、项目总缓冲后，又消耗了一部分监控集内后续活动的辅助里程碑缓冲，因此该活动之后的所有活动都不能共享项目总缓冲，同时监控集内后续活动的单元格内缓冲也被剥夺，这一偏差情况对后续所有活动都造成了较为严重的影响，尤其是对监控集内后续活动，使其几乎没有任何缓冲空间。

区间 5：$AB_{Ij} + KB_I + PB + \sum AB_I \leqslant MD_{Ij} \leqslant AB_{Ij} + KB_I + PB + \sum AB_I + \sum KB_{I+z} + \sum AB_{I+z}$。其中，$Z = 1, 2, \cdots$；$\sum KB_{I+z}$ 为后续所有监控集中关键里程碑缓冲之和；$\sum AB_{I+z}$ 为后续所有监控集中辅助里程碑缓冲之和。在这一区间内，偏差量在消耗完本监控集内的所有缓冲、项目总缓冲后，又消耗了一部分后续监控集中的缓冲，这种目标偏差不仅耗尽了监控集内后续活动的所有缓冲空间和后续监控集中活动的项目总缓冲，还侵占了后续集内的自有缓冲。因此，其对后续的所有活动都造成了严重影响，极大地压缩了后续活动的缓冲空间。但是，在理想的情况下，如果后续活动都能以近似理想计划值完成，几乎不消耗目标缓冲，整个工程仍有希望在目标极限计划值范围内完成。

区间 6：$\sum (PB, KB, AB) \leqslant MD_{Ij}$。其中，$\sum (PB, KB, AB) = AB_{Ij} + KB_I + PB + \sum AB_I + \sum KB_{I+z} + \sum AB_{I+z}$ 为项目中的所有缓冲空间。在这一区间内，目标的偏差量消耗完了整个项目中的所有缓冲空间，即使后续活动都能以理想计划值完成，但整个工程也不可能在目标极限计划值范围内完成。在计划总量不变的情况下，目标的严重超支已成定局。

以上六个区间，如图 6-6 所示。

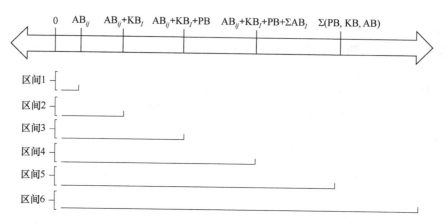

图 6-6 目标缓冲区间阈值示意图

（3）缓冲吸收目标偏差量　在完成偏差缓冲对比，得到某一单元格中目标偏差所在的相应等级区间后，就要对目标偏差量进行吸收，以平衡目标计划，使目标监控向下一单元格进行。缓冲吸收目标偏差量是通过目标缓冲量的消耗或累积来实现的，按照缓冲消耗或累积的顺序，等量的缓冲吸收等量的目标偏差量。

（4）目标缓冲量的更新　在工程进行过程中，随着之前里程碑中目标偏差量的产生，在吸收这些偏差量的过程中，会抵消一部分的 AB、KB 和 PB。当活动进入到一个新的里程碑时，计划中的 AB、KB 与 PB 值都要经过重新测算，减去为了抵消之前活动的偏差量而消耗掉的缓冲，或者加上由于之前活动优于计划完成而创造出的缓冲。

以初始里程碑 AB_{Aa} 为例（所有缓冲计划未发生过改变），该单元格内的缓冲消耗情况对应于缓冲更新的计算过程，见表 6-1。

表 6-1　缓冲更新计算过程

缓冲区间	偏差情况	紧后单元格缓冲更新计算
1	$0 \leqslant MD_{Aa} \leqslant AB_{Aa}$	$PB' = PB + (AB_{Aa} - MD_{Aa})$ 其余缓冲量不发生变化
2	$AB_{Aa} \leqslant MD_{Aa} \leqslant AB_{Aa} + KB_A$	$KB'_A = KB_A + (MD_{Aa} - AB_{Aa})$ 其余缓冲量不发生变化
3	$AB_{Aa} + KB_A \leqslant MD_{Aa} \leqslant AB_{Aa} + KB_A + PB$	$KB'_A = 0, PB' = PB - (MD_{Aa} - AB_{Aa} - KB_A)$ 其余缓冲量不发生变化
4	$AB_{Aa} + KB_A + PB \leqslant MD_{Aa} \leqslant AB_{Aa} + KB_A + PB + \sum AB_A$	$KB'_A = 0, PB' = 0$ $\sum AB'_A = \sum AB_A - (MD_{Aa} - AB_{Aa} - KB_A - PB)$ 后续监控集中的缓冲量保持不变
5	$AB_{Aa} + KB_A + PB + \sum AB_A \leqslant MD_{Aa} \leqslant \sum(PB, KB, AB)$	$KB'_A = 0, PB' = 0, \sum AB'_A = 0$ $\sum KB'_{A+Z} + \sum AB'_{A+Z} = \sum KB_{A+Z} + \sum AB_{A+Z} - (MD_{Aa} - AB_{Aa} - KB_A - PB - \sum AB_A)$
6	$\sum(PB, KB, AB) \leqslant MD_{Aa}$	$\sum(PB, KB, AB) = 0$

3. 缓冲区间与分级预警的对应

通过进行式目标缓冲消耗与目标偏差量进行对比，划分出来六个缓冲区间，作为进行式目标偏差量的多级阈值。首先，需要明确目标偏差量的每个区间所反映的目标偏差对建设项目的影响情况：

区间 1：$0 \leqslant MD_{Ij} \leqslant AB_{Ij}$。该区间中的偏差可以被设置在本单元格内部的缓冲吸收，不会对后续的目标计划以及其他缓冲造成任何不良影响，不需要进行偏差预警。

区间 2：$AB_{Ij} \leqslant MD_{Ij} \leqslant AB_{Ij} + KB_I$。该区间中的偏差会造成监控集内其他单元格所共享的关键里程碑缓冲减少，但是没有影响到项目总缓冲和后续监控集，需要进行极轻微的偏差预警。

区间 3：$AB_{Ij} + KB_I \leqslant MD_{Ij} \leqslant AB_{Ij} + KB_I + PB$。项目总缓冲是所有单元格所共有的缓冲空间，这种情况下，项目总缓冲的消耗会导致后续工程的缓冲空间的减小。但是，由于项目总缓冲吸收了目标的超支，因此该偏差不会影响到后续监控集的缓冲空间，以及后续工作的目标计划。属于较轻的预警级别。

区间 4：$AB_{Ij} + KB_I + PB \leqslant MD_{Ij} \leqslant AB_{Ij} + KB_I + PB + \sum AB_I$。这种情况下，监控集中后续活动的目标缓冲空间被大幅压缩，但如果能够通过一系列的优化措施改变目标的超支趋势，使后续活动靠近目标理想计划进行，节省足够量的缓冲，就仍然能把目标偏差的影响控制在本监控集内部，不影响后续监控集的目标计划和缓冲空间。属于中度预警级别。

区间 5：$AB_{Ij} + KB_I + PB + \sum AB_I \leqslant MD_{Ij} \leqslant \sum(PB, KB, AB)$。这种情况下，该单元格的目标偏差情况势必大幅压缩后续监控集活动的缓冲空间，给后续工作造成很大的困难。如果能够通过一系列的优化措施改变目标的超支趋势，使后续工作依照目标理想计划进行，节省足够量的缓冲，该目标整体仍有可能控制在计划极限值内。由于对后续所有活动的影响非常大，属于重度预警级别。

区间 6：$\sum(PB, KB, AB) \leqslant MD_{Ij}$。这种情况下，即使后续工作的目标都严格按照理想计划值完成，整个工程如仍然会出现目标超支的情况，该超支情况已无法通过后续工作的改进弥补。这是进行式目标偏差中最严重的情况，因此属于极重级别预警。

综上所述，缓冲区间与分级预警的对应关系见表 6-2。

表6-2 缓冲区间与分级预警的对应关系

缓冲区间	预警级别	警情	目标状态
1	0	无警情	目标实施与计划相符
2	I	极轻警	极轻微偏差，不影响其他单元格的目标计划
3	II	轻警	轻微偏差，可被项目总缓冲吸收，不影响其他单元格的目标计划
4	III	中警	中度偏差，项目总缓冲消失，需要压缩监控集内后续活动的缓冲空间
5	IV	重警	重度偏差，后续监控集的缓冲空间受到大幅压缩，偏差状态可弥补
6	V	极重警	极重度偏差，目标超支大于缓冲总量，超过极限值，偏差状态无法弥补

第三节 工程项目目标偏差分级预警响应机制

一、分级预警响应机制构建概述

1. 建立分级预警响应机制的目的

大型施工项目目标监控中的预警响应是指工程项目施工过程中,当建设目标偏差分级预警模型出现警情提醒时,建设单位管理者需要通过对项目需求、警情严重情况、造成目标偏差的因素等进行综合分析,制定一系列的纠偏措施,并做出纠偏决策。目的是最大限度地降低目标偏差造成的损失,改变目标偏差继续扩大的趋势,尽量缩小目标偏差,使建设项目尽快恢复到正常状态。同时,在警情较为严重、已对施工项目造成损失的情况下,对施工单位、监理单位等责任主体进行追责、处罚等措施。预警响应机制的意义如下:

首先,建设项目目标监控及预警,其根本目的与应用价值并不止于监控方案的提出和分级预警的实现,最终目标是通过有效的技术手段、在正确的时机、以适当的形式为项目管理者提供有效的信息。辅助管理者在及时发现项目缺陷的基础上,迅速做出正确的管理决策,采取正确的措施防止问题进一步扩大。因此,分级预警响应机制是分级预警模型应用价值的体现。

其次,通过对分级预警结果的响应,实现目标的及时纠偏,可以促使项目以更健康的状态进入下一监控单元格,实现了建设目标的"偏差监控—预警—响应—纠偏"这一闭环过程。

最后,分级预警响应机制,是对工程参与方进行激励或惩罚的依据。分级预警响应机制就是针对不同的目标预警情况,对建设单位提供纠偏决策支持,提供对参与方进行奖惩的依据。

2. 分级预警响应机制的需求分析

(1) 响应的应激反应时效性 在均衡经济性和可行性的基础上,实现目标的动态监控与预警,目的是对目标的偏差进行迅速的辨别和反应。因此,对目标偏差预警结果的响应也应具备同样的特征,在分级预警提醒出现后,面对警情的刺激,响应机制应尽量缩短应激时间,快速做出纠偏决策支持,以促使管理者尽快实施纠偏措施,遏制目标偏差的扩大趋势。

(2) 响应决策支持的针对性 目标偏差监控的网格化结构将建设目标的监控集划分成纵横交错的网格状,每个单元格都对应着不同的监控内容。目标和工程内容不同,分级预警的警情级别不同,所对应的响应决策支持也应有所变化和侧重。因此,建设目标偏差分级预警响应机制应该对不同监控单元格中的监控内容,以及不同级别的预警结果,做出有区别的响应,同时根据工程实际特点和警戒的紧迫程度,选择最有效的纠偏途径,有针对性地为管理者提供决策支持信息。

(3) 实现预警响应决策支持的智能化 在计算机信息技术广泛应用的环境下,对时效性、针对性需求较强的工程预警响应也应改善低效率的实施模式,采用信息化、智能化的解决方案。在解决以预案为基础的纠偏决策知识共享的基础上,将预案静态信息、建设目标纠偏应急决策所需其他数据与分级预警信息交互，通过预警发生的实时态势信息驱动各类数据与知识的融合，使目标纠偏应急决策所需各类信息能够快速集成与融合，同时将知识推理与空间信息技术进行结合，实现应急预案的数字化、智能化与可视化，达到加强信息共享、加快信息传播、提高行动速度的目标。

（4）专家支持的主导性　在实现预警响应决策支持智能化的过程中，计算机能够利用其快速的信息处理与分析优势，挖掘出对纠偏决策有重要参考价值的信息，对决策者提供辅助支持。但是，根据目标偏差情况应该采取对应的纠偏措施，通过运用长期的工程积累经验、丰富的科学知识储备综合分析得出的结果，计算机只能对人的经验信息进行收集、分类、建立联系、逻辑推理、演绎，但不能代替人创造原始的经验信息。因此，智能化的预警响应决策支持除了信息技术外，需要工程经验与建设目标纠偏知识丰富的专家提供支持。专家需要在纠偏措施原始信息的提供、响应输出信息的有效性辨别、响应过程的优化等方面提供技术支持，因此，建设目标偏差分级预警响应机制中，专家支持应该起到主导作用。

（5）机制的广泛适用性　由于工程项目具有一次性特征，不同工程在不同监控里程碑会出现完全不同的目标偏差情况。应从两个角度着手，保障该响应机制对新建工程的适用性。①基于响应机制信息化、智能化的设计，扩大数据基础，可以实现纠偏措施的预收集和自动匹配。在进行纠偏措施的数据基础收集时，应尽量全面地考虑到多种工程不同时期、不同建设目标可能出现的偏差情况，收集所匹配的纠偏措施，并按照工程分类、里程碑、目标、偏差等级的不同进行分类设计，完善纠偏数据源。②增加机制的反馈与自改进功能，促使该机制在实际运用的过程中，能够根据建设单位关于纠偏效果的反馈，不断改进纠偏措施的设计，并且在遇到无法匹配相应纠偏措施的新问题时，能够启动专家咨询功能，扩充新的纠偏知识，不断完善纠偏数据库，增强纠偏机制的准确性与适用性。

二、专家支持系统预警响应机制的设计

1. 专家支持系统思路简介

专家支持系统预警响应机制是通过专家支持系统这一信息化工具，对某一单元格出现的目标偏差预警情况，结合目标要求和工程阶段情况，综合分析并推理出导致偏差的因素和建议采用的纠偏措施。因此，专家支持系统如何执行综合分析和推理是该机制建立的关键。

专家支持系统是在目前研究较多并已广泛运用于多个领域的知识库和推理机两个模块基础上，创建数据库，设计推理程序与改进程序，最终得到能适用于建设目标偏差预警响应的信息化系统。该系统旨在模拟专家的思维和经验，对原始数据（目标情况、里程碑情况、偏差预警等级情况等）进行推理、演绎，最终系统自动做出合理的判断和决策，将结果提供给建设单位。

专家支持系统在建立之初需要大量专家的意见作为知识来源，但是在响应机制正式运行后，则通过对已获取的专家意见和经验进行反复利用和推导，可以代替专家给出纠偏决策建议，这样首先可以帮助建设单位减少对专家的依赖，避免建设目标在遇到任何问题时都要咨询专家意见的局面。其次，可以减少预警响应机制的应急时间，如果建设单位在每次遇到目标预警问题后，都需要通过咨询专家获取纠偏意见，则在收到偏差预警信号后，不可避免地要经历联系专家、咨询、意见收集、汇总、决策等一系列流程，耗费大量的时间，影响工程的正常进行。

按照计算机系统的设计思路，一个完整的专家支持系统的基本结构应当如图 6-7 所示。该系统包括了知识库、推理机、知识获取程序、综合数据库、解释程序以及人机接口六个部分。其中，人机接口是建设单位、专家等与专家支持系统直接接触的部分，通常以较为友好的操作界面体现，在功能上应包括用户登录、偏差信息输入、纠偏措施建议输出等功能。知识获取程序与解释程序实现对专家经验知识的获取、系统的训练以及输出信息的解释。

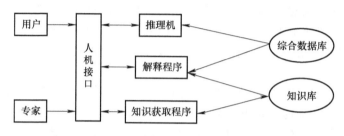

图 6-7 专家支持系统的基本结构

知识库的主要功能是存储来自于工程建设项目管理领域专家的海量专业知识，包括各种各样的目标偏差情况可能引起的因素、每一种导致偏差的因素应该采取的纠偏措施等，由专家所提供的规则以及事实构成。建立知识库需要解决的首要问题就是知识的获取及其表示形式。知识获取主要指知识库工程师从工程管理领域专家获取知识的途径和方法，知识表示则是将知识表达和存储以一种计算机能够理解的指令形式体现出来。知识库系统的构成如图 6-8 所示。

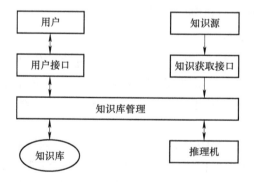

图 6-8 知识库系统的构成

推理机是运用相关的策略推理，依据知识库和当下环境，推导出正确结果的模块。专家支持系统不仅要收集专家的经验数据形成知识库，而且需要选择和运用知识库中的知识来解决问题。推理机的主要任务是在问题的解决过程中，利用推理规则以及控制策略等程序，使系统更有逻辑地运转，继而推理和导出结论，而不是简单地从知识库中搜索现成答案。

总体而言，专家支持系统属于经验多、范围广的决策支持系统，通过知识库获得大量该领域范围内的专业经验和知识，同时具备很强的扩展性和移植性，能够不断自我完善和更新所掌握的知识。

2. 专家支持系统预警响应机制的设计

专家支持系统预警响应机制的设计，是将专家的海量纠偏意见进行汇总，对各类目标、各个里程碑处不同等级的偏差警情进行分析，经过推理机制，给出最适合的专家纠偏建议，帮助建设单位在项目建设的不同阶段，根据预警情况有针对性地采取目标纠偏措施，以缓解目标偏差状况。专家支持系统预警响应机制的设计如图6-9所示。

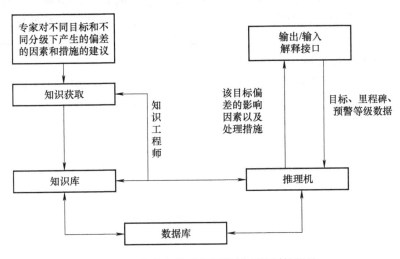

图6-9 专家支持系统预警响应机制的设计

（1）知识库建立 知识库建立通过知识获取功能实现，知识获取是专家支持系统中非常重要的环节，此环节通常由知识库工程师与专家共同完成。知识库工程师是负责构建知识库、扩充并更新知识库内容的专业工作人员，是知识获取的主要执行者。在知识库构建之初，首先由知识库工程师与工程项目管理领域的专家通过访谈、问卷调查等形式进行交流，汇总各专家对于工程建设目标纠偏的经验知识，得到纠偏经验知识初步结果。然后结合信息技术支持，将得到的偏差因素以及应对措施，以表单的形式存入知识库，并建立起其与目标、工程阶段、偏差等级等表单之间的联系。

知识库是以计算机方式体现专家思想和经验的一种手段，其建立是专家支持系统成功的第一步。工程项目具有一次性的特征，每一次施工过程遇到的问题会常常更新，会遇见未出现过的情况。而专家支持系统是在汇总以往纠偏经验的基础上，对新遇到的问题，通过推理得到纠偏措施。若要使专家支持系统长期保持优良特性，在实际预警响应过程中发挥持续有效的作用，一次性的知识获取是远远不够的，还需要对专家的经验进行不断的更新，对知识库持续地进行优化。通过知识获取，除了在构建知识库时可以汇集专家经验外，还可以及时有效地对知识库进行更新和修改。建设单位在新建项目中得到目标预警信息后，动用专家支持系统获取纠偏措施，但如果运用该纠偏措施后，得到的纠偏后目标偏差结果仍然很不理想，没有达到预期的纠偏效果，就会把这一问题反馈给知识库工程师。

知识库工程师在得到某些纠偏措施在实际运用中效果不佳或出现不适用等问题时，同样通过知识获取途径，再次咨询专家修改意见，得到专家论证后的更改方法，剔除不正确的纠偏措施，将新的有效措施录入知识库，完成对知识库的更新。同时，建设单位也可根据其工程管理经验，将实际工程实践中更为有效的措施告知知识库工程师，由工程师录入知识库，进行知识库的补充，以确保纠偏知识的有效性。通常，专家支持系统中的系统程序和知识库是互相独立的，因此，知识库工程师更新优化知识库内容的操作方便且可行。

（2）数据库设计　专家支持系统的综合数据库主要用于存储整个预警响应推理过程中所需要的数据或产生的数据。其相当于整个专家支持系统的仓库，将推理过程所需的所有原始数据、响应过程中的输入数据、推理过程中的一些中间结果，以及推理成功后得到的纠偏措施等信息存储在其中，以方便响应机制随时调用。其中，在专家支持系统的运用过程中，也会将经验项目推理成功后得到的纠偏措施存储在数据库中，方便后续工程遇到相同目标、相同里程碑、相同预警等级情况时，可以直接调动数据库中经验项目的推理结果。由于推理结果已经经过经验项目的有效性证实，因此这样不仅能够保障推理结果的有用性，还能简化推理过程，节省应急时间，提高纠偏的时效性。

（3）推理机设计　基于规则的专家支持系统在推理方面主要涉及三个主要组成部分，即事实库、规则以及推理控制策略。它们之间的关系如图6-10所示。

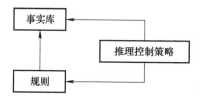

图6-10　事实库、规则以及推理控制策略之间的关系

事实库属于输入数据，是用户对现实现象的描述，用来提供给推理程序。事实就是目标偏差预警模型得到的预警警情，以及该警情所在单元格所对应的目标与里程碑。建设单位要通过专家支持系统得到响应措施建议，就需要将当前得到的预警警情、连带目标、里程碑信息一起作为事实，输入专家支持系统。规则是推理机根据事实进行推理的依据，是连接事实与得到的推理结果的关系纽带。这些规则有些是通过专家经验在知识获取时得到的；有些是在系统使用的过程中通过多次实践，在原来的基础上改进、优化后的结果。推理控制策略则是指导推理过程的步骤总和。根据已知目标偏差预警等级和欲获得纠偏措施这一需求，按照图6-11所示的推理控制策略设计了推理流程。

从图6-11中可以看出，专家支持系统的推理过程如下：

1）建设单位在得到预警模型输出的警情等级后，将目标、里程、等级等原始数据作为事实，输入专家支持系统。

2）系统调用数据库，首先查找数据库中所存储的以往的推理成果，看是否能找到相同问题的解，若能找到目标、里程碑、预警等级都相符的以往的推理成果，则查找成功，直接输出结果，得到偏差响应措施。

3）若数据库中查找失败，则继续调用专家支持系统中的知识库，根据之前建立的联系与规则，将所有与该问题相关的致偏因素与纠偏措施等相关知识都存放到一个知识集中，并判断该知识集是否为空，若知识库并无可用知识或知识集为空，系统直接判断为需要更新完善知识库。这时，要对建设单位给出提示，启动知识获取，继续完善知识库。

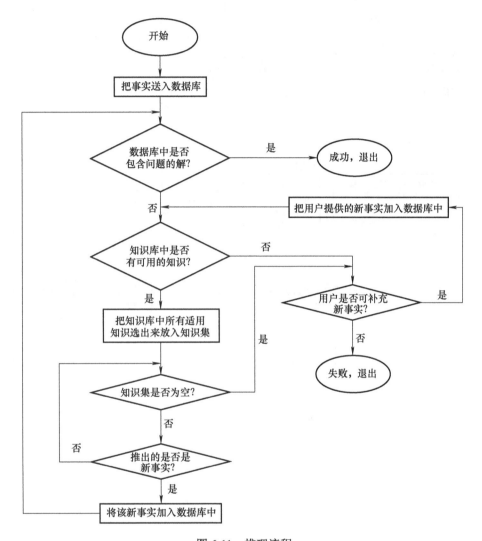

图 6-11 推理流程

4）若知识集不为空，则利用本次知识集的相关知识，执行相关规则，继而推理出此次偏差问题的影响因素和纠偏措施，并存入数据库中。之后，重复循环 2），得到最终的输出结果，为建设单位提供决策支持。

3. 专家支持系统预警响应机制的实现

专家支持系统预警响应机制的设计，是为了使每个监控单元格中的工程在分级预警模型产生的警情传达至建设单位后，建设单位能够通过专家支持系统，推理得到合理的纠偏建议，然后进行纠偏决策。因此，完整的专家支持系统预警响应机制如图 6-12 所示。

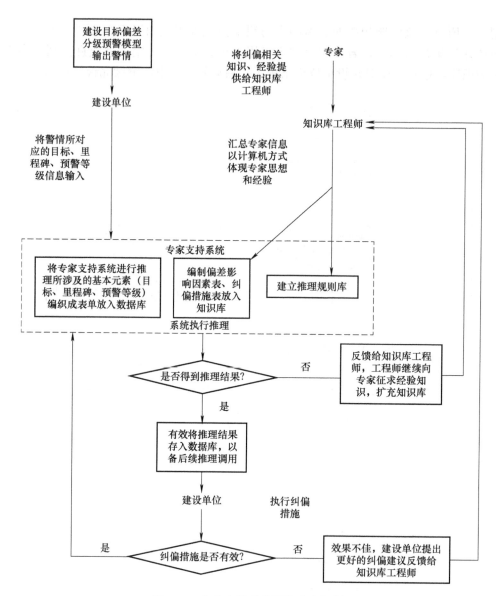

图 6-12　专家支持系统预警响应机制

专题四

工程项目信息化管理及信息安全管理

第七章 工程项目信息化管理

第一节 工程项目信息化管理概述

早在 1995 年日本就开始大力推进建设领域的 CALS/EC（Continuous Acquisition and Lifecycle Support/Electronic Commerce），其核心内容是：以项目的全生命周期为对象，全部信息实现电子化；项目相关各方利用网络进行信息的提交和接收；所有电子化信息均存储在数据库中便于共享和利用。其最终目的是降低成本、提高质量和效率，最终提高行业竞争力。而在 1999 年英国 Latham 报告（《政府与行业对英国建筑业中招标与合同协议的联合审查报告》）指出，英国建筑业在 5 年内，通过更好地运用信息技术、新的方法、加强培训等节省了约 30%的项目成本。美国的招标网和建造网都宣称通过将建筑市场带入互联网可以节约 30%~35%的项目成本。

伴随科学技术的快速发展，项目管理和信息化技术理念在不断发展变革，全生命周期集成管理已成为工程管理的重要发展方向。项目管理越来越呈现出信息化、集成化和虚拟化的特点，即项目管理的新发展对信息的正确性、及时性和针对性提出了更高的要求，信息的无障碍交流要求在整个项目生命周期的不同阶段之间，在各个利益主体之间（业主方、设计方、施工方、供应方、运营方），不同职能部门之间实现无障碍的、顺畅的、高效的交流和信息传递，打破"信息孤岛"的现象。

工程项目信息化管理是指工程信息资源的开发与利用，是以信息化管理理念为导向，以现代化信息技术为基础，以项目信息深层次利用为核心，由各参与方共同参与并覆盖建设全过程、全方位的系统工程。

1. 以现代信息技术为基础

工程项目信息化管理就是信息技术在建设工程管理活动中的广泛应用过程。与工程项目管理相关的信息技术有计算机技术、网络技术、网络计算技术、数据管理技术、知识管理技术、3S技术[遥感技术（Remote Sensing，RS）、地理信息系统（Geography Information Systems，GIS）、全球定位系统（Global Positioning System，GPS）]、管理信息系统、虚拟现实技术、BIM技术等。

2. 工程项目信息资源的伙伴协作关系

工程项目管理涵盖了工程项目全生命周期，涉及多方主体，包括地方政府、业主、监理、设计方、施工方、运营维护方等，同时又涉及多种专业。以设计为例，设计方包括建筑设计、结构设计、电气设计、给排水设计、景观设计等。在项目管理实施过程中又存在多种职能部门的管理，如合同管理、成本管理、进度管理、质量管理、信息管理、人力资源管理等，如图7-1所示。工程项目信息化管理就是以一个综合的信息系统为载体，通过网络技术在多主体、多专业、多职能之间建立一个"顺畅""高效""准确"的沟通桥梁。项目各参与方以"数据管理"为依据，以数据之间的逻辑关系和制衡条件为中心建立良好的合作伙伴关系。

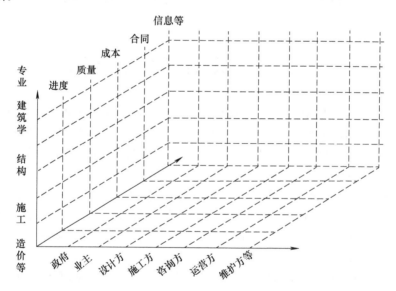

图7-1　工程项目多主体、多专业、多职能的关系

对伙伴协作的支持是工程项目信息化管理的重要特征。由于特定工程的阶段性和局限性，其所涉及的人力资源、设备资源及数据资源等大都是与其他工程共享的；在工程的不同阶段对这些资源的需求和具体使用方式也会有所不同，工程资源的调配需要有高效率的信息系统平台予以支持。

工程的所有者或管理者为确保工程的顺利运营而建立的沟通协作平台，通过及时的信息沟通和有效的信息共享，可以确保工程的设计方、施工方、供应方、运营方等一系列与工程直接相关的组织之间的有效协作，提升工程的运作效益，实现对工程的全方位的管理。

3. 以信息化促进管理制度与组织机构的完善，强调运营管理

在信息技术的支持下，工程项目可简化组织生产经营的方式，减少中间环节和中间的管理人员，从而建立起精良、敏捷、具有创新精神的"扁平"型组织结构，提升对项目内外变化因素的快速感知能力。同时信息化不只是计算机硬件本身，更为重要的是与管理的有机结合。信息化的过程不仅是信息技术的运用，更是通过转变传统管理理念，针对项目信息化特征组建有项目特色的先进管理理念、管理制度，实现管理创新，从而建立良好的管理流程和方法。

运营管理是工程项目信息化管理的核心。以工程运行期的运营管理为主线，可将其简单划分为运营系统和管理系统两部分。前者主要用于支持工程的日常运营，包括计划调度、自动控制、远程监控、设备维护等确保工程日常运行的一系列工作。后者则主要用于应对工程运营企业的财务融资、人力资源、市场开拓等管理活动。

对于管理多个大中型工程的企业来说，一般存在多个工程运营系统并存的情况。这些系统的实现方式、技术水平、设备状况等可能存在较大的差别。实现多个运营系统的相互集成和资源共享，并与管理系统之间实现有效的数据交互是工程整体运营效率提高的重要基础。

4. 集成创新

集成创新是把已有的知识、技术以系统集成的方式创造出前所未有的新产品、新工艺、新的服务方式或新的经营管理模式，其新颖性表现在系统的集成思想和方式上。任何一个工程都不是独立存在的，在全生命周期的工程管理中，需要不断吸收类似及相关工程的方法、经验和教训；同样，该工程的信息和知识资源也可以为其他工程所借鉴。通过不同工程之间的信息共享可以形成新的知识财富，使今后的工程项目受益。

建立国家或行业层面的信息交换标准和信息共享机制，完善相应的信息技术基础设施的建设，建立为众多工程所共享的信息资源平台，以实现与其他相关或同类工程之间的资源共享，提升工程的知识管理水平；通过建立知识库、案例库、专家系统等，并在此基础上结合人工智能方法实现集成创新的途径，是工程项目信息化管理研究的重要内容之一。

第二节　工程项目信息化管理系统

工程项目信息化管理系统是一个用于处理工程项目信息的综合人-机系统，它以计算机为工具，通过对各阶段、对各主体之间的信息沟通、信息共享、信息发布与信息反馈等一系列相关问题进行协调处理的系统。工程项目信息化管理系统在从论证、设计、施工、运行直至报废的工程全生命周期中，对不同阶段的信息采集、信息处理、信息存储和信息交互等工作的侧重点有所不同。

在战略管理层面，信息系统应该充分考虑工程全生命周期中的各类信息处理需求，对基础设施、网络安全、信息资源和人力资源等方面进行统一规划，以实现组织中各类信息资源的共享。如采用通用的技术标准、建立单一的数据交换平台，以及柔性的组织结构

等，对组织中的各类项目进行统一管理。

一、支撑技术

在工程项目信息化管理系统整个建设过程中，信息系统的设计为关键阶段，需详细确定系统结构，即设计出系统流程图，在系统分析及层次规划完成后，即可进入此阶段。设计阶段应遵循以下规则：

1）表现出清晰的层次组织。
2）系统模块化。
3）设置系统通用的具有独立功能的模块。

此阶段的关键技术主要有数据标准化、集成技术、数据库技术和通信技术，见表7-1。

表 7-1　工程项目信息化管理支撑技术

名称	实现目标	功能需求
数据标准化	数据共享 信息准确、及时 信息通道高通用性	标准化建模 规范化编码 规范化传输、存储
集成技术	应用系统集成 解决数据转换交互问题	数据共享 信息准确、及时 信息通道高通用性
数据库技术	面向整体性 数据库表设计 合理信息约减、资源整合	结构化数据模型 较高数据独立性 低冗余
通信技术	集中控制各公司、部门资源共享	兼有数据、声音、图画的传输功能有效性、可靠性、时效性等性能指标

二、工程项目信息化管理系统的结构

工程项目信息化管理系统的结构是指系统各组成部分所构成的框架或其相互关系的总和。可主要归结为概念结构、层次结构、功能结构和软件结构等。

1. 概念结构

工程项目信息化管理系统从概念上分为信息源、信息处理器、信息用户和信息管理者四个部分，相互之间的关系如图7-2所示。信息源是系统的原始数据源头，将信息传递至信息处理器，同时接受信息管理者反馈的信息并进行更新；信息处理器如各类数据库、服务器等对原始数据进行处理，将信息加工整合后转化为有效信息传递给终端用户；信息用户依据收到的信息进行分析和总结，并及时做出决策；信息管理者则主要是确保信息化管理系统的正常运行及维护。

2. 层次结构

当信息化管理系统规模较大时，就需考虑层次结构带来的问题：层次划分问题和层次功能分配问题。按照处理内容与决策层次进行纵向和横向的层次划分，形成如图7-3所示的金字塔式信息化管理系统结构。金字塔的顶端信息处理的数量和非结构化程度最强，底端则最弱。层次间信息交流的逻辑关系为：高层以底层为基础和信息来源，同时对底层信息处理起到指导和控制作用。

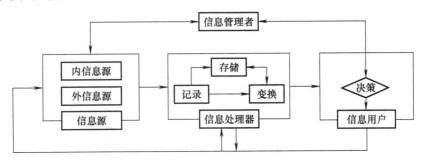

图 7-2　工程项目信息化管理系统的概念结构

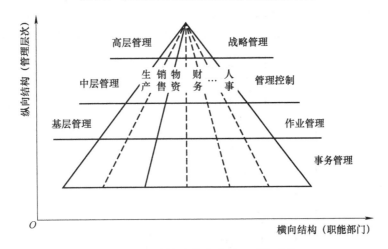

图 7-3　金字塔式信息化管理系统结构

3. 功能结构

根据建设工程项目管理的目标，信息化管理系统可按照职能划分为若干相互关联的子系统，形成一个整体性的功能结构，从而反映组织整体在不同层次中的功能。工程项目信息化管理系统可分为投资、进度、质量等多个子系统，构成多个相对独立又相互联系的功能模块，服务于一个共同的项目目标，如图 7-4 所示。

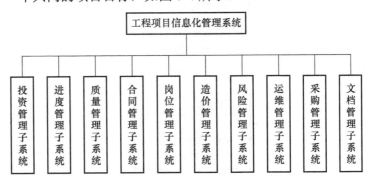

图 7-4　工程项目信息化管理系统的功能结构

4. 软件结构

软件结构是以实现各环节统一管理为目标的完备一体化系统，该系统把纵向上的不同层次和横向上的不同职能部门综合在一起，将程序模块和信息统一于某一个平台中，平台中的各子系统在功能上无缝对接并实现对应的专用职能。

三、工程项目信息化管理系统的整体框架设计

工程项目信息化管理系统应与合作伙伴确定相应的应用模式，如项目由谁主导，投资如何进行，资源如何分配等。在不同的组织合作关系中，由于各合作伙伴投入的资源不同，以及对各组织的影响不同而导致每个项目的沟通机制、协调机制和激励机制等都有所不同，与之对应的实施内容和重点也有所不同。

在工程全生命周期中，工程运营组织是贯穿始终的信息化主体，而工程建设组织（设计、施工、监理等）以及运营服务外包商等是信息化的重要参与者。工程运营组织侧重于外部资源的协调，工程建设组织偏重于内部资源的配置，两者相辅相成，如图7-5所示。

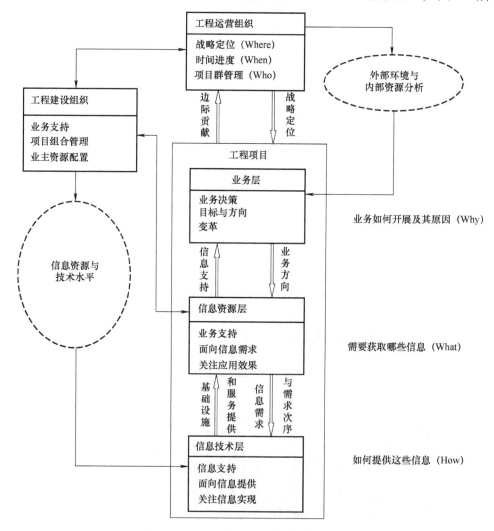

图7-5 工程项目信息化管理系统的规划

工程项目信息化管理系统应分析如下内容：①分析工程整体战略，明确工程的定位（Where）；②依据有关的时间进度（When）和各参与方（Who）的情况，明确工程信息化目标；③分析工程的业务战略，明晰信息处理需求，即特定工程的信息化目标（Why）；④通过外部环境与内部资源分析，明确信息处理能力（What）；⑤根据所设定的系统目标，将工程各参与方的信息资源与当前可采用的信息技术产品相结合，最终形成工程信息化规划（How）。

开展相应的信息系统规划时要充分明确工程的信息处理需求，根据需求确立信息系统规划的目标。在此基础上，充分评估工程不同阶段各相关方的信息处理能力，设计工程的信息管理模式。在实施过程中，对规划进行动态的调整和修订，使得工程的信息处理能力处于合理的水平，工程信息处理能力的实现不是工程参与各方能力的简单叠加，而是各方能力相互匹配的结果。匹配程度的高低决定了工程信息处理能力的高低；更进一步，工程信息处理能力与工程信息处理需求的匹配程度决定了工程管理信息化水平的高低。

四、工程项目信息化管理案例——基于大数据的上海国际旅游度假区信息管理系统

1. 基本情况

上海国际旅游度假区（以下简称度假区）位于上海市浦东新区中部地区，以迪士尼项目为核心，是上海建设世界著名旅游城市的核心功能区域。其目标是打造以主题游乐、旅游会展、文化创意、商业零售、体育休闲等为主导产业的现代服务业集聚区，成为上海"创新驱动，转型发展"的重要载体。

上海国际旅游度假区管理委员会环保景观处（以下简称管委会环保景观处）对该区域行使涉及水务、环保、绿化、市容景观、行政审批和协调职能，建立了上海国际旅游度假区环保景观信息管理系统（以下简称信息管理系统）。通过对区域内管理信息的实时采集和监测、应用分析，以及开发以水文水动力学/对流扩散模型（PD MIKE11）为基础的水安全应急系统，为水务、环保、绿化、市容景观、行政审批、综合执法、绿色低碳与行业规划等提供现代化的管理手段。

2. 系统建设内容

信息管理系统，涵盖水务、环保、绿化、市容景观、行政审批、综合执法、绿色低碳、行业规划等管理模块。建设内容主要如下：

1）以浦东水文署数据库为基础，完成数据库建设。

2）利用浦东水文署已经部署运行的信息化框架基础平台，建立度假区信息化框架基础平台，实现数据的交换和管理功能。

3）接入大气、水文水质等实时监测数据。

4）录入市容广告、行政审批、规划、综合执法、绿色低碳、环境日常管理等数据。

5）开发度假区环保景观信息系统，实现各种信息的展示、查询与统计。

6）基于上海市地理信息公共服务平台，加载上海市航空遥感综合调查办公室的航空影像，开发度假区 GIS 应用系统，加载河道水系、绿化等的规划和遥感数据，并实现规划与现状、区域水面率年际变化等的对比。

7）链接上海市绿化局开发的度假区绿化信息管理平台，实现绿化状态分析，为绿化审批和养护管理提供基础。

8）开发以 PD MIKE11 为基础的水安全应急系统。

3. 系统总体框架的设计

信息管理系统按照"分层设计、模块构建"的思想进行设计，由数据采集层、数据存储层、应用服务层、应用门户层四层结构构成，具体如图 7-6 所示。

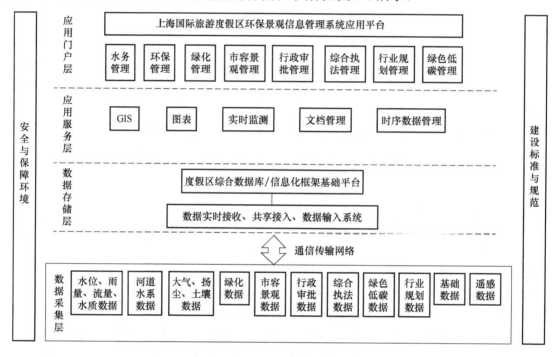

图 7-6　系统总体框架

4. 系统的特色

1）大数据共享。信息管理系统采用上海市测绘院地理信息公共服务平台作为开发基础，依托浦东水文署丰富的信息资源和成熟的信息化架构优势，以及市绿化和市容局绿化信息资源，综合应用三方技术和资源，并获取上海市航空遥感综合调查办公室的航空影像，接入市环境监测中心空气质量实时发布、户外广告监查管理及浦东环保局的行政审批等系统，充分利用各个行业、部门已有的数据资源，实现大数据共享与综合管理，为管委会环保景观处的水务、环保、绿化等管理提供精细化和数字化及系统化的现代化管理工具。实现分部/分步建设的可持续性发展模式。

2）模型模拟技术。PD MIKE11 模型的计算结果被用于水资源论证、上海世界博览会水环境信息发布平台建设工作。通过 PD DSS 系统，模拟典型暴雨发生时，采取相应调度预案后河道的水位、流量过程；模拟突发水污染事故发生时及采取相应调度预案后，污染物质传输扩散过程。最终将计算方案结果发布在信息管理系统网页上，为度假区提供水安全决策支持服务。

第三节 工程项目信息化管理系统的应用——以某施工总承包单位为例

一、工程项目信息化管理的整体框架

工程项目管理的生命周期包括：投标管理——业主合同管理——项目部组建——施工阶段管理（合同、物资、分包、机械、进度、成本、质量、安全、环境）——竣工管理——维修及尾款管理。工程总承包的业务内容包括：投标管理、分包招标管理、合同管理、资金结算支付管理、物资管理、分包管理、机械设备管理、成本管理、质量管理、安全管理、技术管理。工程总承包项目信息化管理系统的整体框架如图 7-7 所示。

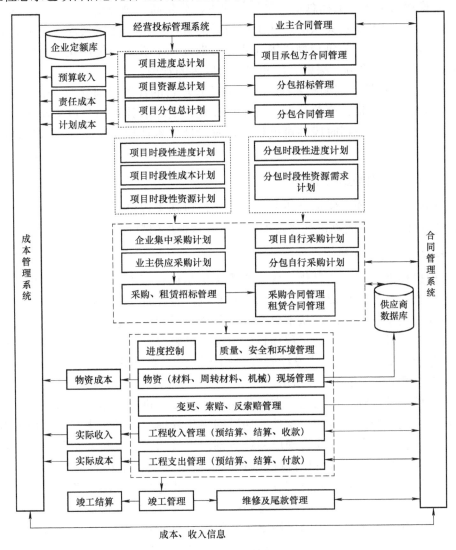

图 7-7 工程总承包项目信息化管理系统的整体框架

在工程总承包项目信息化管理系统的整体框架中规划的基本业务系统可以辅助企业完成各项施工项目管理业务的运作和监督管理，并在业务运行的同时完成基本数据的收集和录入。

整体框架中规划的基本数据库包括企业定额库、资源库、分包商数据库、供应商数据库等。

施工总承包单位的工程项目信息化管理系统整体框架的主要特点：

1）成本管理为核心。低成本是大部分工程总承包单位基本的市场竞争策略，成本管理是工程总承包项目管理的核心。从投标管理到竣工管理的过程中，主要业务模块（如合同管理、分包管理、物资管理等）都围绕成本管理的主要环节（如成本计划、成本核算、工程收支管理）。目标是建立成本分析查询平台，实现从成本的事后被动控制向成本事前控制和事中控制的主动控制转变。

2）合同管理为主线。工程总承包单位与业主、分包商、供应商等工程建设其他参与方主要是通过各类合同来建立关系的。从工程信息的管理到维修及尾款管理的生命周期过程中，进度、质量、成本、分包和物资等各业务管理过程中贯穿着包括业主合同、内部承包合同或联营合同、分包合同、采购合同和租赁合同等的管理。

3）渐进式的灵活性计划编制系统。工程总承包项目的计划编制分为三个阶段：第一个阶段是总计划编制，包括进度总计划、成本总计划、资源总计划和分包总计划；第二个阶段是时段性计划编制，包括时段性进度计划、时段性成本计划和时段性资源计划；第三个阶段是资源采购计划编制。

二、工程项目管理信息化的实施

本节主要针对项目管理的关键业务进行阐述，包括工程投标信息化管理、工程合同管理信息化、信息化模式下的物资管理和工程项目成本管理信息系统。

1. **工程投标信息化管理**

（1）工程投标准备管理信息化　各工程投标信息化管理主体即各经营单位投标管理部门分别把各自收集到的工程招标信息录入信息系统。各经营单位借助基于本单位各项数据信息的跟踪筛选决策支持系统，从本单位已录入的工程招标信息记录数据库筛选出拟跟踪的工程项目，并通过信息系统把工程项目的招标信息表提交企业中心数据库，上报企业经营管理机构进行审批。企业经营投标管理机构借助信息系统和企业的管理制度，做出决策，并反馈给申报单位，如图7-8所示。

（2）工程投标过程管理信息化　在工程招标项目要求进行资格预审情况下，各经营单位投标人员组织编写资格预审管理文件。通过网络化管理信息系统进行资格预审申请，填写资格预审申请表列出需要企业管理层各业务部门提供的相关资料。企业管理层各业务部门网上批复资格预审申请，并利用自己维护的资格审查文件资料数据库，准备好所需资料。各经营单位投标人员到企业总部领取所需资料，并将营业执照、各种资质证书、财务报表等重要文件的领取信息登记录入信息系统。各经营单位投标人员组织在企业管理层业务部门配合下，利用本单位维护的资格审查文件资料数据库，编写资格预审管理文件并及时送招标方。资格预审结果处理后，及时录入信息系统，实现企业管理层监管。

第七章 工程项目信息化管理

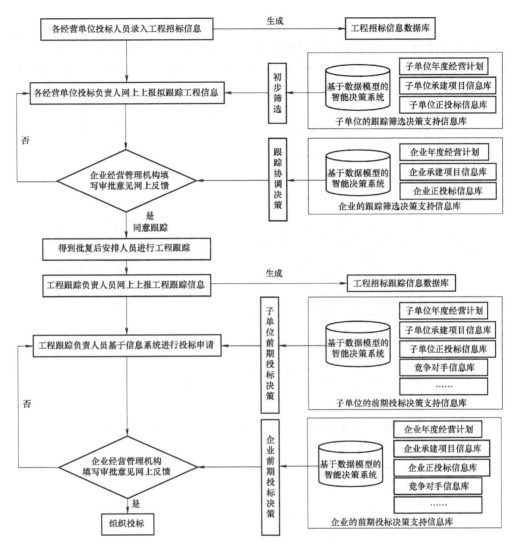

图 7-8 工程投标准备管理信息化

投标文件编制及管理通过资格预审后,投标人员向招标方购买投标文件并把领取情况、文件目录等信息登记录入系统,实现投标文件信息化管理。投标工作管理系统辅助子单位投标人员完成投标工作任务分派等工作。投标文件编制一般分为经济标、商务标和技术标几个工作组,投标工作管理系统还为各个工作组配合提供了协同工作平台。经济标编制,是在投标报价决策支持系统辅助下,通过投标报价工具软件,包括工程量计算软件、投标报价软件等来完成投标报价编制工作。系统提供商务标的资料模板库、技术资料模板库,辅助完成商务标和技术标编制。编制投标文件的同时,投标人员上报投标保函申请,提请企业财务部门办理;企业财务部门收到申请时,及时反馈登记正在办理,并去银行及时办理投标保函,办理完成后在信息系统上登记结果通知投标人员领取,领取时登记投标保函领取。

投标文件会审,投标文件编制完成后,提交信息系统请企业管理层各业务部门进行投标文件审查,企业各业务部门借助自己维护的投标报价决策支持系统、技术资料模板库对投标文件进行审查,给出反馈意见,需要修改的提请投标人员修改,有时要进行多次修改，最后评审通过后，封送投标文件。参加开标会后，无论中标与否，都要进行投标总结，形成投标总结报告，登记录入信息系统归档。同时总结投标报价情况，维护投标报价资料库等投标报价决策支持系统，总结施工组织设计方案和工法等技术资料，并维护更新技术资料模板库，图 7-9 所示为投标过程管理信息化。

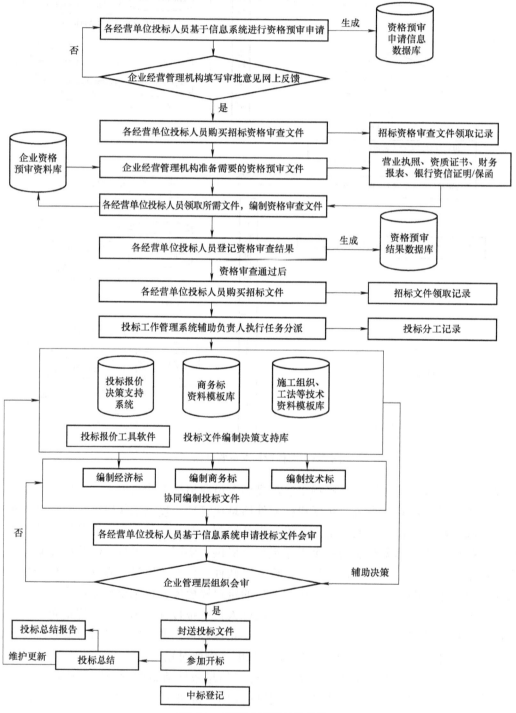

图 7-9 投标过程管理信息化

2. 工程合同管理信息化

解决施工总承包企业合同管理中存在的问题的途径包括建立合同管理的组织机构、提高公司合同管理人员的业务素质,特别是法律素质,建立健全公司合同管理体系等。施工总承包企业合同管理信息系统将为解决合同管理存在的问题提供信息化支撑工具。工程合同管理信息化如图7-10所示。

3. 信息化模式下的物资管理

施工总承包企业信息化模式下的物资管理可以分为物资计划管理、物资采购管理、物资现场管理三个阶段(见图7-11),加上物资基础信息管理、物资账单报表管理,共计五个部分。

(1)物资计划管理　施工总承包企业的物资计划业务参考模型,把施工总承包企业的物资计划分为五个层次或类型:项目物资总预算、项目物资需求总控计划、项目月/周/日物资需求计划、各采购方的项目月/周/日物资需求计划、各采购方的物资采购计划。

从物资计划管理信息化模型看出,其核心模型是工程项目物资用量计算子系统,如图7-12所示。

(2)物资采购管理　物资采购管理平台应覆盖物资采购计划管理、采购招标管理、采购合同管理及结算支付等物资采购管理过程,适应企业集中采购、项目部自行采购、业主指定供应商采购、业主采购和分包采购等现行施工企业物资采购模式。物资采购计划管理包括各项目经理部网上上报企业集中采购的请购单,系统汇总执行审批,根据库存信息形成企业集中采购计划,并辅助生成企业集中采购的采购订单;汇总项目部自行采购的需求计划,考虑库存因素,生成项目部采购计划,并根据项目情况按自行采购、业主指定供应商采购模式进行采购。从物资计划管理模块的业主采购物资需求计划生成业主采购请购单,并打印报送业主方;从物资计划管理模块的分包采购物资需求计划生成分包采购单,并打印发放给分包方。

对于企业集中采购、项目部自行采购要采取采购控制措施,包括建立网上采购招标与评标系统,对采购招标活动进行管理。非招标采购要进行网上审批,特别是项目部的大量自行采购要严格审批控制,要求采购商家要从合格供应商数据库中选择,采购价格与当前市场价格库、其他项目采购价对比控制。最后通过合同管理系统的采购合同管理实现物资采购结算、支付管理。

(3)物资现场管理　工程施工项目自身特点的差异性以及企业管理模式的差异性使施工总承包企业物资现场管理模式很复杂。物资现场管理信息系统要适应库房管理、"虚拟库房"管理、"直接发放"管理、"直接耗用"管理等多种物资管理模式。物资现场管理信息系统是从物资进场到耗用全过程的业务处理平台。项目部根据物资管理模式选择相应的业务流程进行处理,同时生成各种单据和记录,并为合格供应商管理模块提供业务往来信息、为物资账单报表管理提供基础数据。通过审批流程对关键环节进行控制,如依据物资需求计划在出库时进行限额领料来控制材料消耗量。

(4)物资基础信息管理　合格供应商数据库管理——在信息化管理系统中记录与供应商的业务往来信息,并根据这些信息按照供应商评价模型,定期进行合格供应商网上评审筛选,及时修订合格供应商数据库,进行更新发布。合格供应商管理模块是进行物资采购管理、物资现场管理的基础性数据。

现代工程项目管理

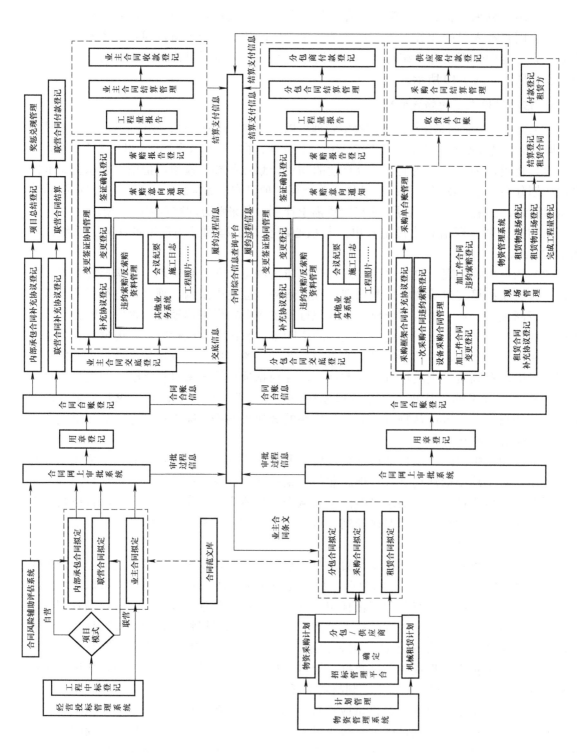

图 7-10 工程合同管理信息化

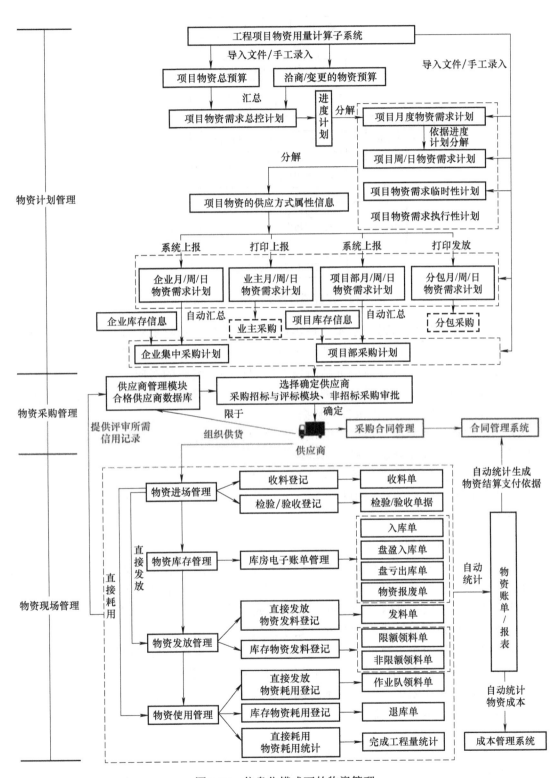

图 7-11 信息化模式下的物资管理

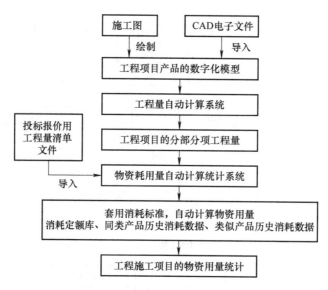

图 7-12　工程项目物资用量计算子系统

建立统一的企业物资编码数据库，是实现施工总承包企业物资管理信息化的基础性工作之一。要求能兼顾物资预算计划管理、物资采购管理、物资现场管理、物资账单报表管理业务的需要，并能实现与各地造价站所发布的现行物资编码的对应。建立完善市场价格库，定期更新最新的人工、材料和机械价格，主要为投标报价、物资计划、成本计划、物资采购、物资结算支付等业务提供参考数据。

（5）物资账单报表管理　根据物资现场管理的业务处理单据自动生成各种物资账目报表，包括库存台账、入库台账、材料明细账、收发结存统计、物资分布账等。按核算规则自动统计生成物资结算单、支付单，为采购合同结算支付提供依据。生成材料成本核算数据，是成本管理系统重要的数据源头之一。实现物资计划值与实际耗用值的对比分析，进行物资成本风险控制。

4. 工程项目成本管理信息系统

在构建工程项目成本管理信息系统之前需要建立统一的成本分解结构和统一的成本核算科目。在此基础上，建立健全企业各项成本管理制度，建立完整的成本管理体系，构建基于现代企业管理领域先进信息技术的工程项目成本管理信息系统，如图 7-13 所示。工程项目成本管理信息系统包括成本预测和计划子系统、成本核算子系统、成本动态分析子系统、成本控制子系统四个主要部分。工程项目成本管理信息系统与其他集成化模块系统一起构成企业的工程成本管理体系运行的信息化工具和平台支撑。

（1）成本预测和计划子系统　成本预测和计划子系统包括三个部分：标准成本测算，确定责任成本；总成本计划编制，确定目标成本；详细工程成本计划编制，确定成本计划和资源需求计划。

（2）成本核算子系统　工程项目成本核算是工程项目成本管理中的重要环节，在整个工程项目管理中占有重要的地位。研究开发成本核算子系统是实现工程项目成本管理信息化的重要内容，如图 7-14 所示。

第七章 工程项目信息化管理

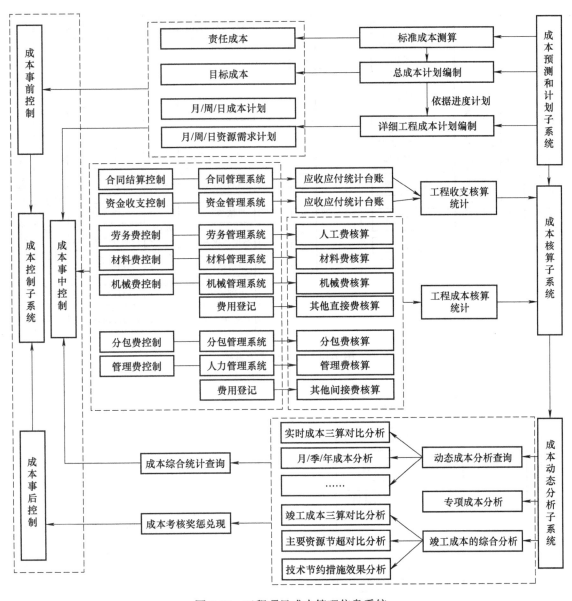

图 7-13 工程项目成本管理信息系统

（3）成本动态分析子系统 成本动态分析子系统是对成本预测和计划子系统、成本核算子系统的成本数据，利用计算机、数据库、数据仓库等信息技术进行数据挖掘，通过定量分析的方法来分析工程成本的目标完成情况、成本变动因素等，为成本控制子系统进行成本的事中控制、事后控制提供决策依据。成本动态分析子系统与其他成本子系统的关系如图 7-15 所示。成本动态分析子系统如图 7-16 所示。

（4）成本控制子系统 信息化模式下，企业建立了成本预测和计划子系统、成本核算子系统和成本动态分析子系统后，需要进一步研究开发成本控制子系统，辅助企业建立完整的工程项目成本管理体系，为提高企业层和项目层的成本控制水平提供有力支撑。

111

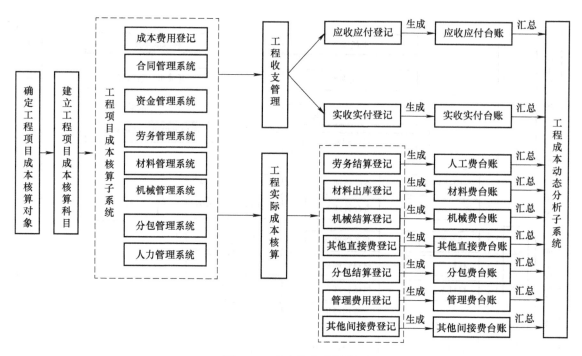

图 7-14 成本核算子系统

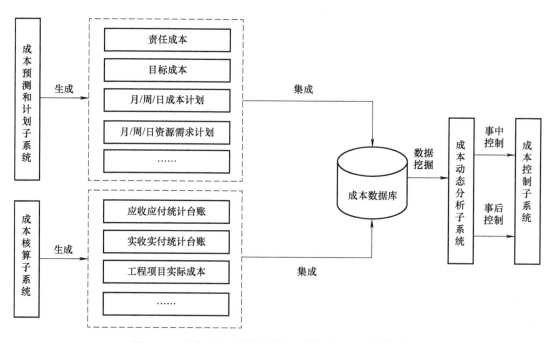

图 7-15 成本动态分析子系统与其他成本子系统的关系

成本控制子系统主要包括三个部分:

1) 成本事前控制。本章工程项目的成本事前控制是指通过成本预测和计划子系统建立成本控制的各层次目标,包括企业管理层分析工程承包合同,进行成本测算和收入分解,确定项目经理部责任成本，项目经理部落实降低成本措施，编制目标成本及详细施工成本计划。

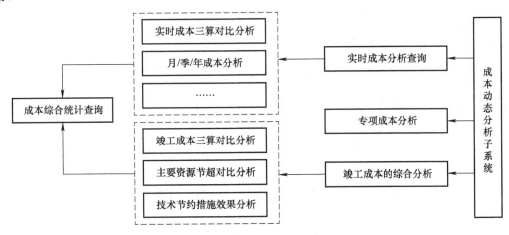

图 7-16　成本动态分析子系统

成本事前控制建立的成本控制目标包括项目部责任成本、目标成本、月/周/日成本计划、月/周/日资源需求计划等。成本事前控制是控制成本形成过程的基本依据，是进行成本事中控制的前提。工程项目的成本事前控制如图 7-17 所示。

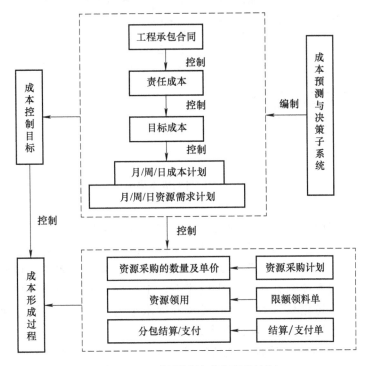

图 7-17　工程项目的成本事前控制

2）成本事中控制。工程项目的成本事中控制是在建立各级成本控制目标、实现成本数据实时查询的前提下,在施工过程中对成本的发生过程进行实时控制。工程项目的成本事中控制如图 7-18 所示。

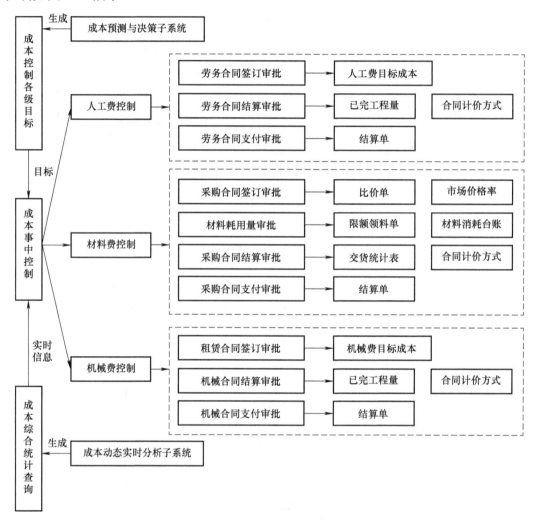

图 7-18 工程项目的成本事中控制

信息化模式下,实现成本事中控制的方法是发生成本支出的主要业务过程在通过管理信息系统办理的过程中,由于信息系统提供了集成化的成本控制所需信息,系统可以设置限制成本的支出额度,如限额领料等,或者可以通过审批流程,如各类合同的签订审批结算支付等由用户进行成本控制。在信息化模式下,工程项目成本的事中控制融入到了企业的日常管理工作中,信息化系统对项目的成本管理水平进行了一定的固定化,企业成本管理的事中控制水平不再完全依赖于项目部个体的管理水平。

3) 成本事后控制。成本事后控制是传统管理模式下的主要手段,在信息化模式下也是实现成本全过程管理的重要方法。工程项目的成本事后控制主要是根据成本动态分析子系统的结果,特别是竣工成本的综合分析、专项成本分析的结果,对成本责任部门和个人的成绩进行评价和考核,对于降低成本效果较好者给予奖励,对于造成损失浪费的责任者给予一定的经济制裁。工程项目的成本事后控制如图7-19所示。

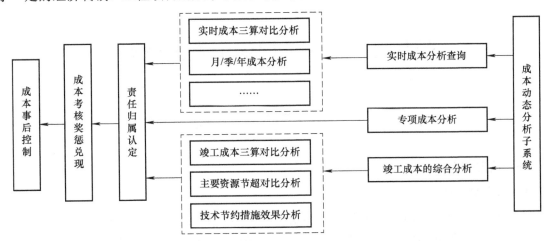

图 7-19 工程项目的成本事后控制

第八章 工程项目信息安全管理

第一节 工程项目信息安全管理概述

一、信息安全概述

1. 信息安全的概念

关于信息安全,不同的组织有不同的定义,国际标准化组织对信息安全的定义是:在技术上和管理上为数据处理系统建立安全保护,保护计算机硬件、软件和数据不因偶然和恶意的原因而遭到破坏、更改和泄露。在我国,信息安全内涵主要包括机密性、完整性、可用性、真实性、抗抵赖性、可靠性、可控性等领域。

1)机密性:信息不泄露给非授权用户、实体或过程的特性。

2)完整性:数据未经授权不能进行改变的特性,即信息在存储或传输过程中保持不被修改、不被破坏和丢失的特性。

3)可用性:可被授权实体访问和使用的特性,即当需要时应能存取所需的信息。

4)真实性:信息所反映的内容与客观事实是否一致的特性。

5)抗抵赖性:证实行为或事件已经发生的特性,以保证事件或行为不能被抵赖。

6)可靠性:保持持续的预期行为及结果的特性。

7)可控性:对信息的传播及内容具有控制能力,访问控制即属于可控性。

2. 信息安全威胁

信息化进程在加快,信息化的覆盖面在扩大,信息安全问题也就随之日益增多和复杂,其造成的影响和后果也会不断扩大和更趋严重。信息安全面临的威胁主要来自以下三个方面:

(1)日益严重的计算机病毒 计算机病毒本身是一种程序,通过信息流动感染计算机的操作系统,最终目的是侵入对方的信息系统,窃取相关的信息资料。主要有以下几个特征:

1)破坏性强。计算机病毒可造成操作系统和应用系统的瘫痪并破坏侵入对象的信息资源,因此具有很强的破坏性。通过感染计算机的硬盘,可造成分区中的某些区域中内容的损坏,使计算机瘫痪,无法正常工作。

2)传播性强。计算病毒通过网络和信息手段进行传播,其传播瞬间可达,扩散迅速。

3)扩散面广。由于信息技术的巨大覆盖性和扩散性,通过网络传播能够在很短时间内扩散到网络节点的其他计算机,而一旦网络服务器被感染,其扩散面将更加广泛,清除病毒所需的时间是单机的几十倍以上。

(2)人为因素 相对于物理实体和硬件系统及自然灾害而言,精心设计的人为攻击威胁最大。人的因素最为复杂,思想最为活跃,不能用静止的方法和法律、法规加以防护,这是信息安全管理面临的最大威胁。

人为因素可分为两种情况:第一种是用户为自己的无意操作失误而引发的网络安全,如管理员安全管理不当造成安全漏洞,用户安全意识淡薄,将自己的账户随意转借他人或别人共享等;第二种是人为的恶意破坏。人为恶意攻击可分为主动攻击和被动攻击。主动攻击的目的是篡改系统中的信息内容,以各种方式破坏信息的有效性和完整性。被动攻击的目的是在不影响网络正常使用的情况下,进行信息的截获和窃取。总之,不管是主动攻击还是被动攻击,都给信息安全带来巨大的损失。攻击者常用的攻击手段有木马、黑客后门、网页脚本、垃圾邮件等。

(3) 信息安全管理自身的不足　面对复杂、严峻的信息安全管理形势,根据信息安全风险的来源和层次,有针对性地采取技术、管理和法律等措施,谋求构建立体的、全面的信息安全管理体系,已逐渐成为共识。

二、信息安全管理概述

1. 信息安全管理的概念

信息安全的建设过程是一个系统工程,需要对信息系统的各个环节进行统一的综合考虑、规划和架构,并需要兼顾组织内外不断发生的变化,任何环节上的安全缺陷都会对系统构成威胁。可借用"木桶原理"加以说明。一个组织的信息安全水平将由与信息安全有关的所有环节中最薄弱的环节决定。信息从产生到销毁,其生命周期过程中包括了产生、收集、加工、交换、存储、检索、存档、销毁等多个事件,表现形式和载体会发生各种变化,这些环节中的任何一个环节都可能影响整体信息安全水平。要实现信息安全目标,一个组织必须使构成的安全防范体系的这只"木桶"的所有木板都要达到一定的长度。

由于信息安全是一个多层面、多因素、综合和动态的过程。如果组织仅凭一时需要,想当然制定一些控制措施和引入某些技术产品,都难免存在挂一漏万、顾此失彼的问题,使得信息安全这只"木桶"出现若干"短板",从而无法提高安全水平。正确的做法是遵循国内外相关信息安全标准和最佳实践的过程,考虑到组织信息安全各个层面的实际需求,在风险分析的基础上引入恰当的控制,建立合理的安全管理体系,从而保证组织赖以生存的信息资产的机密性、完整性和可用性;另一方面,这个安全体系还应当随着组织环境的变化、业务发展和信息技术的提高而不断改进,不能一劳永逸、一成不变。因此,实现信息安全是一个需要完整体系来保证的连续过程。这就是组织需要信息安全的基本出发点。

信息安全管理是组织为实现信息安全目标而进行的管理活动,是组织完整的管理体系中的一个重要组成部分,是为保护信息资产的安全,指导和控制组织的关于信息安全风险的互相协调的活动。

2. 信息安全管理的基本内容

信息系统的安全管理涉及与信息系统有关的安全管理及信息系统管理的安全两个方面。这两方面又分为技术性管理和法律性管理两类。其中技术性管理以 OSI 安全机制和安全服务的管理及对物理环境的技术监控为主,法律性管理以法律法规遵从性管理为主。信息安全管理本身虽并不完成正常的业务应用通信,却是支持与控制这些通信的安全所必需的。

由信息系统的行政管理部门依照法律并结合本单位安全实际需要而加强信息系统的安全策略可以是各种各样的,信息安全管理活动必须支持这些策略。受同一机构管理并执行同一个安全策略的多个实体构成的集合有时称为"安全域"。安全域及其相互作用是一个值得进一步研究的重要领域。

信息系统管理的安全包括信息系统所有管理服务协议的安全及信息系统信息的通信安全,它们是信息系统安全的重要部分。这一类安全管理将借助对信息系统安全服务与机制做适当的选取,以确保信息系统管理协议与信息获得足够的保护。

对于信息安全管理的技术性,为了强化安全策略的协调性和安全组件之间的互操作性,设计了一个极为重要的基本概念,即用于存储和交换开放系统所需的全部信息的安全管理信息库(SMIB)。SMIB 是一个分布式信息库。在实际中,SMIB 的某些部分可以与 MIB 结合成一体,也可以分开。

安全管理协议及传送这些管理信息的通信信道,可能遭受攻击。所以应特别对安全管理协议及其协议数据加以保护,其保护的强度通常不低于业务应用通信提供的安全保护的强度。

3. 信息安全管理体系标准

对于信息安全管理体系(Information Security Management System,ISMS),《信息安全管理体系 要求》(ISO/IEC 27001:2013)规定,它是整个管理体系的一部分。它是基于业务风险方法,来建立、实施、运行、监视、评审、保持和改进信息安全的。

管理体系包括组织结构、方针策略、规划活动、职责、实践、程序、过程和资源。

ISMS 概念已经跳出了传统的"为了安全信息而信息安全"的理解,强调的是基于业务风险方法来组织信息安全活动,其本身只是整个管理体系的一部分。这就要求我们站在全局的观点来看待信息安全问题。

第二节 工程项目信息安全管理体系

信息安全管理体系是一个组织内部建立的信息安全方针与目标的总称,并包括为实现这些方针和目标所制定的文件体系与方法。ISMS 的实施过程,就是在组织管理层的直接授权下,由 ISMS 领导小组来负责实施,通过一系列文件建立一个系统化、程序化与文件化的管理体系,来保障组织的信息安全。

一、ISMS 的实施方法与模型

在 ISMS 的实施过程中,采用了"规划(Plan)—实施(Do)—检查(Check)—处置(Action)"(PDCA)模型,该模型可应用于所有的 ISMS 过程。

一个工程项目应在其整体业务和所面临的风险环境下建立、实施、运行、监视、评审、保持和改进 ISMS。PDCA 循环是实施信息安全管理的有效模式,能够实现信息安全管理只有起点,没有终点的持续改进,逐步提高信息安全管理水平。应用于 ISMS 过程的 PDCA 模型说明了 ISMS 如何把相关方的信息安全要求和期望作为输入,并通过必要的行动和过程,产生满足这些要求和期望的信息安全结果。

1. 规划(Plan)——P 阶段

规划阶段应根据本组织的实际情况,规划 ISMS 过程建设的准备工作,制定措施、方案。这一阶段将确定组织 ISMS 的范围和边界,确定 ISMS 方针,确定组织的风险评估方法,识别风险、分析评价风险,识别和评价风险处理的可选措施,为处理风险选择控制目标和控制措施。

2. 实施(Do)——D 阶段

实施在计划阶段所设计的决策和方案,以及所选择的控制措施,管理 ISMS 的正常运行。

3. 检查(Check)——C 阶段

检查阶段是 PDCA 过程循环的关键阶段,通过分析上一阶段控制措施实施后得到的结果,审查信息安全管理过程中仍然存在的问题,如解决安全违规的措施是否有效,测量控制措施的有效性能否满足要求的需要等。本阶段是上一个阶段工作好坏的检验期,并为下一个阶段工作提供条件。

4. 处置(Action)——A 阶段

处置是根据上一步检查的结果进行处理。经过了规划、实施、检查之后,组织在本阶段必须对信息安全管理过程中存在的问题加以解决,同时找出未解决的问题,从组织自身的安全经验中吸取教训,从而转入下一个螺旋上升的循环过程。

应用于 ISMS 过程的 PDCA 循环如图 8-1 所示。

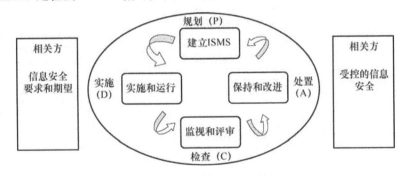

图 8-1 应用于 ISMS 过程的 PDCA 循环

二、ISMS 的实施过程

根据"将信息安全管理体系落实到位"的指导原则,这阶段主要工作如下:批准发布体系文件;召开动员大会;为员工培训体系文件的应用,提供实施所需要的资源。

1. ISMS 的建立——P 阶段

ISMS 建立阶段是建设 ISMS 的第一阶段,也是 ISMS 建设的最重要的一个阶段,建设 ISMS 的大部分工作将在此阶段完成。在该阶段应包括以下内容:

1)建立 ISMS 管理机构。

2)制订工作计划。

3)实施基础知识培训,培训内容主要包括 ISMS 标准知识、ISMS 实施流程知识、ISMS 实施流程及方法等内容。

4)准备建设相关工具。其目的是预先设计在 ISMS 实施过程中所需要的各种表格、调查问卷、国际国内相关标准、各种文件模板等,以便减少后续的工作量,提高工作效率。

5)确定 ISMS 的范围、边界、目标和方针。

6)实施风险评估。AS NZS 4360、NIST SP800-30、OCTAVE 及我国《信息安全风险评估指南》提供的风险评估方法基本都属于详细风险评估,虽然具体流程有一定的差异,但都是围绕资产、威胁、脆弱点识别与评估展开的,并进一步分析不利事件发生的可能性及其对组织的影响,最后考虑如何选取合适的安全措施,把安全风险降低到可以接受的程度。

总体上,风险评估可分为四个阶段:第一阶段为风险评估准备;第二阶段为风险识别,包括资产识别、威胁识别、脆弱点识别等工作;第三阶段为风险评估,包括风险的影响分析、可能性分析以及风险的计算等,具体涉及资产、威胁、脆弱点、当前的安全措施评估等;第四阶段为风险处理,主要工作是依据风险评估的结果选取适当的安全措施,将风险降低到可接受的程度。

风险评估流程如图 8-2 所示。

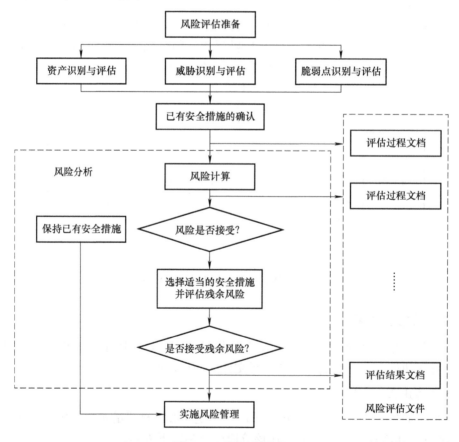

图 8-2 风险评估流程

7）选择风险控制措施。

8）综合考虑成本、可操作性等因素，制订风险处理计划，编写 ISMS 文件体系。

2. ISMS 的实施和运行——D 阶段

在修改完善 ISMS 文件后，将所有 ISMS 文件以书面文件的方式正式发布，这标志着 ISMS 的试运行正式开始。ISMS 在运行过程中，应将文件体系要求落实具体职责到个人。所有参与 ISMS 活动有关的人员都按照 ISMS 文件体系要求，进行信息安全的信息收集、分析、传递、反馈、处理和归档等工作。

3. ISMS 的监视和评审——C 阶段

在体系运行过程中，应设立运行监督机制，对体系运转情况进行日常监督，以便及时发现问题，同时，制定定期内部评审和管理评审的策略。

内部评审是技术支持单位工作人员作为技术专家与内审小组一起对 ISMS 进行内部审核，其审核流程如图 8-3 所示。

图 8-3 内部审核流程

管理评审是检查 ISMS 是否有效，识别可以改进的地方，以保证 ISMS 持续保持适宜性、充分性和有效性。在管理评审中，参与 ISMS 的各主体应充分讨论 ISMS 内部审核的结果、相关方的反馈、以前风险评估中没有提出的弱点或威胁，以及可能影响 ISMS 的任何更改。《管理评审报告》强调 ISMS 的应用效果，对 ISMS 运行过程中的问题进行了总结，针对出现的问题提出下一步的工作重点。

4. ISMS 的保持和改进——A 阶段

通过 ISMS 内部审核和管理评审，找到体系运行过程中存在的问题，并确定改进方法，相关工作人员采取措施，使体系得以持续发展、不断满足新的安全需求。

专题五

工程项目绿色施工与环境管理

第九章 不同主体对绿色施工与环境管理的责任

第一节 勘察设计单位对绿色施工与环境管理的责任

一、勘察设计单位应遵循的原则

绿色建筑应坚持"可持续发展"的建筑理念。理性的设计思维方式和科学程序的把握是提高绿色建筑环境效益、社会效益和经济效益的基本保证。绿色建筑除满足传统建筑的一般要求外，尚应遵循以下基本原则：

（1）关注建筑的全生命周期　建筑从最初的规划设计到随后的施工建设、运营管理及最终的拆除，形成了一个全生命周期。关注建筑的全生命周期，意味着不仅在规划设计阶段充分考虑并利用环境因素，还要确保施工过程中对环境的影响最低，运营管理阶段能为人们提供健康、舒适、低耗、无害空间，拆除后又对环境危害降到最低，并使拆除材料尽可能再循环利用。

（2）适应自然条件，保护自然环境

1）充分利用建筑场地周边自然条件，尽量合理利用现有适宜的地形、地貌、植被和自然水系。

2）在建筑的选址、朝向、布局、形态等方面，充分考虑当地气候特征和生态环境。

3）建筑风格与规模和周围环境保持协调，保持历史文化与景观的连续性。

（3）创建适用与健康的环境　绿色建筑应优先考虑使用者的适度需求，努力创造优美和谐的环境，保障使用的安全，降低环境污染，改善室内环境质量；满足人们生理和心理的需求，同时为人们提高工作效率创造条件。

（4）加强资源节约与综合利用，减轻环境负荷

1）通过优良的设计和管理，优化生产工艺，采用适用的技术、材料和产品。

2）合理利用和优化资源配置，改变消费方式，减少对资源的占有和消耗。

3）因地制宜，最大限度地利用本地材料与资源。
4）最大限度地提高资源的利用效率，积极促进资源的综合循环利用。
5）增强耐久性及适应性，延长建筑物的整体使用寿命。
6）尽可能地使用可再生的、清洁的资源和能源。

二、绿色建筑规划设计的技术要点

1. 节地与室外环境

1）建筑场地：①优先选用已开发且具城市改造潜力的用地；②场地环境应安全可靠，远离污染源，并对自然灾害有充分的抵御能力；③保护自然生态环境，充分利用原有场地上的自然生态条件，注重建筑与自然生态环境的协调；④避免建筑行为造成的水土流失或其他灾害。

2）节地：①建筑用地适度密集，适当提高公共建筑的建筑密度。住宅建筑立足创造宜居环境以确定建筑密度和容积率；②强调土地集约化利用，充分利用周边的配套公共建筑设施，合理规划用地；③高效利用土地，如开发利用地下空间，采用新型结构体系与高强轻质结构材料，提高建筑空间的使用率。

3）低环境负荷：①建筑活动对环境的负面影响应控制在国家相关标准规定的允许范围内；②减少建筑产生的废水、废气、废物的排放；③利用园林绿化和建筑外部设计以减少热岛效应；④减少建筑外立面和室外照明引起的光污染；⑤采用两水回渗措施，维持土壤水生态系统的平衡。

4）绿化：①优先种植乡土植物，采用少维护、耐候性强的植物，减少日常维护的费用；②采用生态绿地、墙体绿化、屋顶绿化等多样化的绿化方式，应对乔木、灌木和攀缘植物进行合理配置，构成多层次的复合生态结构，达到人工配置的植物群落自然和谐，并起到遮阳、降低能耗的作用；③绿地配置合理，达到局部环境内保持水土、调节气候、降低污染和隔绝噪声的目的。

5）交通：①充分利用公共交通网络；②合理组织交通，减少人车干扰；③地面停车场采用透水地面，并结合绿化为车辆遮阴。

2. 节能与能源利用

（1）降低能耗

1）利用场地自然条件，合理考虑建筑朝向和楼距，利用自然通风和天然采光，减少使用空调和人工照明。

2）提高建筑围护结构的保温隔热性能，采用由高效保温材料制成的复合墙体和屋面，以及密封保温隔热性能好的门窗，采用有效的遮阳措施。

3）采用能调控和计量的系统。

（2）提高用能效率

1）采用高效建筑供能、用能系统和设备。合理选择用能设备，使设备在高效区工作；根据建筑物用能负荷动态变化，采用合理的调控措施。

2）优化用能系统，采用能源回收技术。考虑部分空间、部分负荷下运营时的节能措施；有条件时宜采用热、电、冷联供形式，提高能源利用效率；采用能量回收系统，如采用热回收技术,针对不同能源结构,实现能源梯级利用。

3)使用可再生能源。充分利用场地的自然资源条件,开发利用可再生能源,如太阳能、水能、风能、地热能、海洋能、生物质能、潮汐能,以及通过热泵等先进技术,取自自然环境(如大气、地表水、污水、浅层地下水、土壤等)的能量。可再生能源的使用不应造成对环境和原生态系统的破坏,以及对自然资源的污染。

4)确定节能指标,例如各分项节能指标、综合节能指标。

(3) 节水与水资源利用

1)节水规划:根据当地水资源状况,因地制宜地制定节水规划方案,如中水、雨水田用等,保证方案的经济性和可实施性。

2)提高用水效率:按高质高用、低质低用的原则,生活用水、景观用水和绿化用水等按用水水质要求分别提供,梯级处理回用;采用节水系统、节水器具和设备,如采取有效措施,避免管网漏损,空调冷却水和游泳池用水采用循环水处理系统,卫生间采用低水量冲洗便器、感应出水龙头或缓闭冲洗阀等,提倡使用免冲厕技术等;采用节水的景观和绿化浇灌设计,如景观用水不使用市政自来水,尽量利用河湖水、收集的雨水或再生水,绿化浇灌采用微灌、滴灌等节水措施。

3)雨污水综合利用:①采用雨水、污水分流系统,有利于污水处理和雨水的回收再利用;②在水资源短缺地区,通过技术经济比较,合理采用雨水和中水回用系统;③合理规划地表与屋顶两水径流途径,最大程度降低地表径流,采用多种渗透措施增加雨水的渗透量。

4)确定节水指标:①各分项节水指标;②综合节水指标。

(4) 节材与材料资源

1)节材:①采用高性能、低材耗、耐久性好的新型建筑体系;②选用可循环、可回用和可再生的建材;③采用工业化生产的成品,减少现场作业;④遵循模数协调原则,减少施工废料;减少不可再生资源的使用。

2)使用绿色建材:①选用蕴能低、高性能、高耐久性的建材和本地建材,减少建材在全生命周期中的能源消耗;②选用可降解、对环境污染少的建材;③使用原料消耗量少和采用废弃物生产的建材;④使用可节能的功能性建材。

(5) 室内环境质量

1)光环境:①设计采光性能最佳的建筑朝向,发挥天井、庭院、中庭的采光作用,使天然光线能照亮人员经常停留的室内空间;②采用自然光调控设施,如采用反光板、反光镜、集光装置等,改善室内的自然光分布;③办公和居住空间,开窗能有良好的视野;④室内照明尽量利用自然光,如不具备自然采光条件,可利用光导纤维引导照明,以充分利用阳光,减少白天对人工照明的依赖;⑤照明系统采用分区控制、场景设置等技术措施,有效避免过度使用和浪费;⑥分级设计,分为一般照明和局部照明,满足低标准的一般照明与符合工作面照度要求的局部照明相结合;⑦局部照明可调节,以有利于使用者的健康和照明节能;⑧采用高效、节能的光源、灯具和电器附件。

2)热环境:①优化建筑外围护结构的热工性能,防止因外围护结构内表面温度过高过低、透过玻璃进入室内的太阳辐射热等引起的不舒适感;②设置室内温度和湿度调控系统使室内的热舒适度能得到有效的调控,建筑物内的加湿和除湿系统能得到有效的调节;③根据使用要求合理设计温度可调区域的大小,满足不同个体对热舒适性的要求。

3)声环境:①采取动静分区的原则进行建筑的平面布置和空间划分,如办公、居住空间不与空调机房、电梯间等设备用房相邻,减少对有安静要求房间的噪声干扰;②合理选用建筑围护结构构件,采取有效的隔声、减噪措施,保证室内噪声级和隔声性能符合《民用建筑隔声设计规范》(GB 50118—2010)的要求;③综合控制机电系统和设备的运行噪声,如选用低噪声设备,在系统、设备、管道(风道)和机房采用有效的减振、减噪、消声措施,控制噪声的产生和传播。

4)室内空气品质:①对有自然通风要求的建筑,人员经常停留的工作和居住空间应能自然通风。可结合建筑设计提高自然通风效率,如采用可开启窗扇自然通风、利用穿堂风、竖向拔风作用通风等;②合理设置风口位置,有效组织气流,采取有效措施防止串气、乏味,采用全部和局部换气相结合,避免厨房、卫生间、吸烟室等处受污染的空气循环使用;③室内装饰、装修材料对空气质量的影响应符合《民用建筑工程室内环境污染控制规范》(2013版)(GB 50325—2010)的要求;④使用可改善室内空气质量的新型装饰装修材料;⑤设集中空调的建筑,宜设置室内空气质量监测系统,维护用户的健康和舒适;⑥采取有效措施防止结露和滋生霉菌。

第二节 施工单位对绿色施工与环境管理的责任

施工单位应规定各部门的职能及相互关系(职责和权限),形成文件,予以沟通,以促进企业环境管理体系的有效运行。施工单位对绿色施工和环境管理的责任包括以下方面:

1)建设工程实行施工总承包的,总承包单位应对施工现场的绿色施工负总责。分包单位应服从总承包单位的绿色施工管理,并对所承包工程的绿色施工负责。

2)施工单位应建立以项目经理为第一责任人的绿色施工管理体系,制定绿色施工管理责任制度,定期开展自检、考核和评比工作。

3)施工单位应在施工组织设计中编制绿色施工技术措施或专项施工方案,并确保绿色施工费用的有效使用。

4)施工单位应组织绿色施工教育培训,增强施工人员绿色施工意识。施工单位应定期对施工现场绿色施工实施情况进行检查,做好检查记录。

5)在施工现场的办公区和生活区应设置明显的有节水、节能、节约材料等具体内容的警示标识,并按规定设置安全警示标志。

6)施工前,施工单位应根据国家和地方法律、法规的规定,制定施工现场环境保护和人员安全与健康等突发事件的应急预案。

7)按照建设单位提供的设计资料,施工单位应统筹规划,合理组织一体化施工。

1. 企业法人

1)主持制定、批准和颁布环境方针和目标,批准环境管理手册。

2)对企业环境方针的实现和环境管理体系的有效运行负全面和最终责任。

3)组织识别和分析顾客和相关方的明确及潜在要求,代表企业向顾客和相关方做出环境承诺,并向企业传达顾客和相关方要求的重要性。

4）决定企业发展战略和发展目标，负责规定和改进各部门的管理职责。
5）主持对环境管理体系的管理评审，对环境管理体系的改进做出决策。
6）委任管理者代表并听取其报告。
7）负责审批重大工程（含重大特殊工程）合同评审的结果。
8）确保环境管理体系运行中管理、执行和验证工作的资源需求。
9）领导对全体员工进行环境意识的教育、培训和考核。

2. 管理者代表

1）协助法人贯彻国家有关环境工作的方针、政策，负责管理企业的环境管理体系工作。
2）主持制定和批准颁布企业程序文件。
3）负责环境管理体系运行中各单位之间的工作协调。
4）负责企业内部体系审核和筹备管理评审，并组织接受顾客或认证机构进行的环境管理体系审核。
5）代表企业与业主或其他外部机构就环境管理体系事宜进行联络。
6）负责向法人提供环境管理体系的业绩报告和改进需求。

3. 企业总工程师

1）参与制定公司环境管理方针。
2）参与建立、实施环境管理体系。
3）遵守环境法律法规和其他要求，确保环境目标、指标和管理方案的实现。
4）负责组织公司的绿色施工技术方案的制定、审核和批准。
5）负责组织收集有关施工技术、工艺方面的环境法律、法规和标准。
6）负责组织识别有关新技术、新工艺方面的环境因素。
7）负责组织对建筑工程施工组织总体设计方案的审查和批准。
8）负责组织领导工程技术人员的岗位培训。
9）负责总经理委托办理的有关质量方面的其他工作。
10）负责组织研发环保技术措施并解决实施方面的相关问题。
11）负责与国家、地方政府环境主管部门的沟通交流。
12）参与环境事故的调查、分析、处理和报告。

4. 企业职能部门

（1）工程管理部门

1）收集有关施工技术、工艺方面的环境法律、法规和标准。
2）识别有关新技术、新工艺方面的环境因素，并向企划部传递。
3）负责对监视和测量设备、器具的计量管理工作。
4）负责与设计结合，研发环保技术措施与实施方面的相关问题。
5）负责与国家、地方政府环境主管部门的联络、信息交流和沟通。
6）负责组织环境事故的调查、分析、处理和报告。

（2）采购部门

1）收集关于物资方面的环境法律、法规和标准，并传送给合约法律部。

2）收集和发布环保物资名录。

3）编制包括环保要求在内的采购招标文件及合同的标准文本。

4）负责有关施工机械设备的环境因素识别和制定有关的环境管理方案。

5）向供应商传达企业环保要求并监督实施。

5. 企业各级员工

（1）企业代表

1）企业工会主席作为企业职业健康安全事务的代表，参与企业涉及职业健康安全方针和目标的制定、评审，参与重大相关事务的商讨和决策。

2）组织收集和宣传关于员工职业健康安全方面的法律、法规，并监督行政部门按适用的法律法规贯彻落实。

3）组织收集企业员工意见和要求，负责汇总后向企业行政领导反映，并向员工反馈协商结果。

4）按企业和法律法规规定，代表员工适当参与涉及员工职业健康安全事件调查和协商处理意见，以维护员工的合法权利。

（2）内审员

1）接受审核组长领导，按计划开展内审工作，在审核范围内客观、公正地开展审核工作。

2）充分收集与分析有关的审核证据，以确定审核发现，并形成文件，协助编写审核报告。

3）对不符合项、事故等所采取的纠正行动、纠正措施的实施情况进行跟踪验证。

（3）全体员工

1）遵守岗位工作范围内的环境法律法规，在各自岗位工作中，落实企业环境方针。

2）接受规定的环境教育和培训，提高环境意识。

3）参加本部门的环境因素、危险源辨识和风险评价工作，执行企业环境管理体系文件中的相关规定。

4）按规定做好节水、节电、节纸、节油与废弃物的分类回收处置，不在公共场所吸烟，做好工作岗位的自身防护，对工作中的环境、职业健康安全管理情况提出合理化建议。

5）特殊岗位的作业人员必须按规定取得上岗资格，遵章守法、按章作业。

（4）项目经理部

1）认真贯彻执行适用的国家、行业、地方政策、法规、规范、标准和企业环境方针及程序文件和各项管理制度，全面负责工程项目的环境目标，实现对顾客和相关方的承诺。

2）负责具体落实顾客和上级的要求，合理策划并组织实施管理项目资源，不断改进项目管理体系，确保工程环境目标的实现。

3）负责组织本项目环境方面的培训，负责与项目有关的环境、信息交流、沟通、参与和协商，工程分包和劳务分包的具体管理，并在环境、职业健康安全方面施加影响。

4）负责参加有关项目的合同评审，编制和实施项目环境技术措施，负责新技术、新工艺、新设备、新材料的实施和作业过程的控制，特殊过程的确认与连续监控，工程产品、施工过程的检验和试验、标识及不合格品的控制,以增强顾客满意度。

5)负责收集和实施项目涉及的环境法律、法规和标准,组织项目的适用环境、职业健康安全法律、法规和其他要求的合规性评价,负责项目文件和记录的控制。

6)负责项目涉及的环境因素、危险源辨识与风险评价,制定项目的环境目标,编制和实施环境、职业健康安全管理方案和应急预案,实施管理程序、惯例、运行准则,实现项目环境、职业健康安全目标。

7)负责按程序、惯例、运行准则对重大环境因素和不可接受风险的关键参数或环节进行定期或不定期的检查、测量、试验,对发现的环境、职业健康安全的不符合项和事件严格处置,分析原因,制定、实施纠正措施和预防措施并进行验证,不断改善环境、职业健康安全绩效。

8)负责对项目测量和监控设备的管理,并按程序进行检定或校准,对计算机软件进行确认,组织内审不符合项整改,执行管理评审提出的相关要求,在"四新技术"推广中制定和实施环境、职业健康安全管理措施,持续改进管理绩效和效率。

(5)项目经理

1)履行项目第一责任人的作用,对承包项目的节约计划负全面领导责任。

2)贯彻执行安全生产的法律法规、标准规范和其他要求,落实各项责任制度和操作规程。

3)确定节约目标和节约管理组织,明确职能分配和职权规定,主持工程项目节约目标的考核。

4)领导、组织项目经理部全体管理人员负责对施工现场的可能节约因素的识别、评价和控制策划,并落实负责部门。

5)组织制定节约措施,并监督实施。

6)定期召开项目经理部会议,布置落实节约控制措施。

7)负责对分包单位和供应商的评价和选择,保证分包单位和供应商符合节约型工地的标准要求。

8)实施组织对项目经理部的节约计划进行评估,并组织人员落实评估和内审中提出的改进要求和措施。

9)根据项目节约计划组织有关管理人员制定针对性的节约技术措施,并经常监督检查。

10)负责对施工现场临时设施的布置,对施工现场临时道路、围墙合理规划,做到文明施工不铺张。

11)合理利用各种降耗装置,提高各种机械的使用率和满意率。

12)合理安排施工进度,最大限度发挥施工效率,做到工完料尽和质量一次成优。

13)提高施工操作和管理水平,减少粉刷、地坪等非承重部位的正误差。

14)负责对分包单位合同履约的控制,负责向进场的分包单位进行总交底,安排专人对分包单位的施工进行监控。

15)实施现场管理标准化,采用工具化防护,确保安全不浪费。

(6)技术负责人

1)负责对已识别浪费因素进行评价,确定浪费因素,并制定控制措施、管理目标和管理方案，组织编制节约计划。

2) 编制施工组织设计，制定资源管理、节能降本措施，负责对能耗较大的施工操作方案进行优化。

3) 和业主、设计方沟通，在建设项目中推荐使用新型节能高效的节约型产品。

4) 积极推广新技术，优先采用节约材料效果明显的新技术。

5) 鼓励技术人员开发新技术、新工艺，建立技术创新激励机制。

6) 制定施工各阶段的新技术交底文本，并对工程质量进行检查。

（7）施工员

1) 参与节约策划，按照节约计划要求，对施工现场生产过程进行控制。

2) 负责在上岗前和施工中对进入现场的从业人员进行节约教育和培训。

3) 负责对施工班组人员及分包方人员进行有针对性的技术交底，履行签字手续，并对规程、措施及交底执行情况经常检查，随时纠正违章作业。

4) 负责检查督促每项工作的开展和接口的落实。

5) 负责对施工过程中的质量监督，对可能引起质量问题的操作，进行制止、指导、督促。

6) 按照项目节约计划要求，组织各种物资的供应工作。

7) 负责供应商有关评价资料的收集，实施对供应商进行分析、评价，建立合格供应商名录。

8) 执行材料进场验收制度，杜绝不合格产品流入现场。

9) 执行材料领用审批制度，限额领料。

（8）环保员

1) 参与浪费因素的调查识别和节约计划的编制，执行各项措施。

2) 负责对施工过程的指导、监督和检查，督促文明施工、安全生产。

3) 实施文明施工落实情况工作业绩评价，发现问题并处理，及时向项目副经理汇报。

4) 环保员应指导和监督分包单位按照环境管理和绿色施工要求，做好以下两项工作：

① 执行环保技术交底制度、环保例会制度与班前环保讲话制度，并做好跟踪检查管理工作。

② 进行作业人员的班组及环保教育培训，特种作业人员必须持证上岗，并将花名册、特种作业人员复印件进行备案。特种作业人员包括电工作业、金属焊接、气割作业、起重机械作业、登高架设作业、机械操作人员等。

（9）分包单位

1) 分包单位负责人及作业班组长必须接受环保教育，并签订相关的环保生产责任制。办理环保手续后方可组织施工。

2) 工人入场一律接受环保教育，办理相关手续后方可进入现场施工，如果分包人员需要变动，必须提出计划报告，按规定进行教育，考核合格后方可上岗。

3) 特种作业人员的配置必须满足施工需要，并持有有效证件，有效证件必须与操作者本人相符合。

4) 工人变换工种时，要通知总包方对转场或变换工种人员进行环保技术交底和教育，分包方要进行转场和转换工种教育。

5）分包单位应执行班前活动制度，班前活动不得少于15min，班前活动的内容必须填写相关的记录表格。

6）分包单位应执行总包方的安全检查制度。

7）分包单位应接受总包方以及上级主管部门和各级政府、各行业主管部门的环保检查。

8）分包单位应按照总包方的要求配备专职或兼职环保员。

9）分包单位应设立专职或兼职环保员实施日常安全生产检查及工长、班长跟班检查和班组自检。

10）分包单位对于检查出的各种问题必须按时按质地整改到位，并通过施工员、环保员验收合格后方可继续施工。如自身不能解决的，可以书面形式通知总包方进行协商解决。

11）分包单位应严格执行环境保护措施、设备验收制度和教育作业人员认真执行本工种的操作规程。

12）分包单位自带的各类施工机械设备，必须是合格产品且性能良好，各种装置齐全、灵敏、可靠，符合环保要求。

13）分包单位的中小型机械设备和一般防护设施执行自检后报总包方验收合格后方可使用。

14）分包单位的大型防护设施和大型机械设备，在自检的基础上申报总包方，接受专职部门的专业验收。分包单位应按规定提供设备技术数据、防护装置技术性能、设备履历档案以及防护设施支搭方案，其方案应满足有关规定。

15）分包单位应执行环境保护验收表和施工变化后交接检验制度。

16）分包单位应预防和治理污染事故。

17）分包单位应执行环境污染报告制度。

18）分包单位的职工在现场从事施工过程中所发生的污染事故，分包单位应在10min内通知总包方，报告事故的详情，由总包方及时逐级上报上级有关部门，同时积极组织抢救工作，采取相应的措施，保护好现场，如因抢救伤员必须移动现场设备、设施，要做好记录或拍照，总包方要为抢救提供必要的条件。

19）分包单位要积极配合总包方上级主管部门对事故的调查和现场勘查。凡因分包单位隐瞒不报，做伪证或擅自拆毁事故现场，所造成的一切后果均由分包单位承担。

20）分包单位应承担因为自身原因造成的环境污染事故的经济责任和法律责任。

21）分包单位应执行环境保护奖罚制度，要教育和约束职工严格执行施工现场安全管理规定，对遵章守纪者给予表扬和奖励，对违章作业、违章指挥、违反劳动纪律和规章制度者给予处罚。

22）分包单位要对分包工程范围内的工作人员的安全负责。

23）分包单位应采取一切严密的符合安全标准的预防措施，确保所有工作场所的安全，不得在危及工作人员安全和健康的危险情况下施工，并保证建筑工地所有人员或附近人员免遭本班组施工区域或相关区域可能发生的一切危险。

24）施工现场内，必须按总包方的要求，在工人可能经过的每一个工作场所和其他地方均应提供充足和适合的照明装置。

25）总包方有权要求立刻撤走现场内的任何分包队伍中没有适当理由而又不遵守、执行地方政府相关部门及行业主管部门发布的安全条例和指令，或多次不遵守总包方有关安全生产管理的办法、规定、制度的人员，无论在任何情况下，此人不得再雇于现场，除非事先有总包方的书面同意。

26）分包单位应按照合同向职工提供有效的安全用品，如安全带、安全帽等，若必要时须佩戴面罩、眼罩、护耳、绝缘手套、绝缘鞋等其他的个人人身防护设备和用品。

6．其他

施工单位在交工前应整理好关于施工期环境保护的有关资料，一般应包括以下内容。

1）工程资料。包括施工内容、施工工艺、大型船舶机械设备、施工平面图、施工周期、施工人数及污染物排放等基本工程概况。

2）环保制度与措施。包括生活区、施工现场及船舶机械设备环保管理措施与制度。

3）环保自查记录、整改措施与环境保护月报。

4）与监理单位往来文件。包括环境保护监理备忘录、环境保护监理检验报告表、环保事故报告表、环境保护监理业务联系单及回复单等。

5）环境恢复措施，主要包括以下两项：

① 临时设施处置计划。主要内容有建筑物、构筑物（包括沉淀池、化粪池等）的处置计划。

② 生态恢复及生态补偿措施等。主要包括取（弃）土场整治、道路（便道、便桥）及预制（拌和）场地、生活及建筑垃圾的处置、边坡整治、绿化等生态恢复和补偿措施。

第三节　监理单位对绿色施工与环境管理的责任

一、监理单位对绿色施工与环境管理进行监理时的依据

1）国家有关的法律、法规包括《中华人民共和国宪法》《中华人民共和国环境保护法》《中华人民共和国水法》《中华人民共和国土地管理法》《中华人民共和国水土保持法》《中华人民共和国文物保护法》《中华人民共和国水污染防治法》《中华人民共和国大气污染防治法》《中华人民共和国环境噪声污染防治法》《中华人民共和国固体废物污染环境保护法》等。

2）国家有关条例、办法、规定：包括《建设项目环境保护管理条例》《建设项目环境保护设施竣工验收管理规定》《关于开展交通工程环境监理工作的通知》《关于加强自然资源开发建设项目的生态环境管理的通知》《关于涉及自然保护区的开发建设项目环境管理工作有关问题的通知》等。

3）地方性法规、文件：地方人民代表大会及其常务委员会可以颁布地方性环境保护法规，它们同样是施工环境保护监理的依据。

4）国家标准：包括《声环境质量标准》（GB 3096—2008）、《建筑施工场界环境噪声排放标准》（GB 12523—2011）、《工业企业厂界环境噪声排放标准》（GB 12348—2008）、《大气污染物综合排放标准》《锅炉大气污染物排放标准》（GB 13271—2014）、《地表水环境质

量标准》(GB 3838—2002)、《污水综合排放标准》(GB 8978—1996)、《城市区域环境振动标准》(GB 10070—1988)等。

二、监理单位对绿色施工与环境管理进行监理时的工作程序

监理单位应对建设工程的绿色施工管理承担监理责任。监理单位应审查施工组织设计中的绿色施工技术措施或专项施工方案,并在实施过程中做好监督检查工作。

监理单位在施工过程中,应依照以下程序进行绿色施工与环境管理方面的监理工作:

1)依据监理合同、设计文件、环评报告、水土保持方案以及施工合同、施工组织设计等编制施工环境保护监理规划。

2)按照施工环境保护监理规划、工程建设进度、各项环保对策措施,编制施工环境保护监理实施细则。

3)依据编制的施工环境保护监理规划和实施细则,开展施工期环境保护监理。

4)工程交工后编写施工环境保护监理总结报告,整理监理档案资料,提交建设单位。

5)参与工程竣工环保验收。

三、监理单位在不同施工阶段的环保监理工作内容

(1)施工准备阶段

1)参加设计交底,熟悉环评报告和设计文件,掌握沿线重要的环境保护目标,了解建设过程的具体环保目标,对敏感的保护目标做出标识。

2)审查施工单位的施工组织设计和开工报告,对施工过程的环保措施提出审查意见。

3)审查施工单位的临时用地方案是否符合环保要求,临时用地的恢复计划是否可行。

4)审查施工单位的环保管理体系是否责任明确,是否切实有效。

5)参加第一次工地会议,对工程的环保目标和环保措施提出要求。

(2)施工阶段

1)审查施工单位编制的分部(分项)工程施工方案中的环保措施是否可行。

2)对施工现场、施工作业进行巡视或旁站监理,检查环境保护措施的落实情况。

3)监测各项环境指标,出具监测报告或成果。

4)向施工单位发出环保工作指示,并检查指令的执行情况。

5)编写环境监理月报。

6)参加工地例会。

7)建立、保管环境保护监理资料档案。

8)协助主管部门和建设单位处理突发环保事件。

(3)交工及缺陷责任期

1)定期检查施工单位对环保遗留问题整改计划的实施,并根据工程具体情况,建议施工单位对整改计划进行调整。

2)检查已实施的环保达标工程和环保工程,对交工验收后发生的环保问题或工程质量缺陷及时进行调查和记录,并指示施工单位进行环境恢复或工程修复。

3)督促施工单位按合同及有关规定完成环保施工资料。

4)参加交工检查,确认现场清理工作、临时用地的恢复等是否达到环保要求。

5）检查施工单位的环保资料是否达到要求。

6）评估环保任务或环保目标的完成情况，对尚存的主要问题提出继续监测或处理的方案和建议。

7）完成缺陷责任期的环境保护监理工作。

（4）竣工环保验收阶段

1）整理施工环境保护监理竣工资料。

2）编制工程环境保护监理总结报告。

3）提出竣工前所需的环保部门的各种批件，并协助办理。

4）收集保存竣工验收时环保主管部门所需的资料。

5）完成竣工验收小组交办的工作。

（5）环境监测

1）协助建设单位落实施工过程的环境监视计划。

2）监测应定期进行，使数据有可比性，为制定环境保护监理措施和判断环保措施执行效果提供必要的依据。

3）施工环境保护监理有时候会需要一些监测点以外的即时监测数据，因此环保监理单位有必要自备一些常用的监测设备，能够自行监测一些比较简单的项目，如噪声、TSP等。一般定期监测的项目有空气质量、地表水质量、声环境质量等。

（6）对环境影响报告书提出的其他环保措施　根据不同项目的实际情况，环境影响报告会提出不同的环保措施，甚至会有比较特殊的措施。对于环境影响报告提出的已经批准的措施，应协助建设单位有效实施。

四、绿色施工与环境管理监理竣工资料的主要内容

1）施工环境保护监理规划。

2）施工环境保护监理实施细则。

3）与建设单位、施工单位、设计单位来往的环保监理文件。

4）监理通知单及回复单。

5）因环保问题签发的停（复）工通知单。

6）与环境保护有关的会议记录和纪要。

7）施工环境保护监理月报。

第十章　工程项目环境管理评价与方案

第一节　工程项目环境因素识别与评价

一、工程项目环境因素识别

1. 三种时态

环境因素识别应考虑三种时态：过去、现在和将来。过去是指以往遗留的环境问题，且会对目前的过程、活动产生影响的环境问题。现在是指当前正在发生、并持续到未来的环境问题。将来是指计划中的活动在将来可能产生的环境问题，如新工艺、新材料的采用可能产生的环境影响。

2. 三种状态

环境因素识别应考虑三种状态：正常、异常和紧急。正常状态是指稳定的、例行性的，计划已做出安排的活动状态，如正常施工状态。异常状态是指非例行的活动或事件，如施工中的设备检修，工程停工状态。紧急状态是指可能出现的突发性事故或环保设施失效的紧急状态，如发生火灾事故、地震、爆炸等意外状态。

3. 环境因素识别应考虑的方面

1）向大气的排放。
2）向水体的排放。
3）向土地的排放。
4）原材料和自然资源的使用。
5）能源使用。
6）能量释放（如热、辐射、振动等）。
7）废物和副产品。
8）物理属性，如大小、形状、颜色、外观等。

企业除了考虑能够直接控制的环境因素外，还应当对它可能施加影响的环境因素加以考虑。例如与它所使用的产品和服务中的环境因素，以及它所提供的产品和服务中的环境因素。以下提供了一些对这种控制和影响进行评价的指导。不过在任何情况下，对环境因素控制和施加影响的程度都取决于企业自身。

应当考虑的与组织的活动、产品和服务有关的因素如下：

1）设计和开发。
2）制造过程。
3）包装和运输。
4）合同方和供方的环境绩效和操作方式。

5）废物管理。
6）原材料和自然资源的获取和分配。
7）产品的分铺、使用和报废。
8）野生环境和生物多样性。

4. 八大类环境因素

识别环境因素的步骤：选择组织的过程（活动、产品或服务）、确定过程伴随的环境因素、确定环境影响。

对企业所使用产品的环境因素的控制和影响，因不同的供方和市场情况而有很大差异。通常组织对所提供的产品的使用和处置（例如用户如何使用和处置这些产品），控制作用有限。可行时，它可以考虑通过让用户了解正确的使用方法和处置机制来施加影响。完全地或部分地由环境因素引起的对环境的改变，无论其有益还是有害，都称为环境影响。环境因素和环境影响之间是因果关系。

由于一个企业可能有很多环境因素及相关的环境影响，应当建立识别重要环境因素的准则和方法。唯一判别方法不存在，选择的原则是所采用的识别方法能提供一致的结果，包括建立和应用评价准则，例如有关环境事务、法律法规问题，以及内部、外部相关方的关注等方面的准则。

对于重要环境信息，组织除在设计和实施环境管理中应考虑如何使用外，还应当考虑将它们作为历史数据予以留存的必要。

在识别和评价环境因素的过程中，还应当考虑从事活动的地点、进行这些分析所需的时间和成本，以及可靠数据的获得。对环境因素的识别不要求做详细的生命周期评价。对环境因素进行识别和评价的要求，不改变或增加组织的法律责任。

确定环境因素的依据：客观地具有或可能具有环境影响的、法律法规及要求有明确规定的、积极的或负面的、相关方有要求的、其他。

5. 识别环境因素的方法

识别环境因素的方法有物料衡算、产品生命周期、问卷调查、专家咨询、现场观察（查看和面谈）、头脑风暴、查阅文件和记录、测量、水平对比（内部、同行业或其他行业比较）、纵向对比（组织的现在和过去比较）等。这些方法各有利弊，具体使用时可将各种方法组合使用，下面介绍几种常用的环境因素识别方法：

1）专家评议法。由有关环保专家、咨询师、组织的管理者和技术人员组成专家评议小组，评议小组应具有环保经验、项目的环境影响综合知识、ISO 14000 标准和环境因素识别知识，并对评议组织的工艺流程十分熟悉，才能对环境因素进行准确、充分的识别。在进行环境因素识别时，评议小组采用过程分析的方法，在现场分别对过程片段的不同的时态、状态和不同的环境因素类型进行评议，集思广益。如果评议小组专业人员选择得当，识别就能做到快捷、准确。

2）问卷评审法（因素识别）。问卷评审是通过事先准备好的一系列问题，通过到现场察看和与人员交谈的方式，来获取环境因素的信息。问卷的设计应本着全面和定性与定量相结合的原则。问卷包括的内容应尽量覆盖组织活动、产品，以及其上游、下游相关环境问题中的所有环境因素，一个组织内的不同部门可用同样的问卷，虽然这样在一定程度上缺乏针对性，但为一个部门设计一份调查问卷是不实际的。

3) 现场评审法（观察、面谈、书面文件收集及环境因素识别）。现场观察和面谈都是快速直接地识别现场环境因素最有效的方法。这些环境因素可能是已具有重大环境影响的，或者是具有潜在的重大环境影响的，有些是存在环境风险的。

现场面谈和观察还能获悉组织环境管理的其他现状，如环保意识、培训、信息交流、运行控制等方面的缺陷，另外，也能发现组织增强竞争力的一些机遇。如果是初始环境评审，评审员还可向现场管理者提出未来体系建立或运行方面的一些有效建议。

二、工程项目环境因素评价

1. 环境因素评价的条件及原则

（1）评价应满足的条件

1) 基本上适应所有可能对环境造成显著影响的项目，并能够对所有可能的显著影响做出识别和评估。

2) 对各种替代方案（包括项目不建设或地区不开发的情况）、管理技术、减缓措施进行比较。

3) 生成清楚的环境影响报告书，以使专家和非专家都能了解可能影响的特征及其重要性。

4) 包括广泛的公众参与和严格的行政审查程序。

5) 及时、清晰的结论，以便为决策提供信息。

（2）建立环境因素评价指标体系的原则

1) 简明科学性原则：指标体系的设计必须建立在科学的基础上，客观如实地反映建筑绿色施工各项性能目标的构成，指标繁简适宜、实用、具有可操作性。

2) 整体性原则：构造的指标体系应全面真实地反映绿色建筑在施工过程中资源、能源、环境、管理、人员等方面的基本特征。每一个方面由一组指标构成，各指标之间既相互独立，又相互联系，共同构成一个有机整体。

3) 可比可量原则：指标的统计口径、含义、适用范围在不同施工过程中要相同，保证评价指标具有可比性；可量化原则要求指标中定量指标可以直接量化，定性指标可以间接赋值量化，易于分析计算。

4) 动态导向性原则：要求指标能够反映我国绿色建筑施工的历史、现状、潜力以及演变趋势，揭示内部发展规律，进而引导可持续发展政策的制定、调整和实施。

2. 环境因素的评价方法

环境因素的评价是指采用某一规定的程序方法和评价准则对全部环境因素进行评价，最终确定重要环境因素的过程。常用的环境因素的评价方法有是非判断法、专家评议法、多因子评分法、排放量或频率对比法、等标污染负荷法、权重法等。这些方法中前三种属于定性或半定量方法，评价过程并不要求取得每一项环境因素的定量数据；后四种则需要定量的污染物参数，如果没有环境因素的定量数据则评价难以进行，方法的应用将受到一定的限制。因此，评价前必须根据评价方法的应用条件、适用对象进行选择，或根据不同的环境因素类型采用不同的方法进行组合应用，才能得到满意的评价结果。下面介绍两种

常用的环境因素的评价方法:

(1) 是非判断法　是非判断法根据制定的评价准则,进行对比、衡量并确定重要因素。当符合以下评价准则之一时,即可判为重要环境因素。该方法简便、操作容易,但评价人员必须熟悉环保专业知识,才能做到判定准确。评价准则如下:

1) 违反国家或地方环境法律法规及标准要求的环境因素(如超标排放污染物等)。

2) 国家法规或地方政府明令禁止使用或限制使用或限期替代使用的物质(如氟利昂替代、石棉和多氯联苯、使用淘汰的工艺和设备等)。

3) 属于国家规定的有毒有害废物(如国家危险废物名录共47类,医疗废物的排放等)。

4) 异常或紧急状态下可能造成严重环境影响(如化学品意外泄漏、火灾、环保设备故障或人为事故等)。

5) 环保主管部门或组织的上级机构关注或要求控制的环境因素。

6) 造成国家或地方级保护动物伤害、植物破坏的(如伤害保护动物一只以上,或毁残植物一棵以上)(适用于旅游景区的环境因素评价)。

7) 开发活动造成水土流失而在半年内得到控制恢复的(修路、景区开发、开发区开发等)。

应用时可根据组织活动或服务的实际情况、环境因素复杂程度制定具体的评价准则。评价准则应符合实际,可操作、可衡量,以保证评价结果客观、可靠。

(2) 多因子评分法　多因子评分法是对能源、资源、固废、废水、噪声等五个方面异常、紧急状况制定评分标准。制定评分标准时尽量使每一项环境影响量化,并以评价表的方式,依据各因子的重要性参数来计算重要性总值,从而确定重要性指标,根据重要性指标可划分不同等级,得到环境因素控制分级,从而确定重要环境因素。

在环境因素评价的实际应用中,不同的组织对环境因素重要性的评价准则略有差异,因此,评价时可根据实际情况补充或修订,对评分标准做出调整,使评价结果客观、合理。

第二节　绿色施工和施工过程的环境控制

一、绿色施工过程应注意的要点

1. 场地环境

(1) 施工场地

① 通过合理布置,减少施工对场地及场地周边环境的扰动和破坏。

② 设置专门场地堆置弃土,土方尽量原地回填利用,并采取防止土壤流失的措施。

③ 采取保护表层土壤、稳定斜坡、植被覆盖等措施。

④ 使用淤泥栅栏、沉淀池等措施控制沉淀物。

(2) 降低环境负荷

① 施工废弃物分类处理,且符合国家及地方法律法规的要求。

② 避免或减少排放污染物对土壤的污染,如仓库、油库、化粪池、垃圾站等处应采取

防漏防渗措施，防止危险品、化学品、污染物、固体废物中有害物质的泄漏。

③ 施工结束后应恢复施工活动中被破坏的植被（一般指临时占地内），补偿施工活动中人为破坏植被和地貌造成的土壤侵蚀等损失。

（3）保护水文环境

① 岩土工程勘察和基础工程施工前应采取避免对地下水污染的对策。

② 保护场地内及周围的地下水与自然水体，减少施工活动对其水质、水量的负面影响。

③ 优化施工降水方案，减少地下水抽取，且保证回灌水水质。

2. 节能

（1）降低能耗

① 通过改善能源使用结构，有效地控制施工过程中的能耗。

② 根据具体情况合理组织施工、积极推广节能新技术、新工艺。

（2）提高用能效率

① 制定合理的施工能耗指标，提高施工能源利用率。

② 确保施工设备满负荷运转，减少无用功，禁止不合格临时设施用电，以免造成损失。

3. 节水

提高用水效率：采用施工节水工艺、节水设备和设施；加强节水管理，施工用水进行定额计量。

4. 节材与材料资源

（1）节材

① 临时设施充分利用旧料和现场拆迁回收材料，使用装配方便、可循环利用的材料。

② 周转材料、循环使用材料和机具应耐用、维护与拆卸方便，且易于回收和再利用。

③ 采用工业化的成品，减少现场作业与废料。

④ 减少建筑垃圾，充分利用废弃物。

（2）使用绿色建材

① 施工单位应按照国家、行业或地方管理部门对绿色建材做出的法律、法规及评价方法，选择建筑材料。

② 就地取材，充分利用本地资源进行施工，减少运输对环境造成的影响。

二、绿色施工和环境控制

1. 绿色施工和环境控制的主要内容

（1）资源节约

1）节约土地。

① 建设工程施工总平面规划布置应优化土地利用，减少土地资源的占用。施工现场的临时设施建设禁止使用黏土砖。

② 土方开挖施工应采取先进的技术措施，减少土方开挖量，最大限度地减少对土地的扰动，保护周边自然生态环境。

2）节能。

① 施工现场应制定节能措施，提高能源利用率，对能源消耗量大的工艺必须制定专项

降耗措施。

② 临时设施的设计、布置与使用，应采取有效的节能降耗措施，并符合下列规定：

a. 利用场地自然条件，合理设计办公及生活临时设施的体形、朝向、间距和窗墙面积比，冬季利用日照并避开主导风向，夏季利用自然通风。

b. 临时设施宜选用由高效保温隔热材料制成的复合墙体和屋面，以及密封保温隔热性能好的门窗。

c. 规定合理的温度、湿度标准和使用时间，提高空调和供暖装置的运行效率。

d. 照明器具宜选用节能型器具。

③ 施工现场机械设备管理应满足下列要求：

a. 施工机械设备应建立按时保养、保修、检验制度。

b. 施工机械宜选用高效节能电动机。

c. 220V/380V 单相用电设备接入 220V/380V 三相系统时，宜使用三相平衡。

d. 合理安排工序，提高各种机械的使用率和满载率。

④ 建设工程施工应实行用电计量管理，严格控制施工阶段用电量。

⑤ 施工现场宜充分利用太阳能。

⑥ 建筑施工使用的材料宜就地取材。

3）节水。

① 建设工程施工应实行用水计量管理，严格控制施工阶段用水量。

② 施工现场生产、生活用水必须使用节水型生活用水器具，在水源处应设置明显的节约用水标识。

③ 建设工程施工应采取地下水资源保护措施，新开工的工程限制进行施工降水。因特殊情况需要进行降水的工程，必须组织专家论证审查。

④ 施工现场应充分利用雨水资源，保持水体循环，有条件的宜收集屋顶、地面雨水再利用。

⑤ 施工现场应设置废水回收设施，对废水进行回收后循环利用。

4）节约材料与资源利用。

① 优化施工方案，选用绿色材料，积极推广新材料、新工艺，促进材料的合理使用，节省实际施工材料消耗量。

② 根据施工进度、材料周转时间、库存情况等制订采购计划，并合理确定采购数量，避免采购过多，造成积压或浪费。

③ 对周转材料进行保养维护，维护其质量状态，延长其使用寿命。按照材料存放要求进行材料装卸和临时保管，避免因现场存放条件不合理而导致浪费。

④ 依照施工预算，实行限额领料，严格控制材料的消耗。

⑤ 施工现场应建立可回收再利用物资清单，制定并实施可回收废料的回收管理办法，提高废料利用率。

⑥ 根据场地建设现状调查，对现有的建筑、设施再利用的可能性和经济性进行分析，合理安排工期。利用拟建道路和建筑物，提高资源再利用率。

⑦ 建设工程施工所需临时设施（办公及生活用房、给排水、照明、消防管道及消防设备）应采用可拆卸可循环使用材料，并在相关专项方案中列出回收再利用措施。

（2）环境保护

1）扬尘污染控制。

① 施工现场主要道路应根据用途进行硬化处理，土方应集中堆放。裸露的场地和集中堆放的土方应采取覆盖、固化或绿化等措施。

② 施工现场大门口应设置冲洗车辆的设施。

③ 施工现场易飞扬细颗粒散体材料，应密闭存放。

④ 遇有四级以上大风天气时，不得进行土方回填、转运以及其他可能产生扬尘污染的施工。

⑤ 施工现场办公区和生活区的裸露场地应进行绿化、美化。

⑥ 施工现场材料存放区、加工区及大模板存放场地应平整坚实。

⑦ 建筑拆除工程施工时应采取有效的降尘措施。

⑧ 规划市区范围内的施工现场，混凝土浇筑量超过 $100m^3$ 以上的工程，应当使用预拌混凝土；施工现场应采用预拌砂浆。

⑨ 施工现场进行机械剔凿作业时，作业面局部应遮挡、掩盖或采取水淋等降尘措施。

⑩ 市政道路施工铣刨作业时，应采用冲洗等措施，控制扬尘污染。无机料拌和，应采用预拌进场，碾压过程中要洒水降尘。

⑪ 施工现场应建立封闭式垃圾站。建筑物内施工垃圾的清运，必须采用相应容器或管道运输，严禁凌空抛掷。

2）有害气体排放控制。

① 施工现场严禁焚烧各类废弃物。

② 施工车辆、机械设备的尾气排放应符合国家和地方规定的排放标准。

③ 建筑材料应有合格证明。对含有害物质的材料应进行复检，合格后方可使用。

④ 民用建筑工程室内装修严禁采用沥青、煤焦油类防腐、防潮处理剂。

⑤ 施工中所使用的阻燃剂、混凝土外加剂氨的释放量应符合国家标准。

3）水土污染控制。

① 施工现场搅拌机前台、混凝土输送泵及运输车辆清洗处应当设置沉淀池。废水不得直接排入市政污水管网，可经二次沉淀后循环使用或用于洒水降尘。

② 施工现场存放的油料和化学溶剂等物品应设有专门的库房，地面应做防渗漏处理。废弃的油料和化学溶剂应集中处理，不得随意倾倒。

③ 食堂应设隔油池，并应及时清理。

④ 施工现场设置的临时厕所化粪池应做抗渗处理。

⑤ 食堂、盥洗室、淋浴间的下水管线应设置过滤网，并应与市政污水管线连接，保证排水畅通。

4）噪声污染控制。

① 施工现场应根据国家标准《建筑施工场界环境噪声排放标准》（GB 12523—2011）的要求制定降噪措施，并对施工现场场界噪声进行检测和记录，噪声排放不得超过国家标准。

② 施工场地的降噪设备宜设置在远离居民区的一侧，可采取对降噪设备进行封闭等降低噪声的措施。

③ 运输材料的车辆进入施工现场，严禁鸣笛。装卸材料应做到轻拿轻放。

5）光污染控制。

① 施工单位应合理安排作业时间，尽量避免夜间施工。必要时的夜间施工，应合理调整灯光照射方向，在保证现场施工作业面有足够光照的条件下，减少对周围居民生活的干扰。

② 在高处进行电焊作业时应采取遮挡措施，避免电弧光外泄。

6）施工固体废弃物控制。

① 施工中应减少施工固体废弃物的产生。工程结束后，对施工中产生的固体废弃物必须全部清除。

② 施工现场应设置封闭式垃圾站，施工垃圾、生活垃圾应分类存放，并按规定及时清运消除。

7）环境影响控制。

① 工程开工前，建设单位应组织对施工场地所在地区的土壤环境现状进行调查，制定科学的保护或恢复措施，防止施工过程中造成土壤侵蚀、退化，减少施工活动对土壤环境的破坏和污染。

② 建设项目涉及古树名木保护的，工程开工前，应由建设单位提供政府主管部门批准的文件，未经批准，不得施工。

③ 建设项目施工中涉及古树名木确需迁移时，应按照古树名木移植的有关规定办理移植许可证和组织施工。

④ 对场地内无法移栽、必须原地保留的古树名木应划定保护区域，严格履行园林部门批准的保护方案，采取有效保护措施。

⑤ 施工单位在施工过程中一旦发现文物，应立即停止施工，保护现场并通报文物管理部门。

⑥ 建设项目场址内因特殊情况不能避开地上文物时，应积极履行经文物行政主管部门审核批准的原址保护方案，确保其不受施工活动损害。

⑦ 对于因施工而破坏的植被、造成的裸土，必须及时采取有效措施，以避免土壤侵蚀、流失。如采取覆盖砂石、种植速生草种等措施。施工结束后，被破坏的原有植被场地必须恢复或进行合理绿化。

（3）职业健康与安全

1）场地布置及临时设施建设。

① 施工现场办公区、生活区应与施工区分开设置，并保持安全距离，办公、生活区的选址应当符合安全要求。

② 施工现场应设置办公室、宿舍、食堂、厕所、淋浴间、开水房、文体活动室或农民工夜校培训室、吸烟室、密闭式垃圾站或容器及盥洗设施等临时设施。

③ 施工现场临时搭建的建筑物应当符合安全使用要求，施工现场使用的装配式活动房屋应当具有产品合格证书。建设工程竣工一个月内，临建设施应全部拆除。

④ 严禁在尚未竣工的建筑物内设置员工集体宿舍。

2）作业条件及环境安全。

① 施工现场必须采用封闭式硬质围挡，高度不得低于18m。

② 施工现场应设置标志牌和企业标识，按规定应有现场平面布置图和安全生产、消防保卫、环境保护、文明施工制度板，公示突发事件应急处置流程图。

③ 施工单位应采取保护措施，确保与建设工程毗邻的建筑物、构筑物安全和地下管线安全。

④ 施工现场高大脚手架、塔式起重机等大型机械设备应与架空输电导线保持安全距离，高压线路应采用绝缘材料进行安全防护。

⑤ 施工期间应对建设工程周边临街人行道路、车辆出入口采取环境保护措施，夜间应设置照明指示装置。

⑥ 施工现场出入口、施工起重机械、临时用电设施、脚手架、出入通道口、楼梯口、电梯井口、孔洞口、桥梁口、隧道口、基坑边沿、爆破物及有害危险气体和液体存放处等危险部位，应设置明显的安全警示标志。安全警示标志必须符合国家标准。

⑦ 在不同的施工阶段及施工季节、气候和周边环境发生变化时，施工现场应采取相应的安全技术措施，达到文明安全施工条件。

3）职业健康。

① 施工现场应在易产生职业病危害的作业岗位和设备、场所设置警示标识或警示说明。

② 定期对从事有毒有害作业人员进行职业健康培训和体检，指导操作人员正确使用职业病防护设备和个人劳动防护用品。

③ 施工单位应为施工人员配备安全帽、安全带及与所从事工种相匹配的安全鞋、工作服等个人劳动防护用品。

④ 施工现场应采用低噪声设备，推广使用自动化、密闭化施工工艺，降低机械噪声。作业时，操作人员应戴耳塞进行听力保护。

⑤ 深井、地下隧道、管道施工、地下室防腐、防水作业等不能保证良好自然通风的作业区，应配备强制通风设施。操作人员在有毒有害气体的作业场所应戴防毒面具或防护口罩。

⑥ 在粉尘作业场所，应采取喷淋等设施降低粉尘浓度，操作人员应佩戴防尘口罩；焊接作业时，操作人员应佩戴防护面罩、护目镜及手套等个人防护用品。

⑦ 高温作业时，施工现场应配备防暑降温用品，合理安排作息时间。

4）卫生防疫。

① 施工现场员工膳食、饮水、休息场所应符合卫生标准。

② 宿舍、食堂、浴室、厕所应有通风、照明设施，日常维护应有专人负责。

③ 食堂应有相关部门发放的有效卫生许可证，各类器具规范清洁。炊事员应持有效健康证。

④ 厕所、卫生设施、排水沟及阴暗潮湿地带应定期消毒。

⑤ 生活区应设置密闭式容器，垃圾分类存放，定期灭蝇，及时清运。

⑥ 施工现场应设立医务室，配备保健药箱、常用药品及绷带、止血带、颈托、担架等急救器材。

⑦ 施工人员发生传染病、食物中毒、急性职业中毒时，应及时向发生地的卫生防疫部门和建设主管部门报告，并按照卫生防疫部门的有关规定进行处置。

2. 环境监测

1）企业应建立书面的监测和测量程序。

2）应有规律地监测、测量重要的环境因素和环境影响。

3）业绩的监测、测量，重点是项目部的环境绩效。测量对象的重点有施工的噪声，施工污水及节水节电，土方及混凝土工程的扬尘，建筑工程的固体废弃物以及公司总部及现场食堂的生活污水、厕所污水、火灾等。

4）运行控制的监测应分层次进行。项目部及公司分别进行相关的监测活动，同时应与外部监测（如政府执法部门）相结合。监测的内容包括目标指标的实现情况、环境活动的稳定及改进效果等。

5）应监测重大环境因素控制的运行情况，包括了解运行策划的合理性。

6）监测仪器要校准维护并留下记录，包括校准依据、校准方式及校准结果。

7）应分析环境管理体系持续改进的客观需求。

举例见表 10-1～表 10-4。

表 10-1　绿色施工资格验收表（开工前验收）

序号	考核项	标准	不合格项	合格项	备注
一			企业资格		
1	施工资质	强制条款			
2	营业执照	强制条款			
3	安全认证	强制条款			
4	质量认证	强制条款			
5	环保认证	强制条款			
二			项目资格		
1	规划审批	强制条款			
2	消防审批	强制条款			
3	绿色建筑	设计审批 强制条款			
三			项目施工许可		
1	施工许可证	强制条款			
2	卫生许可	强制条款			
3	安全许可	强制条款			
4	施工组织设计	强制条款			
5	施工平面布置	强制条款			
6	绿色施工方案	强制条款			

表 10-2　绿色施工过程检查表（过程中阶段性检查验收）

序号	考核项	标准	不合格项	合格项	备注
一			现场布置		
1			现场标识		
（1）	七牌一图	强制条款			
（2）	物业化管理	一般条款			
（3）	各种标识是否规范	一般条款			

（续）

序号	考核项	标准	不合格项	合格项	备注
2		现场围挡			
(1)	大门	强制条款			
(2)	围挡高度	强制条款			
(3)	围挡材质与外观	强制条款			
3		环境卫生			
(1)	厕所设置	强制条款			
(2)	垃圾储运	强制条款			
(3)	场地卫生	强制条款			
4		材料堆放			
(1)	危险品存放	强制条款			
(2)	材料存放设施	强制条款			
(3)	材料存放标准	强制条款			
二		现场设施			
1		环保设施			
(1)	控制扬尘设施	强制条款			
(2)	控制噪声设施	强制条款			
(3)	污水排放处理设施	强制条款			
(4)	控制光污染措施	强制条款			
(5)	控制有害气体排放设施	强制条款			
(6)	生活垃圾储运设施	强制条款			
(7)	建筑垃圾储运设施	强制条款			
2		安全设施			
(1)	施工操作平台	强制条款			包括施工脚手架等各种用于施工操作的平台
(2)	临时用电设施	强制条款			
(3)	现场消防设施	强制条款			
(4)	各种临边、洞口防护	强制条款			
(5)	季节性现场	安全措施 强制条款			包括防雷、防高温、防雨雪、防风等措施
(6)	特种作业	安全措施 强制条款			包括深基坑边坡支护、高大脚手架、起重、高处作业等危险性较大的作业
3		计量监控设施			
(1)	施工用水量设施	强制条款			包括生产、生活、消防用水
(2)	污水排放计量设施	一般条款			
(3)	施工用电计量设施	强制条款			
(4)	扬尘监控设施	一般条款			
(5)	噪声监控设施	一般条款			
(6)	有害气体排放监控设施	一般条款			
(7)	光污染监控设施	一般条款			

(续)

序号	考核项	标准	不合格项	合格项	备注
(8)	垃圾排放计量设施	一般条款			
4	施工机械				
(1)	施工机械安全	强制条款			按照施工平面布置图
(2)	施工机械布置	强制条款			
(3)	施工机械外观	一般条款			
三	节约设施				
1	节水措施				
(1)	水的搜集利用设施	一般条款			
(2)	施工用水节水	强制条款			
2	节电措施				
(1)	施工照明控制设施	强制条款			
(2)	节能型电动机械设备	一般条款			
3	节材措施				
(1)	降低材料储运损耗措施	强制条款			
(2)	材料的再利用措施	一般条款			
(3)	提高材料周转率措施				
4	节地措施				
(1)	材料储运措施	强制条款			
(2)	施工平面布置图	强制条款			
(3)	临时房屋设施布置	一般条款			

表10-3 绿色施工监控指标验收表（过程检查记录与竣工汇总）

序号	考核项	标准	不合格项	合格项	备注
一	环境监测				
1	扬尘监测	强制条款	抽查中超过25%次以上扬尘超标为不合格项		
2	噪声监测	强制条款	抽查中超过25%次以上噪声超标为不合格项		
3	有害气体排放监测	强制条款	抽查中超过25%次以上排放超标为不合格项		
4	污水排放监测	强制条款	抽查中超过25%次以上排放超标为不合格项		
5	光污染监测	强制条款	抽查中超过25%次以上排放超标为不合格项		
6	工程材料环保检测	强制条款	百分百合格为合格		
7	竣工后室内环境监测	强制条款	监测不合格为不合格项，不能进入绿色建筑的评价		
二	施工节约				
1	施工用水	强制条款	主用水量不超用水指标为合格		
2	施工用电	强制条款	施工用电量不超用电指标为合格		
3	工程材料	强制条款	工程材料用量不超过施工预算用量，并达到相关规程指标为合格		
4	措施材料	强制条款	措施材料按照措施方案不超指标，达到相关规程指标为合格		
5	施工用地	强制条款	不超审批的临时用地指标		
6	太阳能利用	一般条款	采用了为合格		
7	非传统水源利用	一般条款	采用了为合格		
8	建筑垃圾再回收利用率	一般条款	达到相关规程指标为合格		

表 10-4　绿色施工综合评价表（竣工后汇总评价）

序号	考核项	不合格项	合格项	备注
一	施工资格			
二	过程检查			
三	指标验收			
四	综合评价			

3. 合规性评价

为了履行对合规性的承诺，企业应建立、实施并保持一个或多个程序，以定期评价对适用环境法律法规的遵循情况。公司应保存对上述定期评价结果的记录。公司应评价其他要求的遵循情况。组织应保存上述定期评价结果的记录。环境方面的其他要求，如当地政府关于环境保护的一些规定、公司与政府或顾客等签订的一些协议。

举例见表 10-5。

表 10-5　合规性评价记录

项目名称：　　　　　　　　　　　　结构层数：
建筑面积：

基本概况	周边状况	□学校　□住宅区　□商场　□医院　□车站、码头　□交通要道　□人口密集区域　□城郊接合部　　　　□郊区　　　　　□空旷区域		
	设备情况	大型机械：□新购　□1年内　□2年内　□3年内　□3～5年　□5年以上　小型机械：□新购　□1年内　□2年内　□3年内　□3～5年　□5年以上		
	建材	商品混凝土：□是　□否　　商品砂浆　□是　□否	废污水排放：□市政管网　□现场处理　　□自由排放	
	创建"绿色"工地：　□是　　□否		创建"标化"工地：□是　□否	

序号	类别	法律法规名称 使用要求/条款	现状描述	结果
1	一般规定	2.0.2 施工现场必须采用封闭围挡，高度不得小于 1.8m		
2		2.0.3 施工现场出入口应标有企业名称或企业标识，主要出入口明显处应设置工程概况牌，大门内应有施工现场总平面图和安全生产、消防保卫、环境保护、文明施工等制度牌		
3		2.0.5 在工程的施工组织设计中应有防治大气、水土、噪声污染和改善环境卫生的有效措施		
4		2.0.8 施工现场必须建立环境保护、环境卫生管理和检查制度，并应做好检查记录		
5	环境保护	3.1.1 施工现场的主要道路必须进行硬化处理，土方应集中堆放。裸露的场地和集中堆放的土方应采取覆盖、固化或绿化等措施		
6		3.1.7 建筑物内施工垃圾的清运，必须采用相应容器或管道运输，严禁凌空抛撒		
7		3.1.11 施工现场严禁焚烧各类废弃物		
8		3.1.4 从事土方、渣土和施工垃圾运输应采用密闭式运输车辆或采取覆盖措施；施工现场出入口处采取保证车辆清洁的措施		

（续）

序号	类别	使用要求/条款	现状描述	结果
9	环境保护	3.1.5 施工现场的材料和大模板等存放场地必须平整坚实。水泥和其他易飞扬的细颗粒建筑材料应密闭存放或采取覆盖等措施		
10		3.1.8 施工现场应设置密闭式垃圾站，施工垃圾、生活垃圾应分类存放并应及时清运出场	,	
11		3.2.1 施工现场应设置排水沟及沉淀池，施工污水经沉淀后方可排入市政污水管网或河流		
12		3.2.2 施工现场存放的油料和化学溶剂等物品应设有专门的库房，地面应做防渗漏处理。废弃的油料和化学溶剂应集中处理，不得随意倾倒		
13		3.2.3 食堂应设置隔油池，并应及时清理		
14		3.3.2 施工现场的强噪声设备宜设置在远离居民区的一侧，并应采取降低噪声措施		
15		3.3.3 对因生产工艺要求或其他特殊需要，确需在夜间进行超过噪声标准施工的，施工前建设单位应向有关部门提出申请，经批准后方可进行夜间施工		
16		3.3.4 运输材料的车辆进入施工现场，严禁鸣笛，装卸材料应做到轻拿轻放		
17	环境卫生	4.1.6 施工现场宿舍必须设置可开启式窗户，宿舍内的床铺不得超过2层，严禁使用通铺		
		4.2.3 食堂必须有卫生许可证，炊事人员必须持身体健康证上岗		
18		4.1.1 施工现场应设置办公室、宿舍、食堂、厕所、淋浴间、开水房、文体活动室、密闭式垃圾站或容器及盥洗设施等临时设施。临时设施所用建筑材料应符合环保、消防要求		
19		4.1.2 办公区和生活区应设密闭式垃圾容器		
20		4.1.5 宿舍内应保证有必要的生活空间，室内净高不得小于2.4m，通道宽度不得小于0.9m，每间宿舍居住人员不得超过16人		
21		4.1.9 食堂应设置在远离厕所、垃圾站、有毒有害场所等污染源的地方		
22		4.1.11 食堂应配备必要的排风设施和冷藏设施		
23		4.1.15 施工现场应设置水冲式或移动式厕所，厕所地面应硬化，门窗应齐全。蹲位之间宜设置隔板，隔板高度不宜低于0.9m		
24		4.1.19 生活区应设置开水炉、电热水器或饮用水保温桶。施工区应配备流动保温水桶		
25		4.2.1 施工现场应设专职或兼职保洁员，负责卫生清扫和保洁		
26		4.2.2 办公区和生活区应采取灭鼠、蚊、蝇、蟑螂等措施，并应定期投放和喷洒药物		

评价人： 审核： 日期：

专题六

健康建筑管理

第十一章 健康建筑管理概述

第一节 健康建筑的理念及在我国的发展

一、健康建筑的理念

1. 健康建筑的溯源

近30年来，国际上对于"环境卫生及健康建筑"的关注度与日俱增，在1987年和1988年在瑞典两度召开有关"健康建筑（Healthy Buildings）"的国际学术会议，目的是探求"健康建筑"的技术途径及功能要求，关注的健康性能包括建筑选址及规划、建筑物理、适宜室内环境技术要求、设计方法和体系、材料选择和检验、空气处理系统中产生的问题、房屋及设备维修、产品质量控制与标准的规定及政策。随着建筑所引起的人体健康问题被广泛关注，各国相关部门开始制定若干标准以减少和控制建筑污染物对人的危害，如美国禁止使用聚氨酯泡沫塑料、制定甲醛标准、禁止出售无通风的燃烧加热器等。

从1990年英国建筑研究所BRE发布全球第一部绿色建筑评估体系BREEAM至今，绿色建筑在全世界迅速兴起。同时，绿色建筑从最初以降低建筑能源消耗为重点逐步向建筑性能整体解决方案扩展，包括如何积极地影响建筑中生活和工作的人们，这为健康建筑的全面发展奠定了基础。至今，各国的绿色建筑评价标准中均增加了促进建筑中人体健康的元素。所以，一方面，绿色建筑强调的是建筑与环境之间的和谐关系，如降低碳排放、节约能源资源等；另一方面，绿色建筑也促进了人员的健康，如提倡自然通风、自然采光、室内污染物控制、用户控制室内温度等。但毕竟健康的影响因素非常多，通过对绿色建筑进行约束和要求是不够的。除了绿色建筑外，节能建筑等也融入健康性能相关的指标，如美国环境保护署（EPA）将良好的室内环境质量概念整合到了能源之星（Energy Star）标签计划中。2014年，世界绿色建筑委员会（WGBC）发布报告，在室内空气质量、热舒适、自然采光与视觉、噪声和声学、室内布局、健身设计等方面提出办公建筑环境健康是绿色建筑发展的新篇章，肯定了注重健康性能是绿色建筑发展的下一篇章。所以，在绿色建筑得以全面和快速发展之后，健康建筑的发展需求逐渐显现，可以说健康建筑既源于绿色建筑，又"超越"绿色建筑。

2. 健康建筑的定义和要素

对于健康建筑，国际上尚无统一的定义。健康建筑的要素不是评价建筑能源消耗，也不是评价建筑对环境的影响，而是评价建筑如何直接为人类健康做出贡献。

2000年健康建筑国际会议将健康建筑描述为一种体验建筑室内环境的方式，包含物理测量值（如温湿度、通风换气效率、噪声、光、空气品质等要素），主观性心理要素（如空间布局、环境色彩等）。

美国 WELL 建筑标准将健康建筑描述为致力于追求可以支持人类健康和舒适的建筑环境，改善人类身体健康、心情、舒适、睡眠等因素，鼓励健康、积极的生活方式，减少化学物质和污染物的损害。

我国《健康建筑评价标准》（T/ASC 02—2016）中将"健康建筑"定义为：在满足建筑功能的基础上，为建筑使用者提供更加健康的环境、设施和服务，促进建筑使用者身心健康、实现健康性能提升的建筑。

3. 我国健康建筑的发展理念

WHO 给出了现代关于"健康"较为完整的科学概念：健康不仅指人身体有没有出现疾病或虚弱现象，还指人生理上、心理上和社会上的完好状态。建筑尺度相对较小，更容易通过技术手段控制建筑带来的健康风险因素，如装修污染、水质污染、热湿环境等。建筑服务于人，健康建筑的本质是促进人的身心健康，所以，我国健康建筑的发展理念之一是全面促进建筑使用者的生理健康、心理健康和社会健康。

1998年，牛光全提出健康建筑的设计原则既要包括使用者健康，又要考虑能源效率、资源效益、环境责任和可承受性。在当时的条件下，健康建筑所考虑的原则是具有先进性的。随着建筑技术的发展，2006年发布实施了我国第一部《绿色建筑评价标准》（GB/T 50378—2006），将绿色建筑的内涵确定为"四节一环保"，即节能、节地、节水、节材和环境保护，同时要求绿色建筑统筹考虑建筑全生命周期内的"四节一环保"与满足建筑功能之间的辩证关系；2014年对该标准进行了修订发布，提升了绿色建筑的性能。由此可见，绿色建筑已经涵盖了建筑在能源效率、资源效益、环境保护等方面的要求，而对于促进建筑使用者的健康，则是现阶段健康建筑需要满足的最基本的要求。健康建筑除满足人的健康需求外，仍然要兼顾"四节一环保"要求和可承受性（可购买、可建造、可改造、可普及）要求。因此，我国健康建筑发展的理念之二是在绿色建筑的基础上发展健康建筑。

除了建筑健康性能提升之外，我国健康建筑的发展理念之三是追求健康建筑的功能创新，既包括传统文化回归，又兼顾先进建筑技术科学。

综上，我国健康建筑的发展理念可以概括为在绿色建筑的基础上，通过提升建筑健康性能要素和追求功能创新来全面促进建筑使用者的生理健康、心理健康和社会健康。

二、我国健康建筑的发展需求

健康建筑是建筑领域未来的发展方向。从生活质量层面来看，健康建筑是人们追求健康生活的需求；从建筑行业层面来看，健康建筑是绿色建筑深层次发展的需求；从国家战略层面来看，健康建筑是"健康中国"战略的需求。

随着经济水平发展，人们越来越注重生活质量，而雾霾天气、饮用水安全、食品安全等一系列问题，严重影响了人们的生活，甚至威胁健康安全。建筑是人类活动的重要场所，与每个人的生活息息相关。

第二节 国外健康建筑的标准和我国评价指标体系

一、国外健康建筑相关技术标准

1. 世界卫生组织"健康住宅 15 条"

1）标准概况。根据 WHO 定义，所谓"健康"就是在身体上、精神上、社会上完全处于良好的状态。据此 WHO 提出了健康住宅的建设标准要求。

2）适用范围。适用于对住宅健康性能的要求。根据 WHO 对于健康的定义，"健康住宅"就是能使居住者在身体上、精神上、社会上完全处于良好状态的住宅。

3）技术内容。WHO 提出的"健康住宅"最低要求见表 11-1。

表 11-1 WHO 提出的"健康住宅"最低要求

序号	要求
1	会引起过敏症的化学物质的浓度很低
2	为满足第一点的要求，尽可能不使用容易散发出化学物质的胶合板、墙体装修材料
3	设有性能良好的换气设备，能将室内污染物质排至室外，特别是对高气密性、高隔热性住宅来说，必须采用具有风管的中央换气系统，进行定时换气
4	在厨房灶具或吸烟处，要设局部排气设备
5	起居室、卧房、厨房、走廊、浴室等要全年保持在 17~27℃
6	室内的湿度全年保持在 40%~70%
7	二氧化碳浓度要低于 1000×10^{-6}
8	悬浮粉尘浓度要低于 $0.15mg/m^2$
9	噪声级要小于 50dB
10	一天的日照要确保在 3h 以上
11	设有足够亮度的照明设备
12	住宅具有足够的抗自然灾害能力
13	具有足够的人均建筑面积，并确保私密性
14	住宅要便于护理老龄者和残疾人
15	因建筑材料中含有害挥发性有机物质，所以在住宅竣工后，要隔段时间（至少两个星期）才能入住，在此期间要进行通风换气

2. 美国 WELL 标准

（1）标准概况 美国 WELL 建筑标准最初由 Delos 公司创立，现由 IWBI（International WELL Building Institute）进行运营管理，IWBI 与 GBCI（Green Building Certification Instituted）共同合作进行第三方认证。2014 年的 10 月国际 WELL 认证的机构推出了 WELL

标准的商业 1.0 版，2015 年 6 月推出了住宅、商场、餐厅、商业、教育机构的试行标准。WELL 建筑标准是一部考虑建筑与其使用者健康之间关系的标准，其将建筑设计与健康保健相结合，通过实施各项策略、计划与技术来鼓励健康、积极的生活方式，减少住户与有害化学物质和污染物的接触，打造一个能改善住户营养、健康、情绪、睡眠、舒适和绩效的建筑环境，为健康、保健和舒适提供支持。

（2）适用范围　WELL 建筑标准适用于商业和机构中办公建筑。并非所有 WELL 条款均适用于所有建筑，具体取决于施工阶段，WELL 进一步将建筑工程项目分为新建和既有建筑、新建和既有室内、核心与外壳三种类型，每种类型包含一系列针对特定建筑类型或施工阶段的特定注意事项。

1）新建和既有建筑。在整个建筑中可以实施最多数量的 WELL 条款。此建筑工程项目类型适用于新建和既有建筑，全方位关注建筑工程项目设计和施工以及建筑运营的各个方面。它针对办公建筑，其中总建筑面积至少有 90%由建筑业主使用并由相同管理人员运营。

2）新建和既有室内。此建筑工程项目类型针对仅使用一部分建筑空间的办公建筑工程项目，或者使用未经过重大改造的整个既有建筑的办公建筑工程项目。获得核心与外壳认证的建筑可能已具备新建和既有室内认证中的一些 WELL 条款，因此更容易通过认证。

3）核心与外壳。核心与外壳适用于想要在整个基本建筑中实施基本条款以使未来租户受益的建筑工程项目。核心与外壳类型关注建筑结构、窗户位置和玻璃嵌装、建筑比例以及供暖、制冷和通风系统及基本水质。此类型还鼓励在场地中考虑有关健康的便利设施和可能性。核心与外壳适用于最多 25%的建筑工程项目区域由建筑业主控制的建筑工程项目。此外，考虑到不同建筑类型的技术和使用差异性，WELL 正在制定试点标准，使它更好地适用于不同的空间类型，目前已有的试点标准有多户住宅、教育设施、零售店、**餐厅**、商业厨房。

（3）技术内容

1）技术框架。WELL 建筑标准分成七大健康类别"概念"，分别为空气、水、营养、光、健身、舒适和精神。

条文性质包括两类：一类是基于性能的标准，可以允许建筑工程项目以灵活的方式来满足可接受的量化阈值；另一类是规范性标准，要求设计和建设实施特定技术、设计策略或方案。条文形式按照"先决条件"和"优化条件"设置，"先决条件"是取得任何级别的 WELL 认证所必需的，"优化条件"是项目可选择达到或不达到的条件要求，包括可选的技术、策略、方案和设计，优化条件可提供一种灵活途径来取得更高级的认证，WELL 建筑标准中还存在不适用的条款。

2）评价要求与等级划分。评价时，通过全面实现的先决条件和优化条件总和来计算建筑得分，如果先决条件未达到要求，将导致无法获得 WELL 认证。WELL 认证分为银级、金级、铂金级三个等级，必须满足所有先决条件，再根据目标等级满足的相应优选条文数量确定最终等级，但不同适用对象的技术要求不相同，满足的优选条文总数比例不同。

3. 美国 Fitwel 评价体系

（1）标准概况　Fitwel 由美国疾病控制和预防中心（Centers for Disease Control and

Prevention，CDC）和总务管理局（General Services Administration，GSA）共同创建，国际非营利机构 CFAD（Center for Active Design）是 Fitwel 授权的独立运营商和第三方认证机构。Fitwel 以促进社区健康、减少发病率和缺勤率、关注易感人群、提升幸福感、增加身体活动、保障使用者安全、提供健康食物等七方面为目的，设计了用于不同建筑的 Fitwel 策略。

（2）适用范围　Fitwel 目前适用于住宅和办公空间，其中住宅包括多户住宅，办公空间包括多租户办公空间、单租户办公空间和商业内部空间，见表 11-2。

表 11-2　Fitwel 适用范围

建筑类型	建筑类型描述
多租户办公空间	适用于全部楼层和公共区域被多个租户占用的建筑
单租户办公空间	适用于全部楼层和公共区域被一个租户占用的建筑
商业内部空间（独立租户）	适用于由一个租户占用或控制的建筑物内的连续空间
住宅	适用于多住宅单元组成的整体建筑（多户住宅空间）

（3）技术内容

1）技术框架。Fitwel 的技术框架内容为选址、室外空间、入口和地面、楼梯、室内环境、工作区、共享空间、用水供应、食堂与零售食品、食品售卖机和小吃店、紧急程序。

2）评价与等级。Fitwel 中的 12 个技术框架内容共包含 55 个以上的健康策略，Fitwel 网站可以为项目认证进行注册、基准评估（对项目应用的 Fitwel 策略进行评分）和认证提交。基准评估功能旨在帮助建设者全时地衡量和监控项目进度。当项目选定了 Fitwel 策略，所有的策略得以响应实施并提交认证文件时，项目认证程序即启动。

Fitwel 的等级根据得分划分。Fitwel 得分根据策略应用情况进行评定，每项技术均对应某个分数，采取的 Fitwel 策略越多，分数越高。Fitwel 等级划分为 3 级，即一星级、二星级和三星级，具体等级划分见表 11-3。

表 11-3　Fitwel 等级划分

等级	分数	等级含义
★	90～104	采用了支持建筑使用者的身体、心理和社会健康的设计和策略，大楼已经达到了健康促进的基本水平
★★	105～124	采用了支持建筑使用者的身体、心理和社会健康的设计和策略，大楼已经达到了健康促进的中等水平
★★★	125～144	采用了大量支持建筑使用者的身体、心理和社会健康的示范性设计和策略，大楼已经达到了健康促进的最高水平

4. 哈佛大学《健康建筑 9 项基本原理》

1）标准概况。《健康建筑 9 项基本原理》（The 9 Foundations of a Healthy Building）由哈佛大学公共卫生学院健康建筑项目多学科团队的专家们共同撰写。

2）适用范围。《健康建筑 9 项基本原理》可广泛应用于包括住宅在内的所有建筑类型。

3）技术内容。《健康建筑 9 项基本原理》为通风、空气质量、热健康、潮湿、灰尘与害虫、安全、水质、噪声、照明与视觉，如图 11-1 所示。

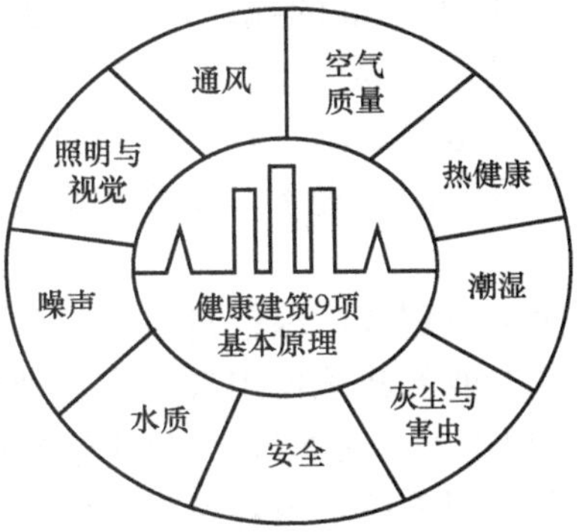

图 11-1　健康建筑 9 项基本原理

此外，《健康建筑 9 项基本原理》还规定了禁止吸烟政策，要求制定并执行在室内和建筑物周围 20ft（约 6m）范围内无烟的政策；倡导主动式设计，融入能促进和鼓励人们活动的设计元素，例如无障碍楼梯和休闲娱乐区，提供符合人体工程学且能把不适感降至最低，并限制形成慢性肢体损伤的家具，遵循适用职业安全准则，以确保营造安全的工作环境。

5. 法国《健康营造：开发商和承建商的建设和改造指南》

（1）标准概况　法国在 2004 年制定了"国家环境健康计划（PNSE）"，每 5 年修订一次。《健康营造：开发商和承建商的建设和改造指南》是该计划的一部分，由法国住房部和环境部共同编制。《健康营造：开发商和承建商的建设和改造指南》的目的是为业主和建设者提出切实可行的解决方案，以防止建筑中遇到的各种污染，同时也考虑到了声音、视觉和热湿环境的舒适度以及某些新出现的健康风险。该指南于 2013 年 4 月开始实施，最新更新版增加了 2015 年 10 月出版的指南补充内容。

（2）适用范围　该指南主要适用人群为开发商和承建商，适用于新建建筑和既有建筑改造，但是指南并不适用于具有特定用途的建筑物，如游泳池、实验室等。

该指南提出了切实可行的方案，通过采用现有的建筑技术和材料，充分考虑建筑外部环境、空气品质、水质质量、自然采光、噪声等各种影响健康的因素来防止和消除各种建筑污染，提高声音、视觉和温湿度等方面的舒适性并预防其他新的建筑危害，整体提升建筑健康属性。

（3）技术内容　《健康营造：开发商和承建商的建设和改造指南》技术内容分为五部分，分别为洁净空气、良好水质、良好舒适度（声音、视觉、热湿）、新风险预防（电磁、纳米材料）、指南补编。

每部分均从健康风险和参数、参考资料（特别是现行条例要求）、施工方法、设计要求、施工现场控制、运行、技术要点等方面展开。

二、我国健康建筑六大指标体系的构建与评价标准

1. 我国健康建筑六大指标体系的构建

我国健康建筑的指标体系应以绿色建筑为基础，涵盖人所需的生理、心理、社会三方面的健康要素。虽然国外相关的技术标准无法直接应用于我国，但其理念及技术内容可供借鉴。根据对国外健康建筑相关技术标准的梳理，建筑的健康性能主要关注于空气污染物、建筑材料、净化系统、用水品质、噪声、光照、视觉、温度、湿度、室内外空间、老龄者及残疾人设施、食品、虫害、健身激励、精神等方面。对于我国健康建筑指标体系，在符合我国国情和建筑技术发展水平的前提下，既要借鉴其理念和技术手段，又要对相关技术内容进行补充和再创新。

我国建筑设计标准基本按照专业划分，绿色建筑指标体系按照"四节一环保"的形式划分，这种专业性划分形式让非专业的建筑使用者不容易理解其中的含义，所以健康建筑指标体系的构建目标是要充分体现"以人文本"，力争让建筑使用者理解健康建筑的要素。

结合我国健康建筑发展理念、相关技术内容及指标体系构建目标，将影响建筑健康性能的要素归纳为三类，即介质性要素，包括空气质量、水质；感官性要素，包括空气质量、声环境、光环境、热湿环境；措施性要素，包括健身条件、人文营造、健康服务。对三类健康要素进行进一步归纳，使其既能体现建筑的健康要素又能简单明了，进而构建了我国健康建筑六大指标体系，即空气、水、舒适、健身、人文、服务。

2. 我国健康建筑评价标准

为提高人民健康水平，贯彻"健康中国"战略部署，推进健康中国建设，实现建筑健康性能提升，规范健康建筑评价，制定了中国建筑学会标准《健康建筑评价标准》(T/ASC 02—2016)（简称学会《标准》），学会《标准》于2017年1月6日经中国建筑学会标准化委员会批准发布并实施。学会《标准》以提高人民健康水平、贯彻健康中国战略部署、推进健康中国建设、实现建筑健康性能提升和规范健康建筑评价为目标，遵循多学科融合性的原则，对建筑空气、水、舒适、健身、人文、服务等指标进行综合规定。

在学会《标准》的基础上，结合我国健康建筑最新实践和相关研究成果，吸纳国际相关先进标准，编制了国家工程建设行业标准《健康建筑评价标准》（简称行业《标准》）。行业《标准》在学会《标准》的基础上进一步完善了评价指标体系、深化学科交叉融合、优化指标设置，进一步丰富了健康建筑的内涵，实现了标准在引领性、融合性、可感知性和可操作性四方面的提升。行业《标准》评价指标体系充分考虑了我国国情和健康建筑特点，将对促进我国健康建筑行业发展、规范健康建筑评价发挥重要作用；行业《标准》技术指标科学合理，创新性、可操作性和适用性强，标准总体上达到国际领先水平。

目前行业《标准》正式发布实施之前，我国健康建筑的评价工作主要以学会《标准》为理论依据。

第十二章 健康建筑的主要技术设施与评价

第一节 健康建筑的主要技术设施

一、建筑空气质量控制

建筑室内空气污染控制的目的是确保运行阶段的空气质量满足相关标准要求,从而降低人员空气污染物暴露风险。室内空气污染物分为化学性、生物性、放射性和颗粒物污染,控制手段主要分为源控制、通风控制以及净化控制。

在源控制方面,室内空气污染物种类极多,来源广泛,根据常见的典型空气污染物来源,将建筑室内空气污染来源划分为建筑结构性污染、生活用品性污染和人员行为性污染,见表 12-1,重点讨论污染源控制技术;在通风控制方面重点讨论通风量标准;在净化控制方面,重点讨论净化技术原理及各自特点。

表 12-1 建筑室内空气污染类型及来源

污染来源	污染类型	行业	备注
周边大气、土壤污染等导致的室内空气污染	建筑结构性污染	环境+建筑	规划到验收
建筑本身材料、构件污染	建筑结构性污染	建材+建筑+建材	规划到验收
通风空调等设备污染	建筑结构性污染	建筑+设备	规划到验收
生活所需产品等引入污染(活动家具等)	生活用品性污染	产品(制造)+建筑	验收后到运营
人员本身及活动产生污染(吸烟等)	人员行为性污染	公共卫生+建筑	验收后到运营

1. 源控制技术

(1) 甲醛、VOCs 等污染物控制技术 室内甲醛主要有三个来源:来源于燃烧过程,如吸烟、取暖等;来源于建材和电子消费产品等散发出的甲醛,包括含有脲醛树脂的家具及木制产品、绝缘材料、电子设备、家用清洁产品等;来源于二次甲醛。

苯是一种典型的 VOCs,其中室内空气中的苯主要有四个来源:来源于室外空气,其浓度主要受交通排放、加油站和某些行业排放影响,因建筑室内和室外间存在空气交换,因此室外苯浓度水平对于室内苯浓度水平具有一定影响;来源于建筑装饰装修材料和家具等;来源于燃料燃烧,如低效率炉灶和燃料的使用;来源于人类活动,如清洁、绘画、使用蚊香等产品、复印、印刷及吸烟等行为。

从宏观角度,甲醛、苯源头控制的主要方法包括:降低或避免室外大气影响,控制装饰装修中材料、家具使用等造成的建筑结构性污染;控制家具等生活用品性污染;控制吸烟等造成的人员行为性污染。

（2）PM_z等颗粒物污染物控制技术　颗粒物控制的主要方法包括：降低或避免室外大气影响，采用通风净化方式控制进入室内空气的颗粒物浓度；控制室内源，采用局部排风或空气净化器净化室内空气。

（3）氡污染物控制技术　对多数人而言，接触的大部分氡来自室内。氡通过水泥地面与墙壁连接处的裂缝、地面的缝隙、空心砖墙上的小洞以及污水坑和下水道进入室内。室内氡的浓度取决于：

1）地基的岩石和泥土中铀的含量。

2）氡进入室内的途径。

3）室内外空气的交换速度，即房屋的构造、居住者的通风习惯和窗户的密封程度等因素的影响。

氡控制的主要方法：第一是在土壤氡浓度高的区域对建筑采用防氡工程，对建筑基础层进行处理；第二是加强室内通风，降低氡浓度。

2. 通风控制技术

通风分为自然通风、机械通风和多元通风。在室内空气污染方面，主要有两个目的：提供室内人员所需的新鲜空气量；控制室内污染物浓度。但由于有些情况下室外特定污染物浓度高于室内浓度或相关规定的浓度，这使通风需要根据实际情况进行处理才能实现控制室内空气污染的目的。目前，国内关于通风量确定方法或原则主要根据《公共建筑节能设计标准》（GB 50189—2015）、《民用建筑供暖通风与空气调节设计规范》（GB 50736—2012）、《工业建筑供暖通风与空气调节设计规范》（GB 50019—2015）和《室内空气质量标准》（GB/T 18883—2012）中的相关规定，主要是根据人员数量确定最小新风量。

美国 ASHRAE 62.1—2010 标准对于通风量的确定有规定设计法和性能设计法两种方法，其中性能设计法与室内人数以及室内污染状况有关。欧洲 PRENV 1752 中新风量的确定也反映了相同思想，即最小新风量与室内人数以及室内污染状况有关。通风是否满足需求与换气效率、人员数量以及室内污染均相关。考虑到源控制是污染控制优先考虑的方法，在通风量计算中鼓励低污染材料应用并在计算中明确提出，这对于低污染建材应用具有较明显的推动作用。

3. 空气净化技术

室内空气净化是指从空气中分离或去除一种或多种空气污染物，一般包括过滤、静电除尘、吸附（分为物理吸附和化学吸附）、紫外杀菌（UVGI）、光催化、化学催化、等离子体以及臭氧氧化等技术。对于捕获型空气净化技术，过滤和吸附分别能有效去除微粒污染（颗粒和部分微生物）和化学污染。但长期使用的过滤器将可能产生异味，而吸附材料所吸附的化学污染物（如 VOCs 等）也会与空气中的微量臭氧反应，并生成少量颗粒物污染。另外为了保证良好的净化性能，使用这两种技术的空气净化产品均需定期更换或清洗；对于破坏型空气净化技术：光催化、等离子体、臭氧氧化等，其净化过程本质上是化学反应或离子化反应的过程，因此常常伴随着副产物的产生。

目前我国已颁布了《空气净化器》（GB/T 18801—2015）等产品标准，同时《公共建筑室内空气质量控制设计标准》（JGJ/T 461—2019），这些标准对净化器工程选型、产品评价等方面进行了规定和限定。

4. 现行标准

目前我国已初步形成了室内空气质量标准体系，该体系涵盖建筑物生命周期中的建筑规划设计、施工验收、运行管理等不同阶段，以及建筑所使用的材料、构件、设备等相关的产品标准；涉及室内化学污染、新风量、生物污染、放射性污染、颗粒物污染等若干指标。

（1）规划设计阶段标准　规划设计阶段所颁布的与室内空气质量相关标准规范的主要目的是确保规划设计的合理性，为实现合格的室内空气质量提供先期保障，包括对于环境空气卫生、新风量等方面的要求。这类标准规范主要有《城市居住区规划设计标准》（GB 50180—2018）、《镇规划标准》（GB 50188—2007）、《村镇规划卫生规范》（GB 18055—2012）、《环境空气质量标准》（GB 3095—2012）、《民用建筑供暖通风与空气调节设计规范》和《民用建筑热工设计规范》（GB 50176—2016）等。

（2）施工验收阶段标准　施工验收阶段所颁布的与室内空气质量相关标准规范的主要目的是确保建筑工程施工质量以及施工过程对于施工人员和周边环境的保护，是实现合格室内空气质量的过程保证，包括对于施工企业资质、建筑工程施工质量、建筑装饰装修质量、各项设备安装质量等要求。主要形成的标准包括《住宅装饰装修工程施工规范》（GB 50327—2011）和《民用建筑工程室内环境污染控制规范》（2013版）（GB 50325—2010）等。

（3）运行管理阶段标准　建筑运行管理阶段所颁布的与室内空气质量相关标准规范的主要目的是确保人员对室内空气质量需求的实现，是实现合格室内空气质量的最终体现，包括对于化学污染、新风量、生物污染、放射性污染、颗粒物污染等具体指标的要求和相应的测试方法。

（4）测试方法标准　测试方法标准主要对室内环境指标或产品评价指标测量方法做出明确规定，主要包括《空气质量　一氧化碳的测定　非分散红外法》（GB/T 9801—1988）、《环境空气　氨的测定　次氯酸钠-水杨酸分光光度法》（HJ 534—2009）、《环境空气　二氧化硫的测定　甲醛-副玫瑰苯胺分光光度法》（HJ 482—2009）、《环境空气　二氧化氮的测定　Saltzman 法》（GB/T 15435—1995）、《环境空气　臭氧的测定　靛蓝二磺酸钠分光光度法》（HJ 504—2009）、《环境空气　苯系物的测定　固体吸附/热吸附-气相色谱法》（HJ 583—2010）、《公共场所卫生检验方法　第3部分：空气微生物》（GB/T 18024.3—2013）等。

（5）材料、构件和设备等产品标准　材料、构件和设备相关产品标准颁布的主要目的是合理选择该类产品，是实现合格室内空气质量源头控制的体现，包括各类产品污染物含量等的规定。目前主要形成的标准包括《室内装饰装修材料　人造板及其制品中甲醛释放限量》（GB 18580—2017）、《室内装饰装修材料　溶剂型木器涂料中有害物质限量》（GB 18581—2009）、《室内装饰装修材料　内墙涂料中有害物质限量》（GB 18582—2008）、《室内装饰装修材料　胶粘剂中有害物质限量》（GB 18583—2008）、《室内装饰装修材料　木家具中有害物质限量》（GB 18584—2001）、《室内装饰装修材料　壁纸中有害物质限量》（GB 18585—2001）、《室内装饰装修材料　聚氯乙烯卷材地板中有害物质限量》（GB 18586—2001）、《室内装饰装修材料　地毯、地毯衬垫及地毯用胶粘剂中有害物质释放限量》（GB

18587—2001)、《混凝土外加剂中释放氨的限量》（GB 18588—2001）和《建筑材料放射性核素限量》（GB 6566—2010）等。

我国室内空气质量标准体系的初步建立以及相应标准的颁布对于我国在控制室内空气污染方面起到了非常积极的作用，在一定程度上降低了我国室内空气污染程度。但导致室内空气污染的问题仍未得到有效改善，主要有以下原因：

1）缺少统一的标准管理机构，室内空气质量标准体系建设缺失，关联性极强的标准由不同组织制定，造成相关标准不能实现统一的思想和目标。

2）工程中尚未将室内空气质量系统纳入建设流程，突出表现在设计标准缺失，"事前控制"无法实现，因此往往造成"事前"无规划、"事后"难以补救的问题，对建筑的空气质量无法进行保障。

3）基础研究不足及新型污染不断出现，导致标准制定落后于市场需求。

二、健康用水

健康建筑给水排水系统的设置宗旨是为建筑使用者提供健康、高品质的用水和安全、舒适的用水体验，并在实现高效、无害排水的同时，尽量减少甚至避免卫生问题对使用环境的不利影响。通常建筑给水排水普遍存在的影响健康的问题主要有三个方面：用水安全、用水体验和用水环境，问题的主要成因各有不同。

用水安全问题主要包括建筑二次供水的水质恶化、二次污染及非饮用水的误接误用。用水体验问题主要是指用水者在用水时的舒适体验，包括饮用口感差、洗涤效果不佳、水压过大或水流不足等，该类问题主要是因为二次供水水质不优及用水点相互干扰导致。用水环境问题主要包括管道漏损和结露导致的环境潮湿、霉菌滋生，排水系统水封失效或串接导致的有害气体逸入室内空间等。

1. 水质控制技术

（1）水质要求　建筑用水包括生活饮用水和非饮用水。通常生活饮用水包括饮用及食物制作用水、盥洗用水、淋浴用水；非饮用水包括冲厕用水、供暖空调用水、泳池用水、绿化灌溉及景观环境用水等。现行国家标准对不同功能用水的水质均做出了相应要求：

1）饮用及食物制作用水、盥洗用水、淋浴用水应满足《生活饮用水卫生标准》（GB 5749—2006）、《饮用净水水质标准》（CJ 94—2005）的相关要求。

2）冲厕用水、道路浇洒用水应满足《城市污水再生利用　城市杂用水水质》（GB/T 18920—2002）的相关要求。

3）绿化灌溉用水应满足《城市污水再生利用　绿地灌溉水质》（GB/T 25499—2010）的相关要求。

4）景观环境用水应满足《城市污水再生利用　景观环境用水水质》（GB/T 18921—2002）的相关要求。

5）供暖空调用水应满足《采暖空调系统水质》（GB/T 29044—2012）的相关要求。

6）泳池用水应满足《游泳池水质标准》（CJ/T 244—2016）的相关要求。

健康建筑在此基础上可以进一步改善水质，提升供水品质，从用水健康、用水体验角度出发，可以改善的水质指标包括浊度、硬度、细菌总数等。

(2) 水处理　健康建筑的供水可以通过深度处理实现水质的稳定、改善和提升。

1) 消毒：建筑二次供水时，由于水在储水设施和供水管道中的停留，伴随水温的变化和余氯的耗尽，难免会有细菌等微生物滋生和繁殖，进而使水质恶化，影响用水安全和用水体验。常见的二次供水消毒方式主要包括紫外线消毒、加氯消毒、臭氧消毒和军团菌杀菌装置。各种消毒方式的应用范围和优缺点各有不同，不同建筑可以根据其二次供水系统特点进行经济技术比较，合理选用一种或多种消毒方式。

2) 浊度改善：浊度是指水中悬浮物对光线透过时所产生的阻碍程度，直接体现水中杂质的多少，是衡量饮用水水质好坏的重要指标，浊度越高，水越浑浊。降低浊度就是要去除水中的泥沙、浮游生物、微生物、微细有/无机物、胶体等悬浮物。建筑二次供水深度处理时，主要通过过滤来降低浊度，即利用过滤介质截留去除水中悬浮物。

根据系统形式，建筑二次供水过滤可分为集中过滤和分散过滤。对于用水点较为集中、供水浊度改善目标和稳定程度要求较高的项目，宜采用集中过滤形式；对于用水点分散、供水浊度改善目标和稳定程度要求不高的项目，宜采用分散过滤形式。

根据工作原理、去除对象等因素，建筑给水深度处理的常用过滤工艺包括机械过滤和膜过滤。机械过滤和膜过滤在过滤对象、过滤精度、投资运行成本等方面各有不同，不同建筑可以根据各自二次供水的浊度控制目标及其他水质指标改善需求，综合考虑选择某种过滤形式，或选择两种过滤形式联合，例如采用机械过滤作为膜过滤的预处理。

3) 硬度改善：水的硬度是指水中钙、镁离子的浓度。在一定范围内降低供水硬度，有利于使用者人体健康安全和用水体验提升，如口感更好、保护头发与皮肤、降低结石病发病率、节省洗涤剂、减少用水器具结垢等。建筑二次供水常用软化工艺为离子交换软化和膜软化。

项目可根据各自供水需求选择不同的水软化处理工艺。同时，软化设备同前面提到的过滤设备一样，也可根据用水点分布、硬度控制目标等因素采用集中或分散设置方式。

4) 直饮水系统：直饮水是将符合《生活饮用水卫生标准》水质标准的原水，经再净化（深度处理）后供给用水者直接饮用的高品质饮用水。直饮水系统分为管道直饮水系统和终端直饮水处理设备。

对于用水点较为集中，供水水质改善目标和稳定程度要求较高的项目，宜采用管道直饮水系统；对于用水点分散、供水水质改善目标和稳定程度要求不高的项目，宜采用终端直饮水处理设备。《饮用净水水质标准》(CJ 94—2005) 规定了管道直饮水系统水质标准。终端直饮水处理设备的出水水质标准可参考《饮用净水水质标准》、《全自动连续微／超滤净水装置》(HG/T 4111—2009)、《家用和类似用途纯净水处理器》(QB/T 4144—2019) 及由原国家卫生和计划生育委员会颁布的《生活饮用水水质处理器卫生安全与功能评价规范——一般水质处理器》《生活饮用水水质处理器卫生安全与功能评价规范——反渗透处理装置》等现行饮用净水相关水质标准和设备标准。

(3) 水质监测

1) 水质监测要求：水质监测是指借助科学手段或设备，监视和测定水的物理、化学、生物等特性及其变化趋势，以此评价水质状况的过程。建筑二次供水过程中，供水水质会受到储水时间、供水途径、用水环境等因素的影响。设置水质在线检测装置监测分析供水水质，可以有效掌握建筑二次供水各系统的水质安全情况，及时发现水质超标状况并进行有效处理，避免水质恶化危害人体健康及环境。

目前，《生活饮用水卫生标准》（GB 5749—2006）、《城市供水水质标准》（CJ/T 206—2005）对于水质检测的测点位置、数量做出了相关要求。对水质检测采样点位置的要求为：储水设施进出口及可能滞水区；高层建筑转输水箱消毒剂余量；水处理设备进出口；供水管网的起点、最不利点、分支点、分支终点；厨房给水点、制冰机及饮料自动售货机等设备供水点；热水供水点。

水质监测点位的设置数量和位置可以参考上述要求。同时《指南》也对水质在线监测项目提出了要求：臭和味、pH值、氯、臭氧、溶解氧、二氧化碳、电导率等。

2）水质检/监测结果公示：及时将水质检/监测结果公示，可使建筑用水者及时掌握建筑二次供水水质指标状况，一方面可以起到监督的作用；另一方面，用水者在了解水质情况后，可以获得更好的心理感受。建筑二次供水水质检/监测结果的公示方式包括：①通过显示屏、布告栏等公示媒介，定期、及时公布供水水质定期检测/送检结果；②设置显示屏连接水质在线监测/分析系统，实时公布供水水质情况。

2. 供水安全技术

除了水质控制，二次供水系统的供水安全也是健康建筑需要关注的重点。供水系统的合理设置和科学维护是供水安全的重要保障。

（1）储水设施清洁维护 建筑物二次供水系统中，储水设施由于储水余氯的耗尽，难免会有细菌等微生物滋生和繁殖，导致水质恶化，影响供水安全。除了设置消毒器这一"事故后"安全保障措施外，科学制定维护制度，定期对储水设施进行清洁杀菌，可以及时清理沉渣、抑制细菌等微生物的滋生与繁殖，从而有效避免水质恶化事故的发生，防患于未然。

（2）管道标识 随着建筑功能的多样化，分质供水和分流制排水的普遍化，建筑内给水排水系统越来越复杂，管道种类也越来越多。对管道设置明确、清晰且永久性的标识，有利于提高施工和日常维护工作效率，避免误接导致的误饮、误用，有效保障使用者的安全。管道标识是管道的"身份证明"。在所有管道的起点、终点、交叉点、转弯处、阀门、穿墙孔两侧等部位，管道布置的每个空间、一定间距的管道上和其他需要标识的部位均应设置管道标识。完整的管道标识应能体现系统水源类别、用途、分区、流向等主要信息，方便辨识，且应为永久性标识，避免标识随时间褪色、剥落、损坏。

（3）用水干扰防止措施 建筑供水系统的传统设计中，对于用水点较多且较为集中的场所，一般都是直接采用单根或少量支管将场所内所有用水点串联供水的。在实际供水过程中，管道上串联的多个用水点同时开启时，因为供水管路长短不一、工作流量大小不同等因素，各用水点之间水压存在差异，出水难免互相干扰，受影响的用水点的实际工作压力和流量分配均与单独开启时的设计工况有着较大差异，导致水压波动、超压出流、水流过小、冷热不均等各类问题的出现。

减小或避免用水点互相干扰导致的上述问题，从"治本"角度出发，就是要调整各用水点供水管路的水损差异和管道特性差异，稳定压力并"按需"分配流量；从"治标"角度出发，就是采用具有抗干扰功能的用水设施，具体措施包括分水器供水、优化管路和抗干扰装置。

（4）热水烫伤防止措施 《建筑给水排水设计标准》(GB 50015—2019)中规定：养老院、精神病医院、幼儿园、监狱等建筑中为特殊人群提供沐浴热水的设施，应有防烫伤措施。根据相关研究表明，水温50℃以上的热水与人体接触即能迅速造成烫伤，55℃的水温在30s内能够造成局部烫伤，60℃的水温在5s内能够造成局部烫伤，作为弱势群体的老人或小孩的烫伤时间更短。建筑生活热水供水系统防烫伤措施主要包括设置恒温混水阀和选用带温度显示功能的用水器具。

3. 卫生要求

完善的建筑水系统不仅能够向使用者提供健康、安全的用水，也能够将用水者产生的污废水高效、无害地收集排放。同时，给水排水系统还不能给建筑室内外环境带来卫生风险。

（1）管道结露与漏损防止措施 建筑内"非正常"积水或渗水是影响室内环境卫生健康的主要问题之一。当给水管道内流动水的温度比室温低时，会导致管道表面温度低于空气露点温度，从而出现管道结露现象。管道结露和管道漏损是"非正常"积水或渗水的主要原因。避免给水排水管道结露、漏损，能够使室内保持干爽，减少或避免细菌等微生物的滋生，有效保障环境卫生。管道结露与漏损防止措施主要包括：防结露保温；合理选用管材、管件及连接方式；管网检漏。

（2）同层排水 传统给水排水设计中，各层用水器具或排水设施常采用排水支管穿越楼板、隔层设置排水横管的排水方式。该排水方式常带来渗漏危害大、清洁盲区多、噪声干扰、维护检修物权纠纷等诸多问题。同层排水采用本层楼板上设置排水管的排水方式，具有渗漏危害小、本层就地检修方便、器具布置不受结构构件限制、对下层噪声干扰小等优点。同层排水主要分为三种形式：板上加高垫层、降板垫层和后/墙排。

（3）水封 水封是通过在排水系统中设置具有一定高度的水柱，来隔断排水系统与建筑室内空间的空气连通，可以有效避免排水系统中的有害气体进入室内、污染室内环境而造成的卫生问题。水封通常设在地漏、卫生器具自带的水封装置或排水管道中的存水弯内。

《建筑给水排水设计标准》中规定：卫生器具自带水封装置和地漏的有效水封深度不得小于50mm，且不能采用活动机械密封替代水封。水封深度不足时，容易受蒸发或管道内压力波动影响而失效，导致排水系统与建筑室内空间连通，使有害气体进入室内，造成环境卫生问题。卫生器具自带水封装置或地漏自带水封深度不足50mm时，应加设满足水封深度要求的存水弯。相对于卫生器具自带水封装置可以通过频繁用水、排水补充水封深度，排水频率相对较低的地漏宜采用具有防干涸功能的产品。

（4）厨卫排水系统分设 《建筑给水排水设计标准》中强制要求厨房和卫生间的排水立管应分别设置，以降低卫生间排水系统内的有害气体或生物进入厨房排水系统的概率，进而避免对厨房环境造成卫生问题。健康建筑在此基础上应有更高的要求，厨房和卫生间排水系统的立管，室外排水检查井以前的排水横干管均应分别设置，以彻底将卫生间与厨房的排水系统分开，断绝有害气体和生物串流的可能性。

三、建筑声环境营造

对于建筑，特别是健康建筑，内部及所处的外部空间具有优良的声环境水平非常重要。应从室外声环境和室内声环境控制两个方面,采用良好且有效的控制技术。噪声自声源发出后,经过中间环节的传播、扩散到达接受者,因此解决噪声污染问题就必须从噪声源、传播途径和接受者三方面分别在经济上、技术上和要求上采取合理的措施。

1. **室外声环境营造技术**

健康的建筑室外声环境,应从控制环境噪声级水平和营造声景两个方面实现。控制建筑室外环境噪声的主要作用:一方面是保证人员在建筑室外活动时的良好声环境;另一方面是为室内声环境创造良好的前提条件。人对声音的感受与声音能量、声音的类型、频谱特性等诸多因素相关。因此,当建筑室外环境噪声控制到一定水平后,应采用声景观设计手段,对建筑室外空间的声音环境进行全面的设计、规划和营造。

(1) 居住区环境噪声控制技术

1) 环境噪声控制工作程序。首先,调查噪声现状,以确定噪声的声压级;同时了解噪声产生的原因及周围的环境情况。其次,根据噪声现状和有关噪声允许的标准,确定所需降低的噪声声压级数值。再次,根据需要和可能,采取综合的降噪措施(从城市规划、总图布置、单体建筑设计直到构建隔声、吸声降噪、消声、减振等各种措施)。最后,噪声控制措施实施后,应及时进行降噪效果鉴定。如未达到预期效果,应查找原因,分析结果,补加新的控制措施,直至达到预期的效果。最后对整个噪声控制工作进行评价,其内容包括降噪效果、增量成本及对正常工作的影响等(见图12-1)。

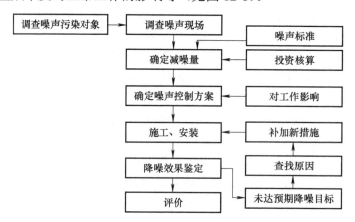

图 12-1 环境噪声控制工作程序框图

2) 城市环境噪声控制主要措施。

① 规划性措施。《中华人民共和国环境噪声污染防治法》规定:地方各级人民政府在制定城乡建设规划时,应当充分考虑建设项目和区域开发、改造所产生的噪声对周围生活环境的影响,统筹规划,合理安排功能区和建设布局,防止或者减轻环境噪声污染。合理的城乡建设规划,对未来的城乡环境噪声控制具有非常重要的意义。

在规划和建设新城市时,考虑其合理的功能分区、居住用地、工业用地以及交通运输等用地有适宜的相对位置的重要依据之一,就是防止噪声和振动的污染。对于机场、重工业区、高速公路等强噪声源用地,一般是规划在远离市区的地带。

对现有城市的改建规划,应当依据城市的基本噪声源图,调整城市住宅用地,拟定解决噪声污染的综合性城市建设设施。控制城市交通噪声，禁止过境车辆穿越城市市区，根据交通流量改善城市道路和交通网都是有效的措施。

② 技术性措施。

第一，与噪声源保持必要的距离。声源发出的噪声会随距离增加而衰减，因此控制噪声敏感的建筑与噪声源的距离能有效地控制噪声污染。对于点声源发出的球面波，距声源距离增加一倍，声级降低 6dB；而对于线声源，距声源距离增加一倍，声级降低 3dB；对于交通车流，既不能作为点声源考虑，也不能完全视为线声源，因为各车流辐射的噪声不同，车辆之间的距离也不一样，在这种情况下，噪声的平均衰减率介于点声源和线声源之间。

第二，利用屏障降低噪声。如果在声源和接收者之间设置屏障，屏障声影区的噪声能够有效地降低。影响屏障降低噪声效果的因素主要有：连续声波和衍射声波经过的总距离；屏障伸入直达声途径中的部分；衍射的角度；噪声的频谱。

利用绿化减弱噪声。设置绿化带既能隔声，又能防尘、美化环境、调节气候。在绿化空间中，声能投射到树叶上时将被反射往各个方向，而叶片之间多次反射将使声能转变为动能和热能，噪声将减弱或消失。

（2）城市与居住区声景营造技术　声景技术的主要作用在于改善人群在建筑室外活动时的声环境体验和感受，并为建筑室内声环境感受创造良好的前提条件。声景的影响因素主要有五个方面：声源（如声压级、频谱特征、持续时间、社会特征等）、空间（如反射形式、混响时间等）、使用者社会行为因素（使用者的年龄阶段、教育程度、行为目的等）、物理环境（温湿度、照度等）和视觉景观。其中使用者的社会行为因素是难以控制的，空间则需要结合规划和景观设计综合考虑。

1）声源的技术手段和策略。建筑周围环境中的各类声音，人的听觉器官都将感受得到并且无法屏蔽。因此在进行声景设计时，首先应对原始环境中存在的各类声音进行分析，了解声音的种类和特点以及人们对各类声音的反应，并根据人们的评价将声音进行分类。对其中不协调的和人们不愿听到的消极声音，如交通噪声、生产生活噪声等，进行控制、降低和消除，然后进行声景的进一步设计。因此声景设计的首要任务是对周围环境进行噪声控制，这与城市噪声控制的手段相同，如声屏障、吸声消声降噪等技术。

在对周围环境进行噪声控制之后，应考虑加入或强调人们愿意听到的积极声音，如鸟叫声、流水声等，通过积极的声音掩蔽消极的声音来提高人们对声环境的感受。根据所加声音的种类不同，常用的策略有：设置声音雕塑及声音小品和通过景观设计营造自然声。

2）空间的技术手段和策略。首先，空间要考虑听觉范围。声音类型不同，声源接受者的适宜距离不同。因此，在声景设计中应考虑在该声音类型下的听觉范围，从而确定空间尺度关系。其次，应考虑产生标志音声源的需求。最后，应考虑是否需要进行空间隔声限定。如毗邻交通道路的公园声景，为防止噪声干扰，周围砌筑墙体对其进行隔离。被建筑物所围合的空间，应考虑建筑物外饰面的形式是否会对空间的声环境产生影响。

3）物理环境的技术手段和策略。环境的温度、湿度、光照条件等物理环境均会对声景产生影响，因此在声景的创作中应对这些物理指标进行控制，根据人们的需求及声景的评价，达到温湿度、光照等条件的标准，具体的手段可根据光、热环境的设计手段实施。

2. 室内声环境控制技术

（1）隔声控制技术

1）墙体楼板空气声隔声技术。对于单层匀质构件，其隔声性能遵循"质量定律"，即结构质量增加一倍，也就是厚度增加一倍，隔声量提高 6dB。单纯依靠增加结构质量提高隔声效果，不仅浪费材料，难以达到理想的隔声效果，而且结构设计也不允许过度增加墙体自重。因此，常将夹有一定厚度空气层的两个单层隔声构件组合成双层隔声结构，实践证明其隔声效果优于单层隔声结构，突破了"质量定律"的限制。

双层墙提高隔声能力的主要原因是：空气层可以看成是与两层墙板相连的"弹簧"，声波入射到第一层墙时，使墙板发生振动，该振动通过空气层传到第二层墙时，由于空气层具有减振作用，振动已大为减弱，从而提高了墙体总的隔声量。双层墙的隔声量可以用与两层墙面密度之和相等的单层墙的隔声量，再加上一个空气层附加隔声量来表示。

当前，建筑工业化程度越来越高，提倡采用轻质墙体来代替厚重的隔墙，以减轻建筑的自重。目前，国内主要采用纸面石膏板、加气混凝土砌块等，其隔声性能很差，很难满足隔声的要求，必须采取某些措施，提高轻质墙的隔声效果。

2）门窗空气声隔声技术。门窗通常是建筑围护结构中隔声最薄弱的构件。一般门窗的结构轻薄，而且由于门窗有反复启闭的要求，存在较多的缝隙，因此，门窗的隔声效果往往比墙体差。

由于有开启的要求，门扇通常不能做得过重。为了提高门扇隔声量，通常隔声门的门扇采用多层复合构造，并在板材上涂刷阻尼材料来抑制门扇的振动。门窗的隔声性能不仅取决于门扇或者玻璃本身的隔声能力，而且还取决于门扇与门框、窗扇与窗框之间缝隙的处理是否紧密。为了保证隔声性能，在设置建筑门洞位置时，应尽量避免门和门紧邻布置。另外门和门洞之间的缝隙通常是漏声的主要通路，施工中经常用发泡胶来封堵，发泡胶的隔声性能极差，为保证隔声性能，应避免使用，尽量用砂浆、岩棉等重质材料封堵。

3）孔隙对空气声隔声性能的影响。孔洞和缝隙对构件隔声性能的影响很大，一个小洞或一条狭缝，由于声波的衍射，都会使隔声结构的隔声量降低很多。孔隙对隔声的影响，还与隔声构件的厚度有关。隔声构件越厚，孔隙对隔声性能的影响越小。

孔隙对隔声结构的隔声性能影响很大，在设计和施工中，要尽量避免孔洞的出现。对于经常开启的门窗与边框的交接处，在保证开启方便的前提下应尽量加以密封，密封材料可选用柔软、富有弹性的材料。另外门窗加工时，应尽量和门窗留洞尺寸接近，减小门窗和门窗留洞之间的缝隙，并应用高隔声材料封堵，而不是用发泡胶封堵。

4）楼板撞击声隔声技术。由于楼板与四周墙体的刚性连接，当楼板有走路或其他撞击声时，将使振动沿着建筑结构传播。因此，楼板隔绝撞击声的性能，是楼板隔声性能的重要指标。撞击声的隔绝主要有三条途径：一是使振动源撞击楼板引起的振动减弱，可以通过振动源治理和采取隔振措施来达到，也可以通过在楼板表面铺设弹性面层来改善；二是阻隔振动在楼板结构中的传播，通常可在楼板面层和承重结构之间设置弹性垫层，称为"浮筑楼板"；三是阻隔振动结构向接受空间辐射空气声，这可通过在楼板下做隔声吊顶来解决。

(2) 吸声控制技术

1) 吸声材料的作用。吸声材料或吸声结构被广泛应用于噪声控制和厅堂音质设计中，其主要作用有：缩短和调整室内混响时间，消除同声以改善室内的听闻条件；降低室内的噪声级；作为管道衬垫或消声器件的原材料，以降低通风系统或沿管道传播的噪声；在轻质隔声结构内和隔声罩内表面作为辅助材料，以提高构件的隔声量。

2) 吸声材料的类型。吸声材料和吸声构造的种类很多，依据其吸声机理可分为三大类，即多孔吸声材料、共振型吸声结构和兼有两者特点的复合型吸声结构。

(3) 消声控制技术　对于空气动力性噪声，如各种风机、空气压缩机、柴油机以及其他机械设备的沿管道传播的噪声，需要采用消声技术加以控制，最常用的消声设备是消声器。通风消声器是用于降低通风与空调系统各类空气动力设备产生并沿管道传播噪声的装置，该装置既允许气流通过，同时又抑制声波传播。

1) 消声器类型。通风系统中，常用的消声器根据其消声原理，通常分为阻性消声器、抗性消声器、阻抗复合式消声器三类。

2) 消声器选型和应用。设置消声器的目的是消除通风系统中沿管道传播的风机噪声，因此消声器应根据声源的噪声频谱特性，以及噪声敏感房间的容许噪声水平，进行系统设计和消声器选型。切忌随意选择和设置，否则不仅起不到消声作用，甚至还会导致气流噪声过高、供风不足等问题。

(4) 隔振控制技术　振动是一种周期性的往复运动，任何机械都会产生振动，机械振动的原因主要是旋转或往复运动部件的不平衡、磁力不平衡和部件的互相碰撞。振动能量常以两种方式向外传播产生噪声：一部分由振动机器直接向空气辐射，称为空气声；一部分振动能量通过承载机器的基础，向地层或建筑物结构传递。

在固体表面，振动以弯曲波的形式传播，能激发建筑物的地板、墙面、门窗等结构振动，再向空中辐射噪声，通过固体传导的声称为固体声。水泥地板、砖石结构、金属板材等是隔绝空气声的良好材料，但对衰减固体声效果较差。噪声通过固体可传播到很远的地方，当引起物体共振时，会辐射很强的噪声。有时邻近房间的噪声会比安装机器房间更响，这是由同体传声引起建筑结构共振造成的。

隔振是通过降低振动强度来减弱固体声传播的技术，将振源（声源）与基础或其他物体的近于刚性连接改为弹性连接，防止或减弱振动能量的传播。隔振技术有积极隔振和消极隔振。对于本身是振源的设备，为了减少它对周围机器、仪器和建筑物的影响，将它与支承隔离开，以便减小传给支承上的不平衡惯性力，称为积极隔振，又称为主动隔振。对于振源来自支承振动的情况，为了减少外界振动传到系统中来，把系统安装在一个隔振的台座上，使之与地基隔离，这种措施称为消极隔振，又称为被动隔振。

四、建筑光环境营造

1. 天然采光技术

良好的天然采光可以使人心情舒畅，有利于人们的身心健康。与人工照明相比，天然采光有着明显的优势。

(1) 采光设计与评价　舒适健康的天然光环境的设计及评价包含天然光数量、采光均匀性以及眩光控制等方面的因素。

1) 保证充足的天然采光。对于采光效果的评价，当前国内外应用较多的仍为采光系数的方法，这种方法能够较为准确地反映室内的采光效果，却难以反映不同时间的采光效果。随着计算机技术的进步，提出了一种动态采光评价的方法，即根据实际气象参数对建筑室内的实际采光效果进行实时评价，是相对于常用的采光系数的静态评价提出的。这种方法充分考虑了气象参数、建筑朝向、遮挡、室内表面反射率等因素的影响，是一种更为精确的反映室内采光效果的评价方法。

在建筑设计初期，提出了一种相对粗糙但足够简单的方法，即窗地面积比方法。在设计阶段通过窗地面积比来进行建筑的采光设计是一种简单易行的方法，实测调研也表明，窗地面积比和室内采光效果具有明显的相关性。

2) 改善采光均匀性。视野范围内照度分布不均匀可使人眼产生疲劳，视力下降，影响工作效率。因此，要求房间内照度有一定的采光均匀度，以最低值与平均值之比来表示。研究结果表明，对于顶部采光，如在设计时，保持天窗中线间距小于参考平面至天窗下沿高度的 1.5 倍时，则均匀度均能达到 0.7 的要求。此时可不必进行均匀度的计算。如果采用其他采光形式，可用其他方法进行逐点计算，以确定其均匀度。

3) 控制眩光。过度阳光进入室内会造成强烈的明暗对比，影响室内人员的视觉舒适度，因此，在进行采光设计时，应尽量采取各种改善光质量的措施，避免引起不舒适眩光。如：作业区减少或避免直射阳光、工作人员的视觉背景避免为窗口、采用室内外遮挡设施以及窗结构的内表面或窗周围的内墙面采用浅色饰面。窗的不舒适眩光的评价可用窗的不舒适眩光指数（DGI）来表示［具体可参考《建筑采光设计标准》（GB 50033—2013）］。

（2）采光方式　建筑利用天然光的方法概括起来主要有被动式采光法和主动式采光法两类。被动式采光法是通过或利用不同类型的建筑窗户进行采光。这种采光方法的采光量、光的分布及效能主要取决于采光窗的类型。使用这一采光方法的人则处于被动地位，故称为被动式采光法，如侧窗采光、天窗采光。主动式采光法则是利用集光、传光和散光等设备与配套的控制系统将天然光传送到需要照明部位的采光法。这种采光方法完全由人所控制，人处于主动地位，故称为主动式采光法，如镜面反射采光法、利用导光管导光的采光法、光纤导光采光法、棱镜组传光采光法和光电效应间接采光法。

（3）设计计算方法　从设计的角度来看，以往的建筑采光设计都是假定天空是阴天，不考虑直射阳光。这样的采光设计计算简单，回避了阳光多变带来的采光不稳定性、过热、眩光和阳光的光化作用等问题。随着科学技术的发展，特别是节能的影响，人们对晴天和平均天空采光设计与计算进行了大量研究，并初步形成了一套较完整的设计方法。研究表明，利用晴天采光计算方法设计采光，约可减小 15% 的开窗面积，具有重要的节能和经济意义。直射阳光进入室内，不仅可给人们提供时间信息，而且由于多变的阳光和室内植物装饰，可增加室内视环境的情趣，让人有身在大自然中的感受，产生一种独特的艺术效果。为了便于设计人员使用，《绿色照明工程实施手册》中给出了两种简便计算方法。

2. 人工照明技术

（1）视觉光环境设计　为营造舒适健康的光环境，人工照明的设计应当考虑照度水平、均匀度、亮度分布、眩光、频闪的控制以及光色品质等方面。

1) 设计合理的照度水平和照度均匀度。目前国际及我国的照度标准，可以根据照明要求的档次高低选择照度标准值。一般的房间选择照度标准值,档次要求高的可提高一级,档次要求低的可降低一级。照度均匀度用工作面上的最低照度与平均照度之比来评价。建筑照明设计标准中规定的一般照明的照度均匀度不宜小于0.7,作业面邻近周围的照度均匀度不宜小于0.5。采用分区一般照明时,房间的通道和其他非工作区域,一般照明的照度值不宜低于工作面照度值的1/5。局部照明与一般照明共用时,工作面上一般照明的照度值宜为总照度值的1/5~1/3。为达到要求的照度均匀度,灯具的安装间距不应大于所选灯具的最大允许距高比。对于照度和照度均匀度的设计评价可通过计算机软件或计算图表等方式实现。

2)保证适当的亮度分布。在工作视野内有合适的亮度分布是舒适视觉环境的重要条件。如果视野内各表面之间的亮度差别太大,且视线在不同亮度之间频繁变化,则可导致视觉疲劳。一般被观察物体的亮度高于其邻近环境的亮度3倍时,则视觉舒适,且有良好的清晰度,而且应将观察物体与邻近环境的反射比控制在0.3~0.5。此外适当地增加工作对象与其背景的亮度对比,比单纯提高工作面上的照度能更有效地提高视觉功效,且较为经济。在办公室、阅览室等长时间连续工作的房间,其室内各表面的反射比如下:顶棚为0.6~0.9,墙面为0.3~0.8,地面为0.1~0.5,作业面为0.2~0.6。

3)眩光控制。直接眩光是由光源和灯具的高亮度直接引起的眩光,而反射眩光是通过光线照到反射比高的表面,特别是抛光金属一类的镜面反射所引起的。控制直接眩光主要是采取措施控制光源在γ角为45°~90°范围内的亮度,主要有两种措施:第一种是选择适当的透光材料,可以采用漫射材料或表面做成一定几何形状、不透光材料制成的灯罩,将高亮度光源遮蔽,尤其要严格控制γ角为45°~85°部分的亮度;第二种是控制遮光角,使90°$-\gamma$部分的角度小于规定的遮光角。

4)光的方向性和扩散性设计。光照射到物体的方向不同,在物体上产生阴影、反射状况和亮度分布不同,从而产生使人满意和不满意两种情况。光的方向性、扩散性和光源的亮度作为照明条件,对照射对象有各种微妙的影响。

当视觉工作对象上产生阴影时,则使对象的亮度和亮度对比降低。为防止此现象,可将灯具做成扩散性的,并在布置上加以注意。而为了表现立体物体的立体感,需要适当的阴影,以提高其可见度。为此,光不能从几个方向来照射,而是由从一个方向来照射实现的。材料靠产生小的阴影来表现物体的粗糙和凹凸等质感,通常采用从斜向来的定向光照射,可强调材质感。

反射有两种形式:光幕反射和反射眩光。防止和减少光幕反射和反射眩光的措施有:

① 合理安排工作人员的工作位置和光源的位置,不应使光源在工作面上产生的反射光射向工作人员的眼睛,若不能满足上述要求时,则可采用投光方向合适的局部照明。

② 工作面宜为低光泽度和漫反射的材料。

③ 可采用大面积和低亮度灯具,采用无光泽饰面的顶棚、墙壁和地面,顶棚上宜安设带有上射光的灯具,以提高顶棚的亮度。

5)防止照度的不稳定性和频闪效应。照度的不稳定性主要由照明电源电压的波动所引起,因此必须采取措施保证供电电压的质量。应避免由工业生产中的气流和自然空气流所引起的灯具的摆动,这些均会引起照度的不稳定,使人的视觉不舒适。气体放电灯点燃后,因交流电频率的影响,发射出的光线产生相应频率变化的效应,称为频闪效应。运动的物体因频闪作用可能导致对物体的状态产生错误判断。减弱和防止频闪效应的措施是：通常宜在荧光灯端部采用适当的遮蔽加以避免，应定期更换老化的气体放电灯；将灯分接在三相电路上，采用单相供电或气体电灯时，宜采用移相电路；宜采用提高电源频率方法；采用 LED 照明产品时，选择高质量的驱动电源。

6）选择适当颜色特性的灯具。色温：光源的色温不同会有不同的冷暖感觉，这种与光源的色刺激有关的主观表现称为色表。显色性：对辨别物体颜色有要求的场所，必须令人轻松地看出物体的本来颜色，即不能使物体颜色失真。物体在光源色照射下有显色性的问题。失真程度用在标准光源照明下物体的颜色符合的程度来度量，一般定量上用显色指数度量，如某光源的一般显色指数为 100，这说明无颜色失真，如果小于 100，说明有失真，数值越小，失真程度越大。

（2）非视觉光环境设计　这类设计往往聚焦于人员长时间停留的场所，例如教室、病房、办公空间等。而对于走廊、楼梯间、停车场等人员短暂停留的场所，则不必考虑相应的影响。进行人工照明的非视觉效应设计并非完全复制太阳光的所有特性，而是提供室内人员需要的部分。

经过数千年的时间，人类已逐渐演变，适应了天空和天然光。

而现代社会，人们多数时间处于室内环境，因此照明设计应当顺应这种规律。为了在白天室内用户接触到的光能够更"明亮"一些，可以采用色温较高的光源；而到了晚上，要尽可能地减少光对人体的刺激，同时满足视觉需求，可采用低色温的光源。

（3）光生物安全　根据国家标准《灯和灯系统的光生物安全性》（GB/T 20145—2006/CIE S 009/E：2002）对灯具的分类，从光生物安全的角度可将灯分为四类：无危险类（RG0）、Ⅰ类危险（RG1）、Ⅱ类危险（RG2）和Ⅲ类危险（RG3）。

1）无危险类：指灯在标准极限条件下也不会造成任何光生物危害，满足此要求的灯应当满足以下条件：在 30000s 内不造成光化学紫外危害；在 1000s 内不造成近紫外危害；在 10000s 内不造成对视网膜蓝光危害；在 10s 内不造成对视网膜热危害；在 1000s 内不造成对眼睛的红外辐射危害。

2）Ⅰ类危险：指在曝光正常条件限定下，灯不产生危害，满足此要求的灯应当满足以下条件：在 10000s 内不造成光化学紫外危害；在 300s 内不造成近紫外危害；在 100s 内不造成对视网膜蓝光危害；在 10s 内不造成对视网膜热危害；在 100s 内不造成对眼睛的红外辐射危害。

3）Ⅱ类危险：指灯不产生对强光和温度的不适反应的危害，满足此要求的灯应当满足以下条件：在 1000s 内不造成光化学紫外危害；在 100s 内不造成近紫外危害；在 0.25s 内不造成对视网膜蓝光危害；在 0.25s 内不造成对视网膜热危害；在 10s 内不造成对眼睛的红外辐射危害。

4）Ⅲ类危险：指灯在更短瞬间造成光生物危害，当限制量超过Ⅱ类危险的要求时，即为Ⅲ类危险。在进行照明设计时，应当根据使用功能的需求选择光生物安全性能满足要求的照明产品。对于建筑内人员长期停留的场所，特别是对于存在对光敏感的人群的场所（例如幼儿园、中小学校教室等），建议采用无危险类的灯具。

近些年来，LED 照明技术迅速发展，根据蓝光激发荧光粉 LED 灯光谱特性，其更有可能出现蓝光危害。在进行设计选型时，宜选择蓝光部分比例相对较低的灯具。根据研究，蓝光激发荧光粉 LED 灯的蓝光危害潜能和相关色温存在正相关关系，因此为减少可能产生的蓝光危害，建议采用中低色温的光源。

3. 智能控制技术

（1）系统构成　不同智能控制系统各部分结构不尽相同，从整体上来说，智能照明控制系统构成如图 12-2 所示。

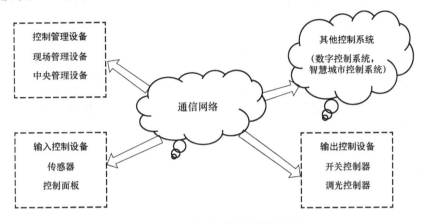

图 12-2　智能照明控制系统构成

（2）智能控制的基本功能　调光控制是智能照明控制系统的基本功能，为保证良好的视觉舒适效果，同时降低照明能耗，智能照明控制系统宜根据天然光照度调节人工照明的照度输出，同时保证总照度符合《建筑采光设计标准》（GB 50033—2013）中对采光照度标准值的规定。

天然采光是智能照明控制的重要一环，天然光具有光强高、显色性好等诸多优点，但可控性不强，而人工照明则具有较强的可控性。因此，采用天然光和人工照明的联动控制策略将更容易营造健康、节能、舒适的照明光环境。对于同一空间，在不同时间可能会需要不同的场景模式，因此，智能照明控制系统需要提供不同场景的设置和实现的功能。

此外，人在不同的时间、场景下对于色温的需求存在一定的差异，通过调节色温来满足这种差异可以进一步提升光环境质量。当前阶段主要是通过多路调光来实现色温的调节，每一路的光源色温不同，在扩散罩的混光作用下进行光谱混合，实现色温的变化。

（3）通信方式　从通信传输方式来看，智能照明控制系统的通信根据传输媒介的不同，一般分为有线数据通信和无线数据通信两种。有线数据通信主要以一些有线介质传输信号，如电话线、光纤、电力线等；无线数据通信主要以电磁波方式来传输信号，如红外线、蓝牙等。有线数据通信虽然受有形媒质的限制，但其通信更加稳定，对于外界干扰更加不易受影响，依托于强大的媒介，数据的传输更加高速。无线数据通信最大的特点就是不用连接线来传导信号。

4. 光污染防治技术

光污染，广义地说是过量的光辐射，包括可见光、紫外辐射与红外辐射对人体健康与人类生存环境造成的负面影响的总称。对夜间室外照明的光污染是指夜间室外建筑或构筑物的景观照明、道路与交通照明、广场或工地照明、广告标志照明和园林山水景观照明等所产生的溢散光、天空光、眩光和反射光形成的干扰光，对人体健康、交通运输、天文观察、动植物生长及生态环境等产生的危害。此外，随着玻璃幕墙以及其他反光表面的广泛使用，日间这些材料对太阳光的镜面反射同样也对周边室内人员、驾驶员等产生不良影响。由以上内容看出，光污染主要针对环境的影响，而不能单纯根据一个区域或照明设备的亮度水平或出光量来评价，还要考察出射光线是否对环境产生负面的影响。

（1）夜间照明光污染　随着城市夜景照明的迅速发展，建筑立面和地面（含广场及路面等）的表面亮度不断提高，商业街的霓虹灯、灯光广告和标志越来越多，而且规模越来越大，光污染问题也越来越突出。室外夜间照明产生的溢散光或经光照对象表面反射光形成的光污染，主要表现为：一是使天空发亮，或称引起天空光，或称大气或天文光污染；二是产生的干扰光（含眩光）对人们正常的工作或休息，对交通运输，对动植物生长和生态环境、城市气候等都会造成不同程度的影响。建筑周边夜间室外照明光污染来源主要包括建筑或构筑物夜景照明产生的溢散光和反射光，广告标志照明产生的溢散光、眩光和反射光，各类道路照明产生的溢散光和反射光等。

光污染的防治主要遵循以防为主，防治结合；从城市照明的源头抓起；加强管理，严格执法三个原则。我国的行业标准《城市夜景照明设计规范》（JGJ/T 163—2008）规定了对光污染防治的要求，包括居住建筑窗户外表面的垂直照度的限制标准、夜景照明灯具朝向居室的发光强度的标准、居住区和步行区夜景照明灯具的眩光限制标准、照明灯具上射光通比的限制标准以及夜景照明在建筑立面和广告标识表面的平均亮度限制标准。

防治光污染的措施主要包括：①在编制城市夜景照明规划时，应对限制光污染提出相应的要求和措施；②在规划和设计城市夜景照明工程时，应按《城市夜景照明设计规范》进行设计；③应将照明的光线严格控制在被照区域内，限制灯具产生干扰光，超出被照区域内的溢散光不应超过 15%；④应合理设置夜景照明运行时段，及时关闭部分或全部夜景照明、广告照明和非重要景观区高层建筑的内透光照明。

（2）太阳光反射光污染　太阳光反射光污染的防止要从城市规划、建筑环境设计和减少幕墙反射光污染的新技术三个方面入手。

1）城市规划。在编制城市规划时，应当编制整条街的光环境规划，限制玻璃幕墙的广泛应用或过分集中，在国家标准《玻璃幕墙光热性能》（GB/T 18091—2015）中有如下规定：在城市快速路、主干道、立交桥、高架桥两侧的建筑物 20m 以下及一般路段 10m 以下的玻璃幕墙，应采用可见光反射比不大于 0.16 的玻璃；在 T 形路口正对直线路段处设置玻璃幕墙时，应采用可见光反射比不大于 0.16 的玻璃。

2）建筑环境设计。进行建筑环境设计时，应当充分考虑玻璃幕墙建筑对周边的影响，并通过计算机模拟的方式尽可能地减少或消除玻璃幕墙反射光影响。对于建筑环境设计，国家标准《玻璃幕墙光热性能》中有如下规定：构成玻璃幕墙的金属外表面，不宜使用可见光反射比大于 0.30 的镜面和高光泽材料；道路两侧玻璃幕墙设计成凹形弧面时应避免反射光进入行人与驾驶员的视场中，凹形弧面玻璃幕墙设计与设置应控制反射光聚焦点的位置。

3）减少幕墙反射光污染的新技术。

五、建筑热湿环境营造

舒适的室内热湿环境从古至今一直是人类不断追求和改善的目标，也是建筑环境营造手段不断进步的动力。室内热湿环境的优劣与稳定主要受到六个因素影响:室外环境;围护结构;用能系统;运行管理;室内环境参数设置;人员行为,如图12-3所示。

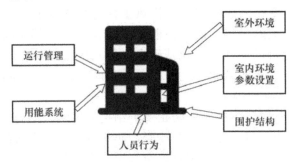

图 12-3 室内热湿环境的影响因素

室内热湿环境营造和调控主要包括以下两类技术手段:

1) 利用建筑本身的隔热、保温、通风等性能来维持室内热湿环境,即被动式技术——利用建筑自身和天然能源来保障室内环境品质。利用被动式技术来控制室内热湿环境,主要是做好太阳辐射和自然通风这两项工作。基本思路是使日光、热、空气仅在有益时进入建筑,其目的是使这些能量和质量适时、有效地利用,以及合理地储存和分配热空气和冷空气,以备环境调控的需要。例如在春、秋过渡季节由于建筑物围护结构可以消除或减弱外扰的作用,在室内干扰源作用不强的情况下,室内热湿环境便可以满足人体热舒适或达到可接受要求。

2) 当围护结构自身的热工性能无法消除室外热湿环境的影响,或者室外热湿环境的影响虽然不大,但是室内干扰源影响比较大时,此时热湿环境已经令人不能接受甚至让人感到不舒适,需要通过空调、供暖等方式,即所谓的主动式技术,营造舒适健康的室内环境。因此,要采用借助机械和电气的手段的主动式技术,在节能和提高能效的前提下,按"以人为本"的原则满足热舒适要求,改善室内热湿环境。

1. 室内热湿环境被动营造技术

(1) 围护结构热工设计 围护结构是指建筑及房间各面的围挡物,能够有效地抵御不利环境的影响。

围护结构热工设计首先应确定建筑所属的热工设计分区,不同分区对热工设计的需求是不同的。如位于严寒地区的建筑冬季保温要求极高,必须满足冬季保温设计要求,一般不考虑防热设计;而位于夏热冬暖地区的建筑则应满足隔热设计要求,一般不考虑保温设计,同时强调自然通风、遮阳设计。因此围护结构热工设计必须遵循不同分区的设计要求并充分利用不同分区的气候特性作为设计基础,具体的热工分区及各分区技术要求可参考《民用建筑热工设计规范》(GB 50176—2016)。围护结构热工设计主要为保温设计、防热设计、防潮设计三种设计。

进行围护结构热工设计时,应有针对性地进行保温、防热、防潮处理。影响围护结构保温及隔热的性能参数主要是传热系数,室内外传热量与传热系数的大小成正比。在自由运行状态下,如果围护结构传热系数降低,室内外间的能量传递也会随之减少。在冬季,降低围护结构传热系数可以减少室内热量向室外传递,在室内产热一定的情况下,室内余热量增加，房间将维持更高的温度；反之在夏季，室内热源较少的情况下，降低围护结构传热系数可以阻挡室外热量传入室内，再结合夜间通风冷却，使室内维持更低的温度。

围护结构内表面温度作为控制围护结构热工性能最重要的指标，能够更直接地判定围护结构保温、隔热性能的优劣。由于目前节能设计标准中都对围护结构各部件有强制性条文约束，基本性能得以保证，在此基础上，针对围护结构部件主要内容——东西外墙和屋面进行设计规定。其他诸如外挑楼板，非供暖空调房间的隔墙的热工性能，不在规定范围内。

在围护结构防潮设计时，为控制和防止围护结构的冷凝、结露与泛潮，必须根据围护结构使用功能的热湿特点，针对性采取防冷凝、防结露与防泛潮等综合措施。不论采取何种防潮措施，都必须落实以下措施：①室内空气湿度不宜过高；②地面、外墙表面温度不宜过低；③围护结构的高温侧设隔汽层，隔汽密封空间的周边密封应严密；④围护结构材料具有吸湿、解湿功能；⑤合理设置保温层，防止围护结构内部冷凝；⑥与室外雨水或土壤接触的围护结构设置防水层。

（2）遮阳措施　对于建筑的热湿调控，应尽可能优先利用各类自然资源，而不是直接考虑利用机械方式和人工制取的方法。一方面，可以很大程度地减少对机械方式和人工制取方式的依赖，减少化石能源的消耗，缓解日益严峻的能源环境问题；另一方面，采用自然资源条件可以更好地与自然和谐，提高建筑物的服务水平，提高人体舒适水平。冬夏季利用可调整遮阳设施控制进入室内的辐射热量，过渡季节利用通风消除室内余热余湿，都有助于营造自然状态下更舒适的室内环境。

由《民用建筑热工设计规范》可知，在全国建筑热工设计分区中，太阳辐射直射与散射情况不同，遮阳措施的要求也不同。如夏热冬冷地区除北向外均宜设计建筑遮阳，而严寒地区、温和地区建筑可不考虑建筑遮阳。对于夏季而言，太阳辐射得热会转化成房间的冷负荷，应该尽量避免；对于冬季而言，太阳辐射得热却是房间的有利资源，对被动提升房间温度有积极效果。对于这一看似矛盾的问题可以通过设置可调节的外遮阳和内遮阳装置来解决。夏季尽量避免阳光射入房间，冬季尽可能使更多阳光进入。

在合理计算太阳高度角及方位角时，固定式外遮阳本身就可以起到一定的冬夏遮阳调节效果。夏季太阳高度角高，大部分阳光通过遮阳板难以直射入室内；而冬季太阳高度较低，部分阳光可以通过遮阳板直射入室内。

实践证明，活动式遮阳与固定式遮阳相比，具有可按太阳辐射量的变化调节以满足季节性、时间性需要的特点，可提高房间的光、热环境质量，降低房间的夏季空调负荷和冬季供暖需要，明显优于固定式建筑遮阳。在欧洲各国，可控制式的外遮阳装置已普遍应用于居住建筑。但在我国，从调查结果来看，户外可调节遮阳系统在居住建筑中的使用比例是非常小的，大多数居住建筑仍然采用以固定式不可调节外遮阳。内遮阳是使用十分普遍的一种遮阳方式。阳光直射到外窗玻璃上后，内遮阳装置阻挡其进一步直接透射到房间内，但由于玻璃受到较强的太阳辐射，热量会继续通过对流与辐射传入室内。所以其综合遮阳的效果往往不如外遮阳装置。但它非常便于用户调节，所以得到了广泛运用。

（3）自然通风　自然通风指的是采用"天然"的风压、热压作为驱动为房间降温。在我国的大多数地区，自然通风是改善室内热舒适、降低建筑能耗的有效手段。当室外空气温度不超过夏季空调室内设计温度时，只要建筑具有良好的自然通风效果，能够带走室内的发热量,就能获得良好的舒适性。基于以上原因,《绿色建筑评价标准》(GB/T 50378—2019)、《住宅建筑规范》(GB 50368—2006)、《老年人照料设施建筑设计标准》(JGJ 450—2018)等十余项建筑设计或评价标准都明确要求建筑设计与建造应与地区气候相适应,优先并充分利用自然通风改善建筑室内环境。

过渡季节采用自然通风是充分利用自然资源改善室内热湿环境的有效手段,国家标准及地方性标准都对过渡季节通风和限制空调设备的使用进行了规定。例如在重庆市《绿色建筑评价标准》(DBJ 50/T-066—2014)中,既规定了过渡季节典型工况下的平均自然通风换气次数,也规定了采取全新风运行或可调新风比的措施。

对于通风设计,需保证有足够的通风量。为了保证室内人员健康,设计需满足:在公共建筑中保证室内主要功能房间60%以上面积满足换气次数2次/h以上;在居住建筑中保证通风开口面积与房间地板面积的比例在夏热冬暖地区达到10%,在夏热冬冷地区达到8%,在其他地区达到5%。为达到以上要求,应通过合理考虑风压、热压等条件设置通风口,以形成良好的室内自然通风;在自然通风无法满足的情况下,设置机械通风系统来达到通风量要求。每个月的室外气象参数都不同,各有各的特点。因此每个月是否适宜采用通风,以及通风所需要的换气次数大多都需要考虑。

受建筑功能、形体等的影响,建筑平面设计中往往出现通风"短路""断路"的情况。现在的高层中,由于必不可少的电梯、疏散楼梯间,也使得部分房间只能在一个朝向上设置可开启外窗,只能依靠单侧进行通风,此时,在房间中的关键节点设置简单的辅助通风装置,就能够打通"通路",形成"回路",改善房间的自然通风性能。如:在通风路径的进口、出口设置引流风机,在隔墙、内门上设置通风百叶等。此外,当室外气象条件不佳时,采用简单的通风装置,也可以有效地迎风入室,取得良好的自然通风效果。另外,近来研究表明,建筑迎风面体形凹凸变化对单侧通风的效果有影响;凹口较深及内折的平面形式更有利于单侧通风。立面上的建筑构件可以增强建筑体形的凹凸变化,从而促进自然通风;设置凹阳台可增强自然通风效果。

2. 高能效供暖空调系统

在被动营造技术不能满足室内热湿环境舒适健康的要求时,就需采用主动式的高能效供暖空调系统进行热湿环境营造。

(1) 热泵　热泵(Heat Pump)是一种将低位热源的热能转移到高位热源的装置,也是全世界倍受关注的新能源技术。它不同于人们所熟悉的可以提高位能的机械设备——"泵":热泵通常是先从自然界的空气、水或土壤中获取低品位热能,经过电力做功,然后再向人们提供可被利用的高品位热能。热泵实质上是一种热量提升装置,工作时它本身消耗很少一部分电能,却能从环境介质(水、空气、土壤等)中提取电能的装置,提升能质进行利用,这也是热泵节能的原因。

热泵按热源种类不同分为空气源热泵、水源热泵、地源热泵、土壤源热泵等。中、小型建筑宜采用空气源或土壤源热泵系统(对于大型工程,由于规模等方面的原因,系统的应用可能会受到一些限制);夏热冬冷地区,空气源热泵的全年能效比较好;而当采用土壤源热泵系统时,中、小型建筑空调冷、热负荷的比例容易实现土壤全年的热平衡。对于水资源严重短缺的地区,不但地表水及地下水的使用受到限制,而且集中空调系统的冷却水全年运行过程中水量消耗较大的缺点也会突显出来，因此，不应采用消耗水资源的空调系统形式和设备（例如冷却塔、蒸发冷却等），而宜采用风冷式机组。当天然水可以有效利用或浅层地下水能够确保100%回灌时，也可采用地下水或地表水地源热泵系统。

空气源热泵的单位制冷量的耗电量较水冷式机组更大，价格也高，为降低投资成本和运行费用，应选用机组性能系数较高的产品，并应满足《公共建筑节能设计标准》（GB 50189—2015）的规定，此外，先进科学的融霜技术是机组冬季运行的可靠保证。采用地埋管地源热泵系统首先应根据工程场地条件、地质勘察结果，评估地埋管换热系统实施的可行性与经济性。地埋管系统全年总释热量和总吸热量的平衡，是确保土壤全年热平衡的关键要求，也是地埋管地源热泵系统能否高效运行的关键。当地埋管系统的总释热量和总吸热量不平衡时，不应将该系统作为建筑供暖空调唯一的冷热源，而应配备相应的辅助冷源或热源。水源热泵又可分为地下水源热泵、江河湖水源热泵、海水源热泵、污水源热泵、水环热泵等，具体的选择应根据建筑当地的资源条件及建筑冷热负荷特性选择。

（2）水冷式机组　水冷式机组最常见的是风冷盘管配不同的水冷式机组。常见的是直燃机、螺杆机等，它们的主要特点是：

1）空调主机置于机房或屋顶上，房间中仅有水管和风机盘管，噪声较小。

2）水冷式制冷机的密封性好，制冷剂的泄漏量小，因此以氟利昂为冷媒的冷机对臭氧层的破坏较小，直燃机以水为冷媒对臭氧层没有影响；水冷式机组的冷凝热由冷却塔集中排放，冷却塔设于楼顶，可减少住宅周围的噪声和废热的污染。

3）水冷式机组应用于大面积高密度建筑，可以省去大量的空调器的室外机，美化建筑环境等。

水冷式机组对气候特征方面没有要求，将冷热源机组集中在设备房中，通过电功率的输入，驱动制冷机工作，提供房间所需空调负荷，此种空调方式不存在地域的差异，不会受气候因素的影响。但水冷式机组没有较好地对可再生能源进行利用，只是利用传统的高品位电能作为冷热资源，必然造成资源的低效利用。

（3）蓄冷蓄热式空调　冰蓄冷系统是在电力负荷较低的用电低谷期，利用优惠电价，采用电制冷空调主机制冰，并储存在蓄冰设备中；在电力负荷较高的白天，避开高峰电价，停止或间歇运行电制冷空调主机，把蓄冰设备储存的冷量释放出来，以满足建筑物空调负荷的需要。为了均衡用电，削峰填谷，世界各国都全面实行了峰谷电价政策，我国政府和电力部门在建设节约型社会思想的指导下，大力推广需求侧管理（DSM），以缓解电力建设和新增用电矛盾。各地区也出台了促进蓄冰空调发展的相关政策，推动了蓄冷空调技术的发展和应用。特别是近年来逐步拉大峰谷电价差，多数地区峰谷电价差已达3倍以上。各地峰谷电价实施范围的进一步扩大和峰谷电价比的加大，为电力蓄能技术的推广应用提供了更为有利的条件。

（4）温湿度独立控制空调系统　温湿度独立控制空调系统中，采用温度与湿度两套独立的空调控制系统，分别控制、调节室内的温度与湿度，从而避免了常规空调系统中热湿联合处理所带来的损失。由于温度、湿度采用独立的控制系统，可以满足不同房间热湿比不断变化的要求，克服了常规空调系统中难以同时满足温度、湿度参数的要求，避免了室内温湿度过高或过低的现象。

高温冷源、余热消除末端装置组成了处理显热的空调系统，采用水作为输送媒介，其输送能耗仅是输送空气能耗的 1/10～1/5。处理潜热（湿度）的系统由新风处理机组、送风末端装置组成，采用新风作为能量输送的媒介，同时满足室内空气品质的要求。温湿度独立控制系统的四个核心组成部件分别为高温冷水机组（出水温度 18℃）、新风处理机组（制备干燥新风）、去除显热的室内末端装置、去除潜热的室内送风末端装置。由于除湿的任务由处理潜热的系统承担，因而显热系统的冷水供水温度由常规空调系统中的 7℃ 提高到了 18℃ 左右。此温度的冷水为天然冷源的使用提供了条件，如地下水、土壤源换热器等。在西北干燥地区，可以利用室外干燥空气通过直接蒸发或间接蒸发的方法获取 18℃ 冷水。没有地下水等自然冷源可供利用，需要通过机械制冷方式制备出 18℃ 冷水时，由于供水温度的提高，制冷机的性能系数也有明显提高。

（5）区域集中供热供冷系统　区域集中供热供冷系统（District Heating and Cooling，简称 DHC）是指对一定区域内的建筑物群，由多个能源站集中制取热水、冷水或蒸汽等冷媒和热媒，通过区域管网提供给最终用户，实现用户制冷或制热要求的系统。DHC 通常包括四个基本组成部分：能源站、输配管网、用户端接口和末端设备。

区域集中供热供冷系统中普遍采用大型机组，可以集中对排烟进行高效的处理，提高污染物排放标准以减少对环境的影响；具备条件时可以在区域集中供热供冷系统中实现规模化的可再生能源利用，可以在减少化石燃料和电力使用的同时增加能源结构的多样化，缓解能源压力并减少污染物排放；可以改善城市景观，简化建筑物结构处理及抗震处理；采用区域集中供热供冷，在同等舒适度下可以节省空调系统的初投资和运行费用；可以结合一次能源和低品位能源构成各种能源的梯级利用系统和复合能源系统，以规模化回收或利用各种低品位能源。由于分散供冷方式中各个建筑各成独立系统，所以灵活性较大，因此在建筑物规模较小或空调负荷率较低时，这种方式的能耗和运行费用会相对较大，适用性较低，初投资较高，回收期长，存在一定的运行风险。

综上，用于热湿环境营造的供暖空调系统形式多样，针对不同的气候条件、资源条件、冷热负荷特性等有不同的适用范围，应根据具体情况确定适宜的系统形式。近年来基于新能源的供暖空调系统也逐渐涌现，如太阳能等可再生能源的利用技术也在逐渐发展，不局限于太阳能光电技术，结合空气源热泵和太阳能光热技术的综合优势，当前还出现了太阳能热泵空调等，作为重要的太阳能结合空气能制热技术，在直膨式、水箱换热式、相变蓄热式等系统结构的研发方面，已经取得长足进展，有利于节能减排。

3. 供暖空调系统调控技术

（1）空调温度设置　从全国范围看，部分区域在夏季使用被动调控方法并不能满足室内热湿环境要求，因此大多数都会采用空调进行调节。降低空调系统能耗的方式主要有两种：①采用高能效的空调设备；②调节空调设置温度及改变空调开关行为。

在调节空调设置温度时，在夏季设定过低的温度，或是在冬季设定过高的温度都不利于人体的舒适健康。《民用建筑供暖通风与空气调节设计规范》（GB 50736—2012）规定了舒适性空调的设计参数，设计参数的范围取决于不同的热舒适度等级。

空调开关行为可以分为两类：一类是空调一直处于开启状态；另一类是空调开启一段时间后关闭，等到室内人员感觉热时再次将空调开启，经过一段时间后再次关闭，该过程反复进行。实际中对比两类行为的舒适性及节能率，其中第二类的使用模式为开启 N（$N \geq$

30) min 后关闭，待人们感到不舒适（PMV>1）时再次开启空调，并重复该过程。

研究发现，人员在空调间歇工作时，热舒适度均随着时间的变化呈现周期性变化，且变化值均在一定范围内，说明人员对室内热环境有较高的满意度。

对于住宅建筑，夏季的空调设置温度为26℃，既能保证室内人员的热舒适性要求，又可减少空调耗电量。同时，在不影响室内人员热舒适性的前提下，可以选择适当的空调间隔运行时间，获得较高的节能效益，也就是说提倡"夏季部分人员习惯于在空调开启一段时间后关闭，等到感觉热时再次将空调开启"这一调节行为。采用此种调控行为，不但能够起到节能的效果，还可以提升人员自身适应性，拓宽自适应舒适区间。

以上的调控方式是在个性化的空调环境中体现室内热舒适的调控性，尽量满足用户改善个人热舒适的差异化需求。在集中供暖空调环境下（如大型办公楼），系统的末端应保证现场独立启停和调节室温方便的功能。通过末端调节供暖空调系统的输出，可以避免用户通过开窗等不节能的调节方式对房间热环境进行调节。一些国家标准和行业标准中对集中供暖空调系统末端的可调节性进行了规定，如《公共建筑节能设计标准》（GB 50189—2015）中规定"供暖空调系统应设置室温调控装置"，而不同气候分区的居住建筑节能设计中也规定"采用集中供暖空调系统时，必须设置分室温度调节、控制装置"。

（2）辐射供暖室温调控　辐射供暖系统主要利用加热围护结构壁面温度来实现与室内环境的热量交换。一般辐射系统末端辐射面积较大，因而可以极大地减小辐射面和室内环境温度差，室内温度分布均匀，不会形成较大的垂直温差，房间舒适性相比传统供暖空调形式有所提高，且系统可以实现低温供暖，扩展了可利用低品位能源的利用范围。在辐射供暖系统中，人员与室内环境主要以辐射形式直接进行换热，其辐射换热量超过50%，因而在保证室内人员同样舒适度的条件下，可以明显降低供暖设计温度。此外，由于辐射系统末端一般嵌套在围护结构壁面内，不会占用室内空间，运行时不会产生较大的室内气流吹风、水流噪声以及室内灰尘扰动。

对于连续供暖的建筑，从理论上看低温热水地面辐射供暖系统是一种较为理想的供暖方式，但如果未设置室内温控装置，不能根据室内温度的变化调整供回水流量，房间会出现过热现象，也会造成能源的浪费。因此室温可控是分户热计量，实现节能，保证室内热舒适要求的必要条件。

低温热水地面辐射供暖系统分室温控的作用不明显，且技术和投资上较难实现，因此，低温热水地面辐射供暖系统应在户内系统入口处设置自动控温的调节阀，实现分户自动控温，其户内分集水器上每支环路上应安装手动流量调节阀，有条件的情况下宜采用自力式的温度控制阀、恒温阀或者恒温器加热电阀等实现分室自动温控。

（3）基于舒适感的热环境控制系统　在一些实际运行的建筑中，温度设定值极不合理。不合理的室内温度设定值会导致不舒适的室内热环境，同时过冷或过热的室内环境营造也浪费能源。因此，需要一种方法既能够为用户提供满足其需求的舒适热环境，又能够防止不合理温度设定值带来的供暖及空调用能浪费。

清华大学等提出一种控制理念，即根据房间使用者的热感觉来控制空调。当室内人员感到不舒适时，可通过一种人机交互页面将热感觉反馈给控制系统。此外，人体热感觉也可以通过一些更加智能的方法来获取，比如体态语言识别、语音识别、红外摄像机测量人体表面温度等。解释器采用一种在线学习的算法，建立个性化的、动态的热舒适模型；决策器则采用优化算法来决定最优的设定值；控制器根据所得到的设定值来控制空调系统的运行以营造合适的热环境。这种基于热感觉的热环境控制系统考虑了人员心理因素，使得用户不直接设置空调温度，却能实现个性化热舒适；通过反馈信息给系统，可以引导使用者实现行为节能。

该热环境控制方法除了可以避免不合理的温度设定之外，另外一大优点在于让用户成为动态闭环控制中的一环，感受热环境，为控制系统提供调节的依据，相当于一个传感器。传统的电气电子式的传感器，由于积尘、老化、慢飘移、损坏等原因，经常会产生较大的测量误差，进而造成控制错误以及能源浪费。与传统的电气电子式的传感器相比，人的热感觉不会出错，人作为传感器会更加可靠。

（4）"延长建筑非供暖空调时间"的营造方法　如果一座建筑围护结构热工设计较差、没有合理的被动技术作为辅助，在自由运行状态下，建筑内部空间一年内的温度变化随室外气候条件变化有十分明显的峰谷，同时室内人员要求的舒适性水平又比较高，供暖空调系统全年开启的时间是非常长的，不但造成室内外热环境差异性较大，还十分不利于室内人员健康，同时也不利于节能。

在此提出一种基于延长非供暖空调时间的室内热环境调控方法，通过围护结构性能提升以延长非供暖空调期，降低峰值负荷，减少供冷供热需求量，再结合设备性能提升和系统合理优化实现室内热环境改善，同时降低建筑能耗。

延长非供暖空调时间主要有三种途径：

1）改善围护结构热工性能，减少房间的热损失，从而削减自由运行状态下室内温度峰值，使建筑自身达到冬季更温暖、夏季更凉爽的效果。同时使更多状态点直接进入舒适区，延长非供暖空调时间。

2）冬夏季利用可调整遮阳设施控制进入室内的辐射热量，过渡季节利用通风消除室内余热余湿，可使得建筑在运行过程中能有更多状态点落在舒适范围或接近舒适范围内，全年室内温度波动曲线更为平缓，进一步提高室内热环境舒适性。

3）采用高能效供暖空调设备，同时适度拓宽人体热舒适自适应区间，将室内环境参数设置在可接受范围内并进一步延长非供暖空调时间。

六、建筑健身场地与设施

健康建筑应提供的健身运动设施包括充足的健身运动场地、丰富的健身运动器材、完善的健身运动服务设施等。

1. 健身运动场地的设置

健身运动场地可以在室外和室内，室外的健身活动便捷易行，让人们在锻炼时可以接触自然的阳光和新鲜空气，提高对环境的适应能力，也有益于心理健康；而室内运动可以不受天气、空气质量等环境因素的限制，提供全天候的锻炼机会，有助于帮助人们养成坚持锻炼的习惯。

室外健身运动场地，宜选择在景观良好、空气新鲜、交通方便、无障碍系统完善的地方，可以设置在广场内、绿地内、人行道边、水岸边、屋顶平台上。室内场地则可设置单独的健身俱乐部、球类室、瑜伽馆、游泳馆等，也可充分利用建筑内的公共空间，如入口大堂、小区会所、休闲平台、茶水间、共享空间等，提供免费、方便的健身运动场所。健身运动场地通常有健身器材场地、集体运动场地、球类运动场地、儿童游乐场地、老年人活动场地、专用健身步道等。

（1）健身器材场地　居住区的健身器材场地，应结合居住区的位置和环境，居民的活动范围和路线，尽可能在人员流动量较大的范围因地制宜地设置，鼓励和方便居民参与。因为单件器材占地面积小，健身场地可以利用各种场所的边角用地，既可以设在居住区的中心花园内或入口处，也可以设在较宽的街道旁，或滨水地区的绿化地带内。在平面布局上可以视场地面积大小，灵活安排健身器材。乒乓球、羽毛球、篮球等球类设施场地也都可算作健身场地。

城市新区，可以在规模和设施种类配备上适当超前；在旧城区，应尽量利用老旧建筑的低层和房前屋后的小环境，做到规模小而适用性高。有一定危险性的器材，应在保护范围内设置软材料地面。

鼓励室外健身场地对外免费开放，不止服务于本小区或本建筑的使用者，小区外的公众也能方便地免费使用运动场地和运动设施，以提供给公众更多的运动条件，提高运动健身资源的利用率，通过开放共享来促进全民健身。健身场地附近不超过100m范围内，最好能提供饮水设施，如饮水台、饮水机、饮料贩卖机等，便于运动健身人员随时补充水分。

人在运动健身时需氧量大幅增加，如果室内空气污浊、氧气含量低，会使身体因缺氧而出现头晕、呕吐、呼吸不畅等现象，危害身体健康。因此室内健身空间应有良好的自然通风，在过渡季提供新鲜空气，并应组织好气流形成穿堂风。如果受条件所限，运动健身空间没有自然通风，则必须设置机械通风，以保证足够的新风量。

室内健身器材场地，可以是有偿的健身俱乐部，以利于设置更高端的器材，维护保养更易持续；更鼓励利用建筑的公共空间设置免费健身区，配置一些健身器材，给人们提供全天候进行健身活动的条件，以鼓励积极健康的生活方式。

（2）集体运动场地　室外集体运动场地的需求大，占用绿地、噪声扰民的问题也很突出。因此，在健康建筑中设置好集体运动场地，对集体运动进行良性引导和噪声控制，是十分重要的。

集体运动场地通常是开阔平坦的小广场，场地内应没有草皮、花坛、树木等绿化带的分隔，以保证人们既可以无视线遮挡地看见前面的领舞、领操人员，又能前后左右在一定范围内无障碍地移动。小广场内可以进行广场舞、打拳练剑、抖空竹、踢毽子、滑旱冰、跳绳、打羽毛球、踢皮球、滑滑板、放风筝、趣味运动会等丰富多彩的活动，还能为小孩子们提供一块宽敞的自由追逐或游戏的活动空间，它在不同时段为不同类型的群众提供锻炼和活动的场地，是利用率很高的场地。集体运动场地最好能选在北面有建筑物或高大的乔木阻挡北风的地方，为健身的人群提供相对温暖的环境。集体运动场地的地面多采用光滑平整的材料铺设，如花岗石地面、水泥地面、塑料地面。集体运动场地的位置应避免噪声扰民，并根据运动类型设置适当的隔声措施，如在场地周边种植茂密的树木，设置隔声屏障；物业可以在管理时，监督控制音响设备的音量，并规定噪声较大的集体运动的允许时间。

（3）儿童游乐场地　儿童游乐场地的日照应有不少于1/2的面积满足日照标准要求，即当地住宅建筑的日照标准要求。场地宜设有一定的遮风、避雨、遮阳设施，如乔木、亭子、廊子、花架等，以提高活动场地的舒适度和利用率。场地的出入口应有明显标识，与步行道应无障碍连接，有高差处应为婴儿车提供缓坡通行。

儿童游乐场地应设置丰富的娱乐设施，如组合滑梯、沙坑、跷跷板、平衡木、秋千等，场地宜铺设软性材料地面，如橡胶粒、树皮皱、橡胶地砖、草坪等，以防儿童掉落或摔倒。场地内还应设置看护人使用的座椅，并提供遮阴设施，如种植常绿大叶乔木，或搭建廊道、亭子等。场地附近宜设有洗手点或小型公共卫生间，为孩子在玩耍过后提供及时清洁的条件，教导孩子从小养成文明的卫生习惯，有效避免细菌、病毒对孩子的伤害。儿童活动时急于找厕所的现象十分普遍，公共卫生间距离儿童游乐区的直线距离应不超过100m。儿童游乐场地应安装监控摄像头，监控的范围覆盖整个场地。

除室外儿童游乐场地外，还可在建筑室内设置儿童活动室，以便在天气恶劣、空气质量不好的情况下，给儿童提供一个娱乐活动的空间，给儿童提供在玩耍中锻炼身体的机会。儿童活动室应有良好的通风，地面应防滑，没有尖锐的物体，避免儿童摔倒和磕碰，物品应定期消毒。

（4）老年人活动场地　老年人更需要室外活动区进行体育锻炼，经常锻炼可以提高心肺功能，减少骨质疏松，延缓大脑衰退，提高免疫力，有助于延年益寿。不仅如此，在锻炼中的交往与交流，也有利于减少孤独感，保持心理健康，针对老年人的休闲运动场所应配置供老人使用的座椅，通风良好，并有充足的日照，有不少于 1/2 的面积满足《城市居住区规划设计标准》（GB 50180—2018）相关日照标准要求。

根据老年人的活动特点，老人室外活动场地宜动静分区。有健身运动器材或设施的区域为"动区"，供老年人下棋、阅报、休憩的区域为"静区"，可进行适当隔离。动区内宜配置中等强度的健身器材，如适合老年人的腰背按摩器、太极推揉器、肩背拉力器、扭腰器、太空漫步机、腿部按摩器等。静区可设置阅报栏、棋牌桌、休息座椅等，应有树荫、亭、廊等遮阳措施。石材和钢材的座椅由于传热速度快，易造成夏季烫、冬季冰的情况，不适宜用于老年人活动场地。老年人活动场地宜提供放置雨伞和拐杖的设施，宜设置全范围监控和紧急呼叫按钮，有条件的可设置急救包等紧急医疗救护设施。老年人的身体活动能力往往受到局限，完善的无障碍设施尤为重要，场地应尽量避免高差，如有高差处应以斜坡过渡。我国的家庭中老人看护小孩的现象十分普遍，老年人活动场地和儿童游乐场地之间可以考虑相邻设置，既相互独立使用，又可以方便老人兼顾照顾孩子。

（5）专用健身步道　健身步道是供人们行走、跑步等体育活动的专门道路，健身走或慢跑可以提高人体肢体的平衡性能，锻炼骨骼强度，预防和改善心血管疾病、糖尿病、代谢症候群等慢性疾病，同时还能缓解压力，放松身心，回归自然，控制体重，实现营养摄入与消耗的平衡，是喜闻乐见的便捷的运动方式。建筑场地可以根据其自身的条件和特点，规划出流畅且连贯的健身步道，并优化沿途人工景观，合理布置配套设施，在建筑场地中营造一个便捷的运动环境。

健身步道应采用弹性减振、防滑和环保的材料，如塑胶、彩色陶粒等，塑胶材料应无毒无害、耐老化和抗紫外线。健身步道和周边地面宜有明显的路面颜色和材质的区别。还可设置按摩步道，将扁鹅卵石立砌，形成特殊的地面，可以光脚在上面来回行走以刺激脚底穴位，从而达到健身的目的。步道路面及周边宜设有引导标识，如在步道起点及每隔200m 处设行走距离标识牌，标明已经走了多远，消耗了多少热量，还可在步道两侧设健康知识提示牌，针对不同人群设置相应的步行时间、心率等自我监测方法和健身指引，传播健康知识。

健身步道不应紧邻城市主干道，应有建筑或绿化带与车道隔离，避免吸入汽车尾气。健身步道应单独设置，不可兼作或挤占场地内的人行道和其他运动场地，除健身步道外的人行道应剩余至少 1m 的宽度，以便普通人员通行方便。健身步道应基本连续，如受条件限制不得不横穿车行道，应设置明显的人行标识，以保证健身步道的通畅和安全。健身步道也可结合商业步行街或共享交通空间，在建筑的室内设置，但应有足够的长度和连续性。

2. 健身运动器材的设置

常见的健身器材有提高心肺功能的跑步机、椭圆机、划船器、健身车等，促进肌肉强化的组合器械、举重床、全蹲架、上拉栏等，乒乓球、羽毛球、篮球等球类设施也可算作健身器材。健身器材应有相关的产品质量与安全认证标志，保证健身器材的安全可靠性，并配有使用说明书，有明显的标识牌指导，并应定期维护保养，运行状态良好。

健身器材的配置应突出自己的组合特点，服务一定年龄层次的人群。对以老人为主的区域，应配备跑步、踩踏等锻炼腿部肌肉的器械；对以中青年为主的区域，则应注重对锻炼臂力、平衡、腰腹部肌肉器械的配备；在儿童较多的区域，还应考虑设置适宜儿童游乐活动的趣味设施。健身器材之间应保持安全的间距。高大的或仅由立柱支撑的器材，如太极推手、高低杆、手攀云梯等，不得使用膨胀螺栓固定，应进行深埋处理。

健身器材可以设置在室外或者室内。建筑的健身器材宜免费无偿的与收费有偿的相结合。室外的健身器材大多是免费的，便于促进全民健身，也不用设人员看守收费。鼓励室外健身器材对外免费开放，小区或建筑外面的公众也能免费使用健身器材，提高健身资源的利用率。室内的健身器材可以是免费的，也可以是在收费的健身俱乐部里面。免费的器材为全民健身提供一定保障，有偿的器材则可以鼓励物业管理部门设置更高端的器材，维护保养更易持续。

物业部门应建立健身器材的管理制度和检查维护制度，明确责任人，管理人员应进行培训，获得相关的基本常识和管理知识，如器械的品牌、名称、功能、适用范围、安全使用寿命、正确使用方法、一般的机械电器常识、相关的注意事项和安全警示要求等。发现健身器材损坏或存在不安全因素时，应立即在明显位置挂牌警示并停止使用，同时进行维护和修复。超过安全使用寿命的器材，物业部门应负责及时报废拆除。

3. 健身运动服务设施

有条件的建筑可为骑自行车的人设置配套的淋浴、更衣设施，以鼓励使用自行车，尤其是办公和学校建筑，可以借用建筑中其他功能的淋浴、更衣设施，但要便于骑自行车人的使用。男、女更衣室的大小、淋浴室的数量，均需依据健身者数量进行匹配。

设置充足、方便的自行车停车位，并备有打气筒、六角扳手等维修工具，可以为自行车的出行方式提供便捷设施和条件，鼓励建筑使用者多采用自行车出行。自行车作为一种绿色交通工具，拥有方便、清洁、低碳、环保、低成本等优势。使用自行车出行，可以运动到全身各处不同的肌肉，从而增强身体的心肺功能，是一种非常有效的物理锻炼方式，也是一种低碳健身方式。自行车存车处可设置于地下或地面，其位置宜结合建筑出入口布置，方便使用，尽量设置在地上，有条件的情况下地面的自行车停车位不宜小于总车位数的 50%，设置在室外时应有遮阳防雨设施。自行车维修工具可由业主自由取用，对自行车进行打气或简单的修补，也可统一管理并提供有偿修理服务。

设置便捷、舒适的日常使用楼梯，可以鼓励人们减少电梯的使用，在健身的同时节约电梯能耗。日常使用的楼梯应设置在靠近主入口的地方，并设有明显的楼梯间引导标识，同时配合以鼓励使用楼梯的标识或激励办法，促进人们更多地使用楼梯锻炼身体。楼梯间内应有良好的采光、通风和视野，以提高使用楼梯间的舒适度。

人们健身锻炼的持续时间可能较长，健身运动集中的地区应按距离长短和面积大小配置相应规模的公共卫生间。健身运动场地还应配置饮水点、分类垃圾桶和休息桌凳等。健身过程会使人大量消耗水分，饮水点能让人及时补充水分，以保证科学的锻炼，防止发生意外伤害；场地内的各类活动空间的设计和游戏设施的布置要符合儿童群体的身体特征、活动尺度，儿童接触的1.30m以下的室外墙面不应粗糙，室内墙面宜采用光滑易清洁的材料，既可以避免儿童被磕碰，确保其安全，又有利于室内装修的保持与维护；儿童使用房间的墙、窗台、窗口竖边等棱角部位须采用圆角，防止儿童意外磕碰；考虑到儿童的身体尺度，儿童经常活动区域的门窗、楼梯等部位应采取必要的安全保护措施，设置防滑铺装、防护栏和儿童低位扶手。当梯井净宽大于0.20m时，须采取防止少年儿童攀滑的措施，楼梯栏杆应采取不易攀登的构造；当采用垂直栏杆时，栏杆净距不应大于0.11m。儿童活动房间的门应设置儿童专用拉手。从多方位充分考虑到儿童使用的安全与方便。

七、人体工程学

1. 建筑设计

（1）空间设计 在室内设计中空间布局的设计是最为重要的部分，主要是对室内的空间大小和实用面积等进行合理的设计。将人体工程学融入空间布局设计当中，不仅需要根据人的身体尺寸、身体状况、活动范围等来进行设计，同时还需要考虑不同的人群，兼顾人的心理舒适等因素进行设计，依次确定空间尺度、行为空间分布、行为空间形态、行为空间组合。在组合空间和实用空间设计中需要尽量依照详细的数据进行设计，以便于真正满足人们的生活需求，同时达到美观和实用的效果。例如：

1) 当建筑空间的使用者存在老人和小孩时，在设计上应当尽量倾向于无障碍设计，包括无障碍电梯与楼层之间连贯无高差的设计等，以减少不安全因素，为老人和小孩的活动提供最大的保障。

2) 交往空间设计需考虑空间适用人群的人际关系。人际关系不同所需要的人际距离也不同。不同感官所能反映的人际空间距离不同，对于不同人际关系需求的空间，需要结合人际距离进行空间尺度设计。

（2）视觉环境设计 室内设计中色彩涉及人体生理感受、心理感受，其中最重要的是心理感受。例如，色彩的不同，家具、设施造型及所用的材质不同，都能给人以不同的心理感受。在室内设计时，颜色、色彩、家具的造型、物体所使用的材质都必须符合人体心理、生理尺度，以达到安全、实用、舒适、美观的目的。

1) 空间形态。室内空间中造型设计、材料的选用及搭配、装饰纹样、色彩图案等则更多地考虑了人的心理需要。材质的软硬、色彩的冷暖、装饰的繁简等都会引起人们强烈的心理反应。

2）光影和色彩。如老年人房间的家具造型端庄、典雅、色彩深沉、图案丰富等；青年人房间的家具造型简洁、轻盈、色彩明快、装饰美观等；小孩房间的家具造型色彩跳跃、造型小巧圆润等。

2. 设施、产品设计

不同个体对于产品的尺寸要求有所差异，这是由于人体尺寸、行为习惯、健康状况、个人偏好不同等原因造成。产品选用时，应充分考虑使用者的需求，使产品最大限度地迁就人的行为，满足个性化需求，体谅人的情感，使人感到舒适。例如：

1）办公和学习的桌椅等设备，市面上座具产品根据多数人平均尺寸，设计其座高、座深、座宽、靠背倾角与座面倾角、扶手高度以及座面形状，但仍难以达到较为普遍的健康舒适的效果。每个人的身材和使用习惯不一样，座椅高度、椅背角度应使不同身高人群可依据不同使用需求来调节，这样，可减少脊椎骨等部位不必要的弯曲，进而避免引起腰肌劳损、颈椎病等疾病。椅背角度可调，还可满足使用人员临时休息的需求。

2）对于老年人、儿童等特殊人群，需要选择针对此类人群进行人体工程学专项设计的产品。例如洗浴对于老年人来说很不方便，针对老年人设计的坐式浴器具有体积小、使用方便的优点，即使在非常窄小的浴室内也能安装。

3. 建筑与设施、产品搭配

对于室内设计而言，室内设计中各物体的尺寸大小以及空间尺寸是十分重要的。只有先确定设计空间的各部分尺寸的大小才能正确地设计室内空间中家具、设施的大小。而在设计空间中家具及各种设施的尺寸时，人体工程学中的人体测量数据起着至关重要的作用。在家具设计时，设计师首先应该了解人体的各部分尺寸，根据人体各部分尺寸的测量数据进行设计，这样设计出来的室内空间的效果，在实际操作时才不会发生错误。

室内摆设是指室内家具、设施等的布置，在室内设计不断发展的今天，家具以及设施制造业也得到了突飞猛进的发展，最直观的体现就是，当前家具以及设施的种类更加丰富多样，功能也更加齐全。而家具的尺寸、形状以及摆放方式等内容是否满足了人体工程学理念，也会或多或少地对生活以及工作环境的品质造成影响。这些家具以及设施主要的服务对象就是人，因此，它的尺寸、形状以及摆放方式等必须要以人性化设计为宗旨；与此同时，在家具以及设施摆放时，一定要留有人们的使用空间，这也是满足人体工程学的重要环节。以卫浴间与厨房的设计为例，具体设计措施有：

1）卫浴间的设计。目前我国城市住宅卫生条件已有很大改善，但目前最大的问题是卫生间面积大小不合理，设备不齐全。设计过程中需要注意的是，厕所隔间和淋浴隔间应保证隔间内有更充足的回转空间；淋浴喷头高度的可调节，以适应不同身高和使用需求的人；坐便器旁、淋浴间、浴盆旁需在适宜高度安装易于抓握的扶手，以方便人员使用，给身体不便的人员提供辅助，防止滑倒事故；洗脸台和坐便器前也应有充足的空间，以满足人的活动需求；浴缸位置不宜靠窗，这不符合洗浴保温的要求，且浴缸上安装移动式隔气门以更符合人的洗浴行为；抽水马桶不宜靠近居室或卧室一侧，以免通风不好且抽水时噪声影响休息；洗手盆与淋浴间宜隔断，以方便多成员家庭使用以及卫生打理。

2）厨房的设计。居住建筑中厨房的设计，其合理性、实用性关系到每个家庭的日常生活质量与做饭者的健康。厨房设计一般包括操作台、橱柜、灶具、抽油烟机及其他厨房电器线路和设备等。由于现代厨房能源结构特点多样，燃气灶具与电器炊具并存，同时电冰箱也成为厨房中必不可少的家电之一，因此设计厨房时应充分考虑家电安置空间，避免空间局促造成操作者额外的生理消耗。在设计布局时首先应根据厨房的实际面积尺寸来布置。厨房的布局一般可分为一字形、L 形、T 形、U 形等，相关研究显示：单排直线形厨房很难保障厨房厨务功能，且经济性与舒适性最差，健康住宅的厨房应避免采用类似格局；厨房应设置洗涤池、案台、炉灶及排油烟机等设施，设计时若不按操作流程合理布置，住户实际使用或改造时将引起极大不便。

第二节　健康建筑的评价与检测

一、健康建筑的评价

1. 评价概述

中国城市科学研究会于 2017 年 3 月正式将健康建筑评价推向建筑市场。随着健康中国建设的逐步推进，以健康为核心、以使用者的实际满意度为重点的健康建筑评价认证将是建筑行业发展的新亮点之一。

（1）健康建筑评价标识　中国健康建筑评价标识（China Healthy Building Label，CHBL）是依据健康建筑评价的技术要求，按照《健康建筑标识管理办法》确定的程序和要求，对申请标识的建筑进行评价，确认其等级并进行信息性标识的活动。标识包括证书和标志。标志颜色以白色作底，蓝色、绿色交融，象征绿色性能基础上的健康建筑，整体造型为圆形，圆润、和谐、通融，立意"健康建筑"的广博发展，融合建筑造型，彰显行业品牌特性，核心元素融合，体现面向群众，为健康服务，凝聚合力、以人为本、精诚团结，共创健康建筑美好未来。

（2）评价的内容　健康建筑评价以《健康建筑评价标准》（T/ASC 02—2016）为技术准绳，由专业机构组织各专业的权威专家对参评建筑的合规性及合理性做出分析及判断，并给出详细技术建议，指导建筑的各项性能达到健康建筑的要求，相较于常规的建筑结构及水暖电气设计，健康建筑评价实际是"健康设计"活动。

设计阶段主要评价建筑采用的健康技术、采取的健康措施，以及健康性能的预期指标、健康运行管理计划；运行阶段主要关注健康建筑的运行效果、技术措施落实情况、使用者的满意度等。行业标准正式发布之前，健康建筑的评价工作以学会《标准》作为具体的评价依据。

（3）评价的专家委员会　为给评价工作提供可靠的理论支持，保证评价工作的科学性，中国城市科学研究会组建了健康建筑评价的专家委员会，为评价工作提供相关技术咨询服务。委员会专家来自清华大学、北京大学、重庆大学、中国建筑科学研究院有限公司、中国建材院、中国建筑学会、中国照明学会、中国建筑设计研究院、中国疾病预防控制中心、中国医学科学院、中国军事医学科学院、中国食品发酵工业研究院、上海市建筑科学研究院有限公司等权威机构，涵盖了综合、建筑、暖通、给水排水、声学、光学、公共卫生、建材八大专业，代表了国内行业的顶尖水平。

(4) 评价的特点

1) 国情适应。健康建筑评价紧贴我国社会、环境、经济发展的具体情况,指标严格,执行有力,特色鲜明。如:

① 针对老龄化问题,健康建筑要求进行兼顾老年人方便与安全的人性化设计。

② 针对装修污染问题,健康建筑对建筑装修的主料、辅料、家具、陈设品等全部品的污染物含量进行严格控制,同时加载空气净化装置,全方位保障室内空气品质。

③ 针对建筑密度过高导致健身和交流场地不足的问题,健康建筑见缝插针地设置相关场地和设施,并根据建筑面积、人口数量的比例,设置健身场地、设施数量、设施类型等关键技术指标,满足不同人群的日常健身需求。

④ 针对中式餐饮特有的颗粒、油烟、味道、湿气重的特点,健康建筑对厨房的通风量及气流组织进行严格要求,一方面降低人员暴露于油烟中的危害,另一方面从源头避免烹饪带来的污染。

2) 体系全面。健康建筑评价体系兼顾生理、心理、社会的全面健康因素,以人的全面健康为出发点,将健康目标分解为空气、水、舒适(声、光、热湿)、健身、人文、服务六大健康要素,涵盖了建筑、设备、声学、光学、公共卫生、心理、医学、建材、给水排水、食品十大专业,构建了全面的健康建筑评价体系。

3) 指标先进。健康建筑评价通过指标创新、学科交叉、提高要求等手段,保障评价指标的先进性。如,健康建筑评价中引入了化零为整的室内空气质量表观指数、基于光对人体非视觉系统作用的生理等效照度等新概念;将医学、心理、卫生等学科内容与建筑交叉融合,进行基于心理调节需求的建筑空间、色彩及专门功能房间设计等。

4) 控制有力。健康建筑评价体系从全过程、全部品、全生命三个层次设计了完整的健康建筑解决方案,具有强有力的控制手段。全过程是指从源头控制、传播途径和易感人群控制两个方面实现"全过程"把控,如对常见的甲醛等空气污染物分别制定浓度限值要求、污染源隔离等。全部品是指从装修的主料、辅材到家具、陈设品,从水管、水池到水阀、水封等,对建筑的"全部品"进行整体要求。全生命是指从设计阶段到验收阶段直至运行维护阶段,"全生命"地保障建筑整体的健康性能。

5) 方法科学。健康建筑评价综合使用现场检测、实验室检测、抽样检查、效果预测、数值模拟、专项计算、专家论证等方法,软硬兼施,保障了评价方法的科学性。

6) 模式成熟。健康建筑以绿色建筑为起点,突出健康,实现了优中选优。健康建筑评价参照绿色建筑评价的成熟模式,划分不同阶段、专业、层级,基础扎实,程序严谨,保障了评价的科学性、权威性和公正性。

2. 工作流程

为了保障评价工作的规范有序开展,中国城市科学研究会(以下简称城科会)制定了健康建筑标识评价系列管理办法,以规范城科会健康建筑评价工作,保证评价工作的科学、公开、公平和公正,引导健康建筑的健康发展。

健康建筑的评价共分为设计和运行两个阶段。其中设计阶段是健康理念贯彻落实的重要阶段,科学合理的健康建筑设计是达到良好健康效果的前提条件。运行阶段则是检验健康效果、指导实际健康管理和使用的环节。为保障各个评价阶段的评价质量,城科会制定了相关保障措施。设计阶段采用：加强施工图设计深度；规定预测指标采信数据的客观来源；制定科学可靠的综合类指标计算方法；要求前期健康指标的第三方检测四种措施。运行阶段采用：现场检查技术措施落实情况；抽样检测指标实际参数；查阅相关健康指标的第三方检测；走访使用者满意度；分年度定期复检五种措施。

根据已制定的管理办法，由城科会组织开展了健康建筑标识评价工作，截至2018年6月底，已有25个项目申请了健康建筑标识。评价工作在实践中不断改进完善，推广了健康建筑理念，并为贯彻健康中国战略部署，推进健康中国建设的伟大目标贡献力量。

二、健康建筑的检测

1. 室内空气质量检测

《健康建筑评价标准》（T/ASC 02—2016）对室内空气质量的检测主要包括对甲醛、苯系物、TVOC、PM2.5、PM10、氡、菌落总数等污染物浓度的检测；对室内通风净化设备的性能检测。主要检测项目及参考标准或方法见表12-2。

表12-2 室内空气质量检测项目及参考标准或方法

项目类别	检测项目	检测参考标准或方法
化学性污染物	二氧化硫、二氧化氮、一氧化碳、二氧化碳、氨、臭氧	《室内空气质量标准》（GB/T 18883—2002）
	甲醛、苯、甲苯、二甲苯、苯并[α]芘、TVOC	
颗粒性污染物	PM2.5、PM10	在建筑内加装颗粒物浓度监测传感设备，每种功能类型的房间至少取一间进行颗粒物浓度的全年监测，监测房间监测点不少于1个。控制项要求至少每小时对建筑内颗粒物浓度进行一次读取存储，连续监测一年后取算术平均值，并出具报告；加分项要求监测读数的时间间隔不超过10min，具有明确时间作息规律的建筑，可在确保建筑内无人的时段（如夜晚）不对室内颗粒物浓度进行要求，以除该时段外每日的建筑颗粒物算术平均浓度作为日均浓度，连续监测一年后出具相应报告，允许全年不保证天数18天
生物性污染物	菌落总数	《室内空气质量标准》
放射性污染物	氡	《室内空气质量标准》
通风净化	新风系统	主要检测新风机、净化模块的一次过滤效率，《通风系统用空气净化装置》（GB/T 34012—2017）、《空气过滤器》（GB/T 14295—2008）
	空气净化器	主要检测空气净化器对目标污染物的洁净空气量，《空气净化器》（固态、气态污染物）（GB/T 18801—2015）、《环境标志产品技术要求 空气净化器》（PM2.5）（HJ 2544—2016）
	新风量	《室内空气质量标准》

2. 建筑材料环保性能检测

《健康建筑评价标准》中对建材（家具）环保性能的检测要求是基于源头控制的思路，结合我国目前相关的标准现状对所用产品的有害物质限量做出规定。

在控制项中涉及的检测项目及标准依据见表12-3。评分项涉及的检测项目及参考标准和要求见表12-4。

表 12-3 建材（家具）环保性能控制项中涉及的检测项目及标准依据

类别	名称	检测项目	标准依据
室内装饰装修材料	无机非金属类建材	内照射指数 外照射指数	《建筑材料放射性核素限量》（GB 6566—2010）
	人造板及其制品	甲醛释放量	《室内装饰装修材料 人造板及其制品中甲醛释放限量》（GB 18580—2017）
	溶剂型木器漆及木器用溶剂型腻子	挥发性有机化合物含量 苯含量 甲苯、二甲苯和乙苯含量总和 卤代烃 可溶性重金属（铅镉铬汞）	《室内装饰装修材料 溶剂型木器涂料中有害物质限量》（GB 18581—2009）
	水性墙面涂料和水性墙面腻子	挥发性有机化合物含量苯 甲苯、二甲苯和乙苯含量总和 游离甲醛 可溶性重金属（铅镉铬汞）	《室内装饰装修材料 内墙涂料中有害物质限量》（GB 18582—2008）
	胶粘剂	苯 甲苯二甲苯 甲苯二异氰酸酯 二氯甲烷 1-2-二氯乙烷 1-1-2-三氯乙烷 三氯乙烯 总挥发性有机化合物含量	《室内装饰装修材料 胶粘剂中有害物质限量》（GB 18583—2008）
	壁纸	重金属（钡镉铬铅砷汞硒锑） 氯乙烯单体 甲醛	《室内装饰装修材料 壁纸中有害物质限量》（GB 18585—2001）
	聚氯乙烯卷材地板	重金属（铅铬） 氯乙烯单体 挥发性有机化合物	《室内装饰装修材料 聚氯乙烯卷材地板中有害物质限量》（GB 18586—2001）
	地毯、地毯衬垫及地毯胶粘剂	总挥发性有机物 甲醛 苯乙烯 4-苯基环己烯 丁基羟基甲苯 2-乙基己醇	《室内装饰装修材料 地毯、地毯衬垫及地毯胶粘剂有害物质释放限量》（GB 18587—2001）
	建筑用混凝土外加剂	释放氨	《混凝土外加剂释放氨的限量》（GB 18588—2001）
家具及构件	木家具	甲醛释放量 重金属（铅镉铬汞）	《室内装饰装修材料 木家具中有害物质限量》（GB 18584—2001）

表 12-4 建材（家具）环保性能评分项中涉及的检测项目及参考标准和要求

产品	检测项目	参考标准和要求
地板 地毯 地坪材料 墙纸 百叶窗 遮阳板	邻苯二甲酸二（2-乙基己）酯 邻苯二甲酸二正丁酯 邻苯二甲酸丁苄酯 邻苯二甲酸二异壬酯 邻苯二甲酸二异癸酯 邻苯二甲酸二正辛酯	要求：含量不超过 0.01% 参考标准：《涂料中邻苯二甲酸酯含量的测定 气相色谱/质谱联用法》（GB/T 30646—2014）、《食品接触材料及制品 邻苯二甲酸酯的测定和迁移量的测定》（GB 31604.30—2016）
地板	总挥发性有机化合物释放率 甲醛释放量	低于《环境标志产品技术要求 人造板及其制品》（HJ 571—2010）标准规定限值的 60%
地毯	总挥发性有机物 甲醛 苯乙烯 4-苯基环己烯 丁基羟基甲苯 2-乙基己醇	满足《室内装饰装修材料地毯地毯衬垫及地毯胶粘剂有害物质释放限量》中 A 级要求
聚乙烯卷材	重金属（铅铬） 氯乙烯单体 挥发性有机化合物	不高于《室内装饰装修材料聚氯乙烯卷材地板中有害物质限量》（GB 18586—2001）规定限值的 70%
防火涂料 聚氨酯类防水涂料	挥发性有机化合物含量	防火涂料要求：不高于 350g/L 防水涂料要求：不高于 100g/L 参考标准：《室内装饰装修材料 内墙涂料中有害物质限量》（GB 18582—2008）内 VOCs 测试方法
墙面涂料、腻子		达到《低挥发性有机化合物（VOC）水性内墙涂覆材料》（JG/T 481—2015）的最高限值要求
床垫等软体家具 吸声板等多孔材料	甲醛释放率	要求：均为不高于 0.05mg/（m²·h） 参考标准：《软体家具 弹簧软床垫》（QB/T 1952.2—2011）
家具和室内陈设品	全氟化合物 溴系阻燃剂 邻苯二甲酸酯类 异氰酸酯聚氨酯	要求：含量均不超过 0.01%（质量比） 参考标准：《纺织染整助剂中有害物质的测定 第 2 部分：全氟辛烷磺酰基化合物（PFOS）和全氟辛酸（PFOA）的测定 高效液相色谱-质谱法》（GB/T 29493.2—2013）、《纺织品 某些阻燃剂的测定 第 1 部分：溴系阻燃剂》（GB/T 24279.1—2018）、《玩具中阻燃剂的测定》（SN/T 2411—2009）、《聚氨酯预聚体中异氰酸酯基含量的测定》（HG/T 2409—1992）
纺织、皮革类产品	可萃取的重金属 重金属总量 氯化苯酚及邻苯苯酚 有机锡化物 氯化苯和氯化甲苯总量 多环芳烃 全氟化合物 壬基酚 富马酸二甲酯	各有害物质限量符合《环境标志产品技术要求 纺织品》（HJ 2546—2016）的要求

3. 建筑外门窗、幕墙气密性检测

室外污染物（PM2.5，PM10 等）可通过建筑外门窗、幕墙的缝隙穿透进入建筑内，在现阶段我国大气污染形势严峻的情况下，外门窗和幕墙的气密性对控制室内空气质量十分重要，因此《健康建筑评价标准》（T/ASC 02—2016）要求参评建筑对建筑外门窗、幕墙等的气密性进行检测并出示报告供审核评价。外门窗气密性检测参照《建筑外门窗气密、水密、抗风压性能分级及检测方法》（GB/T 7106—2008），幕墙气密性检测参照《建筑幕墙》（GB/T 21086—2007）。

4. 水质检测

能够提供清洁的生活饮用水是健康建筑的基本前提之一。为保护使用者身体健康、保证其生活质量，建筑各类用水均需要严格按照现行国家行业标准进行水质检测，主要包括生活饮用水水质、直饮水水质、非传统水源水质、游泳池水水质、供暖空调系统水质、景观水体水质、生活热水水质等。

1）生活饮用水水质的检测方法、检测结果应满足《生活饮用水卫生标准》（GB 5749—2006）的要求，其中总硬度和菌落总数两项指标宜优于《生活饮用水卫生标准》的要求。

2）直饮水水质的检测方法、检测结果应满足《饮用净水水质标准》（CJ 94—2005）《全自动连续微/超滤净水装置》（HG/T 4111—2009）、《家用和类似用途纯净水处理器》（QB/T 4144—2019）及原国家卫生和计划生育委员会颁布的《生活饮用水水质处理器卫生安全与功能评价规范———般水质处理器》《生活饮用水水质处理器卫生安全与功能评价规范——反渗透处理装置》等现行标准的要求。

3）非传统水源水质的检测方法、检测结果根据用途不同，应满足《城市污水再生利用》系列现行国家标准的要求。如冲厕用水、道路浇洒用水应满足《城市污水再生利用 城市杂用水水质》（GB/T 18920—2002）的要求；绿化灌溉用水应满足《城市污水再生利用 绿地灌溉水质》（GB/T 25499—2010）的要求；水景用水应满足《城市污水再生利用 景观环境用水水质》（GB/T 18921—2002）的相关要求。

4）游泳池水水质的检测方法、检测结果应满足《游泳池水质标准》（CJ/T 244—2016）的要求。

5）供暖空调系统水质的检测方法、检测结果应满足《采暖空调系统水质》（GB/T 29044—2012）的要求。

建筑物业管理部门应制定水质检测制度，定期监测各类用水的供水水质，及时掌握各类用水的水质安全情况，对于水质超标状况应能及时发现并进行有效处理，避免因水质不达标对人体健康及周边环境造成危害。

1）物业管理部门应保存历年的水质检测记录，并至少提供最近 1 年完整的取样、检测资料，对水质不达标的情况应制定合理完善的整改方案，及时实施并记录。

2）水质周检由物业管理部门自检，水质季检、年检应委托具有资质的第三方检测机构进行定期检测。

3）使用市政再生水、市政自来水等市政供水时，应提供水厂出水的水质检测报告或同一水源邻近项目的水质检测报告。

4）项目所在地卫生监督部门对项目的水质抽查或强制检测也可计入定期检测次数中。

5. 声环境检测

健康建筑声环境检测主要包括场地环境噪声、室内噪声级、空气声隔声性能、撞击声隔声性能、混响时间、语言清晰度指标。

为保证检测结果的准确性和可溯源性，各检测项目的检测方法依据现行国家标准确定，相应的检测方法及依据见表12-5。

表 12-5 健康建筑声环境检测方法及依据

检测项目	检测方法及依据
场地环境噪声	依据《声环境质量标准》（GB 3096—2008）进行检测
室内噪声级	依据《民用建筑隔声设计规范》（GB 50118—2010）进行检测
空气声隔声性能	依据《声学 建筑和建筑构件隔声测量 第3部分：建筑构件空气声隔声的实验室测量》（GB/T 19889.3—2005）、《声学 建筑和建筑构件隔声测量 第4部分：房间之间空气声隔声的现场测量》（GB/T 19889.4—2005）、《建筑隔声评价标准》（GB/T 50121—2005）等标准进行检测
撞击声隔声性能	依据《声学 建筑和建筑构件隔声测量 第6部分：楼板撞击声隔声的实验室测量》（GB/T 19889.6—2005）、《声学 建筑和建筑构件隔声测量 第8部分：重质标准楼板覆面层撞击声改善量的实验室测量》—2006）、《声学 建筑和建筑构件隔声测量 第7部分：楼板撞击声隔声的现场测量》（GB/T 19889.7—2005）、《建筑隔声评价标准》等标准进行检测
混响时间	依据《室内混响时间测量规范》（GB/T 50076—2013）进行检测
语言清晰度指标	依据《厅堂扩声特性测量方法》（GB/T 4959—2011）进行检测，评价指标可选择语言传输指数、房间声学语言传输指数、扩声系统语言传输指数之一。

此外，健康建筑评价对象往往场所数量较多，因此需要进行抽样检测，其抽样流程及规则如下：

1) 涵盖《健康建筑评价标准》（T/ASC 02—2016）中规定的需要进行检测的所有房间类型。

2) 对典型场所进行随机抽样测量，同类场所测量的数量不少于5%，且不应少于两个，不足两个时全部进行检测。

6. 光环境检测

健康建筑光环境检测根据场所不同有所差别，各类场所检测项目见表12-6。

表 12-6 健康建筑光环境检测项目

建筑类型	检测项目
居住建筑室内光环境	采光系数、采光均匀度、颜色透射指数、色温、一般显色指数、特殊显色指数、频闪、生理等效照度、控制系统调节特性
公共建筑室内光环境	采光均匀度、色温、一般显色指数、特殊显色指数、色容差、频闪、生理等效照度、控制系统调节特性
室外光环境	色温、水平照度、半助眠照度、照明光污染

为保证检测结果的准确性和可溯源性，各检测项目的检测方法依据现行国家标准确定，相应的检测方法及依据见表12-7。

表 12-7 健康建筑光环境检测方法及依据

检测项目	检测方法及依据
采光系数、采光均匀度	依据《采光测量方法》(GB/T 5699—2017)进行检测
颜色透射指数	依据《建筑外窗采光性能分级及检测方法》(GB/T 11976—2015)进行检测
色温、一般显色指数、特殊显色指数、水平照度、半柱面照度、照明光污染	依据《照明测量方法》(GB/T 5700—2008)或《绿色照明检测及评价标准》(GB/T 51268—2017)进行检测
频闪、控制系统调节特性	依据《绿色照明检测及评价标准》进行检测
生理等效照度	居住建筑：水平照度测量，依据《照明测量方法》进行水平照度测点布置及测量 公共建筑：各工作停留区域 1.2m 高度主视线方向垂直照度测量，依据《照明测量方法》进行

其中生理等效照度的检测主要包括（视觉）照度检测与计算两个部分，照度检测的布点和测量方法在表 12-7 中给出，其计算可按下式进行：

$$\mathrm{EML} = LR$$

式中：EML ——生理等效照度（lx）；

L ——（视觉）照度（lx）；

R ——比例系数，可获得光源光谱时，可参照 Well 标准相应部分进行计算；无法获取光谱功率分布时，可按表 12-8 选取。

表 12-8 生理等效照度比例系数

色温/K	比例系数
2700	0.41
3000	0.48
3500	0.58
4000	0.67
5000	0.81
5600	0.89
6500	1.00

专题七

工程项目智慧建造管理

第十三章 智慧建造概述

第一节 智慧建造的理解

一、工程建造的发展历程

1. 数字化建造阶段

建筑工程数字化建造的思想由来已久，伴随着机械化、工业化和信息技术的进步而不断发展。在 1997 年，美国著名建筑师弗兰克·盖里在西班牙毕尔巴鄂古根海姆博物馆的设计中，通过在计算机上建立博物馆的三维建筑表皮模型，然后将三维模型数据输送到数控机床中加工成各种构件，最后运送到现场组装成建筑物，这一过程已具备数字化建造的基本雏形。在我国，大型建筑工程的数字化建造实践是随着以国家体育场、首都机场 T3 航站楼等为代表的奥运工程建设而兴起，并随着上海中心等大型工程的建造而不断实践、发展的。

国家体育场（鸟巢）于 2003 年开工时便引入 CATIA 软件，是我国建筑行业首次使用 BIM 技术建造的工程，拉开了我国数字化建造的大幕。该工程建造中基于 BIM 技术数字化仿真分析、工厂化加工、机械化安装、精密测控、结构安全监测与健康监测以及信息化管理这六个方面的研究与应用，为我国数字化建造提供了宝贵的经验。

数字化技术在以国家体育场等为代表的多项大型建筑工程中的研究与应用，极大地推动了我国数字化建造技术的提升，但仍存在较多问题：首先，工程建造各参与方无法有效协同，数字化技术在工程建造中各自为主，各应用之间的信息是割裂的，造成工程项目的底层数据不统一，大量重复建模，大量人、材、机重复投入，信息数据大量浪费等问题；其次，工程项目建设中的视频监控数据、应力应变数据等难以融入 BIM 模型及平台，无法进一步挖掘；最后，工程项目建设中的人、材、物信息难以实现自动化，无法全面高效地融入信息化管理，无法发挥数字化建造技术的优势。

2. 信息化建造阶段

在 BIM 技术的不断研究与应用的基础上，以昆明新机场和北京英特宜家购物中心工程为代表，我国建造行业进入了信息化建造阶段。在 2008 年昆明新机场工程中，针对机电设备安装工程特点定制开发了支持宏观、微观（精细）和系统示意图等多层次的 4D 施工模拟与动态管理，建立了我国首个基于 BIM 的运维管理系统，同时还建立了综合施工技术知识管理平台，强调了在工程建造中对信息的管理与应用。在 2012 年北京英特宜家购物中心工程建造中，在全面深化运用 BIM 技术的基础上，搭建了国内首个基于 BIM 的信息化管理系统，除实现通用项目管理系统的功能外，还可与 4D 施工管理系统中的 BIM 数据库实现无损链接，实现各项业务管理之间的关联和联动，通过系统可以对项目进行进度、质量、物料、OA 协同、收发文、合同、变更、支付、采购、安全等多方面管理，实现轻量级的 4D 施工管理和日常项目管理。

信息化建造阶段是数字化建造阶段的升级，一定程度上解决了数字化建造阶段的问题，提升了施工效率和管理水平。一方面，信息化建造技术促进了建筑工程和建造过程的全面信息化以及基于信息的管理；另一方面，信息化建造技术强调建筑工程全生命周期各参与方之间的信息共享，并注重对于信息的积累、分析和挖掘。但总体来看，在信息技术与工程建造技术的融合、物理信息交互以及绿色化、工业化、信息化"三化"融合等方面仍需要深入研究与发掘。

3. 智慧建造阶段

通过数字化建造和信息化建造阶段的发展与积累，以北京槐房再生水厂、北京新机场和北京城市副中心的建设为代表，我国建筑行业逐渐进入智慧建造阶段。北京槐房再生水厂是亚洲最大的全地下再生水厂，规划流域面积 137km^2，日处理能力为 60 万 m^3，该水厂以"智慧水厂"为建设目标，通过运用 BIM、云计算、物联网等信息化技术，研究了工程信息建模、建筑性能分析、深化设计、工厂化加工、精密测量、结构监测、5D 施工管理、运维管理等集成化智慧应用，打造出基于 BIM 和物联网的"智慧水厂"建设平台，实现了全生命周期的智慧建造。

智慧建造是工程建造的高级阶段，通过信息技术与建造技术的深度融合以及智能技术的不断更新应用，从项目的全生命周期角度考虑，实现基于大数据的项目管理和决策，以及无处不在的实时感知，最终达到工程建设项目工业化、信息化和绿色化的三化集成与融合，促进建筑产业模式的根本性变革。

二、智慧建造的概念体系

智慧建造是指在工程建造过程中运用信息化技术方法、手段，最大限度地实现项目自动化、智慧化的工程活动，它是新兴的工程建造模式，是建立在高度的信息化、工业化和社会化基础上的一种信息融合、全面物联、协同运作、激励创新的工程建造模式。智慧建造的概念体系由广义和狭义两种。

1. 广义的智慧建造

广义的智慧建造是指在建筑产生的全过程，包括工程立项策划、设计、施工阶段，通过运用以 BIM 为代表的信息化技术开展的工程建设活动。其内涵主要包括以下几个方面：

1)智慧建造的目标是实现工程建造的自动化、智慧化、信息化和工业化,进一步推动社会经济可持续发展和生态文明建设。

2)智慧建造的本质是以人为本,通过技术应用逐步从繁重的体力劳动和脑力劳动中把人解放出来。

3)智慧建造的实现要依托科学技术的进步以及系统化的管理。

4)智慧建造的前提条件是保证工程项目建设的质量与安全。

5)智慧建造需要多方共同努力,协同推进,包括建设方、设计方、施工方、使用方以及政府等。

6)智慧建造包含立项、设计和施工三个阶段,但这三个阶段不是孤立或简单叠加式地存在,而是相辅相成、有机融合的,是信息不断传递、不断交互的过程。

2. 狭义的智慧建造

狭义的智慧建造是指在设计和施工全过程中,立足于工程建设项目主体,运用信息技术实现工程建造的信息化和智慧化。狭义的智慧建造着眼点在于工程项目的建造阶段,通过 BIM、物联网等新兴信息技术的支撑,实现工程深化设计及优化、工厂化加工、精密测控、智能化安装、动态监测、信息化管理这六大典型应用,如图 13-1 所示。

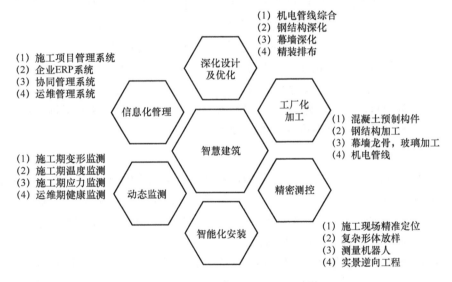

图 13-1 智慧建造的典型应用场景

1)工程深化设计及优化可以实现 BIM 信息建模、碰撞检测、施工方案模拟、性能分析等。

2)工厂化加工可以实现混凝土预制构件、钢结构、幕墙龙骨及玻璃、机电管线等工厂化。

3)精密测控可以实现施工现场精准定位、复杂形体放样、实景逆向工程等。

4)智能化安装可以实现模架系统的爬升、钢结构的滑移及卸载等。

5)动态监测可以实现施工期的变形监测、温度监测、应力监测、运维期健康监测等。

6)信息化管理包括企业 ERP 系统、协同管理系统、施工项目管理系统、运维管理系统等。

第二节 智慧建造相关技术

一、智慧建造的支撑技术

1. BIM 技术

建筑信息模型（Building Information Modeling，BIM）是在计算机辅助设计（CAD）等技术基础上发展起来的多维模型信息集成技术，它是对建筑工程物理特征和功能特性信息的数字化承载和可视化表达。BIM 能够支撑建筑全生命周期各参与方之间的信息共享，支持对工程环境、能耗、经济、质量、安全等方面的分析、检查和模拟，可实现工程项目的虚拟建造和精细化管理，为建筑业的提质增效和产业升级提供技术保障。

我国各级政府都在积极倡导 BIM 技术在工程建设行业的应用推广，将 BIM 技术应用作为促进建筑领域生产方式变革的重要抓手，在 2011 年住房和城乡建设部颁发的《2011—2015 年建筑业信息化发展纲要》中，已将"加快 BIM 等新技术在工程中的应用"列入"十二五"建筑业信息化发展的总体目标和重要任务之一，2015 年住房和城乡建设部发布的《关于推进建筑信息模型应用的指导意见》要求，到 2020 年末实现国有资金投资为主的大中型建筑及申报绿色建筑的工程应集成应用 BIM，特级、一级房屋建筑工程施工企业应掌握并实现 BIM 与企业管理系统和其他信息技术的一体化集成应用。

当前，我国工程建设行业正在如火如荼地开展 BIM 工程应用实践与推广——BIM 技术被广泛地应用在深化设计、管线综合、施工工作面管理、方案优化、物料追踪、精细算量、逆向工程、3D 打印、虚拟现实等应用场景。BIM 应用正逐渐融入工程建设的各个环节和阶段，成为工程建造的一个不可或缺的重要手段。

2. 物联网

物联网（Internet of Things，IoT）是指通过装置在各类物体上的各种信息传感设备，如射频识别（RFID）装置、二维码、红外感应器、全球定位系统、激光扫描器等装置与互联网或无线网络相连而成的一个巨大网络。其目的是让所有的物品都与网络连接在一起，方便智慧化识别、定位、跟踪、监控和管理。

在《2016—2020 年建筑业信息化发展纲要》中，明确提出要通过物联网技术，结合建筑业发展需求，加强低成本、低功耗、智能化传感器及相关设备的研发，实现物联网核心芯片、仪器仪表、配套软件等在建筑业的集成应用。物联网技术也是"智慧工地"应用的核心技术之一。

物联网通过在建筑施工作业现场安装各种信息传感设备，按约定的协议，把任何与工程建设相关的物品与互联网连接起来，进行信息交换和通信，以实现智能化识别、定位、跟踪、监控和管理。物联网可有效弥补传统方法和技术在监管中的缺陷，实现对施工现场人、机、料、法、环的全方位实时监控，变被动"监督"为主动"监控"。物联网具备三大特征：一是全面感知，利用传感器、RFID、二维码等技术，随时随地获取用户或者产品信息；二是可靠传送，通过通信网与互联网，信息可以随时随地地交互、共享；三是智能处理，利用云计算、模式识别等智能计算技术，对海量的信息数据进行分析与处理，并实现智能决策与控制。

3. 云计算

云计算是一种新的计算方法和商业模式，即通过虚拟化、分布式存储和并行计算以及宽带网络等技术，按照"即插即用"的方式，自助管理计算过程和存储等资源能力，并最终形成高效、弹性的公共信息处理资源。使用者通过公众通信网络，以按需分配的服务形式，获得动态可扩展信息处理能力和应用服务。

云计算是一种新的互联网应用模式，它是基于互联网的相关服务的增加、使用和交付而建立的，其资源具有动态易扩展及虚拟化的特点，云计算依赖互联网实现；云计算是交付和使用模式的服务，这种基于互联网、采用按需和易于扩展的方式获得所需资源的服务，可以让软件和互联网以及其他服务相关联，标志着计算能力作为商品在互联网的正式流通。

在工程建设过程中，云计算作为基础应用技术是不可或缺的，物联网、移动应用、大数据等技术的应用过程中，普遍搭建云服务平台，实现终端设备的协同、数据的处理和资源的共享。传统信息化基于企业服务器部署的模式逐渐被基于公有云或私有云的信息化架构模式所取代，特别是一些移动应用提供了公有云，用户只需要在手机上安装APP，注册后就可以使用，避免施工现场部署网络服务器，简化了现场互联网应用，有利于现场信息化的推广。

4. 移动互联网

移动互联网（Mobile Internet，MI）是一种通过智能移动终端，采用移动无线通信方式获取业务和服务的新兴业态，包含终端、软件和应用三个层面。终端层包括智能手机、平板电脑等；软件层包括操作系统、中间件、数据库和安全软件等；应用层包括休闲娱乐类、工具媒体类、商务财经类等不同应用与服务。

移动互联网整合了互联网与移动通信技术，将各类网站和企业的大量信息及各种各样的业务引入到移动互联网之中，搭建了一个适合业务和管理需要的移动信息化应用平台，能够满足用户需要，并能够提供有竞争力的服务，包括：①更大数据吞吐量，并且低时延；②更低的建设和运行维护成本；③与现有网络的可兼容性；④更高的鉴权能力和安全能力；⑤高品质互动操作。

移动应用对于建筑施工现场管理有着天然的符合度，施工现场人员的主要工作职责和日常工作发生地点一般在施工生产现场，而不是办公区的固定办公室。基于PC机的信息化系统难以满足走动式办公的需求，移动应用解决了信息化应用最后一公里的尴尬。通过项目现场移动APP的应用，实现项目施工现场一线管理人员的碎片化时间整合利用，现场移动应用被广泛地应用在现场即时沟通协同、现场质量安全检查、规范资料的实时查询等方面。同时移动应用与物联网技术、云技术和BIM技术的集成，在手机视频监控、二维码扫描跟踪、模型现场检查、多方图档协同工作上得到深度应用，产生了极大的价值。

5. 大数据

大数据是指无法在一定时间内用常规软件工具对其内容进行抓取、管理和处理的数据集合。大数据分析是指对大量结构化和非结构化的数据进行分析处理，从中获得新的价值，具有数据量大、数据类型多、处理要求快等特点，需要用到大量的存储设备和计算资源。

大数据遍布智慧交通、智慧医疗、智慧教育等智慧城市建设的各个领域。对大数据进行分类、重组分析、再利用等一系列的智慧化处理后，其结果将为智慧城市建设的决策者提供参考。从政府决策到人们的衣食住行，从创建节约型社会到以人为本，科技惠民，都将在大数据的支撑下走向"智慧化"，大数据真正成为智慧城市的智慧引擎。

二、智慧建造的建造技术

1. 钢结构深化设计与物联网应用

钢结构深化设计是以设计院的施工图、计算书及其他相关资料为依据，依托专业深化设计软件平台，建立三维实体模型，开展施工过程仿真分析，进行施工过程安全验算，计算节点坐标定位调整值，并生成结构安装布置图、零构件图、报表清单等的过程。钢结构深化设计与 BIM 结合，实现了模型信息化共享，由传统的"放样出图"延伸到施工全过程。

在钢结构施工过程中应用物联网技术，从根本上打破了原有数据价值链的围墙，改善施工数据的采集、传递、存储、处理、使用等各个环节，将人员、材料、机器、产品等与施工管理、决策建立更为密切的关系，并可进一步将信息与 BIM 模型进行关联，提高施工效率、产品质量和企业创新能力，提升产品制造和企业管理的信息化水平。

2. 预制构件工厂化生产加工

预制构件工厂化生产加工是指采用自动化流水线、机组流水线、长线台座生产线生产标准定型预制构件并兼顾异型预制构件，采用固定台模线生产市政和公路工程预制构件，满足预制构件的批量生产加工和集中供应要求。

工厂化生产加工包括预制构件工厂规划设计、各类预制构件生产工艺设计、预制构件模具方案设计及其加工技术、钢筋制品机械化加工和成型技术、预制构件机械化成型技术、预制构件节能养护技术、预制构件生产质量控制技术。

3. 钢结构虚拟预拼装

钢结构虚拟预拼装是用三维设计软件，将钢结构分段构件控制点的实测三维坐标，在计算机中模拟拼装形成分段构件的轮廓模型，与深化设计的理论模型拟合比对，检查分析加工拼装精度，得到所需修改的调整信息，经过必要的反复加工修改与模拟拼装，直至满足精度要求。

虚拟预拼装技术主要包括：

1）根据设计图文资料和加工安装方案等技术文件，在构件分段与胎架设置等安装措施可保证自重受力变形不致影响安装精度的前提下，建立设计、制造、安装全部信息的拼装工艺三维几何模型，完全整合形成一致的输入文件，通过模型导出分段构件和相关零件的加工制作详图。

2）构件制作验收后，利用全站仪实测外轮廓控制点三维坐标。

3）计算机模拟拼装，形成实体构件的轮廓模型。

4）将理论模型导入三维图形软件，合理地插入实测整体预拼装坐标系。

5）采用拟合方法，将构件实测模拟拼装模型与拼装工艺图的理论模型比对，得到分段构件和端口的加工误差以及构件间的连接误差。

6）统计分析相关数据记录，对于不符合规范允许偏差和现场安装精度的分段构件或零件，修改校正后重新测量、拼装、比对，直至符合精度要求。

4. 钢结构滑移、顶（提）升施工

滑移技术是在建筑物的一侧搭设一条施工平台，在建筑物两边或跨中铺设滑道，所有构件都在施工平台上组装，分条组装后用牵引设备向前牵引滑移（可用分条滑移或整体累积滑移）。结构整体安装完毕并滑移到位后，拆除滑道实现就位。滑移可分为结构直接滑移、结构和胎架一起滑移、胎架滑移等多种方式。牵引系统由卷扬机、液压千斤顶与顶进系统等组成。结构滑移设计时要对滑移工况进行受力性能验算，保证结构的杆件内力与变形符合规范和设计要求。

整体顶升与提升是一项成熟的钢结构与大型设备安装技术，它集机械、液压、计算机控制、传感器监测等技术于一体，解决了传统吊装工艺和大型起重机械在起重高度、起重量、结构面积、作业场地等方面无法克服的难题。顶（提）升方案的确定，必须同时考虑承载结构（永久的或临时的）和被顶（提）升钢结构或设备本身的强度、刚度和稳定性。

5. 钢结构智能焊接技术

智能焊接是指在焊接加工过程中对相关机器与构件进行智能化、信息化升级。智能焊接仍以"传感—决策—执行"为着眼点，对焊接过程参数进行监测与控制。一方面，智能焊接强调在加工过程中引入信息流，通过安装多种传感器的方式，更全面、具体地获取加工过程信息，从而认识加工过程；另一方面，智能焊接强调信息与人之间的转换与融合，从而实现智能焊接加工系统与系统操作者无缝的人机交互。该技术的重要组成部分就是机器人焊接技术，它是智能技术与传统焊接工艺的深度融合。

6. 钢结构智能测量技术

钢结构智能测量技术是指在钢结构施工的不同阶段，采用基于全站仪、电子水准仪、GPS全球定位系统、北斗卫星定位系统、三维激光扫描仪、数字摄影测量、物联网、无线数据传输、多源信息融合等多种智能测量技术，解决特大型、异型、大跨径和超高层等钢结构工程中传统测量方法难以解决的测量速度、精度、变形等技术难题，实现对钢结构安装精度、质量、安全、施工进度的有效控制。主要包括：高精度三维测量控制网布设、钢结构地面拼装智能测量、钢结构精准空中智能化快速定位、基于三维激光扫描的高精度钢结构质量检测及变形监测、基于数字近景摄影测量的高精度钢结构性能检测及变形监测、基于物联网和无线传输的变形监测。

7. 智能模架系统

智能模架系统的典型应用主要包括智能整体顶升平台、智能液压爬升模板。智能整体顶升平台采用长行程油缸和智能控制系统顶升模板和整个操作平台装置，具有操作平台在高位、支撑系统在低处的特点，适应复杂多变的核心筒结构施工，满足平均3天一层的工期要求，保证全过程施工安全和施工质量，并形成整套综合施工技术。智能液压爬升模板（简称爬模）通过承载体附着或支承在混凝土结构上，当新浇筑的混凝土脱模后，以液压油缸为动力，以导轨为爬升轨道，将爬模装置向上爬升一层，反复循环作业。目前我国的爬模技术在工程质量、安全生产、施工进度、降低成本、提高工效和经济效益等方面均有良好的效果。

8. 基于 BIM 的管线综合

机电工程施工中，水、暖、电、智能化、通信等各种管线错综复杂，管路走向密集交错，若在施工中发生碰撞情况，则会出现拆除返工现象，甚至会导致设计方案的重新修改，不仅浪费材料、延误工期，还会增加项目成本。基于 BIM 技术的管线综合技术可将建筑、结构、机电等专业模型整合，再根据各专业要求及净高要求将综合模型导入相关软件进行碰撞检查，根据碰撞报告结果对管线进行调整、避让，对设备和管线进行综合布置，从而在工程开始施工前发现问题，通过深化设计进行优化和解决问题。

9. 机电管线及设备工厂化预制

工厂模块化预制技术是将建筑给水排水、供暖、电气、智能化、通风与空调工程等领域的建筑机电产品按照模块化、集成化的思想，从设计、生产到安装和调试深度结合集成，通过这种模块化及集成技术对机电产品进行规模化的预加工，工厂化流水线制作生产，从而实现建筑机电安装标准化、产品模块化及集成化。利用此技术，不仅能提高生产效率和质量水平，降低建筑机电工程建造成本，还能减少现场施工工程量、缩短工期、减少污染，实现建筑机电安装全过程绿色施工。

10. 3D 打印装饰造型模板

3D 打印装饰造型模板采用聚氨酯橡胶、硅胶等有机材料，打印或浇筑而成，有较好的抗拉强度、抗撕裂强度和粘结强度，且耐碱、耐油，可重复使用 50~100 次。通过有装饰造型的模板给混凝土表面做出不同的纹理和肌理，可形成多种多样的装饰图案和线条，利用不同的肌理显示颜色的深浅不同，实现材料的真实质感，具有很好的仿真效果。

三、建筑设计信息物理交互系统

1. 定义

信息物理融合系统（Cyber Physical Systems，CPS）是一个综合计算、网络和物理的多维复杂系统，通过 3C（Communication，Computer，Control）技术的有机融合与深度协作，实现大型工程系统的实时感知、动态控制和信息服务。

建筑设计信息物理交互系统是借鉴制造业的理念而提出的，针对建筑全生命周期过程中形成的信息，运用计算机、信息模型及网络系统等技术手段，实现信息模型的高效管理以及与物理实体的无障碍交互。有的学者将其命名为"建筑设计信息物理交互系统"（Building Information Physical Interaction System，BIPIS）。一方面，它打破建筑项目各参与方在全生命周期的信息传递障碍，实现建筑信息实时、准确高效的交互协同；另一方面，有助于形成大数据基础，进一步向大数据管理发展，并通过机器交互来实现建筑全流程的智慧化、弹性化、自治化。

2. 系统的特点

该系统的最终目的是实现建筑全过程中信息世界和物理世界的有机融合，作为一种新型智慧系统，它具有如下特点：

1) 实时性强。实时性强是该系统最重要的特征。建筑全过程中会产生海量的信息，会运用多种多样的物理设备和软件系统，因此，对于计算和信息处理能力提出了很高的要求。而为了无延迟地实现信息模型与物理实体的无障碍交互，实时地监测物理设备运行情况以及处理异常状况，只有拥有较高实时性的系统才能满足要求。

2) 通信能力强。建筑各参与方可能在任何时间、任何地点、任何情况下要求接入网络，而物理设备可能分布在多个地点，因此，需要一个巨大的网络实现实时通信，将信息与物理实体互联的同时，还要保证数据传输的准确性和高效性。

3) 自治性高。建筑项目一般覆盖一个大的现场甚至区域，建筑设计信息物理交互系统则是根据不断变化的环境作出判断并执行相应的程序，因此，它具有自我感知、自我优化、自我保护和自动执行等能力，从而自动排除各种系统故障（包括物理系统故障和信息系统故障），进而确保系统的正常运行。

4) 异构性好。建筑设计信息物理交互系统中包含建筑全过程中使用的多种物理设备、软件系统，以及通信协议，而要实现对这些异质部件、异构体和异构网络的无障碍连接，必须是大型异构分布式系统。

5) 容错性强。为了使系统满足实时性和异构性要求，实现自治性，容错能力强成为其必不可少的功能特点。为了避免信息和物理中一些不确定性因素使系统或部分功能出错、崩溃，为了保证系统健康稳定的运行，强容错性则成为其必不可少的重要性能指标。

3. 系统架构及功能

CPS 是由众多异构元素构成的复杂系统，对于不同行业的特定应用通常不完全一致。建筑设计信息物理交互系统是贯穿于建筑全生命周期不同阶段、不同参与方之间的建筑信息交互协同技术，因此，从技术角度可以划分为感知层、计算层和控制层，如图 13-2 所示。不同层的协同，构成了完整的信息物理交互协同技术体系，解决了建筑业信息与物理相互分割的问题。

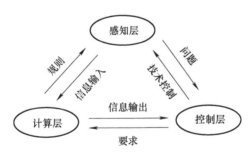

图 13-2　建筑设计信息物理交互系统构架

以上三层的协同运作可分为正逆两个方向。正向上，感知层通过感知单元获取信息，输入至计算层进行分析计算，形成决策后，输出至控制层，由相应的控制单元对感知单元进行技术控制；逆向上，控制层将多种要求输入至计算层，计算分析形成相应的规则，规范感知单元的运作，感知单元通过不断发现问题推动控制层工作。

4. 研究与应用

建筑设计信息物理交互系统在建筑业还属于新兴的技术手段，仅个别企业和高校开展了相应的研究工作，归纳起来，现阶段的重点研究方向有接口标准、平台建设和项目应用三个方面。

1）建筑设计信息物理交互系统接口标准。实现建筑设计信息在"设计—生产—建造—运维"全过程的交互与反馈，满足建筑项目全生命周期各阶段各专业对设计信息的技术要求，支持建筑设计、性能模拟、工厂加工、智能建造等环节的标准化信息接口研究是建筑设计信息物理交互系统的基础，有助于实现建筑全生命周期设计信息的统一性与准确性。重点应研究建筑设计与建造施工、建筑设计与加工制造、建造施工与运维管理等之间的信息物理交互接口标准。

2）建筑设计信息物理交互系统平台建设。建筑设计信息物理交互系统平台建设应研究平台的总体架构，按建筑设计信息的"采集—存储—传输—分析—运维—展示"划分功能模块并确定平台需要支撑的信息交互与反馈的关键接口，以问题为导向进行接口协议与相关插件的编制，实现设计信息的可视化展示，完成三维建筑公共信息模块、具有控制属性的建筑设计基础信息、携带深入技术数据的优秀案例资源库的建设，实现信息传递与存储、多方交互、实时展示、多系统协同设计、可视化过程控制、辅助管理、智能化运维、数据回收、模块化资源库。

3）建筑设计信息物理交互系统项目应用。建筑设计信息物理交互系统的不断完善需要不断的实践应用，针对不同的项目特点开展相应的示范应用研究，建立多专业团队协同设计、信息交互、远程协作的工作模式，完成建筑设计在流程上、技术性能上的整体优化，实现模块化数据库与定制性设计的有机融合等。

第十四章 云技术的建设工程项目全生命周期 BIM 集成管理

第一节 建设工程项目全生命周期的 BIM 实施模式

一、建设工程项目全生命周期管理

项目作为创造独特产品与服务的一次性活动是有始有终的，项目从始到终的整个过程构成了一个项目的生命周期。对于项目生命周期也有不同的定义，美国项目管理协会的定义：项目是分阶段完成的一项独特性的任务，一个组织在完成一个项目时会将项目划分成一系列的项目阶段，以便更好地管理和控制项目，更好地将组织的日常运作与项目管理结合，项目的各个阶段整体就构成一个项目的生命周期。

建设工程项目全生命周期管理对应英文"Building Lifecycle Management"，即"BLM"。虽然 BLM 的思想得到了广泛的重视，但目前还没有一个比较权威的定义，许多公司和研究单位都尝试定义 BLM，例如，达索公司认为：建设工程项目全生命周期管理是运用单一的可交换的数据集进行设计、建造、运行设施的行为。Autodesk 公司认为：BIM 贯穿于建设全过程，即从概念设计到拆除或拆除后再利用，通过数字化的方法来创建、管理和共享所建造资本资产的信息。另有文献提出：建设工程项目全生命周期管理是在建设工程项目生命周期内利用信息技术、过程和人力来集中管理建设工程项目信息的策略，其核心在于如何解决工程项目实施过程中的数据管理和共享问题。

一般认为，为了实现建设工程项目全生命周期管理，最重要的是建立建筑信息模型（Building Information Model，BIM），建筑信息模型是对建筑物物理特性和功能特性的数字化表达，是对工程对象的完整描述，可被建设项目各参与方普遍使用，能够连接建设工程项目生命周期不同阶段的数据、过程和资源，帮助项目团队提升决策的效率与正确性。基于 BIM，可以使本专业的各种设计图之间以及图样与文档之间协调一致，同时也可以实现不同专业之间的设计信息共享，防止错漏碰缺等问题的发生，各专业 CAD 系统可从信息模型中获取所需的设计参数和相关信息，无须重复录入数据，减少了数据错误、版本不一致等问题，从而提高了设计质量和设计效率。

建筑信息模型不仅在工程的规划、设计、施工、运维等单个阶段得到使用，而且可以支持工程项目全生命周期的综合管理，使项目全生命周期的信息能够得到有效的组织和追踪，保证信息从一阶段传递到另一阶段时不会发生"信息断层"，减少信息歧义和不一致的问题。要实现这一目标，除建立完备的建筑信息模型之外，通常还需要一个面向建设工程项目全生命周期的集成管理平台，并且建立相关的数据编码交换等标准，才能对项目各阶段相关的工程信息进行有机的集成、共享和管理，支持项目各参与方、各阶段、各专业之间的信息交换，实现项目全生命周期的集成管理。

全生命周期管理涉及与之相关的组织、过程、方法和手段等，是集成化思想在建设工程信息管理中的应用，是建筑业的一场变革。其核心在于如何解决工程项目实施过程中的数据管理和共享问题；对于减少建设工程项目传统全流程中的冗余投资、资源浪费和多种失误，具有重大的技术和商业价值。

根据图 14-1 麦克里美曲线所解释的规律，随着项目阶段的推进，对项目的控制力逐渐下降，变更成本逐渐升高。传统的工作模式在项目后期容易发生较多变更，而基于全生命周期管理的工作流程可在项目前期发现问题，尽早解决，从而减少不必要的重复工作、成本及材料的浪费，而且可以使项目始终处于可预见、可控制的状态。

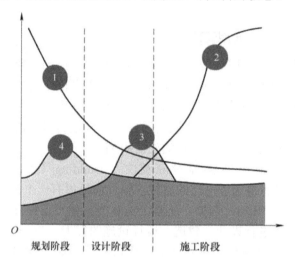

图 14-1 项目管理的麦克里美曲线

二、全生命周期各阶段 BIM 建模与交付

1. 全生命周期各阶段 BIM 建模与交付的基本原则

基于统一的 BIM 平台，设计、施工、运维的各阶段 BIM 建模均应在上一阶段的基础之上进行。为了实现模型信息的平稳过渡，需要对全生命周期各阶段的 BIM 建模提出标准，以便使下一阶段的建模能充分利用前一阶段的信息，实现全生命周期管理。参照《建筑信息模型施工应用标准》(GB/T 51235—2017) 的相关规定，建模基本原则包括：

1) 各阶段宜事先协商，采用同一版本的建模软件。
2) 模型应涵盖项目 BIM 应用所需的全部专业。
3) 建模采用固定坐标和单一坐标原点。
4) 模型数据应进行分类和编码，并满足数据互用的要求。
5) BIM 模型应包含信息所有权的状态、信息的创建者与更新者、创建和更新的时间以及所使用的软件及版本。
6) 模型交付前，应进行正确性、协调性和一致性检查，确保模型数据已经过审核、清理，模型数据是经过确认的最终版本。
7) 接收方在使用共享数据前，应进行核对和确认。

2. 设计阶段向施工阶段的 BIM 建模与交付

设计阶段 BIM 模型的细度可以分为 L0D100、L0D200、L0D300 三个等级，见表 14-1。

表 14-1 设计阶段 BIM 模型的细度

等级名称（代号）	用途	阶段
概念设计模型（L0D100）	方案必选	概念设计阶段
方案及扩初设计模型（L0D200）	系统分析，一般性表现	方案及扩初设计阶段
使用图模型（L0D300）	施工图设计、碰撞检查、成本估算	设计交付阶段

其中，L0D100、L0D200 模型可供设计阶段应用，但交付到施工阶段的模型应满足 L0D300 模型的精度要求。其要求可参照《建筑信息模型施工应用标准》的相关规定，以梁、柱子为例，交付到施工阶段的模型应满足相应要求，见表 14-2。

表 14-2 L0D300 模型中梁、柱的精度要求

录入的对象信息	精度要求
柱子	非承重柱子应归类于"建筑柱"，承重柱应归类于"结构柱"，应在属性中注明
	柱子宜按照施工工法分层建模
	柱子截面应为柱子外廓尺寸，建模几何精度宜为 10mm
	外露钢结构柱的防腐等性能
梁	应按照需求输入梁系统的几何信息和非几何信息，建模几何精度宜为 50mm
	外露钢结构梁的防腐等性能

3. 施工阶段向运维阶段的 BIM 建模与交付

施工阶段 BIM 模型的细度可以分为 L0D350、L0D400、L0D500 三个等级，见表 14-3。

表 14-3 施工阶段 BIM 模型的细度

等级名称（代号）	用途	阶段
深化设计模型（L0D350）	深化设计、施工模拟、虚拟建造	深化设计阶段
施工过程模型（L0D400）	进度管理、安全管理、施工算量与造价	施工实施阶段
竣工交付模型（L0D500）	验收、交付	竣工交付阶段

其中，L0D350、L0D400 模型可供施工阶段应用，但交付到运维阶段的模型应满足 L0D500 模型的精度要求。其要求可参照《建筑信息模型施工应用标准》的相关规定，以梁、柱子为例，交付到运维阶段的模型应满足相应要求，见表 14-4。

表 14-4 L0D500 模型中梁、柱的精度要求

录入的对象信息	精度要求
柱子	非承重柱子应归类于"建筑柱"，承重柱应归类于"结构柱"，应在属性中注明
	柱子截面应为柱子外廓尺寸，建模几何精度宜为 3mm
梁	应按照需求输入梁系统的几何信息和非几何信息，建模几何精度宜为 3mm

第二节 基于云计算的 BIM 数据整合与共享研究

一、基于云计算的 BIM 集成与管理平台架构

云计算技术的提出，使不同专业、不同地区的工作人员可以方便地连接到同一个数据源，实现更加有效地数据共享、沟通与协作。基于云计算的 BIM 数据存储则为大量 BIM 数据的高效存储、处理、分析与管理提供了有力的支撑，便于不同用户快速高效地获取与分析有关数据。

一个典型的云平台架构如图 14-2 所示，该架构由一系列的存储及分析集群组成，每个集群均可面向业主、总包或其他参与方提供数据存储与数据处理等，每个集群一般又包含元数据模型和基于 NoSQL 数据库的数据存储单元两部分，其中元数据模型用于定义数据的类型、组织结构等，数据存储单元则是基于元数据所定义的格式存储大量工程数据。通常情况下，为提高大量数据的处理效率，云平台会提供一种被称为 MapReduce 编程的模型，基于该模型可实现大型数据集群上的数据并行处理，MapReduce 模型包括两个主要步骤：Map 和 Reduce。前者将数据按照特定格式进行组织后分发到集群的不同节点，由各节点进行数据处理；而后者则可将各节点的计算或处理结果进行汇总，并将数据归集到一起。通过这种方式，可充分利用云平台各节点的计算与数据处理能力，提高数据处理、分析的速度。

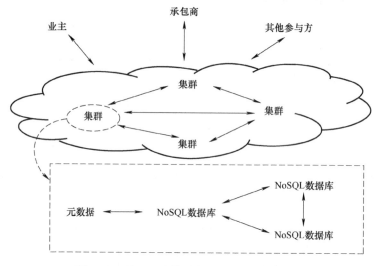

图 14-2 基于云计算的信息集成与管理架构

二、基于 IFC 的 BIM 模型结构

一个完整的 IFC 模型由类型定义、函数、规则及预定义属性集组成。其中，类型定义是 IFC 模型的主要组成部分，包括定义类型（Defined Type）、枚举类型（Enumeration）、选择类型（Select Types）和实体类型（Entity Types）。其中，实体类型采用面向对象的方式构建，与面向对象中类的概念对应。实体的实例是信息交换与共享的载体，而定义类型、枚举类型、选择类型以及实体类型的引用作为属性值出现在实体实例中。IFC 模型对常用的属

性集进行了定义,称为预定义属性集。另外,IFC 模型中的函数及规则用于计算实体的属性值,控制实体属性值需满足的约束条件,以及用于验证模型的正确性等。

IFC 模型可以划分为四个功能层次,即资源层、核心层、交互层和领域层。IFC 模型的类型定义在各功能层中的分布见表 14-5。资源层定义了用于信息描述的基本元素,包括全部分布在该层的定义类型、主要分布在该层的选择类型及函数、半数以上的实体类型,资源层内的实体不能独立使用,需依赖于上层实体而存在。核心层、交互层及领域层中的非抽象实体则直接用于信息交换,这些实体均由 IfcRoot 继承。

表 14-5 IFC 模型的类型定义在各功能层中的分布

项目	资源层	核心层	交互层	领域层
定义类型	117	0	0	0
枚举类型	41	14	39	72
选择类型	43	0	0	3
实体类型	352	98	96	114
函数	35	1	1	1
规则	1	1	0	0
预定义属性集	0	57	81	172

IFC 规范将实体按照功能和领域进行了划分,如图 14-3 所示。其中与主体实体相关的功能和领域分类包括:

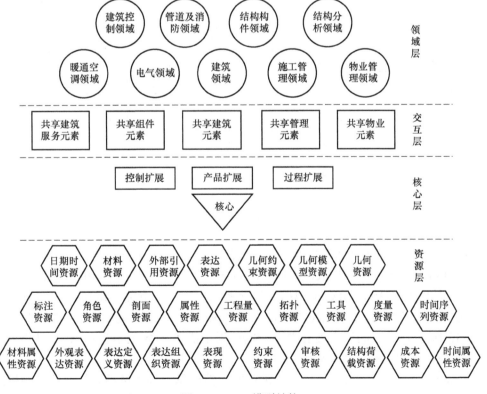

图 14-3 IFC 模型结构

1）核心层：核心、控制扩展、产品扩展、过程扩展。

2）交互层：共享建筑服务元素、共享组件元素、共享建筑元素、共享管理元素、共享物业元素。

3）领域层：建筑领域、建筑控制领域、结构构件领域、结构分析领域、施工管理领域、物业管理领域、电气领域、管道及消防领域、暖通空调领域。

IfcRoot 是核心层及以上层次中全部实体类型的抽象基类型。图 14-4 描述了 IfcRoot 的主要派生关系。IfcRoot 的 GlobalId 属性极为特殊，用于存储一个 GUID 值。GUID 通过一种特殊的算法生成，可以保证在计算机世界中值的唯一性。因此，IfcRoot 派生类通过 GlobalId 属性便具有了全局标识特性，可以在信息交换过程中独立使用。处于资源层的实体由于不是 IfcRoot 的派生类，不继承 GlobalId 属性，在信息交换过程中无法唯一地标识自己，不能独立用于信息交换。这类实体通常作为上层实体的属性值存在。

IfcRoot 派生了三个主要类型，分别是 IfcObject Definition、IfcProperty Definition、IfcRelationship，如图 14-4 A 部分所示。这三个实体类型及其部分派生类构成了 IFC 模型的核心结构，分布在核心层。其他类型则由核心层中的实体继续派生，形成面向不同领域和专业的实体类型，分布在交互层和领域层。

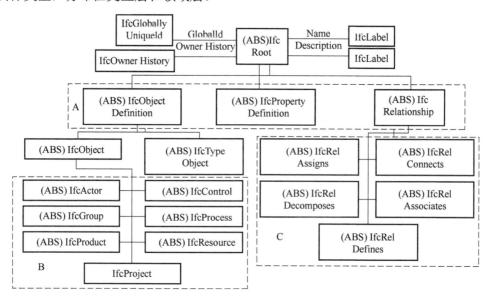

图 14-4　IfcRoot 主要派生关系

IfcObject 派生类描述具体的事务及过程信息，派生了 IfcActor、IfcControl、IfcGroup、IfcProcess、IfcProduct、IfcResource 及 IfcProject 七个子类型，如图 14-4B 部分所示。这七个类型及其派生类型构成 IFC 模型信息交换的核心，包括 IfcBeam、IfcColumn、IfcFlowSegment、IfcTask、IfcAsset 等实体。IfcType Object 派生类提供了类型信息的定义机制，例如 IfcType Object 的派生类 IfcDoor Style 用于描述某类门的特性，该特性由若干属性和属性集组成，与 IfcDoor 实体配合使用。

IfcProperty Definition 派生类定义了常用的属性信息，并提供动态扩展信息的机制，是为 IfcObject 派生类附加属性信息的方式之一。其中特定的派生类与相关的 IfcObject 派生类关联。

IfcRelationship 派生类实现了 IFC 对象模型五种对象化的关联关系，分别是 IfcRel Assigns、IfcRel Connects、IfcRel Decomposes、IfcRel Associates 和 IfcRel Defines，如图 14-4 C 部分所示。通过这些关系类及其派生类可实现实体与实体、实体与属性间各种复杂关系的定义。对象化的关系类将实体引用保存在自身实例中，这些引用关系在实体中表示为反向属性（Inverse Attribute）。

实体是 IFC 信息交换的载体，IFC 中的其他类型（定义类型、枚举类型、选择类型）为实现实体的数据描述而服务。然而，实体在信息交换过程中扮演的角色及作用并不完全相同。按照是否可以独立交换分为可独立交换实体（指可以在不依赖其他实体的情况下参与完整数据交换过程的实体）、不可独立交换实体（指在不依赖其他实体的情况下无法参与完整数据交换过程的实体）两类，见表 14-6。

表 14-6　IFC 实体的分类

分类方式	类别	描述
按照是否可以独立交换	可独立交换实体	可独立交换实体是指 IfcRoot 派生的实体，分布在核心层、交互层和领域层，具有 GlobalId 属性，具有全局表示特性
	不可独立交换实体	不可独立交换实体是指不由 IfcRoot 派生的实体，又称为资源实体，该类型全部分布在资源层，不具有全局表示特性，通常可作为独立交换实体的属性存在

三、基于 HBase 的 BIM 数据存储

由于 IFC 数据的面向对象特性，针对每个类定义一个表的结构化存储方式，在对象提取时要进行大量 Join 操作，效率低。因此结合 IFC 模型结构，采用半结构化 IFC 模型存储方法更为合适。鉴于 IFC 实体中只有可交换实体被单独提取和共享，而资源实体不可被独立提取和交换；因此可以只针对各个可交换实体建立单独的表，而不建立资源实体对应的表，资源实体信息直接存储在使用它的可交换实体中。下面详细说明可交换实体的存储方法：

1）针对每个可交换实体建立表。每个属性建立一列，列名即为属性名称。

2）由于 HBase 将所有项目 BIM 数据统一存储，因此表名采用"项目名称实体名称"。

3）考虑到产品实体和产品类型实体的几何属性数据量较为庞大，针对产品和产品类型表建立几何列族（Geometric）和基本列族（Base），而其他可交换实体建立一个列族即可。

4）存储时，将简单类型（非实体类型）属性直接序列化成二进制数据存储到相应的列中。

5）对于资源实体类型的属性，自动生成附加 GlobalId 属性，与实体一起序列化存储到相应的列中；使数据提取时同一资源实体的多个副本可快速匹配，消除数据冗余，减小提取模型的大小便于信息交换。

6）对于关系实体和类型实体中可交换实体类型的属性，由于其具体信息在相应的表中已存储，仅存储其 GlobalId 和实体类型名称，减少数据冗余。

7）为支持快速查询可交换式实体关联的关系实体和其他可交换实体，且考虑到反向属性的类型均为关系实体；HBase 数据库中针对实体的每个反向属性定义一列，存储其

GlobalId 和实体类型。

8）对于资源实体的反向属性，其类型一般为资源层级关系实体，序列化时也只存储属性值的 GlobalId 和实体类型。

四、基于 IFC 的 BIM 数据集成与共享

1. 基于 IFC 的 BIM 数据转化

鉴于目前不少建设项目在设计阶段应用 AutoCAD、3dsMax 等 CAD 软件创建建筑的 3D 几何模型，因此为在施工阶段中应用这些 3D 模型，可通过 AutoCAD、obj、3dxml 等几何格式与 IFC 几何数据的转化技术实现信息的集成。

通过研究和实现常用 3D 模型标准（主要有 dwg、dxf、3ds 和 obj）与 IFC 几何模型的转化，可支持各种绝大部分 CAD 软件创建的 3D 模型与 IFC 模型的转化。同时考虑到 AutoCAD 能够导入 dwg、dxf 和 3ds 标准的 3D 模型，所以可以通过 AutoCAD 与 IFC 的转化接口实现 dwg、dxf 和 3ds 格式描述的 3D 模型的转化。基于清华大学 IFC 引擎，可利用 AutoCAD 托管函数库实现 IFC 几何模型与 AutoCAD 几何模型的转化。一方面，该技术可将 IFC 几何模型转化为 AutoCAD 模型，便于 IFC 几何模型浏览，并为工程信息附加提供 3D 环境；另一方面，可将 AutoCAD 创建的 3D 模型转化为 IFC 模型，实现 3D 模型的集成与应用。

2. 基于子模型的信息提取

子模型数据的提取需要与全局模型数据分离，其分离通过两种不同的机制实现：一种是通过实体的反向属性分离；另一种是通过子模型视图中实体属性的访问表示进行分离。

第一种分离机制利用 BIM 模型中对象化的关系实体实现。关系实体（IfcRelationship）提供了一种类似于关系数据库中关系表的功能，它将相关联的实体引用保存在自身的实例中，而被关联的实体则通过反向属性查询存储关系的关系实体的实例。实体的反向属性是一个接口在需要时被动态调用，并不被存储。因此，子模型可以自然地通过反向属性与全局模型分离。

第二种分离机制利用子模型视图中定义的实体属性的访问方式实现，提供了更加灵活的子模型分离控制。子模型在访问方式被标识为 Ignore 的文体属性处分离。当子模型重新集成时，被标识为 Ignore 的实体属性忽略外部做出的修改，保留原有数据。例如对于 IfcProduct 的派生实体，在某类应用中不需要提取 Representation 属性，通常几何模型占用大量的存储空间，而在该属性处分离子模型可以提高子模型的提取和传输效率。

子模型视图存储了用于信息交换的实体类型，由主体实体和辅助实体构成，均为可独立交换的实体。而对于某一实体其属性值对应的实体类型，既可为可独立交换实体又可为资源实体。在实体数据的提取过程中，依次提取实体的显式属性（Explicit Attribute），若显式属性为引用类型，则按照递归的方式继续调用提取实体的算法。递归调用的终止条件有两个，满足其一便可终止递归调用过程返回临时结果，这两个条件为：①属性值为非引用类型；②模型视图中访问属性为 Ignore。

由于 IFC 模型实体间存在着复杂的关联关系，一个实体实例可能被多个实体实例引用。为了避免实体提取过程中出现重复提取，进而造成数据的不一致和冲突，在实体的提

取过程中,将成功提取的实体存储在一个以 GUID 为关键字的字典结构中,每次提取实体前首先在该字典中检索实体是否已被提取,若已被提取则直接由实体字典获取实体引用,若未被提取则调用上述的实体提取算法。

子模型数据的提取流程如图 14-5 所示。首先初始化实体字典结构,并读取子模型视图,生成实体类型列表。然后对实体列表中的每一个类型进行遍历,并根据实体类型在数据库中查询对应的数据库记录。对数据库记录集进行遍历,每一条记录对应一个实体实例,并由一个 GUID 作为主关键。由于 IFC 模型的复杂引用关系,当前的实体可能在之前的过程中已经建立。根据 GUID 在实体字典中查询实体是否存在,若存在则处理下一条记录,若不存在则应用上述中的方法提取实体,并将成功提取的实体添加到数据字典中。数据的提取过程不删除数据库中的记录,在提取的同时为相应的数据记录标记实体的访问方式。

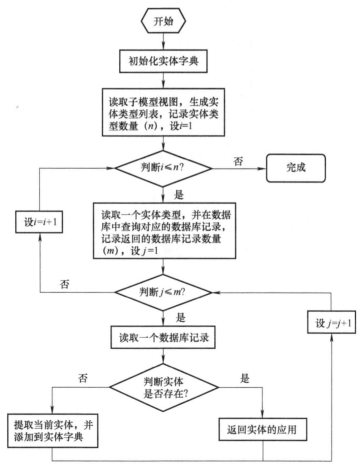

图 14-5 子模型数据的提取流程

3. 基于子模型的信息集成

子模型数据的集成过程需要根据子模型数据和子模型视图对数据库执行添加、更新和删除操作。此类操作首先要根据子模型中的实体数据对数据库中的实体记录进行定位。根据 BIM 模型的特点，实体的定位有两种情况，即可独立交换实体的定位及资源实体的定位。可独立交换实体的定位通过匹配 GlobalId 属性实现。然而，资源实体由于不具备 GlobalId 属性，无法找到对应的数据库记录进行直接定位，因此，对于资源实体需采取重写数据库记录的方式提交。

实体数据提交过程中，依次提交实体的显式属性（Explicit Attribute），若显式属性为引用类型则按照递归的方式继续调用提交实体数据的算法。递归调用的终止条件是文体属性不再包含任何引用类型。

子模型数据的集成流程如图 14-6 所示。首先，读取子模型视图，子模型视图中记录着实体属性的访问方式。然后，建立可独立交换实体实例的列表，对该列表中的实体实例进行遍历并执行前面描述的实体提交过程。

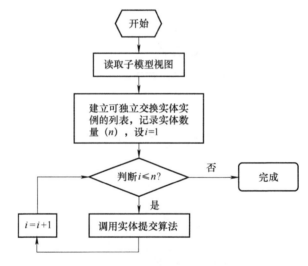

图 14-6　子模型数据的集成流程

第十五章 不同智慧建造方式下的工程项目管理创新

第一节 精益建造方式下的工程项目管理创新

一、精益建造基本原理

（1）精益建造概述 精益建造是由英文 Lean Construction 翻译而来的，通常也被译为精益建筑、精益建设等，目前对于精益建造还没有统一的概念。Koskela 将精益建造定义为"一种为建筑业企业设计的，以尽量减少生产过程中浪费，包括时间浪费和材料浪费，并努力为顾客创造最大价值的生产系统"。同济大学的谢坚勋认为精益建造是结合精益生产理论和建筑生产管理论而建立的一种建筑生产管理模式。蒋书鸿和苏振民认为精益建造是追求项目价值最大化，建设过程浪费最小化，顾客需求最大化的一种新的项目交付方式。戴栎认为精益建造是一个生产过程，在该生产过程中需要应用和实践精益思想。黄宇和高尚认为精益建造是精益生产原则及技术方法在建筑业的应用。其中由 Koskela 提出的关于精益建造的定义是被学术界广泛认可的。

本书将精益建造定义如下：精益建造是在建筑业中应用精益理念及其技术手段，比较制造业与建筑业的不同，注重"精益思想"与建筑业的实际结合，以便实现浪费最小化，同时为客户创造最大的价值，建筑业与制造业的不同见表 15-1。

表 15-1 建筑业与制造业的不同

比较方面	建筑业	制造业
生命周期	长	短
生产类型	一次性，不可重复性	大批量、重复性
生产地点	暂时性，根据具体项目来定	固定性，某一固定厂房
所需物料	不是标准化，不同项目需要的不同	标准化，生产同一产品，物料固定
物料供应	按项目计划驱动	按客户的订单驱动
安全规定	低强制性	高强制性
劳动力	季节性、流动性大、低就业保障	不是季节性、流动性小、高就业保障
所有者	高参与性	低参与性
与供应商关系	临时性	长期性
监管干预	设计方案及施工各个阶段都需要检查和审批	检查审批少

由表 15-1 可知，建筑业与制造业的各个方面都有很大的不同，要想对项目的全生命周期进行管理控制，达到项目预期目标，必须与建筑业融合。

（2）精益建造理论框架 精益建造是以 TFV（Transfer 转化、Flow 流、Value 价值）理论为基础，以精益生产的原则为原则，通过准时生产制度（JIT）、全面生产管理（TQM）、并行工程（CE）、末位计划系统（LPS）等应用技术，达到浪费最小化和客户价值最大化。精益建造理论框架如图 15-1 所示。

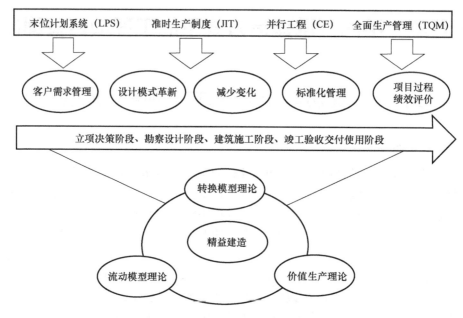

图 15-1　精益建造理论框架

TVF 理论是精益建造的基础理论。转换理论是将整个生产过程看作是原材料经过一定的时间、空间的变化，转换为半成品，最终转换为产品，主要为了消除浪费；理论认为在整个生产过程包括信息和物的流动，流动过程通过反馈系统使之达到预期目标，主要提高转换效率，同时减少不增值活动；价值理论是以顾客为中心，在产品设计阶段，就把顾客的各项需求最大化考虑进去，主要实现顾客价值最大化。精益建造具有以下管理特点：

1）客户需求管理。在项目开始设计之前需要对项目的利益相关者（主要是业主和最终使用者）的具体需求进行分析，做好项目的前期策划，充分利用各种沟通方式达到双方信息的有效交流，并通过客户的反馈及时了解更多的需求信息，以便最终产品符合相关利益者的需求，使之满意。

2）设计模式革新。传统的设计模式根据一些固定的原则在项目开始之前已经对项目进行分解，实际的设计活动并不是最有资格的人进行设计，更没有在详细了解客户需求的基础上进行，将精益思想运用到设计中，能更好地考虑到项目利益相关者的需求，并对整个工程进行建造优化。

3）减少变化。精益思想认为为了达到降低生产成本、提高效率的目的，减小可变性提高项目对可变性的管理控制是一种有效的方式，通过减少整个生产系统的输入流的变动，使得整个生产系统产出更加稳定、高效。

4）标准化管理。标准化管理是针对项目管理程序、内容、施工作业，根据已经提出的标准化要求进行相关操作，同时标准化管理人力、费用与用以验证是否满足标准要求的设计。

5）项目过程绩效评价。项目过程绩效评价贯穿于项目建设的整个阶段，评价发生于项目建设各个阶段的任何活动,对得到的数据进行分析,给出相关的改进方案,精益思想要求组织应建立精益组织,而精益组织要求必须用已经设计好的绩效评价系统对整个生产系统的各项活动进行指导,实现项目管理的持续改进,提高管理水平。

二、精益建造对建筑产业现代化的推动作用

在我国,建筑业是完成全社会固定资产投资建设的重要部门。对促进国家经济发展和提升国民生活水平以及其他方面都发挥着重要作用。传统建筑生产过程中存在许多弊端,例如施工现场浪费现象严重、安全事故频发、生产率偏低等。精益建造借鉴精益生产的先进思想和理论,形成了精益建造理论和一系列精益建造辅助技术,此理论和技术的应用对于建筑业目前存在的生产和管理问题具有明显的改善和提升,对建筑产业现代化发展具有积极的推动作用。精益建造对建筑产业现代化的推动作用主要体现在以下方面:

1. 精益建造促进建筑业快速高效发展

1)增强建筑企业的国际竞争力。随着一带一路倡议的实施,我国越来越多的建筑企业走出国门,走向国际市场。基于精益建造的工程项目管理模式提倡利用价值流分析工具消除施工过程中不为顾客创造价值的活动,实现零库存、零浪费、零事故。这种管理模式的升级可以提升我国建筑企业的国际市场竞争力,从而顺利走向国际市场,并在国际建筑市场中立于不败之地。

2)提升建筑业从业人员素质。精益建造要求全员参与到施工项目的管理过程中,从企业中高层管理人员到施工现场管理人员,乃至现场作业人员,都必须具备精益建造知识和精益思想。同时,精益建造追求持续改进的思想,要求管理人员不断对工作流程进行改进,不断找出管理中存在的问题,并不断提出改进措施。因此,精益建造的实施在一定程度上会促使建筑业从业人员的素质整体上得到提升。

3)推动建筑业管理由粗放式管理向精细化管理发展。建筑业技术创新能力较低,新技术新设备投入较少。精益建造管理模式提倡采用扁平式的组织结构、循环的计划与控制体系、精益建造辅助技术工具,这些管理思想和管理工具都会促进建筑业由粗放式管理向精细化管理转变。

2. 精益建造提升工程项目管理水平

1)拉动式生产减少库存及浪费。拉动式生产是指生产过程中始终以顾客的最终需求为导向,由后一道工序向前一道工序发出指令,前一道工序或部门根据后一道工序或部门的要求和指令来进行生产,以此来完成整个建筑产品的生产。拉动式生产只需要制订最终产品计划,前一道工序只需要根据后一道工序对其发出的指令和要求进行施工,这样可以保证生产过程根据设计变更实时进行调整,从而保证适时适量生产,避免生产过多或过少而造成的浪费。

2)改善施工现场管理方式,提升现场管理水平。精益建造倡导持续改进的思想,要求以项目目标为导向,不断改进管理过程中存在的问题,减少和消除错误的根源,从而提升管理效率。此外,精益建造推行 6S 现场管理模式,以施工现场为中心,使每个员工主动参与到现场管理中,不断改善现场环境,提高现场管理水平。

3)提升建筑产品的质量。传统建造模式下,建筑产品通常是前一道工序施工完成后进入下一道工序施工时,才发现前一道工序的质量问题,此时该工序的施工作业人员早已进入其他工序作业,很难找出该工序出现问题的根本原因,且对该工序进行返修重建更是造成大量人力、物力和时间的浪费。而精益建造采用拉动式的生产方式,当前一道工序出现问题时,后一道工序的施工作业人员可以第一时间了解情况,并采取纠偏措施,提升隐蔽工程的质量,从而提升建筑产品的质量。

4)提升工程项目信息管理水平。精益建造管理模式对施工过程的信息流和信息管理都提出了更高的要求,不仅要使企业内部实现信息共享,还需要使项目各个利益相关方可以实时共享项目信息。企业实施精益建造必然要提高自身的信息管理水平,采用更加先进的信息管理软件,促进信息更加快速、高效地流动,保证项目各参与方可以及时准确地获取项目信息。

三、精益建造的技术体系

国内外学者和精益建造实践者通过对精益思想和制造业精益生产的研究,并结合建筑产品特征和建筑生产的特性,形成了适用于建筑设计管理、采购管理、施工管理的精益建造辅助技术体系,如图15-2所示。其中并行工程、价值工程、末位计划者技术、6S现场管理、看板管理、TPM设备保全应用较多。

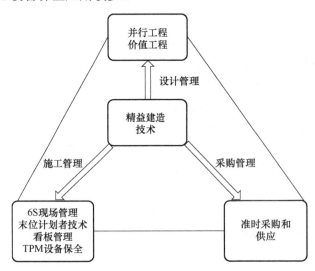

图15-2 精益建造辅助技术体系

1. 并行工程

并行工程(Concurrent Engineering,CE)是指将产品生产的各个阶段的工作进行并行,即设计、制造以及其他生产过程并行实施,在产品的设计阶段将全生命周期内的生产因素考虑进去,目的是缩短产品开发周期,降低产品成本,提高产品的质量。应用于建筑业的并行工程主要是指设计、施工一体化的建造模式。并行工程要求在项目的投资策划阶段对顾客的需求进行全面分析,在设计阶段充分考虑顾客的需求和施工可建造性,力求实现顾客价值最大化,减少由于设计不合理而返工造成的浪费。并行工程对建造过程组织结构形式和信息共享提出了更高的要求,因此并行工程技术的实施必须建立在一个扁平化的组织和高效的信息共享平台的基础上。

2. 价值工程

价值工程（Value Engineering，VE），也称价值分析（Value Analysis，VA），是指以产品或作业的功能分析为核心，以提高产品或作业的价值为目的，力求以最低生命周期成本实现产品或作业使用所要求的必要功能的一项有组织的创造性活动，有些人也称其为功能成本分析。由于工程项目投资一般都比较大，开展价值工程活动所产生的经济效益也是十分巨大的。所以在工程项目中推广价值工程活动的前景十分广阔。在项目的设计阶段、招投标阶段、施工阶段以及项目建成投产阶段都可以开展价值工程活动。并且，研究和实践经验证明，尽管在项目实施和运营的全生命过程中都可以进行价值工程研究，但是就其效益和效果来说，价值工程的研究越早越好。

3. 末位计划者技术

计划是为了确定项目目标标准，控制是当施工过程与计划有所偏差时，进行研究并重新计划。精益建造采用循环的计划控制体系来进行生产，强调计划和控制同时并循环出现。建筑产品生产过程是动态的，建造系统非常复杂，计划与控制并行可以提高施工的可靠性，减少浪费。末位计划者技术通过工作流上最后施工作业人员来拉动计划的制订，运用长期计划和短期计划相结合来共同控制工作的完成，可以有效地缩短施工作业人员等待作业的时间，增加工作流的可靠性与稳定性，这是精益建造的核心技术。

末位计划者技术通常包含三层计划：面向项目的主控计划，面向工序的周计划以及面向阶段的前瞻计划，三者相互结合，相辅相成，可以最大限度地减少计划的不确定性，充分调动参与项目的上层计划者至底层操作者的积极性，减少项目执行过程中的变化，保证工作流的稳定性。末位计划者技术的实施过程如图 15-3 所示。

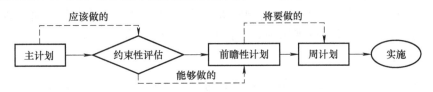

图 15-3　末位计划者技术的实施过程

4. 6S 现场管理

6S 是指整理、整顿、清扫、清洁、素养及安全，是一种生产现场中对人员、机器、材料、环境等生产要素进行有效管理的方法。通过对现场不断的整理、整顿、清扫、清洁，使管理人员和施工作业人员养成良好习惯，最终达成全员品质的提升，体现了企业管理中"以人为本"的思想。6S 现场管理的推行步骤如图 15-4 所示，其实施过程是一个提出问题、分析问题、解决问题的闭合循环。以前期决策阶段的目标为导向，实施阶段为主要环节，其中培训主要以说明和教育为主，结合课程向全体人员解释说明实施 6S 现场管理的必要性以及相应的内容。考核与纠偏阶段必须以科学、可操作的考核标准为依靠，是提高管理水平的基础。

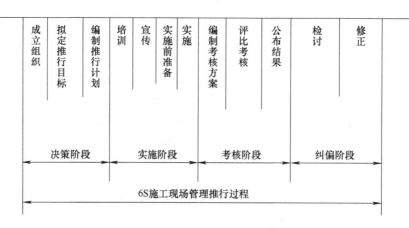

图 15-4　6S 现场管理的推行步骤

5. 看板管理

看板管理是一种可视化管理模式，可以将施工过程各种信息简洁明了地传递给信息接收者。其实质是一种传递信息的载体，即将与施工项目和施工工序有关的信息通过看板传递给施工作业人员和现场管理人员。看板可以实现对施工过程的事前和事后控制，实现信息的快速传递，显著提升建筑生产效率和管理水平，尤其在流水施工作业过程中，这种优势更加明显。施工现场的看板包括总看板、阶段看板、周看板、工序看板。不同类型的看板需要根据项目的进展情况进行变更。通常总看板会展示项目的总体概况信息，一般不会变更。阶段看板每月更新一次，主要展示项目阶段的进度、成本、质量信息。周看板会展示近一周的进度、成本、质量等信息，同时也会展示下周施工目标。工序看板随着施工工序变化而灵活变化，主要展示施工指令、关键技术操作指令、工序物料等信息。

目前，施工现场的看板不仅包括实物看板，还可以采用电子信息技术将看板信息置于电子设备中，管理人员可以通过现场预先设置的二维码获取施工信息。

6. TPM 设备保全

建立良好的设备保全方式是实施精益建造的重要基础。TPM 设备保全是指在施工过程中树立全方位的设备维护观念，同时全员参与设备保护。全方位预防维护和设备保全分担是 TPM 设备保全的核心。全方位维护观念要求做好定期保全、预知保全、事后保全、改良保全。设备保全分担要求不仅仅是机械管理部门要做好设备的保养维护，施工作业部的操作人员也需要参与设备的维护。实践表明，对一线作业人员进行一定的教育培训，可以事先排除大部分设备故障，从而减少等待作业的时间，降低施工项目成本，减少安全事故的发生。

除了以上常用的辅助技术外，精益建造辅助技术还有模块化施工、标准化作业流程、价值工程等。模块化施工是指在建筑生产过程中将建筑物分成若干可以组装的模块，尽可能减少施工现场的湿作业，现场主要完成各模块的组装，这样可以简化建设过程，降低成本，提高生产率，降低安全事故发生率，缩短工期。标准化作业流程是指对于施工过程中重复的作业活动建立标准化操作规程，如施工作业方法及顺序，完成每项施工作业所需的合理时间，每项施工作业活动所需的机械设备以及材料库存要求等。价值工程是以产品或作业的功能为核心，力求以最低的成本换取最大的价值。价值工程可应用于项目全生命周期内，但是越早使用价值工程，取得的效果会越好。

四、精益建造与项目管理创新

1. 基于精益建造的工程项目成本管理创新

质量、工期、成本、安全、环境保护、技术创新构成现代工程项目的目标体系。由于项目目标之间相互联系、相互制约、相互作用，使项目成本目标受到其他目标的影响。基于精益建造的工程项目成本管理重点考虑工程项目质量目标、工期目标、安全目标、环境保护目标和技术创新目标等对成本的影响，采用一定技术手段减少这些目标对成本的影响，实现质量、工期、安全、环境保护、技术创新与成本的最佳组合模式。

（1）基于精益建造的工程项目成本管理特征　基于精益建造的工程项目成本管理是指以精益思想为指导，面向工程项目全生命周期，以精益建造方法为技术基础，围绕工程项目的质量目标、工期目标、安全目标、环境保护目标、技术创新目标对成本的影响，进行预测、计划、控制、核算和考核等一系列活动的总称。与传统建造模式下的成本管理相比，精益成本管理具有成本管理目标的全局性、多主体参与成本管理、多目标集成管理、面向工程项目全生命周期和以精益建造方法为技术基础五个特征。

（2）基于精益建造的工程项目成本管理模式　工程项目管理是一项系统工程，其中各组成要素相互作用，各个利益相关方相互关联协作。因此，要从系统性、整体性的角度进行施工项目的成本管理，从而达到整体效益大于部分的协同效果。因此，基于精益建造的工程项目成本管理应该在精益成本管理思想的指导下，综合考虑工程项目的质量目标、工期目标、安全目标、环境保护目标和技术创新目标对成本的约束，充分联系局部与整体之间的关系，由局部走向整体。

基于精益建造的工程项目成本管理以减少工程建设过程中的浪费、为顾客创造价值为根本目标，从项目的决策、设计、施工、竣工交付、运营维护等环节全面地控制成本，以达到项目全生命周期成本最低，价值最大，最终形成产品全生命周期的精益成本管理价值链。

工程项目精益成本管理关系到各个相关方的利益，是一个整体，需要在各参与方的共同努力下才能更好地发挥作用，因此需要建设单位、设计单位、监理单位、总承包商、分包商、供应商及其他涉及的单位组成一个跨功能团队，形成精益成本管理的组织体系。所有参与单位建立长期稳定、相互信任的密切伙伴关系，来实现系统的最佳运行。

成本管理信息是成本管理的一个关键内容，可以帮助施工组织更好地管理成本。传统建造模式下由于项目参与方之间基于自己的利益，不愿意进行成本信息的共享，不利于成本管理。精益建造模式建立信息共享平台，一方面可以使各参与方及时准确地获取关于施工项目的信息，确保成本管理工作有效地进行；另一方面有利于项目部对已经发生的成本进行核算，及时调整费用偏差。精益成本管理信息平台与精益建造方法体系共同构成实施精益成本管理的支撑体系。

成本管理包括成本预测、计划、控制、核算和考核等诸多内容。精益成本管理必须在精益思想的指导下，运用精益建造方法对工程项目成本进行精益预测、精益计划、精益控制、精益核算和精益考核，才能实现对成本的有效控制，如图15-5所示。

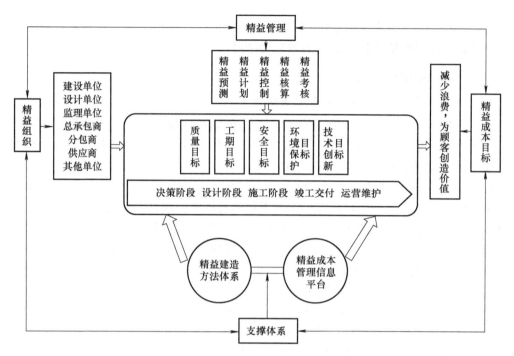

图 15-5　基于精益建造的成本管理创新

（3）基于精益建造的工程项目成本管理的优势　基于精益建造的工程项目成本管理模式将精益思想与项目质量目标、工期目标、安全目标、环境保护目标和技术创新目标有效集成，在工程项目的成本管理中具有以下优势。①基于精益建造的工程项目成本管理模式以丰富的精益建造技术作为其支撑体系，可以帮助企业实现对成本的精益预测、精益计划、精益控制、精益核算和精益考核。例如末位计划者技术可以通过工作流上最后施工作业人员来拉动计划的制订，运用长期计划和短期计划相结合来共同控制工作的完成，可以有效地缩短施工作业人员等待作业的时间，增加工作流的可靠性，从而达到缩短工期，减少成本的效果。②基于精益建造的工程项目成本管理模式建立了精益成本管理信息平台，使所有参与项目建设的单位通过该平台及时准确地获取成本管理相关信息，及时发现成本管理中的问题，并对成本管理问题进行交流，确保成本管理工作的有效进行。③基于精益建造的工程项目成本管理模式中组成精益组织的所有参与单位在项目全生命周期的早期阶段均介入成本目标的制定，并且在项目的实施过程中一起致力于项目成本控制活动，形成相互信任、风险共担的利益共同体，更有助于成本的控制。

2. 基于精益建造的工程项目进度管理创新

基于精益建造的工程项目进度管理的重点是计划和流程控制。计划和控制是保证一个施工项目成功最基本的工作，而计划和控制效率高低也就决定了项目实施的整体绩效。由于建筑产品本身的特性，生产过程复杂多变，微小的变更有可能会造成成本增加、浪费产生，为实现精益建造尽量减少和消除浪费的思想，这就需要在产品付诸建设之前就要进行详细的计划，尽量避免在之后的生产过程中发生诸多变故。

（1）基于精益建造的工程项目计划与流程控制　施工流程控制是保证施工过程畅通的

必要手段。精益建造实现施工现场流程控制的主要手段就是"看板管理"和"拉动式"生产模式。所谓拉动式生产模式，就是指施工过程中的各个工序，每个工序上所需要加工（生产）的产品（工件）数量要根据与其相邻的下一个工序所需求的产品（工件）的数量来决定，某个工序的需求决定了与之相邻的上一个工序的生产，这样依次推之决定最终的生产量（见图 15-6）。而看板管理通过类似卡片等其他传递工具在施工工序内或施工工序间进行信息、物料的流动指示，起到了工序之间信息传递的作用，它连接着施工过程中不同的相邻工序。这样，施工项目通过"看板"的方式，逐步分解到每一个施工工序，相应工序的人员根据看板能够知道工序所需的各项资源量（也包括前道工序生产量）及该工序生产量，能有效避免产能过剩、多次无效搬运，通过这种信息的传递，从而达到精益的目的。由此"看板"的作用就起到了对施工过程的计划与控制的作用。

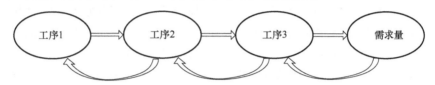

图 15-6 拉动式生产与看板管理

在建筑施工管理中的各种计划实际上也是一种信息传递的工具，计划的生成需要以外在或内在的各种信息为基础，长期计划笼统但规定了生成过程的基本约束，短期计划则详细又加入了各种因素的临时变动，随时指导建筑施工过程的进度控制、成本控制等，因此各种计划，尤其是各种短期计划，实质上就担当了精益生产中"看板"的角色。

（2）基于精益建造的工程项目计划任务与层次　　在建筑产品的生产过程中（尤其是在其施工中），由于受到各种外界因素的制约，通常会发生变更。但有效的管理可能会发生的变更，依靠传统的长期计划很难解决。基于精益建造的工程项目计划的基本任务就是为施工过程中的控制提供一系列的基准数据和要求。精益化施工项目进度计划是有层次的，对应于组织中的三个层次：战略层、管理层和运作层，也就可以产生三个层次的计划，即战略计划、管理计划和作业计划，如图 15-7 所示。根据各个层次所在组织中的位置，所产生的计划的属性也是有所区别的。战略层对应的计划会过多地着眼于宏观，管理层和运作层对应的计划则可能会更多地关注具体工作的执行；在运作层上，可以更有效地做到控制与突破有效结合。

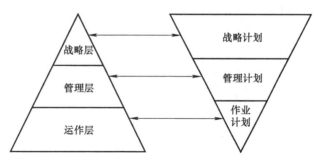

图 15-7 组织层次与计划层次的对应

对应于不同组织层次，其计划层次的着眼点也不同。对于战略层，其计划要符合整个组织的战略目标，要面向整个组织的发展。战略计划受到的约束因素最多，有内部、外部、环境和自身的。对于管理层，其计划是战略计划的细化，它是战略目标的进一步分解，也约束着运作层具体计划的实施；其计划的范围要比战略计划少，也没有作业层的计划，可视为从战略计划向实施计划的一种过渡。在运作层上的计划是战略计划和管理计划的落实，其计划面向具体的作业，计划的范围比较小，计划受到的约束因素比较单一，也容易处理（可能只会受到诸如资源、时间等因素的制约），而此计划的详细程度和准确度较战略层和管理层的计划都有很大的提高，因此，它是最可行的计划；但是由于这些计划一般都是短期计划，仅仅是面向最基层的作业，它需要与战略计划和管理计划相结合，才能发挥其作用。

（3）基于精益建造的工程项目进度计划方法　LP（Last Planner）是精益化施工项目进度计划控制的主要方法。LP 就是尽量将计划做到最底层，从而彻底改变那种从上到下的计划方法，从字面上理解 Last Planner 应该是一个人，他应该直接面向作业，而又具有独立计划的能力。如果允许，他可以是真实的个人，只要这个人具有作为一个计划者所需要的能力；当然，他也可以是个作业的团队（见图 15-8），但必须要直接面向作业，这样才能使得生成的计划更为可靠。

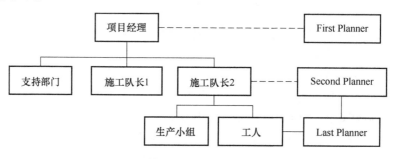

图 15-8　LP 示意图

在公司的不同组织层次上，计划者所面向的计划对象是不同的。在 Last Planner 的层次上，计划者要面向基本的作业。在公司内部，为完成或达到其公司目标，需要将其整个目标按照公司层次，在每个层次上都制订相应的计划，如图 15-9 所示。可以在项目管理模式中计划的制订为例，说明计划的产生与相应的组织层次的划分。

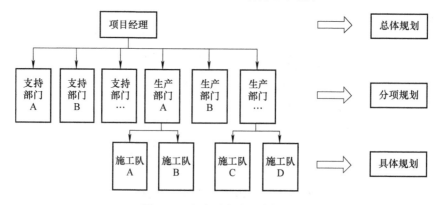

图 15-9　组织分解与计划层次

LP 方法是基于一种对组织的合理分解基础之上的，它需要结合 WBS 中对工作的分解。在 LP 计划系统中，组织中最终计划的制订者需要正好面向 WBS 中的最底端的工作包。因此，WBS 与 OBS（组织分解）的有效对应是实现 LP 的基础工作。

对于处于 Last Planner 位置上的计划制订者而言，计划制订的过程就是一个工作需求与实际工作能力的匹配过程，最后生成一个可以执行的计划，如图 15-10 所示。

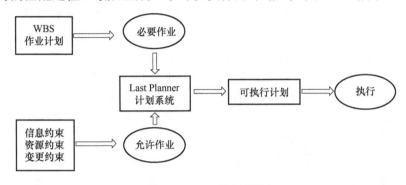

图 15-10　LP 计划系统

（4）基于精益建造的工程项目进度计划的实施措施　随着消费者对建筑产品质量、成本和个性化设计要求越来越高，建筑产品的设计周期越来越短，开发商为了赢得市场竞争的胜利，就迫切需要解决缩短工期、提高设计和施工的柔性问题。按照精益建造的思想和方法，通常可以采取并行工程、工期计划的制订和落实、拉动式施工管理、准时精准的材料计划管理、准时精确的机械设备管理等措施来进行施工进度计划的实施。

3．基于精益建造的工程项目质量管理创新

把精益建造理论应用到质量管理中，建立一种新的质量管理模式，可以有效地对建筑质量进行管理，促进建筑业的健康发展。

（1）基于精益建造的工程项目质量管理内涵　基于精益建造的工程项目质量管理就是结合工程项目的特点，把精益思想应用到工程项目质量管理中，在建筑产品生产过程中消除浪费，创造价值，以此来不断地提高建设工程项目质量的管理过程。精益建造质量管理认为施工项目的质量是通过设计施工过程等建造出来的，而不是通过外部的监督检查来实现的。工程项目部尽可能少设专职的质量检查员，把保证工程项目质量的职能转移到操作员身上，尽可能实行各主体工序、辅助工序和各工艺工序的质量控制。

精益建造理论认为每个人都对建筑产品最终质量负责，而且质量返工是一种极大的浪费，必须坚决予以消除。因此，从设计阶段开始一直到项目的竣工验收阶段要求每一个参与者都要参与到质量管理中。同时，每个参与者要对自己的工作进行自检，只有检验合格之后才能进行下一步的工作。然后，下一步的施工人员首先要对上一步的工作进行复检，如果出现不合格的情况下要立即进行相关的修复工作，只有上一步的工作质量彻底合格之后才能进行下一步的工作。这样不仅可以保证施工项目的质量，还可以降低施工项目的成本费用。

（2）基于精益建造的工程项目质量管理特征

1）以客户为中心的质量经营观。精益建造理论明确地指出产品价值由客户来定义，工程建设应该紧紧围绕客户确定的价值来开展。精益质量管理强调以客户为中心的质量经营观，要求从产品质量的策划、功能设计、生产制造到交付整个过程都站在客户的角度去思考产品的价值。只有产品质量为客户所认可和接受，针对质量管理和作业的过程中所采取的各项活动才是有用功。

2）基于价值流观点的质量管理流程。精益建造思想的核心是以客户为中心消除浪费、创造价值，其起点就是识别施工过程的价值流。精益建造思想将价值流上的活动分为三类：第一类为增值活动，是真正增加价值的活动；第二类为必要的非增值活动，也称第一类浪费，这些活动本身不增加产品的价值，但是不进行这类活动，可能会严重影响增值活动的进行，例如种类繁多的工作会议；第三类为不必要的非增值活动，也称第二类浪费，这类活动既占用资源又不增加价值，是造成施工项目进度、质量、成本、安全等问题的源头。基于价值流的观点重新构建质量管理流程，保持和提高增值活动的效率同时努力消除不增值活动，有助于提高质量管理的效率。

3）持续改进。持续改进是精益建造的重要思想，在施工项目管理中具有重要的作用。持续改进认为标准只是当前工作的最优方式，之后还会有更好的方式取而代之。因此，在质量管理的过程中每次发现问题，都要进行深入分析，提出改进措施以及新的操作标准，不但可以提升质量管理的效率，还可以促进整个企业葆有精益求精的精神，长期指导全体员工自觉、习惯性地持续改进工作方式。

（3）基于精益建造的工程项目质量管理模式　基于精益建造的工程项目质量管理通过把精益建造的理论和方法应用到施工项目的质量管理中，把建筑质量管理的各个参与方和精益建造的思想体系有效地结合起来，真正地实现精益建造的质量管理，促进工程项目质量的提高，改变传统质量管理中存在的问题。基于精益建造的工程项目质量管理模式如图15-11所示。

4. 基于精益建造的工程项目安全管理创新

近年来，精益建造理论和方法被应用于建筑企业安全管理中，形成了建筑业精益安全管理创新模式。

（1）基于精益建造的工程项目安全管理内涵　安全作为建设工程项目的核心价值目标，其实现不能脱离生产与管理而孤立存在。安全管理的变革必须有机融入精益生产和管理变革之中，将安全活动作为增值活动系统地体现在日常生产与管理过程中。

工程项目精益化安全管理是将精益建造思想和精益建造辅助技术工具应用到工程项目安全管理中，是建立在现有的安全管理体系的基础之上并与之有机地融合的一种安全管理创新模式。工程项目精益化安全管理创新模式把非增值活动定义为浪费，产生非增值活动的行为或者状态即为浪费源，施工现场存在着许多浪费源，安全隐患寄生在这些浪费源中，使安全隐患的存在具有隐蔽性和不可预知性。通过在施工过程中合理地应用精益管理思想和管理方法对传统的施工过程进行优化管理，从而减少现场杂乱和施工人员闲散等现象的发生，使其能够更好地预防安全隐患，并且有效地改进以往安全管理的不足。在保证工程项目施工正常的情况下，分清增值活动和非增值活动，对增值活动进行重点管理，对协调增值的必要工作进行精简，从而提高工作效率，使增值活动更为完善，进而减少安全隐患的寄生源。

第十五章 不同智慧建造方式下的工程项目管理创新

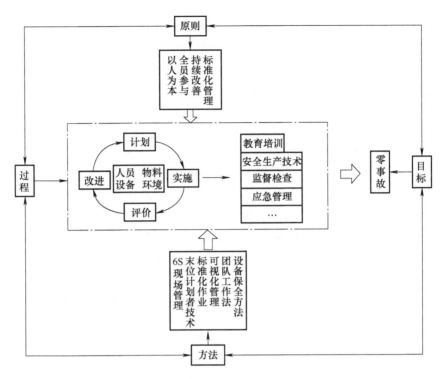

图 15-11 基于精益建造的工程项目质量管理模式

（2）基于精益建造的工程项目安全管理模式　基于精益建造的工程项目安全管理应该始终坚持以人为本、全员参与、持续改进以及标准化管理的精益安全管理原则，同时将 6S 现场管理、末位计划者技术、可视化管理、标准作业、团队合作法及设备保全方法等精益建造技术作为方法手段，期望形成工程项目安全生产管理的持续改进机制，并使安全管理水平不断提升，最终达到工程项目"零事故"的效果，具体模式与图 15-11 一致。

与传统安全管理过程不同的是，在精益安全管理系统中加入了持续改进机制。精益安全生产管理围绕施工过程中的人员、物料、设备以及环境进行计划、实施、评价、改进，最终形成一个不断循环往复的过程。通过计划、实施、评价和改进动态循环的过程可以快速精准识别安全隐患，持续优化安全生产流程、安全管理流程，最终不断改进安全管理中的不足，提升安全管理水平。通过改进与安全相关的行为习惯来减少不安全动作发生，了解不同工序施工人员所有可能的行为习惯，分析产生该行为习惯的原因，最终对所有可能的行为习惯进行监督，并解决这些行为，如此循环反复，直到该工序没有出现这些浪费现象。实施阶段主要包括对员工的安全教育培训、安全生产技术的实施、安全监督检查、发生安全事故时的应急处理等工作。

（3）基于精益建造的工程项目安全管理原则

1）以人为本。精益安全管理认为人作为管理中最基本的要素，他是能动的，与环境是一种交互作用；创造良好的环境可以促进人的发展从而带来企业的发展。在工程项目安全管理中应该以人为出发点和中心，充分激发和调动人的主动性、积极性、创造性，使全体人员积极参与到项目的安全管理活动中。建立以人为本的精益安全文化，尊重员工在项目安全管理中的重要作用，形成支撑员工与企业生命的一种精神力量，培养员工精益求精，尽善尽美的精神，提升面对应急事件处置时的快速反应能力。

2）全员参与。工程项目精益安全管理要求项目的全体成员在项目实施的全过程中参与到安全管理的各个方面中。项目部全体员工包括上层的项目经理、一直到施工现场操作工人都有义务和责任参与到安全管理活动中，而且应该根据不同的职务承担不同的安全管理职责，每个员工都应该具有高度的责任感。

3）持续改进。安全隐患是反复出现和不断变化的，甚至很多安全问题很难用改革的方式彻底改变。同时施工安全生产是一种动态的生产活动，要求我们必须使用动态的方法或手段来适应变化的生产活动。持续改进作为精益安全管理模式的精髓，旨在通过精益管理中的"工作标准"到"标准工作"的持续交替过程，不断改进施工过程中出现的安全问题，优化安全管理流程，从而提升项目安全管理水平，达到持续改进的目标。

4）标准化管理。标准化管理体现在管理流程的标准化和作业标准化两个方面。精益安全管理坚持以标准化管理为原则，一方面通过制定标准化的管理流程，不断修订和完善应急预案，可以在发生安全事故时提升管理人员的应急处理能力；另一方面通过实施作业标准化，使施工人员执行标准化的作业和使用机械设备时执行标准化的规程，可以减少安全隐患，降低安全事故发生的频率。

（4）基于精益建造的工程项目安全管理模式的运行　结合精益建造模式下的安全管理的内涵以及构建的精益建造体系下的安全管理创新模式，从施工工序连续性、施工现场动态性、施工环境的不确定性以及建筑工程并行集成的三个域，即执行域、支撑域和管理域，来运行精益安全管理创新模式，如图15-12所示。执行域是对施工过程的集成，应用现场管理的各种方法对与安全相关的所有人力、物资、设备的安排、定位、开始（结束）时间的分配过程进行集成。支撑域主要是指运行精益安全管理的精益组织体系、安全管理团队以及安全管理制度。管理域是对执行域进行有效的监督和管理。通过对人员的集成，减少事故发生，对与安全相关的人员进行集成，筛选符合要求的人员。

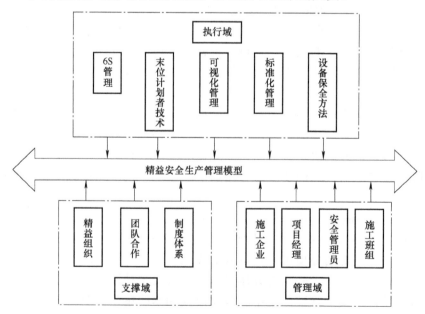

图15-12　精益安全管理创新模式的运行

执行域、支撑域和管理域三者相互联系、相互制约。以支撑域中的团队合作作为支撑平台，根据末位计划者体系，计划自下而上制订，即下一个工作所需的资源计划由前一工作流末位的人员制订，前一工作流末位的人员应该与管理域中的四方进行沟通交流，建立一个信息反馈平台，通过实际情况来详细制定接下来的工作人数、人员分配（排除与工作无关的人员出现）、需要材料的数量、资源的进场时间、其他方协作等所需资源，达到信息透明化。坚持以人为本的原则，转化建筑工人的职能，使其参与项目的计划过程，工作安全成果直接面对"顾客"（下一道工序的工人），体现了建筑工人主动的自我安全监督效果，这种运行模式最终又形成了一个人员精干、一人多职、一专多能的合作团队。在管理域中建筑施工企业是安全生产第一责任人，他必须对现场的安全管理起到带头的作用。通过精益建造体系的思想，对每个参与者、每个过程、每道工序、每个行为都进行精益求精。传统安全管理模式大多是命令式的安排任务，缺乏与操作人员的沟通，因此安全管理合作团队为安全管理工作提供了一个良好的沟通平台。通过沟通交流，改变以往被动、信息独占的局面，达到信息的共享，使每个人对安全隐患的潜在可能性提出疑问，消除安全隐患或减少安全隐患带来的后果。而利用末位计划者体系又可以通过一线工作人员参与计划与决策来调动一线人员的参与积极性，使其工作使命感更强，安全意识更强烈。

第二节　装配化建造方式下的工程项目管理创新

一、装配化建造方式对建筑产业现代化的推进作用

1. 装配式建筑与建筑产业现代化

装配式建筑是建筑产业现代化的核心。建筑产业现代化是以建筑业转型升级为目标技术创新为先导，以现代化管理为支撑，以信息化为手段，以装配化建造为核心，对建筑产业链进行更新、改造和升级，用精益建造的系统方法，控制建筑产品的生成过程，实现最终产品绿色化、全产业链集成化、产业工人技能化，实现传统生产方式向现代工业化生产方式转变，从而全面提升建筑工程的质量、效率和效益。建筑工业化是建筑产业现代化的基础和前提。

装配化建造是建筑产业现代化的重要途径。2017年，国务院办公厅发布的《关于促进建筑业持续健康发展的意见》中明确提出推进建筑产业现代化，推广装配式建筑。装配化建造将实现建筑产业由传统建造方式向现代工业化生产方式转变。传统建造方式与装配化建造方式的比较，详见表15-2。

表15-2　传统建造方式与装配化建造方式的比较

内容	传统建造方式	装配化建造方式
设计阶段	不注重一体化设计，设计与施工相脱节	标准化、一体化设计，信息化技术协同设计，设计与施工紧密结合
施工阶段	以现场湿作业、手工操作为主，工人综合素质低、专业化程度低	设计施工一体化，构件生产工厂化，现场施工装配化，施工队伍专业化
装修阶段	以毛坯房为主，采用二次装修	装修与建筑设计同步，装修与主体结构一体化
验收阶段	竣工分部、分项抽检	全过程质量检验、验收

（续）

内容	传统建造方式	装配化建造方式
管理阶段	以包代管、专业化协同弱，依赖农民工劳务市场分包，追求设计与施工各自效益	工程总承包管理模式，全过程的信息化管理，项目整体效益最大化

装配化建造是建筑产业现代化的重要组成部分，建筑产业现代化是装配化建造的发展目标。产业化是针对整个建筑产业链的产业化，是一个发展过程，是解决全产业链、全生命周期的发展问题，重点解决房屋建造过程的连续性，使资源优化、效益最大化。而装配化建造是生产方式的装配化，是建筑生产方式的变革，主要解决房屋建造过程中的生产方式问题，包括技术、管理、劳动力、生产资料等，目标更具体。应该说，装配化是产业化的基础和前提，只有装配化达到一定的程度，才能实现产业现代化。因此，产业化包含装配化，装配化的发展目标是实现建筑产业现代化。

2. 装配化建造方式的基本原理

（1）基本原理　装配化建造方式的基本原理可以简单归纳为"积木原理"，是一种典型的模块化类比思维方式，它是通过为建筑物提供各种功能构件，并使之按照不同的结构形式和连接方式，实现功能构件综合组编和应用。

（2）装配化建造方式的分类及应用

1）分类。装配化建造方式，根据建造构件的集成化、预制化程度，可以分为四类或阶段，即平面构件化、结构单元化、功能模块化和整体模块化四个阶段。各阶段典型应用见表15-3。

表15-3　装配化建造方式分类

类别	装配式建筑预制化程度			
	平面构件化	结构单元化	功能模块化	整体模块化
典型结构	如木结构建筑中的桁架；预制混凝土构件中的水平构件、竖向构件等	如钢结构框架、木结构框架、轻钢结构框架、结构性隔声板件等	如预制房间模块、预制楼梯和阳台、整体浴室等	全模块化建筑
预制构件在整个建筑的占比情况	10%～15%	15%～25%	30%～50%	60%～70%
与现浇结构相比，节省的安装时间	10%～15%	20%～30%	30%～40%	50%～60%

2）应用。装配化建造方式在典型建筑的应用情况见表15-4，概述如下：

① 结构单元化的装配化建造方式广泛应用在办公建筑、零售商店、医疗设施、学校、厂房、体育设施中，但在住宅、军事设施、宾馆、监狱等设施中应用较少。

② 国内外功能模块化的装配化建造方式的应用还比较少，仅在宾馆等建筑中有应用（但在国内的住宅楼梯上有较为广泛的应用）。

③ 整体模块化装配化建造方式比较适用于学生宿舍、军事设施、宾馆、医疗设施、监狱等建筑，在厂房、办公建筑、零售商店等方面少有应用。

表 15-4 装配化建造方式表

应用建筑	装配化建造方式			
	结构单元化		功能模块化	整体模块化
	结构框架	板件		
住宅		√√		√
多层公寓	√√	√√	√	√√
学生宿舍	√	√√	√	√√√
军事设施				√√√
宾馆	√	√	√√	√√√
办公建筑	√√√		√	
零售商店	√√	√		
医疗设施	√√		√	√√√
学校	√√			√√
厂房	√√√		√	
体育设施	√√√		√	√
监狱	√		√	√√√

注：√√√表示广泛应用；√√表示经常应用；√表示有时应用。

3. 装配式建筑国内外发展现状

（1）国内外装配式建筑结构体系概述

1）混凝土结构体系。装配式建筑使用混凝土结构体系，通过工厂进行预制化生产，可以满足现场的机械化拼装需要。采用混凝土结构的装配式建筑有以下两大类：通用结构体系和专用结构体系。通用结构体系和现浇结构相同，大致可分为框架结构、剪力墙结构和框架-剪力墙结构等。而专用结构体系是随着建筑的性能要求，功能要求逐渐增多的情况下所发展起来的定制结构形式。装配式混凝土框架结构由多个预制部分组成：预制梁、预制柱、预制楼梯、预制楼板、外挂墙板等，具有清晰的结构传力路径，高效的装配效率，而且现场浇湿作业比较少，完全符合预制装配式结构的要求，也是最合适的结构形式。这种结构形式在需要开敞大空间的建筑中比较常见，例如仓库、厂房、停车场、商场、办公楼、医务楼等。现阶段，在国内装配式框架-现浇剪力墙结构已经广泛使用，但是相比之下，装配式框架-剪力墙结构依然处在研究阶段。

2）钢结构体系。20世纪初，发达国家的钢铁工业规模扩大，钢结构建筑得到迅速发展。在欧美和日本等地钢结构建筑面积占总建筑面积约40%，并且形成了各自的钢结构居住建筑体系。法国的装配式钢结构建筑体系已相当成熟，主要应用于多层集合住宅。英国的装配式钢结构建筑，根据预制单元的工厂化程度不同分为"Stick"结构、"Panel"结构和"Modular"结构。日本装配式钢结构住宅占70%以上份额。总体说来，国外的装配式钢结构建筑在模数化设计、标准化生产、装配化施工、节能、防火和抗震等方面已非常成熟，尤其是相配套的墙体、楼板等围护部件应用也非常完善，施工周期特别短。国内的轻钢龙骨体系在低多层建筑中应用发展很快。装配式钢结构建筑的发展势头良好，虽然装配式钢结构建筑综合造价比混凝土结构稍高，但发展前景广阔。

3）轻钢龙骨结构体系。装配式轻钢龙骨结构多直接采用北美地区的成套技术，在国外中低层住宅和别墅中应用较多。该结构由北美传统木结构房屋衍变而来,一般应用于 2 或 3 层的低层钢结构住宅和别墅。轻钢龙骨材料一般分为冷弯薄壁型钢和热轧型钢两类。轻钢龙骨的截面形状主要分为 C 形槽钢和 C 形立龙骨两类,宽度根据结构部位不同、荷载不同或者构件需要不同而变,一般为 60～360mm。轻钢龙骨结构体系的外墙和楼板,均采用经过防腐处理的高强冷弯或冷轧镀锌钢板制作。

4）钢模块结构体系。钢模块结构是指在工厂内加工完成钢模块,并将装修、设备等均在模块内一体完成,现场仅需要简单拼接即可完成整个建筑,可用于办公、住宅、公寓、酒店等类型的建筑中。此种技术体系在欧洲、北美等均有较多应用,国内目前应用尚较少。钢模块建筑具有现场施工速度快、一体化程度高、施工对环境基本没有影响诸多优点。当采用集装箱模块时,可以很方便地采用现有的集装箱海运方式,运输成本低,可以采用异地生产的方式。我国目前就有较多的模块房屋出口到英国等地。

5）木结构体系。随着科学技术的进步,木材经过现代技术处理,得到了越来越多人的关注。在美国等西方国家,木材是一种使用很普遍的建筑材料。但对于我国,虽然在少部分地区出现了迎合少数消费者需求的低密度木结构别墅,但我国人口基数多,房地产市场需求大,难以提供足够的木材来建造房屋,所以木结构并不适应当前我国的建筑发展需要。和美国相比,我国的木结构住宅只是高端建筑产品,所用的木材大多也依赖国外进口,无法作为普通低层住宅建筑形式。

6）各结构体系装配式建筑的应用情况。各结构体系的应用情况及优劣势见表 15-5。

表 15-5 各结构体系的应用情况及优劣势

结构体系	应用情况	优点	缺点
钢结构	宾馆、写字楼、公寓住宅	适用于高层建筑、强度大	易腐蚀、防火性能差
轻钢龙骨结构	最高可建 10 层	质量小	只适用于低层建筑
钢模块结构	灾后临时安置房、军事设施、建筑工地	运输方便、可循环使用	外墙结构开门窗时,需增加加强结构
混凝土结构	宾馆、监狱、仓库、厂房、停车场、商场、教学楼、办公楼、商务楼、医务楼等	防火、隔声、隔热、空间大	质量大、边角裂纹
木结构	1～2 层住宅、别墅	容易搭建、材料可循环利用	防火、耐久性差

(2) 国外装配式建筑发展情况

1）欧洲。第二次世界大战以后,欧洲各国为了加快住宅建设速度而发展了预制装配的住宅。西欧及北欧各国,在 20 世纪 60 年代中期预制装配住宅的比重占 18%～26%,之后随着住宅问题的逐步解决而下降。东欧及苏联等国直到 20 世纪 80 年代装配住宅的比例还在上升。欧洲国家的预制装配结构技术从 20 世纪 60 年代到 70 年先后由专用体系向通用体系发展,构件通用程度扩大到公共建筑。欧洲大部分地区没有抗震要求,因此其装配式混凝土结构比较灵活,装配率和工业化很高,预应力技术在构件中应用广泛。由各个企业开发的专用技术体系也比较发达,包括德国的叠合板剪力墙技术体系、法国的预制预应力框架结构技术（SCOPE）体系、英国的 L 形大板技术等,均在 20 世纪就引入过国内,虽然由于国内条件限制,并没有取得大量的应用,但也为近年来国内的技术发展打下了非常良好的基础。

2）美国。美国的装配式建筑发展不同于其他发达国家的发展路径，其住宅建设以低层木结构和轻钢结构装配式住宅为主，并表现出多样化、个性化的特点。在美国装配式建筑发展过程中，市场机制占据了主导地位，同时美国政府出台了一系列推进装配式建筑发展的对策，1976年出台的国家工业化建筑建造及安全标准，对建筑物设计、施工、强度、持久性、耐火、通风、节能、质量进行了规范。目前美国部品部件生产与住宅建设达到了较高的水平，居民可通过产品目录选择住宅建设所需部品。美国主要由预制预应力混凝土协会（PCI）长期研究与推广预制装配式混凝土结构，相关标准规范也很完善，其装配式混凝土结构应用非常普遍。美国的装配式混凝土结构主要用于低、多层建筑，特点是构件的大型化和预应力相结合，施工机械化程度很高，现场工作量较小。典型的装配式混凝土结构是大量采用预制柱、墙、预制预应力双T板楼面的装配式停车楼。在美国的高烈度地区近年来非常重视抗震和中高层装配式混凝土结构的工程应用技术研究，开展了一系列预制装配式混凝土结构抗震性能的研究和实践，主要包括预制楼盖体系的面内刚性及整体性研究、预制预应力抗震体系研究等。

3）日本。日本于1968年就提出了装配式住宅的概念。1990年推出采用部件化、工业化生产方式、高生产效率、住宅内部结构可变、适应居民多种不同需求的中高层住宅生产体系。在推进规模化和产业化结构调整进程中，住宅产业经历了从标准化、多样化、工业化到集约化、信息化的不断演变和完善的过程。日本每五年都颁布住宅建设五年计划，每一个五年计划都有明确的促进住宅产业发展和性能品质提高方面的政策和措施。日本目前应用的装配式混凝土结构主要包括壁式结构、框架结构、壁式框架剪力墙结构、预应力预制混凝土结构。从施工工法上来看，主要有工厂预制装配化建造工法（Prefabricated 工法）、2×4工法及传统工法（木造轴组工法）三种。

4）新加坡。新加坡为发展装配式建筑进行了多种建筑体系的尝试，20世纪80年代初，同时对预制梁板、大型隔板预制、半预制现场现浇和预制浴室及楼梯、累积强力法和半预制六种不同建筑体系进行了尝试，建立了严格的规范标准，对户型设计、模数设计、尺寸设计、标准接头设计等都做出了规定。新加坡的住宅多采用建筑工业化技术加以建造，其中，住宅政策及装配式住宅发展理念促使其工业化建造方式得到广泛推广。新加坡开发出15～30层的单元化的装配式住宅，占全国总住宅数量的80%以上。通过平面布局、部件尺寸和安装节点的重复性来实现标准化以设计为核心设计和施工过程的工业化，相互之间配套融合。经过20年快速建设，80%的住宅由政府建造，组屋项目强制装配化，装配率70%，大部分为塔式或板式混凝土多高层建筑，装配式施工技术主要应用于组屋建设。

（3）国内装配式建筑发展现状　我国积极推进装配式建筑和构配件的生产工业化，在推进装配式建筑方面先后经历了开创发展阶段、低潮阶段和重新启动阶段三个阶段。

1）开创发展阶段。早在1956年，国务院就发布了《关于加强和发展建筑工业的决定》，明确提出要采取积极步骤逐步实现建筑工业化。在国家建委和各工业部的联合推动下，在全国建筑业开始推行标准化、工厂化、机械化施工，在工业集中、建设期限较长的地区和城市，有计划地建设了一批永久性混凝土和钢筋混凝土预制工厂、金属结构加工厂和木材加工厂。一大批科技成果在示范工程中得到广泛应用。

2）低潮阶段。唐山大地震以后，震害调查表明，按照我国当时规范而建造的预制装配式建筑抗震性能不好，倒塌严重，导致1980年到2008年期间，预制装配式建筑的发展几乎停滞，现浇结构作为主要形式。

3）重新启动阶段。2008年以后，国务院和住建部先后发布了《关于推进建筑业发展和改革的若干意见》《关于促进建筑业持续健康发展的意见》，尤其是2016年国务院办公厅发布了《关于大力发展装配式建筑的指导意见》。之后，各地方政府密集出台了一系列强力推进装配式建筑的政策。一时间，大量新型装配式结构体系纷纷涌现，同时，也造成各结构体系互不兼容，装配式建筑标准不统一，同一工程现浇和装配式体系并存，生产成本增加明显。

（4）装配式建筑对建筑业现代化的推进作用

1）装配化建造方式完全契合建筑业现代化的目标。装配化建造方式的优势在于：资源节约、品质优良、风格多样、现场施工工期缩短、成本可控、实现供给侧改革。

① 资源节约。由于没有现场大兴土木，现场作业的粉尘、噪声、污水大大减少，可以节水80%、节能70%、节材20%、节时70%、节地20%，同时也没有以往的脚手架和大量湿作业，工人也大幅度减少。装配化建造过程可很好地实现"五节一环保"，非常符合国家的节能减排和绿色发展目标。

② 品质优良。建造质量优：标准化工序取代粗放管理；机械化作业取代手工操作；工厂化生产取代现场作业；地面性作业取代高空生产；产业化工人取代普通工人。专业协同好：协同建筑、结构、机电、装修的各专业模数尺寸，避免多专业由于尺寸碰撞导致的二次返工，影响质量；协同建筑、结构、机电、装修的各专业性能要求，保证建筑功能、结构体系、机电布置、装修效果相匹配；协同建筑、结构、机电、装修的各专业接口标准，统筹精准预留预埋，保证安装的精准、正确。运行能耗低：通过可集成绿色节能建筑技术，绿色设计、绿色生产、绿色施工，实现全产业链上资源节省、节能环保；营造最佳的建筑围护结构，极大限度地提高建筑保温隔热性能和气密性，使建筑依靠自身产生的能量以及合理利用可再生资源，创造合宜健康的温度、湿度、空气新鲜度的室内环境。智能化程度高：装配式建筑更易集成工业化的智能建筑技术，推进智能化运维，实现建设智能环境系统、智能办公系统、楼宇自动化、智能安防系统、智能家居系统，满足现代化生活办公的需要。

③ 风格多样。进深开间尺寸的多变性：运用标准化、系列化构件可组合不同系列开间、进深尺寸的套型模块。通过确定不同功能、不同类型、不同尺寸的标准化构件，根据建筑使用功能的需求，按照模数协调原则，通过不同功能、不同类型、不同尺寸的标准化构件在不同空间位置的多种系列组合，采用"标准+可变"方式，形成不同系列开间和不同进深尺寸的套型。建筑户型平面的多样性：运用系列套型模块可组合成不同系列装配式建筑户型平面。遵循建筑防火规范要求、建筑功能需求、人体工程学及适宜的结构体系，通过不同单元户型"少规格、多组合"的灵活组合方式，形成诸如"单元式""塔式"和"通廊式"等不同的建筑平面。建筑外形立面的丰富性：基于系列建筑平面，通过不同设计手法装饰成系列个性化、特性化建筑立面。基于装配式建筑的户型平面，可以通过结构墙板、阳台构件、装饰构件、门窗部品四部分结合造型、色彩、外饰面、质感、线条、图案等组成多样化、个性化、特性化、形式丰富的立面。

④ 现场施工工期缩短。装配式建筑的显著特点就是能有效缩短现场施工工期，提升房

屋开发建设期的抗风险能力，提高建设方的投资资金的周转率，改善财务状况，提升盈利水平。体现在：一体化建造缩短时间，标准化装配提高工效，机械化作业加快进度，施工过程受环境影响小等方面。

⑤ 成本可控。装配化建造方式，可改变传统建筑成本偏高、难以把控的现象。装配化建造方式相比传统的施工方式，流程更加优化、成本更加可控。主要体现在：通过规模化、模数化生产，大大降低了部品部件的加工成本。通过施工机电内装一体化建造，节省了大量的时间、人工和资源。通过设计、加工、装配各个环节的协同工作，避免了资源重复投入或返工造成的资源浪费。通过精细化的加工生产和装配施工，省去了大量的外脚手架、顶板支模、建筑面层抹灰等费用。

⑥ 实现供给侧改革。装配化建造是建筑业供给侧改革的需要，装配化建造方式的变革，可以带动部品部件、机械装备、施工机具以及运输设备的生产，形成新产业，增添社会投资活力。同时整合优化产业资源，形成产业集聚效应，辐射带动新产业的发展。

2）装配化建造方式是推进建筑产业现代化，实现建筑产业转型升级的重要路径。装配化建造方式是用预制部品部件在工地装配建筑，既包括建筑主体结构，也包含了装修、机电等。建筑产业化是把装配式建筑的一些产品和部品放到工厂去，按照工业化生产方式去生产。从装配式建筑的预制率和装配率方面，可以体现建筑产业化的发展程度。因此，装配化建造方式是推进建筑产业现代化的重要路径。

① 树立建筑产业现代化发展理念。装配化建造方式对建筑产业现代化提出了更高的要求，以装配式建筑为目标的建筑产业现代化必须树立新的发展理念。一是树立以人为本的发展理念。建筑产业现代化的技术应全方位考虑人的生活环境、生活方式、生活需求而实施。二是符合可持续发展要求，实现"五节一环保"的目的。建筑产业现代化的发展，要求在符合现代建筑产业链延伸的基础上，充分利用节能、环保和资源，借助信息化手段提高建设工程项目的劳动生产率、质量、品质，最终实现项目可持续发展。

② 发展与"五节一环保"相适应的建筑产业现代化核心技术。建筑产业现代化的发展必须依靠技术支撑，只有符合"五节一环保"要求的技术融入装配式建筑的全生命周期的各个阶段，形成成套的核心关键技术，才能实现科学、高效、健康发展。

③ 构建涵盖装配式建筑全生命周期的产业链条。形成一体化生产经营建筑产业现代化模式，需要建立涵盖建筑全生命周期的产业链条，从而保证装配式建筑产品从原料到成品的一体化工业生产。遵循现代建筑产业发展理念，考虑投资、生产、运营和拆除全过程，保证产业链节点之间形成有效需求，构建建筑产业现代化的产业链条。

3）装配化建造方式是促进建筑生产方式、监管方式革命性变革的重要一环。建筑产业是包括建筑业、房地产业、勘察设计业、市政公用业，以及绿色建材、装备制造、运输物流在内的大产业概念。装配化建造方式是建筑全产业链生产方式和经营方式的根本变革。

装配化建造方式是将各类通用预制构件经专有连接技术提升为工厂化生产，现场机械化装配为主的专用建筑技术体系。装配式建筑具有低碳、环保、节能、节地、节材、节水的"绿色"优势，符合国家可持续发展的大方向。其产业链贯通甚至超越装配式建筑的全生命周期，并以自身特点为依托，集成各相关企业的优势，有效衔接产业链各节点。装配式建筑秉承可持续发展和循环经济的理念，从技术研发、技术咨询、规划设计、工厂化生产、构件运输、构件吊装与现场施工、室内外装修、市场销售、物业管理、拆除及报废到最后的建筑垃圾资源化处理，各个阶段都坚持"五节一环保"的政策，构建一条"绿色"的装配式建筑产业链。

基于装配式建筑自身的特点，技术咨询、构件部品工厂化生产、构件吊装与现场施工、建筑垃圾资源化等环节延伸了其产业链。与传统建筑产业链相比，装配式建筑产业链纵向一体化程度更高，技术、信息、资金、管理等能够有效集成与整合，产业链内还有许多动态增值链。如构件部品工厂化生产环节，含有生产方案设计、工人专业化培训、构件部品生产、生产方案修正、成品检测、构件部品运输集合成的内含链。装配式建筑产业链还存在若干外延链，各相关企业不再是单向性发展，而是延伸至各行各业，追求全产业链一体化。如上海建工集团在推进装配式建筑发展过程中，不仅参与房地产开发、技术研究、规划整体设计，还集构件部品生产、现场施工一体化发展。

（5）国内装配式建筑产业存在的问题

1）标准规范有待健全。虽然国家和地方出台了一系列装配式建筑相关的标准规范，但缺乏与装配式建筑相匹配的独立的标准规范体系。部品及结构间的工业化设计标准和产品标准需要完善。由于缺乏对模数化的强制要求，导致标准化、系列化、通用化程度不高，工业化建造的综合优势不能充分显现。在探索装配式建筑的技术体系和实践应用时，出现了多种多样的技术体系，但大部分还在试点探索阶段，成熟的、易规模推广的还相对较少。当前，迫切需要总结和梳理成熟可靠的体系，作为全国各地试点项目选择的参考依据。专用标准缺乏，如构配件（叠合楼板、连接件、密封胶等）的检测方法标准和应用规程，短期内仍是以企业标准（多参考国外标准）为依据，隔震、减震等关系结构安全的关键性技术也有待进一步突破。

2）生产过程脱节。装配式建筑适用于设计、生产、施工、装修一体化，但目前生产过程各环节条块分割，没有形成上下贯穿的产业链，造成设计与生产施工脱节、构件部品生产与建造脱节、工程建造与运维管理使用脱节，导致工程质量性能难以保障、责任难以追究。

3）成本高于现浇影响推广。装配式建筑发展初期，在社会化分工尚未形成、未能实施大规模广泛应用的市场环境下，装配化建造成本普遍高于现浇混凝土建造方式，每平方米增加 200~500 元。而装配式建筑带来的环境效益和社会效益，未被充分认识，特别是由于缺乏政策引导和扶持，市场不易接受，直接影响了装配式建筑的推进速度。随着规模化的推进和效率的提升，性价比的综合优势将逐渐显现出来。

4）装配式建筑人才不足。目前，不论是设计、施工，还是生产、安装等各环节，都存在人才不足的问题，尤其是没有建成稳定的、训练有素的建筑产业工人群体，严重制约着装配式建筑的发展。

5）与装配化建造相匹配的配套能力不足。尚未形成与装配化建造相匹配的产业链，配套能力不足，包括预制构件生产设备、运输设备、关键构配件产品、适宜的机械工具等，这些能力不配套，已严重影响了装配化建造整体水平的提升。

6）政府监管体系尚待健全。现有的行业监管体制主要与长期发展的现浇结构相互适应，不能满足装配式建筑的发展要求。构件部件生产的监管边界不清，部门监管主体不明确，监管措施不完善；现行招投标制度、项目的组织实施方式不利于装配式建筑的发展；适合装配化施工特点的质量验收、安全管理及监督检查标准不健全；项目立项审批、行政监管等各个环节需要流程再造。

（6）国内装配式建筑产业改进方向

1）成套住宅技术。需引进和发展以优良建筑体系为主的住宅成套技术，并可满足低技术含量和就地选材的特征，加快大空间结构体系的发展。优化构件设计、工艺，提高相同构件的重复使用率，提高模具周转次数，降低构件成本。

2）内装与结构体系。建立以部品化和集成化为主的装修内装体系和支撑体承重结构体系，把住宅产业划分为结构体系技术、内装部品技术、住宅设备技术、住宅物业管理技术和住宅环境保障技术。

3）评价和鉴定机构。建立国家级住宅性能评价中心、住宅性能评价委员会和鉴定测试机构，在住宅评价制度的保障下开展工作，保证住宅性能评价工作科学、公平和公正地进行。

4）生产体系。全面实施集成化生产体系的改革，加强施工小机具、小装备的应用，增大商品混凝土的推广力度，改湿作业为干作业，改善施工条件，缩短施工周期，使我国住宅施工技术与国际化接轨。

5）产业链整合。把业主、设计单位、构件工厂、施工单位等所有的上下游企业整合成完整的产业链，实现装配式建筑从设计、生产、施工、后期运营与维护一体化，并在项目建设工程中不断整合各企业的资源优势，提高装配式建筑生产效率。

6）规范与标准。建立标准建筑设计体系，对预制构件的多样性进行合理统筹、控制，实现预制构件的通用性和互换性，并对不同构件做标准化、模数化规定，加快设计速度和施工效率。

7）总承包模式。采用工程总承包的发展模式，在研发设计、构件生产、施工装配、运营管理等环节实行一体化的现代化的企业运营管理模式，可以最大限度地发挥企业在设计、生产、施工和管理等一体化方面的资源优化配置作用，实现整体效益的最大化。

8）专业人才。发展装配式建筑需要大量专业化人才，尤其是建筑产业工人的培养和建设。

二、装配式建筑技术体系

1. 装配式建筑体系

（1）装配式建筑构成要素　装配式建筑是用预制部品部件在工地装配而成的建筑。装配式建筑由四大系统构成，如图 15-13 所示。从装配技术及其应用来讲，在全国范围内除了地域发展不平衡外，四大体系也存在着差距。

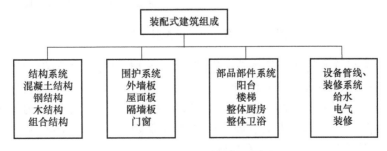

图 15-13　装配式建筑构成要素

1)结构系统。结构系统包括钢筋混凝土(PC)结构、钢结构、木结构以及组合结构等,用量来衡量占20%~30%。目前从阶段性来说,装配式钢筋混凝土(PC)结构是重点和难点,钢结构、木结构以及组合结构比较成熟,容易推广应用。

2)围护系统。围护系统包括外围护墙板、内隔墙、楼屋面以及门窗、幕墙等,用量来衡量占50%~60%。开发出因地制宜、经济适用与结构相配套的外墙板是目前我国发展装配式建筑的关键。

3)部品部件系统。部品部件系统包括楼梯、阳台、空调板以及厨卫等,对于住宅建筑,约占10%。总体上讲部品部件容易实现标准化设计和定型化生产。

4)设备管线、装修系统。设备管线、装修系统包括给水排水、空调供暖、强弱电、信息化以及装饰装修等,根据建筑功能的不同,占量为10%~20%。目前,我国在这方面处于比较落后的状态,制约了装配式建筑的发展。

(2)装配式建筑技术的特征及典型建筑装配技术体系

1)装配式建筑技术的特征。装配式建筑技术的特征为:标准化设计、工厂化生产、装配化施工、一体化装修、信息化管理、智能化应用,体现"全产业链、全专业、全生命周期"的理念。装配式建筑技术要遵循"三个一体化"的发展思维,即"建筑、结构、设备、装修一体化""设计、制造、施工装配一体化""技术、管理、市场一体化"。

2)住宅建筑装配技术及其产品体系。根据住宅建筑特点,结合我国国情,以钢结构、组合结构、混凝土结构技术为主线,按照结构构件、墙板、楼板等产品内容,形成住宅建筑装配技术体系,如图15-14所示。

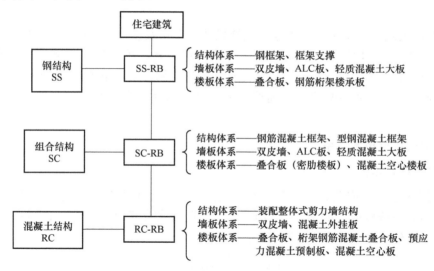

图15-14 住宅建筑装配技术体系

3)公共建筑装配技术及其产品体系。同理,图15-15为公共建筑装配技术体系。

(3)装配式建筑技术标准 近10年来,特别是在2016年国务院办公厅发布了《关于大力发展装配式建筑的指导意见》之后,各级政府密集出台了一系列强力推进装配式建筑的政策和技术标准,为装配式建筑发展起到支撑和保障作用。表15-6为已实施的部分国家、地方、行业及协会团体标准和技术导则。

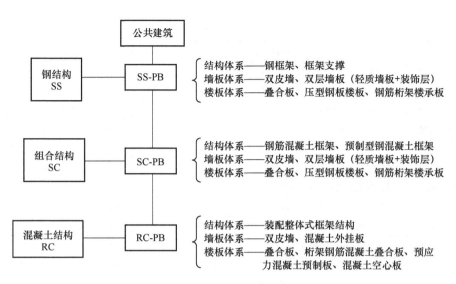

图 15-15 公共建筑装配技术体系

表 15-6 已实施的部分国家、地方、行业及协会团体标准和技术导则

（说明：此表仅选择了 2015 年以来的部分标准）

序号	标准类型	标准名称	标准编号	备注
1	国家标准	《装配式混凝土建筑技术标准》	GB/T 51231—2016	
2	国家标准	《装配式钢结构建筑技术标准》	GB/T 51232—2016	
3	国家标准	《装配式木结构建筑技术标准》	GB/T 51233—2016	
4	国家标准	《装配式建筑评价标准》	GB/T 51129—2017	
5	行业标准	《装配式劲性柱混合梁框架结构技术规程》	JGJ/T 400—2017	
6	地方标准	《建筑预制构件接缝密封防水施工技术规程》	DB1/T 1447—2017	北京
7	地方标准	《装配整体式混凝土结构预制构件制作与质量检验规程》	DGJ 08-2069—2016	上海
8	地方标准	《装配整体式混凝土居住建筑设计规程》	DG/TJ 08-2071—2016	上海
9	地方标准	《工业化住宅建筑评价标准》	DG/TJ 08-2198—2016	上海
10	地方标准	《装配式混凝土建筑结构技术规程》	DBJ 15-107—2016	广东
11	地方标准	《装配整体式混凝土剪力墙结构技术规程》	DGJ32/T 125—2016	江苏
12	地方标准	《装配式结构工程施工质量验收规程》	DGJ32/J 184—2016	江苏
13	地方标准	《预制预应力混凝土装配整体式结构技术规程》	DGJ32/TJ 199—2016	江苏
14	地方标准	《叠合板式混凝土剪力墙结构技术规程》	DB33/T 1120—2016	浙江
15	地方标准	《装配整体式混凝土结构工程施工质量验收规范》	DB33/T 1123—2016	浙江
16	地方标准	《装配整体式混凝土结构工程施工及验收规程》	DB34/T 5043—2016	安徽
17	地方标准	《装配式住宅建筑设备技术规程》	DBJ41/T 159—2016	河南
18	地方标准	《装配整体式混凝土结构技术规程》	DBJ41/T 154—2016	河南
19	地方标准	《装配式住宅整体卫浴间应用技术规程》	DBJ41/T 158—2016	河南
20	地方标准	《装配整体式混凝土剪力墙结构技术规程》	DB42/T 1044—2015	湖北
21	地方标准	《混凝土叠合楼盖装配整体式建筑技术规程》	DBJ43/T 301—2013	湖南
22	地方标准	《混凝土装配-现浇式剪力墙结构技术规程》	DBJ43/T 301—2015	湖南

(续)

序号	标准类型	标准名称	标准编号	备注
23	地方标准	《装配式斜支撑节点钢框架结构技术规程》	DBJ43/T 311—2015	湖南
24	地方标准	《装配式钢结构集成部品 主板》	DB43/T 995—2015	湖南
25	地方标准	《装配式钢结构集成部品 撑柱》	DB43/T 1009—2015	湖南
26	地方标准	《装配式住宅部品标准》	DBJ50/T-217—2015	重庆
27	地方标准	《四川省装配整体式住宅建筑设计规程》	DBJ51/T 038—2015	四川
28	地方标准	《四川省装配式混凝土结构工程施工与质量验收规程》	DBJ51/T 054—2015	四川
29	地方标准	《预制装配式混凝土结构技术规程》	DBJ 13-216—2015	福建
30	地方标准	《装配整体式混凝土剪力墙结构设计规程》	DB13（J）/T 179—2015	河北
31	地方标准	《装配式混凝土剪力墙结构建筑与设备设计规程》	DB13（J）/T 180—2015	河北
32	地方标准	《装配式混凝土构件制作与验收标准》	DB13（J）/T 181—2015	河北
33	地方标准	《装配式混凝土剪力墙结构施工及质量验收规程》	DB13（J）/T 182—2015	河北
34	地方标准	《装配整体式混合框架结构技术规程》	DB13（J）/T 184—2015	河北

2. 装配式混凝土结构体系

（1）预制装配式框架结构体系 预制装配式框架结构体系是按标准化设计，根据框架结构的特点将柱、梁、板、楼梯、阳台、外墙等构件拆分，在工厂进行标准化预制生产，现场采用塔式起重机等大型设备安装，吊装就位后，焊接或绑扎节点处的钢筋，通过浇捣混凝土连接为整体，形成刚接节点。兼具现浇式框架和装配式框架的优点，既具有良好的整体性和抗震性，又可以通过预制构件减少现场工作量和标准化生产。

装配方案有：

① 分件吊装法：起重机开行一次吊装一种构件，如先吊装柱，再吊装梁，最后吊装板。为使已吊装好的构件尽早形成稳定的结构，分件吊装法又分为分层分段流水作业和分层大流水作业。

② 综合吊装法：起重机在吊装构件时，以节间为单位一次吊装完毕该节间的所有构件，吊装工作逐节间进行。综合吊装法一般在起重机跨内开行时采用。

（2）装配式剪力墙结构体系 混凝土结构的部分或全部采用承重预制墙板，通过节点部位的连接形成的具有可靠传力机制，并满足承载力和变形要求的剪力墙结构，简称装配式剪力墙结构。

特点：装配式钢筋混凝土剪力墙的最大高度、高宽比和抗震等级应符合相关规范规定。装配式剪力墙结构的建筑平面、立面和竖向剖面布置的规则性应综合考虑安全性能、使用性能、经济性能等因素。宜选择整体简单、规则、均匀、对称的建筑方案，不规则的建筑结构应采取加强措施，不应采用特别不规则的建筑。装配式剪力墙结构高层建筑宜设置地下室，地下室应采用现浇结构。抗震等级为一、二、三级时，结构底部加强部位应采用现浇剪力墙。装配式钢筋混凝土剪力墙结构应采用叠合楼盖、现浇楼盖或装配式整体式楼盖；节点连接常采用钢筋套筒灌浆连接或钢筋浆锚搭接连接。

装配方案：装配式钢筋混凝土剪力墙结构的装配方案一般为外墙为装配整体式剪力墙，内墙为现浇剪力墙；或者外墙为装配整体式剪力墙，内墙部分为装配整体式剪力墙、部分为现浇剪力墙。

适用范围：该种结构形式适用于高层建筑，抗震性能好，户型设计灵活，住户接受度高。

（3）**叠合楼板结构体系** 叠合楼板由预制部分和现浇部分组成，属于半预制体系，结合了预制和现浇混凝土，并汲取了各自的优点。预制部分多为薄板，在预制构件加工厂完成，施工时吊装就位，现浇部分在预制板面上完成，预制薄板既作为永久模板而无须模板，又作为楼板的一部分承担使用荷载。

特点：同时具备结构整体性好、抗震性能好、实现建筑构件工业化（设计标准化、制造工业化、安装机械化），构件制作不受季节及气候限制，可提高构件质量，且施工速度快，可节省大量模板和支撑等优点。

装配方案：预制板宽不宜大于3m，拼缝位置宜避开叠合板受力较大部位。尽量采取整板设计，楼板接缝按无缝设计，制作控制宜按负误差控制。叠合板应满足使用期间及施工过程的承载力及变形要求。一般采用4点起吊，为使吊点处板面的负弯矩与吊点之间的正弯矩大致相等。

适用范围：根据规范对楼盖的要求，嵌固部位的楼层、顶层楼层、转换层楼层及平面中较大洞口的周边、设计需加强的部位、剪力墙结构的底部加强部位不做叠合楼盖。其他部位原则上均可采用叠合楼盖，如住宅中的厨房、卫生间、阳台板、卧室、起居室均可以。

（4）**叠合板式混凝土剪力墙结构体系** 叠合板式混凝土剪力墙结构体系，是采用工业化生产方式，将工厂生产的叠合式预制墙板构配件运到项目现场，使用起重机械将叠合式预制墙板构配件吊装到设计部位，然后浇筑叠合层及加强部位混凝土，将叠合式预制墙板构配件及节点连为有机整体。

特点：该体系主要通过叠合式预制墙板的安装，辅以现浇叠合层及加强部位混凝土结构，形成共同工作的墙板。叠合式预制墙板安装施工具有施工周期短，质量易控制，构件观感好，减少现场湿作业，节约材料，低碳环保等特点。

装配方案：叠合式预制墙板的安装铺设顺序应按照楼板的安装布置图进行，并有利于起吊和安全，宜先吊装铺设边缘窄板。

适用范围：适用于抗震设防烈度为7度及以下地震区和非地震区的一般工业与民用建筑。

（5）**现浇外挂体系** 现浇外挂体系是指结构主体采用现场浇筑混凝土，外墙采用预制混凝土构件的结构体系。

特点：现场机械化施工程度高，工厂化程度也高；外墙挂板带饰面可减少现场的湿作业，施工缩短装修工期；外墙挂板构件断面尺寸准确，棱角方正。

适用范围：现浇外挂体系由于内部主体结构受力构件采用现浇，周边围护的非主体结构构件采用工厂预制运至现场外挂安装就位后在节点区与主体结构构件整体现浇，这种方式没有突破结构设计规范限制，可适用于超高层建筑。

3. 装配式钢结构体系

（1）**钢框架结构体系** 钢框架结构体系是指沿房屋的纵向和横向用钢梁和钢柱组成的框架结构来作为承重和抵抗侧力的结构体系。

优点：能提供较大的内部空间，建筑平面布置灵活，适用多种类型的使用功能；自重小，抗震性能好，施工速度快，机械化程度高；结构简单，构件易于标准化和定型化。缺点：用钢量稍大，耐火性差，后期维修费用高，造价略高于混凝土框架。

基本结构体系一般可分为三种：柱支撑体系，纯框架体系，框架支撑体系。钢框架住宅一般不超过6层，其墙体可采用轻质材料，结构自重小，抗震性能良好，施工速度快。钢框架加支撑结构住宅可实现7～15层。

（2）钢板剪力墙结构体系　钢板剪力墙就是以钢板为材料，且以承受水平剪力为主的墙体，其受力单元由内嵌钢板和竖向边缘构件（柱或竖向加劲肋）、水平边缘构件（梁或水平加劲肋）构成。当钢板沿结构某跨自上而下连续布置时，即形成钢板剪力墙结构体系。

钢板墙弥补了混凝土剪力墙或核心筒延性不足的弱点。与精致的防屈曲支撑比较，钢板墙不但相对便宜，而且制作和施工都比较简单。与纯抗弯钢框架比较，采用钢板墙可节省用钢量50%以上，能有效降低结构自重，减小地震响应，压缩基础费用。相对现浇钢筋混凝土墙，钢板墙能缩短制作及安装时间，其内嵌钢板与梁、柱的连接（焊接或栓接）方式简单易行，施工速度快；特别是对现有结构进行加固改造时，能不中断结构的使用，消除商业相关性。

（3）钢-混凝土组合结构体系　钢-混凝土组合结构是由钢材和混凝土两种不同性质的材料经组合而成的一种新型结构，是钢和混凝土两种材料的合理组合，充分发挥了钢材抗拉强度高、塑性好和混凝土抗压性能好的优点，弥补彼此的缺点。

钢-混凝土组合结构用于多层和高层建筑中的楼面梁、桁架、板、柱，屋盖结构中的屋面板、梁、桁架，厂房中的柱及工作平台梁、板以及桥梁，在我国还用于厂房中的吊车梁。钢-混凝土组合结构有组合梁、组合板、组合桁架和组合柱四大类。

钢-混凝土组合结构的优点：承载能力和刚度高，截面面积小；抗震性能好；施工速度快，工期短；耐火性和耐腐蚀性好。

（4）钢框架-混凝土核心筒结构体系　钢框架-混凝土核心筒结构体系是近年来在我国迅速发展的一种结构体系，因其在降低结构自重、减少结构断面尺寸、加快施工进度等方面的明显优点，在高层、超高层建筑上得到了极大的推广和应用。

混凝土核心筒主要用于抵抗水平侧力。由于材料特点造成两种构件截面差异较大，钢筋混凝土核心筒的抗侧向刚度远远大于钢框架，随着楼层增加，核心筒承担作用于建筑物上的水平荷载比重越大。钢框架部分主要是承担竖向荷载及少部分水平荷载，随着楼层增加，钢框架承担作用于建筑物上的水平荷载比重越小，由于钢材强度高，可以有效减少柱体截面，增加建筑使用面积。

4. 全预制装配式模块化建筑体系（PPVC）

全预制装配式模块化建筑的结构以单个房间作为一个模块均在工厂进行预制，并可在工厂对模块内部空间进行布置与装修，然后运输至现场通过吊装将模块可靠地连接为建筑整体。全预制装配式模块化建筑体系预制化比例高，可节约人力、物力，减少工期，绿色环保。根据建筑模块的结构与功能类型，目前模块化建筑所用的模块可分为墙体承重模块、角柱支撑模块、楼梯模块和非承重模块几种。

全预制装配式模块化建筑体系，按种类可分为全模块化建筑体系和复合模块化建筑体系，全模块化建筑体系的建筑全部由模块单元装配而成，适用于多层建筑房屋，一般适用层数为4～8层。当层数过高时，需要有独立的抗侧体系作为依靠。模块间一般通过螺栓和盖板进行连接，以此作为模块化建筑的传力路径。

为提高模块化建筑的结构与使用性能，需要将模块化建筑与其他建筑形式进行复合，一般可包括与传统框架复合结构体系、与板体结构复合结构体系、与剪力墙与核心筒复合结构体系等。

三、装配化建造背景下的工程项目管理创新

产业现代化的原动力一般来源于新型制造方式和制造技术的出现，随之带来产业组织体系、项目管理方式的不断整合、变革。作为一种新型建造方式，装配式建筑的技术特征对产业组织模式和项目管理方式提出了新要求。尽管建筑业生产过程、产品特征与制造业等其他产业存在着一定的差异，但产业组织体系不完善、项目管理方式落后一样会阻碍新型建造方式和技术的推广，这也是目前装配式建筑发展中的主要问题之一。完善建筑业产业链、创新工程项目管理方式，是推动装配式建筑发展的重要环节。

1. 与装配化建造方式相适应的产业链体系

装配式建筑是采用系统化设计、模块化拆分、工业化制造、现场化装配的建造模式，在建造过程中能将社会化大生产的产业组织模式、制造业的生产方式和信息技术加以融合，对建筑设计、主体施工、专用设备供应、部品部件生产、设备管线安装等环节的集成化提出了较高的要求，必将影响目前建筑产业的组织方式、结构体系、技术创新、产品质量和市场定位。产业链的合理构建与完善是推动建筑工业化的前提，装配式建筑的产业链是以各个利益相关单位为载体，服务于装配式建筑的一条动态增值链条，该链条上的上中下游企业利润共享，风险共担，互相影响，互相依存。产业链组织方式不合理、集成化程度低是造成装配式建筑成本过高、推广不力的重要原因。

装配式混凝土建筑产业链包括房地产企业、规划设计院、预制构件加工企业和施工企业四大内部主体，以及政府和技术研究机构两大外部主体。新型装配式建筑产业链对产业链上各参与方的集成度和协同度要求更高，需要各参与方的有机协调。首先由设计单位根据现行的装配式建筑设计标准进行建模，然后建材商根据建筑产品的设计要求提供原材料，预制构件加工企业则根据设计院提供的构件模型投入原材料以工厂化方式大规模生产预制构件，中间委托物流公司根据现场施工进度和预制构件厂构件生产进度进行预制构件的运输，施工企业通过高度机械化的施工工艺完成现场预制构件的装配来完成建筑的施工，最后由专业服务团队完善产品的销售运营管理等。各个参与企业通过共同培育集开发、产品策划、规划、科研、设计、构配件生产、新型建材与产品制造、建筑工程总承包、装饰装修、物业运营管理于一体的项目协同平台，调整产业结构，整合工业化设计、构件及部品生产制造、装配施工、全过程信息管理的全产业链资源，带动上下游企业共同参与，形成"一条龙"式的建设项目管理模式，形成完善的产业链，促进装配式建筑的良性发展。

建造产业链市场主体在项目各阶段有不同的协作模式。项目开发准备阶段，装配式建筑建设单位在整个产业链中起着引领性作用，对建筑的类型、规模、建设方案等进行协调

管理，明确不同主体所应承担的协作责任，同时促使不同主体间建立有效的信息沟通平台，改变传统建造模式中多方主体信息资源难以整合利用的状态，以解决主体间内部协作动力不足的问题。在整个装配式建筑生命周期中，项目设计阶段起着至关重要的作用。传统建筑设计模式是面向现场施工，很多问题到施工阶段才能够暴露出来，而装配式建筑则将施工阶段的问题提前至设计、生产阶段解决，将设计由面向现场施工，转变为面向工厂加工和现场装配。在这一阶段，设计单位需要充分考虑到下游主体的工厂化生产、装配化施工、一体化装修，通过与生产企业、施工企业、装修企业的密切配合，构建贯彻项目全生命周期的信息平台，为下游主体的项目建设提供技术平台与信息支持。

部品部件生产阶段，生产企业通过设计单位建立的标准化部品部件库，开展规模化生产作业。在协作模式中，生产企业需将生产的部品部件嵌入 RFID（无线射频识别）标签，并将 RFID 标签中的信息传输到 BIM 系统中进行判断和处理，以便于产业链下游主体安排构件运输的顺序、车次、路线，并协助施工企业合理安排施工顺序。同时生产企业再根据现场反馈来的施工进度信息调整构件生产计划。通过与施工企业间的信息沟通与协作，生产企业将调整生产计划的信息通过 BIM 系统传递给施工现场，实现信息共享，推动工程顺利进行。

项目施工阶段，施工企业根据前期设计单位在信息系统中提供的设计方案，进行部品部件的装配化施工。在项目施工前，施工企业通过 RFID 与 BIM 系统提取标准化的部品部件信息、设计方案信息、生产进度等信息，并将现场的部品部件信息及时反馈至设计单位、生产企业；在施工过程中，运用信息技术建立项目仿真动态模型，模拟装配化施工。同时，将项目进展实时信息录入，对建模仿真与施工过程中出现的问题，通过信息共享平台反馈给建设单位、设计单位、生产企业等相关方，以便于多主体共同协作解决装配化施工中所产生的问题。

项目运营维护阶段处于产业链的末端，物业运营企业根据设计单位建立的部品部件标准库、生产企业嵌入的数字标签信息、施工企业建立的仿真模型和建造信息等，利用物联网终端设备进行数据分析和处理，实时掌握建筑物中所有构件和各种设备的运行情况，发现和处理损坏的建筑构件。在运营维护过程中，运营企业通过物业管理系统监测建筑物使用和维护情况，并将上述信息通过互联网传至共享数据库，为后期建筑物改扩建提供必要的信息。

2. 与装配式建造方式相适应的 EPC 组织模式

装配式建筑全产业链的建造活动是一项复杂的系统工程，需要系统化的工程项目管理模式与之相匹配。EPC（Engineering Procurement Construction）工程总承包管理模式是现阶段推进建筑产业现代化、发展装配式建筑的有效途径，可以有效推进建筑行业的升级转型，促进建筑产业现代化、专业化、集成化的发展，推动建立科学完善、合理高效的项目管理综合体系，建立先进的技术体系和高效的管理体系，打通产业链壁垒，实现产业链集成，有效解决建筑行业目前存在的各阶段、各专业间、技术与管理间衔接困难等众多问题，将工程建设的全过程连接为一体化的完整产业链，实现技术体系与管理模式相适应，全产业链上资源优化配置、整体成本最低化，进而解决工程建设切块分割、碎片化管理的问题。

将 EPC 模式应用于装配式建筑，其特点是以构件的加工和安装代替采购阶段，并纳入到设计阶段，通过有效连接前期设计与现场施工，使施工部门有效配合支持前期设计，以保证设计结果与现场要求高度契合，以此降低施工成本和资源消耗。

EPC 模式与装配式建造技术相结合的优势明显，具体可以在项目组织结构、设计优化与资源整合、工期控制、成本控制和专业化管理等方面得到体现。

1）EPC 模式有助于实现装配式建筑系统化。装配式建筑一般由建筑、结构、机电、装修四个子系统组成，这四个子系统各自既是一个完整独立存在的系统，又共同构成一个完整系统。EPC 工程总承包管理的优势正在于系统性的管理。EPC 模式通过全过程多专业的技术策划与优化，在产品的设计阶段，即开始统筹分析建筑、结构、机电、装修各子系统的制造和装配环节，将各阶段、各专业技术和管理信息前置化，进行全过程系统性策划，设计出模数化协调、标准化接口、精细化预留预埋的系统性装配式建筑产品，实现产品标准化、制造工艺标准化、装配工艺标准化、配套工装系统标准化、管理流程标准化，实现设计、加工、装配一体化，满足一体化、系统化的设计、制造、装配要求，实现规模化制造和高效精益化装配，便于规模化制造和现场高效精细化装配，发挥装配式建筑的综合优势。

2）EPC 有助于促进装配式建筑的技术创新。装配式建筑是设计、制造、装配的系统集成，各系统之间的深度协同融合才能发挥出装配式建筑的整体优势。EPC 模式有利于建筑、结构、机电、装修一体化，设计、制造、装配一体化，从而实现装配式建筑的系统集成，以整体项目的效益为目标，明确集成技术研发方向，避免只从局部某一环节研究单一技术（如设计只研究设计技术、生产只研究加工技术、现场只研究装配技术），从而导致创新技术融合度低的问题。系统化的技术创新和技术集成，更加便于新技术落地应用，发挥技术体系优势。在 EPC 工程总承包管理实践过程中不断优化提升技术体系的先进性、系统性和科学性，实现技术与管理创新相辅相成的协同发展，从而提高建造效益。

3）EPC 与装配式建筑的结合有助于缩短工程建造工期。EPC 模式下，设计、制造、装配、采购的不同环节形成合理穿插、深度融合，在传统项目管理模式下采用的是设计方案确定后才开始启动采购方案、制定建造方案、制定装配方案的工作顺序，EPC 将这种线性作业转变为叠加型、融合性作业，经过总体策划，在设计阶段就开始制定采购方案、生产方案、装配方案等，使得后续工作前置交融，进而大幅度节约工期。同时 EPC 模式下，装配式建筑现场施工分为工厂制造和现场装配两个板块，可以实现将原来同一现场空间的交叉性流水作业，转变成工厂和现场两个空间的部分同步作业和流水性装配作业，缩短了整体建造时间。EPC 模式下，各方工作均在统一的管控体系内开展，信息集中共享，规避了沟通不流畅的问题，减少了沟通协调工作量和时间，从而节约工期。

4）EPC 模式应用于装配化建造还将降低工程建造成本。工程材料成本在项目的成本构成中占有很大的比例，因此项目采购环节的成本降低具有十分重要意义。EPC 模式下，工业化建造将实现精细化、专业化和规模化、社会化的大生产，材料、部品的成本将趋于合理、透明，并限定在合理的市场化范围内；龙头企业与相关部品部件生产企业、分包企业间的长期战略性合作，将会进一步减少采购成本。EPC 模式能够实现设计、制造、装配、采购几个环节合理交叉、深度融合。EPC 模式中的"采购"不仅是为项目投入建造所需的系列材料、部品采购、分包商采购等，还包括系统性地分析工程项目建造资源需求，在设计阶段，就确定工程项目建造全过程中的物料、部品部件和分包供应商。随着深化设计的不断推进和技术策划的深入，可以更加精准地确定不同阶段的采购内容和采购数量等。由分批、分次、临时性、无序性的采购转变为精准化、规模化的集中采购，从而实现分包商或材料商合理化、规模化地有序生产，减少应急性集中生产成本、物料库存成本以及相关的间接成本，从而降低工程项目整体物料资源的采购成本。此外，EPC 模式下，在总承包方的统一协调、把控下，将各参建方的目标统一到项目整体目标中，以整体成本最低为目标，优化配置各方资源，实现设计、制造、装配资源的有效整合和节省，从而降低成本，避免了以往传统管理模式下，设计方、制造方、装配方各自利益诉求不同，都以各自利益最大化为目标，没有站在工程整体效益角度去实施，导致工程整体成本增加、效益降低的弊端。采用 EPC 模式的装配化建造将实现人工的节约，进一步降低建造过程中的人工成本和间接成本。

5）EPC 模式有助于实现工程建造精益化管理。EPC 模式下，工程总承包方对工程质量、安全、进度、效益负总责，在管理机制上保障了质量、安全管理体系的全覆盖和各方主体质量、安全责任的严格落实。EPC 工程总承包管理的组织化、系统化特征，保证了建筑、结构、机电、装修的一体化和设计、制造、装配的一体化，一体化的质量和安全控制体系，保证了制定体系的严谨性和质量安全责任的可追溯性。一体化的技术体系和管理体系也避免了工程建设过程中的"错漏碰缺"，有助于实现精益化、精细化作业。EPC 模式下的装配化建造，设计阶段就系统考虑分析制造、装配的流程和质量控制点，制造、装配过程中支撑、吊装等细节，从设计伊始规避质量和安全的风险点。通过工厂化的制造和现场机械化的作业大幅替代人工手工作业，大大提高了制造、装配品质，减少并规避了由于人工技能的差异所带来的作业质量差异，以及由此产生的产品质量下降和安全隐患的问题，从而全面提升工程质量、确保安全生产。

在项目管理不同阶段，EPC 模式与装配化建造过程融合应当有不同的关注点。一是设计阶段，EPC 总承包模式与装配式建筑的结合主要应当关注后续工作对设计优化的需求，发挥装配式结构的预制化和 EPC 模式全过程管理的优势。设计师在 BIM 框架下进行协同设计，预制厂则通过预制构件信息进行分析，对设计提出模块的优化建议，施工工程师则从施工方案、工艺的角度对设计模型进行分析，提出可行性反馈。在采购阶段，总承包商需要以集成管理的思维统筹考虑设计与采购、施工的相互关系，通过保证各流程的工作有效衔接，加强项目信息管理及信息化技术的应用，以缩短采购周期、降低采购成本、提高采购质量。二是采购阶段，EPC 模式与装配式建筑的结合需要总承包商将采购工作向设计、施工阶段前后延伸，发挥采购集成管理作用，保证项目管理目标的实现。三是施工阶段，装配式建筑施工的主要难点体现在对构件进行吊装的过程，对吊装机械、定位和固定连接的要求较高，因此该阶段项目管理的重点是各专业之间的协调配合，及时有效地处理可能出现的各类问题。在施工策划阶段，设计单位可以通过 BIM 进行施工仿真与模拟，进行预装配，明确构件的安装流程、顺序与工艺要求，为施工交底提供便利。通过施工模拟，可以提前发现并解决可能出现的问题，同时为施工场地布置等提供参考。在原材料供应中，施工单位应当提前进行需求预测，结合工程的实际情况，与采购人员进行衔接。在施工过程中，应当与设计、构件供应商对构件的质量、尺寸等做最后的确定，争取一次吊装成功，避免出现返工等现象。

3. 信息技术推动装配化建造项目管理创新

装配式建筑具有显著的系统性特征，须采用一体化的建造方式，即在工程建设全过程中，主体结构系统、外围护系统、机电设备系统、装饰装修系统通过总体技术优化、多专业协同，按照一定的技术接口和协同原则组装成装配式建筑。全过程信息化应用是装配式建筑的一大特征，信息技术是推动从构件生产到装饰装修一体化建造方式的重要工具和手段。为实现"设计、生产、装配一体化"，通过现代化的信息技术，建立信息化管理平台，实现项目各参与方基于信息共享的深度协同，是装配化建造方式成功的重要因素。

装配式建筑信息技术平台应当是融合多种技术、多方主体信息的平台。要实现装配式建筑价值最大化，就要求纵向主体间协同化作业，使节点主体能够对整个产业发展起到推动作用。但主体间协同作业往往面临多重障碍，如追求个体利益最大化、忽视整体利益、主体间业务衔接度差、建设单位协调能力不足等传统建筑产业链存在的问题，同时也存在着有别于传统建筑产业链的障碍，如主体间协作的驱动力不足、部品部件标准体系未完善、参与主体多，尤其是部品部件生产企业环节的新增，对整个产业提出更高的集成化作业要求，协作过程更加复杂。要解决产业链参与主体协同作业所面临的问题，将信息技术应用于产业链协同和项目管理中，将三大技术即 BIM 技术、RFID 技术、物联网技术结合应用于多方主体信息平台的搭建，改变以往信息技术单一的应用模式，确保协作能够有效地运行。通过 BIM 技术可以很好地解决主体间信息沟通平台缺乏的问题，为多主体的资源整合，尤其是信息资源的整合提供合适的技术平台；RFID 技术的应用，使生产企业对部品部件产品的管理更加精细化，同时与 BIM 平台、物联网的结合应用，为下游主体提供产品信息、生产信息、存储信息，有效提升主体间业务的衔接度；通过物联网技术，将后期的运营管理纳入产业链核心环节，以更智能化、精细化的管理改变过去粗放式的运营管理。

装配式建筑项目组织模式的特征为信息技术在项目管理中的深度应用创造了条件。以 BIM 为代表的信息技术的优势在于对装配式建筑全过程的海量信息进行系统集成，对装配式建筑建设全过程进行指导和服务。其应用的前提条件就是要在统一的信息管理平台上，集成各专业软件和标准化接口，保证信息共享，实现协同工作。EPC 模式可以很好地发挥这类信息技术的"全过程应用信息共享"的优势，提升建造品质和效益。在 EPC 模式下，各参与方形成一个统一的有机整体，实现设计各专业之间、制造、装配各专业之间、设计与制造、装配之间数据信息共享、协同并进行设计和管理。EPC 模式有利于建立企业级装配式建筑设计、制造、装配一体化的信息化管理平台，形成对装配式建筑一体化发展的支撑。实现建筑业信息化与工业化的深度融合，深入推进信息化技术在装配式建筑中的应用。

在 EPC 总承包模式下，装配式建筑对信息技术的应用，可以通过总承包单位在设计环节建立装配式建筑信息平台，使项目各参与方在设计、生产、施工等阶段都在同一个平台上进行协同工作和数据处理，有利于优化设计、减少变更和提高装配效率。设计单位运用 BIM 技术可以设计二维图和三维图，便于工人现场施工，还可以通过碰撞检查，提高设计的准确性，减少设计变更，减少后期现场预埋件和钢筋的安装错误；预制构件厂提高工业化程度，可以减少资源的消耗，提高构件的精确度，使得构件部品能够批量生产；施工企业可以利用信息模拟技术进行施工模拟，减少不必要的经济损失和工期延误，并且现场实现高度机械化装配。各参与方运用 BIM 技术、RFID 技术、物联网技术建立信息平台，提高信息传递正确率，提高项目管理效率，减少质量、安全事故和索赔纠纷。

在项目设计阶段，可以利用 BIM 可视化设计和协同设计，对墙板、楼板、梁以及阳台板等结构部件进行自动拆分，通过 BIM 软件的参数化功能构建各类预制构件的标准化数据库，然后将同类型数据进行优化，形成常用预制构件的标准形状和模数尺寸，随着构件的数量、种类和规格的不断丰富，逐渐建立起标准化预制构件库，提升设计效率和设计质量。在构件生产阶段，可以通过 BIM 三维模型完成对预制构件的信息化表达，构件加工图在 BIM 软件上直接完成，自动生成构件的平面图、立面图和剖面图，并输出不同类型的数据格式文件，借助 CAM 数控机床建立构件生产管理信息系统，从而更加紧密地与预制工厂进行协同和对接。施工阶段，施工单位可将进度计划与 BIM 模型关联，通过模拟真实施工环境和施工过程，将空间信息和时间信息整合在一个可视的 4D 模型中，对预制构件吊装过程中的空间操作、安装顺序以及设备管线调试等方案进行优化，提前预知本项目施工安排是否均衡、场址布置是否合理、吊装工序是否正确等，协同设计单位及时做出调整，减少返工和材料浪费，确保整体施工质量。

第三节　3D 打印建造方式下的工程项目管理创新

一、3D 打印技术概述

（1）国外 3D 打印技术发展现状　建筑 3D 打印起源于 1997 年美国学者 Joseph Pegna 提出的一种适用于水泥材料逐层累加并选择性凝固的自由形态构件的建造方法。2001 年，美国南加州大学教授 Behrokh Khoshnevis 提出了称为"轮廓工艺（Contour Crafting）"的建筑 3D 打印技术，通过大型三维挤出装置和带有抹刀的喷嘴实现混凝土的分层堆积打印。英国 Monolite 公司于 2007 年推出一种新的建筑 3D 打印技术"D 型（D-shape）"，采用黏结剂选择性硬化每层砂砾粉末并逐层累加形成整体。2008 年，英国拉夫堡大学的 Richard Buswell 教授提出了另一种喷挤叠加混凝土的打印工艺，即"混凝土打印（Concrete Printing）"，并且具有较高的三维自由度和较小的堆积分辨率。在十多年的发展过程中，世界范围内学界对这种新的建造方式进行了相当的研究探索工作，部分国家和地区的政府机构也给予了大力的支持。

1）美国 3D 打印技术发展现状。美国自 2012 年开始通过成功研发基于轮廓工艺的 3D 打印技术的方式成功将 3D 打印技术与建筑工程相结合，依赖于对轮廓工艺的应用，可以在 1 天时间内完成总面积在 $230m^2$ 左右两层层高楼房的建造任务，相较于常规工艺技术下的建筑时间以及建筑成本而言更具优势。3D 打印技术领域中的轮廓工艺从外形上来看类似于桥式起重机，悬停在建筑物上，两侧为轨道，中间横梁部位为打印头。在打印操作过程中，横梁打印头可以沿上行、下行、前行、后行方向移动，完成坐标体系中横纵向坐标的打印工作，逐层完成对房屋建筑的打印任务。现阶段，基于轮廓工艺的 3D 打印技术可以以水泥混凝土作为基本原料，根据设计方案，经 3D 打印机喷嘴喷射高性能且高密度混凝土原料，逐层打印隔间以及墙体，然后借助于机械式手臂完成房屋建筑的整体构架，整个操作过程可完全由计算机程序控制实现。在 3D 打印过程中，打印头可根据计算机控制程序所发出的相关指令，在指定位置喷射出半流体形态水泥混凝土原料，然后自动弹出喷嘴上附带的泥铲，对所喷射混凝土原料的形状进行规整处理。

2）意大利 3D 打印技术发展现状。意大利同样自 2012 年开始尝试将 3D 打印技术与建筑领域相结合，并成功研发了可以适用于大规模、大型建筑物的 3D 打印机械，该专用机械外部结构类似于铝桁架结构，中部为打印头，结构质量轻，运用灵活，可在实际使用中对 3D 打印机进行拆卸、组装或运输。目前，应用该机械已经可以成功打印出高度在 4m 左右的建筑物，在打印头底部分布有大量的喷嘴，经由喷嘴喷射出镁质黏合物质，然后在镁质黏合物质上通过喷射砂石原料的方式铸成石质固体，从而满足墙体结构稳定性以及可靠性的要求。经打印制成的建筑结构整体质地可靠程度高，类似于大理石材料，相较于混凝土原料下的建筑结构而言性能能更加可靠与稳定。

（2）国内 3D 打印技术发展现状　国家住建部发布《2016—2020 年建筑业信息化发展纲要》，其中规定"积极开展建筑业 3D 打印设备及材料的研究。结合 BIM 技术应用，探索 3D 打印技术运用于建筑部品、构件生产，开展示范应用"。这意味着 3D 打印技术在我国建筑行业的推广应用得到了国家的鼓励和认可。

3D 打印建造是一种全新的建造方式。作为 3D 打印建造的最大亮点就是建筑垃圾再利用，包括工业垃圾、尾矿等。与传统建筑行业相比，3D 打印的建筑不但建材质量可靠，还可节约建筑材料 30%～60%、缩短工程施工工期 50%～70%、减少人工 50%～80%。

3D 打印被称为"具有第四次工业革命意义的制造技术"。此次，3D 打印技术在建筑行业的成功应用，将引领产业加快变革，并不断激发消费潜力，拓展 3D 打印民用市场。

盈创建筑科技有限公司目前已取得多项全球领先的 3D 打印技术以及应用突破。2014 年 5 月，上海市以特殊油墨材料（包括工业垃圾、建筑垃圾、水泥、玻璃纤维材料等），应用 3D 打印技术建设形成了 10 幢 3D 打印建筑。计算机系统处理下以设计图为基本依据，控制 1 台大型 3D 打印机通过层层打印的方式形成建筑整体，建筑物墙体构件为中空形式，内部可填充一定保温材料，从而使建筑物结构具有良好的保温性能。在 3D 打印技术应用过程中，其机械操作与汽车式起重机操作方式基本类似，3D 打印机喷嘴连续挤出条状油墨材料，通过层层堆叠的方式形成墙体。2015 年 1 月，我国成功打印迄今为止世界范围内高度最高的 3D 打印建筑，层高为 5 层，所有建造过程均由 3D 打印技术实现。由于该建筑整体高度高，因此在建造过程中为了能够有效对抗地震荷载以及风力荷载作用力，在 3D 打印过程中在墙体内增加钢筋，同时对空心墙墙体进行了灌实处理，取得了结构可靠与稳定性的制造效果。我国紧跟"工业 4.0"的脚步，政府推出了备受瞩目的"中国制造 2025"，之后又相继出台了不少政策来激励国内的传统制造业转型升级，逐渐向先进制造方向过渡。

（3）3D 打印技术国外工程建设现状　以 3D 打印为代表的"数字化"建造技术崭露头角。"数字化"建造技术有可能改变未来产品的设计、销售和交付用户的方式，使大规模定制和简单的设计成为可能，使建造业实现随时、随地、按不同需要进行生产，并彻底改变自"福特时代"以来的传统建造业形态。3D 打印技术呈现三个方面的发展趋势：打印速度和效率将不断提升；将开发出多样化的 3D 打印材料；3D 打印机价格大幅度下降。

（4）3D 打印技术对比　国内 3D 打印技术目前还处于初级阶段，无法形成规模化生产，国内仍只有少数几家公司进行 3D 打印建筑生产工作和业务。同时，因为 3D 打印机的限制，目前建筑打印无法大批量进行生产，且很少能够进入建筑工地进行直接的打印，大多为构件在工厂打印完毕以后,运送至工地进行拼装和加固,这样会加重运输负担。

在构件的打印过程中,需要预留钢筋及管线铺设的空隙,增加了打印的难度,也容易导致打印完成构件的质量存在问题,无法使用。另外,国内现有 3D 打印建筑的主体结构多为结构的外壳,打印结束后仍需要进行混凝土的浇筑以确保主体的安全及稳定性,所以并不能够一次性将建筑的主体结构打印完毕,增加了工作的重复性。3D 打印材料供给及送料所存在的潜在问题:由于打印材料经打印喷头融化后,不断一层一层凝结而形成构件,因而当材料耗尽,重新加料之后,导致凝结时间不同所形成的打印构件存在分层或断层的问题。

二、3D 打印建造与项目管理创新

1. 3D 打印技术对工程项目管理的影响

(1) 3D 打印技术对工程项目前期策划的影响　传统项目的前期策划主要包括项目的构思、目标以及可行性研究,3D 打印技术的出现,主要是对可行性研究的框架和内容产生了影响。由于 3D 打印技术已经颠覆了传统的施工技术,主要依赖于 3D 打印机及其"油墨"的作用。所以,在厂址选择上,不仅要考虑原材料市场的运输情况、项目的特点等,还要考虑打印机的运输、维护,打印"油墨"对气候环境的要求以及"油墨"制作的地点和过程。对项目的财务评价指标的一些参数也会产生影响,比如投资回收期等。

(2) 3D 打印技术对工程项目招投标过程的影响　传统施工过程一般是业主对建筑设计进行招标,与设计单位签订合同,进行建筑的设计和概算编制,然后通过招标选择施工方,进行项目的建造。由于 3D 打印技术的出现,DB 交付模式则显得更加实用。3D 打印过程主要经历三维建模、切片处理和完成打印三个过程,并且从实践上来看,三维建模的时间要远超过其他两个阶段,并且建模和切片处理紧密相连,如果仍然采用传统的交付模式,则会增加更多的沟通和组织成本,降低整体的效率。

由于技术的改变,投标方主体也有可能会发生一些改变,一些大型的 3D 打印机制造商会更多地参与到项目中来,为整个建造过程提供相应的技术支持。

(3) 3D 打印技术对工程项目进度管理的影响　3D 打印技术对于缩短工期有着重要的意义。传统的对于工程项目进度的控制主要体现在施工阶段,用横道图或时标网络图等来表示整个工程的进度计划。而 3D 打印技术由于其更倾向于设计与打印施工一体化,所以整个工程的进度控制则更倾向于对前期的设计过程控制。由于通过前期建模以及 3D 模型的打印分析,能够及时与业主进行沟通,减少后期打印施工过程中的业主需求改变和设计变更,更有利于缩短工期。据研究,3D 打印技术能缩短 70%左右的工期。

(4) 3D 打印技术对工程项目成本管理的影响　传统工程项目的成本管理主要经历了成本预测、成本计划、成本控制、成本核算分析以及成本考核几个阶段。在进行成本预测和成本计划编制时,3D 打印技术会改变整个成本预测和计划的内容。例如传统的费用组成中,措施项目费包括脚手架工程、模板工程、安全文明施工费等项目。而 3D 打印技术的应用不需要脚手架和模板支撑,所以这些不列入计费项目。而且在施工过程中,由于其过程非常短暂,10 栋建筑只需要 24h,并且过程中环保、节材,所以不需要进行现场临时设施的建设,能相应地减少一些安全文明施工费以及人工费用的支出。据估计,3D 打印建筑能够节约建筑材料 30%左右,节约人工 50%左右,这不仅为投资商提供了新的机遇,而且能够为解决住房需求提供新的思路。

（5）3D打印技术对工程项目质量管理的影响　目前，3D打印技术应用于建筑最大的障碍就是质量问题。3D打印建筑在地方和国家方面还没有具体的标准，因为这是一项新技术，目前只有一些企业标准，这就为3D打印建筑的质量评定造成了困难。同济大学建筑系教授来增祥则对此持怀疑态度，3D打印"油墨"的主要构成成分是高强度等级水泥和玻璃纤维，而某些国家禁止建筑物大量使用玻璃纤维，因为玻璃纤维会影响人体呼吸系统。同时，高强度等级水泥在未来的回收也有困难。

传统的工程质量管理中，设计阶段是影响质量的决定性阶段，而在3D打印建筑中，由于其施工阶段的方法特殊，技术不成熟，所以施工阶段对整个质量管理尤为重要，对材料的选取也直接关系着建筑质量。所以相比于传统的工程质量管理，3D打印建筑的重心应该后移，才能有效控制工程质量。

（6）3D打印技术对工程项目风险管理的影响　风险管理主要是通过风险识别、风险估计和风险评价进行的。由于3D打印建筑颠覆了传统的施工程序，所以对于风险识别变得更加困难。由于3D打印建筑才刚刚起步，参照的案例少，核对表法进行风险识别并不符合现状。对于新兴技术来说本身就存在极大的风险。所以，3D打印技术对风险识别提出了更高的要求和挑战。

3D打印技术应用于建筑还是一个新兴的领域，任何新兴的技术都要经过时间的检验才能沉淀、推广。从目前3D打印建筑的发展来看，它的确是一个跨越式的发明，无论从生产效率、精密度，还是整体的艺术表达能力看，都非传统的建筑施工可及。3D打印技术在建筑领域上的应用很有可能会取代当下传统的建筑技术，甚至将从本质上动摇整个传统建筑学的根基。这也为工程管理的模式提出了新的挑战，一旦3D打印技术成熟并且市场化，那么传统的工程管理模式将会受到巨大的影响。

2. 项目管理创新——BIM+3D打印技术

BIM技术的优势在于它可以贯穿在建筑整个生命周期中，将设计数据、建造信息，维护信息等大量信息保存在信息库中，在建筑整个生命周期中得以重复、便捷地使用。3D打印技术的优势在于制造复杂物品而不增加成本，产品多样化不增加成本，零时间交付，设计空间无限，零技能制造，不占空间，便携制造，材料无限组合，精确的实体复制。运用SWOT方法来分析BIM+3D模式：

（1）BIM+3D的优势

1）定制个性化：未来客户可以在极大程度上根据自己的想法影响建筑的设计。

2）造型奇异化：更多造型奇异的建筑物将被建造出来而不受成本的限制。

3）模型直观化：3D实时打印的建筑模型即使是普通老百姓也能看懂看透。

4）建造绿色化：打印的材料已经开始使用建筑垃圾等废料，建造过程也将大大减少噪声与环境污染，真正实现建造绿色化。

5）成本减少：部件拼装等新型施工方法将减少大量的劳动力，节约人工成本；建造时间的大大缩短也会节约大量的人工成本；建筑材料使用废料将大大减少材料的成本。

（2）BIM+3D的劣势

1）打印机尺寸限制：目前采用的一维打印机与2D打印机的原理一样，当打印大的图案时就需要更大的打印机。所要建造的建筑物越大，前期建造的打印机就要更大，大大增加了建造的前期成本。且若要建设高楼大厦几乎是不可能的。

2）打印材料限制：目前打印材料往往很单一，而且强度限制也很大。因此找到一种轻型坚固的材料，以及使用多种材料建造建筑是 3D 打印技术发展的一大门槛。

（3）BIM+3D 的机遇　住建部印发的《2011—2015 年建筑业信息化发展纲要》中提出，"十二五"期间，基本实现建筑企业信息系统的普及应用，加快建筑信息模型（BIM）、基于网络的协同工作等新技术在工程中的应用。而十八届三中全会开启了中国经济全面深化改革的浪潮，《十三五规划建议》进一步明确指出：创新是引领发展的第一动力。创新必将引领各行各业对旧制度旧技术旧生产方式进行全面改革。建筑行业作为典型的传统行业必将引起重大变革。现今，无论是行业政策、政府监督、市场动向、生产方式，还是新技术，都是面临巨大的创新浪潮。

（4）BIM+3D 的威胁

1）打印机与 BIM 信息的接口程序缺少：目前关于 BIM 技术以及 3D 打印技术存在着法律空白，BIM 技术的设计标准也还未出台。BIM 技术与 3D 打印技术代表着虚拟与现实，应继续出台两者之间统一标准的语言。

2）大众观念难以接受：人对于未知的事物总有一定的抗拒心理。采用 3D 打印技术建造的房子的安全性是中国大众最关心的问题，这对 3D 打印房屋的推广销售造成了很大的阻碍。

（5）BIM+3D 在项目管理各个阶段的推动作用

1）项目设计阶段。项目设计思想的交流更加有效率。BIM 在项目设计初期如果能加上 3D 打印技术，将会使设计思想的交流更有效率。如果采用模型来诠释个人理念，则会清晰得多。但在建筑设计过程中，如果需要制作一个模型，则会消耗大量精力与时间。而 3D 打印技术完美解决了这个问题，使建筑在设计阶段的效率大大地提升。

2）项目施工阶段。目前 3D 打印建筑的施工方法有四种：

第一种是一维全尺寸建造，即建筑与打印机同样程度的体积。这是一种目前最常用的方法。建造方需要建造一个比所建建筑更加巨大的打印机，通过一个或几个喷头将材料一点一点地打印出来。喷出的材料厚度决定了房屋的建造时间与精细程度。这种"一维"打印方式的主要缺陷有两点：耗时长与耗费资金较大。

第二种是液体打印技术。一家名为 Carbon 3D 的公司带来了一种名为"CLIP"的新型 3D 打印技术。"CLIP"技术（无分层液体连续交互生产技术）或液体连续交互生产技术（Continuous Liquid Interface Production），运用液体隔绝空气，加速硬化。当硬化的树脂从树脂池里脱出的时候，新的液体树脂会被注入树脂池。这种新技术优势在于：可实现比现有传统 3D 打印技术快 25～100 倍的打印速度，支持现有多数的高分子材料，保有高精度机械操作细节。

第三种也是应用比较广泛的方法，即打印再组装方法。厂家在工厂室内打印墙体等部件，再运到现场进行拼装。

第四种是离现在比较遥远的群组机器人集合打印装配技术。其核心就是一大群小型机器人协同作业，在三维空间里工作，其人工智能的要求也不高。到时候只需要控制机器人工程师、设计建筑图的设计师以及少量的劳动力，无论多大的建筑项目都可以完成。

参考文献

[1] 陶燕瑜. 建设项目主体行为风险评估与控制[M]. 北京：科学出版社，2015.

[2] WARD S C, CHAPMAN C B. Project risk management: processes, techniques and insights [M]. New York: John Wiley and Sons, 1997.

[3] OZDOGANM I, BIRGONUL M T. A decision support framework for project sponsors in the planning stage of build-operate-transfer projects[J]. Construction Management and Economics, 2000(18): 343-353.

[4] 郭丽强."新兴·都市森林"工程项目风险管理研究[D]. 北京：北京交通大学，2009.

[5] XIANG P C, KONG D P. A new view of construction project risk research: behavioral risk of principal participants in construction project[J]. Construction Economy, 2010(3): 72-75.

[6] AU M C Y, CHAN E H W. Attitudes of contractors and employers towards transfer of a time-related risk in construction contracts [C]. Construction Research Congress 2005: Broadening Perspectives-Proceedings of the Congress, 2005: 691-703.

[7] CHAN E H W, AU M C Y. Building contractors' behavioral pattern in pricing weather risks [J]. International Journal of Project Management, 2007, 25(6): 615-626.

[8] VERMA A. TERPENNY J. Dynamic project management: a principal-agent based approach [C]. Atlanta: Industrial Engineering Research Conference, 2005.

[9] BARNES M. A long term view of project management-its past and its likely future [J]. 16th World Congress on Project Management, 2002(6): 7-9.

[10] CLARKSON M B E. A stakeholder framework for analyzing and evaluating corporate social performance [J]. Academy of Management, 1995, 20(1): 92-117.

[11] 何旭东. 基于利益相关者理论的工程项目主体行为风险管理研究[D]. 徐州：中国矿业大学，2011.

[12] 徐培德，祝江汉. 项目风险分析理论方法及应用[M]. 长沙：国防科技大学出版社，2007.

[13] 许雯. 基于多层次灰色评价法的港口建设项目贷款风险评估[D]. 大连：大连理工大学，2007.

[14] 张存禄，黄培清. 供应链风险管理[M]. 北京：清华大学出版社，2007.

[15] GIBBONS R. A primer in game theory[M]. Essex: Prentice Education Limited, 1992.

[16] 向鹏成，孔得平，刘晨阳. 工程项目主体行为博弈分析[J]. 数学的实践与认识，2009，39（10）：83-89.

[17] 杨文海. 化工建设项目合同风险管理研究[D]. 上海：上海交通大学，2010.

[18] 向鹏成，陆坦. 工程项目风险生成机理探讨[J]. 建筑经济，2011（9）：43-45.

[19] 李娟芳，刘幸. 工程项目主体行为风险预警的物元分析模型[J]. 郑州大学学报（工学版），2012，33（3）：5-9.

[20] 周霞，陈金广. 基于委托代理的企业经理人激励[J]. 华东经济管理，2008，22（4）：104-106.

[21] 王棣华. 论企业内部控制中的文化风险管理[J]. 南京财经大学学报，2008（3）：72-74.

[22] SALTHAMMER T, MENTESE S, MARUTZKY R. Formaldehyde in the indoor environment[J]. Chemical

Reviews, 2010, 110(4): 2536-2572.

[23] NAZAROFF W W, WESCHLER C J. Cleaning products and air fresheners: exposure to primary and secondary air pollutants[J]. Atmospheric Environment, 2004, 38(18): 2841-2865.

[24] 甘露. 建设工程项目风险损失控制理论与实践研究[M]. 成都：西南财经大学出版社，2016.

[25] 范道津，陈伟珂. 风险管理理论与工具[M]. 天津：天津大学出版社，2010.

[26] LI D Y, JIU C Y, DU Y, et al. Artificial intelligence with uncertainty[J].Journal of Software, 2004,15(11): 1583-1594.

[27] 胡军，王国胤. 粗糙集的不确定性度量准则[J]. 模式识别与人工智能，2010，23（5）：606-615.

[28] SAKKA A,S. SAYEGH EL. Float consumption impact on cost and schedule in the construction industry[J]. Journal of Construction Engineering and Management, 2007,133(2): 124-130.

[29] BALLESTLN F. When it is worthwhile to work with the stochastic RCPSP [J]. Journal of Scheduling, 2007, 10(3): 153-166.

[30] ZHU G D, BARD J F, GANG Y. A two-stage stochastic programming approach for project planning with uncertain activity durations[J]. Journal of Scheduling, 2007, 10(3): 167-180.

[31] ASHTIANI R, LEUS B, ARYANEZHAD M. New competitive results for the stochastic resource-constrained project scheduling problem: Exploring the benefits of preprocessing[J]. Journal of Scheduling, 2011, 14(2): 157-171.

[32] TALEIZADEH A, NIAKI S, ARYANEZHAD M. Multi-product multi-constraint inventory control systems with stochastic replenishment and discount under fuzzy purchasing price and holding costs[J]. American Journal of Applied Sciences, 2009, 6(1):1-12.

[33] TALEIZADEH A. NIAKI S, ARYANEZHAD M. Optimising multi-product multi-chance-constraint inventory control system with stochastic period lengths and total discount under fuzzy purchasing price and holding costs[J].International Journal of Systems Science,2010,41(10):1187-1120.

[34] LIU C Z, FAN Y Y, ORDVBNEZ F. A two-stage stochastic programming model for transportation network protection[J]. Computers and Operations Research, 2008, 36(5): 1582-1590.

[35] DUTTA P, CHAKRABORTY D, ROY A. A single-period inventory model with fuzzy random variable demand[J].Mathematical and Computer Modelling, 2005, 41(8): 915-922.

[36] ZHANG Z, XU J P. A mean-semivariance model for stock portfolio selection in fuzzy random environment[R]. New York: IEEE, 2008: 984-988.

[37] SHAPIRO A. Fuzzy random variables[J]. Insurance: Mathematics and Economics,2009,44: 307-314.

[38] XU J P, YAN F, LI S. Vehicle routing optimization with soft time windows in a fuzzy random environment[J]. Transportation Research Part E, 2011, 47(6):1075-1091.

[39] XU J P, ZHANG Z. A fuzzy random resource-constrained scheduling model with multiple projects and its application to a working procedure in a large-scale water conservancy and hydropower construction project [J]. Journal of Scheduling, 2012,15(2):253-272.

[40] BAMDORFF-NIELSEN O E. Econometric analysis of realized volatility and its use in estimating stochastic volatility models [J]. Journal of the Royal Statistical Society, 2002, 64(2): 253-280.

[41] CERMANI A, MANES C, PALUMBO P. State estimation of a class of stochastic variable structure systems[R]. New York: IEEE, 2002: 3027-3032.

[42] LIU Y K, LIU B D. A class of fuzzy random optimization: expected value models[J]. Information Sciences, 2003, 155(1): 89-102.

[43] XU J P, ZENG Z Q, HAN B, et al. A dynamic programming-based particle swarm optimization algorithm for an inventory management problem under uncertainty [J]. Engineering Optimization, 2012, 45(7):851-880.

[44] HOLLNAGEL E, PRUCHNICKI S, WOLTJER R, et al. Analysis of comair flight 5191 with the functional resonance accident model [R]. Sydney: Proceedings of the 8th International Symposium of the Australian Aviation Psychology Association, 2008, 107-114.

[45] SHERIDAN T. Risk, human error and system resilience: fundamental ideas [J]. Human Factors: The Journal of the Human Factors and Ergonomics Society, 2008, 50(3): 418-426.

[46] ZHANG S, JIN H Q, ZHOU X Y. Behavioral portfolio selection with loss control[J]. Acta Mathematica Sinica. 2011, 27(2): 255-274.

[47] SPETH T, CUSSES A. SUMMERS R S. Evaluation of nanofiltration pretreatments for flux loss control [J]. Desalination, 2000, 130(1): 31-44.

[48] 谢亚伟，金德民. 工程项目风险管理与保险[M]. 北京：清华大学出版社，2009.

[49] LEE E, PARK Y, SHIN J. Large engineering project risk management using a bayesian belief network [J]. Expert Systems with Applications, 2008, 36(3): 5880-5887.

[50] KE H, LIU B D. Project scheduling problem with mixed uncertainty of randomness and fuzziness[J]. European Journal of Operational Research, 2006, 183(1): 135-147.

[51] MENDES J, GONCALVES J, RESENDE M. A random key based genetic algorithm for the resource constrained project scheduling problem [J]. Computers and Operations Research, 2007, 36(1): 92-109.

[52] KIM K, CEN M, KIM M. Adaptive genetic algorithms for multi-recource constrained project scheduling problem with multiple modes[J].International Journal of Innovative Computing Information and Control, 2006, 2 (1):41-49.

[53] BANDYOPADHYAY J K. LAWRENCE O J. Six sigma approach to quality assurance in global supply chains: a study of united states automakers[J]. International Journal of Management, 2007, 24(1): 101.

[54] CHIN K. S, CHAN A, YANG J B. Development of a fuzzy FMEA based product design system [J]. International journal of advanced manufacturing technology, 2008, 36: 633-649.

[55] UMANO M, FUKAMI S. Fuzzy relational algebra for possibility distribution-fuzzy-relational model of fuzzy data[J].Journal of Intelligent Information Systems, 1994, 3(1): 7-27.

[56] CHOI J N, OH S K, PEDRYCZ W. Identification of fuzzy relation models using hierarchical fair competition-based parallel genetic algorithms and information granulation [J]. Applied Mathematical Modelling, 2008, 33(6): 2791-2807.

[57] ZHANG H G, et al. A fuzzy self-turning control approach for dynamic systems[R]. Singapore: International conference on automation,robotics and computer vision,1992:612-618.

[58] LIU B D. Uncetainty theory: an introduction to its axiomatic foundations [M]. New York: Springer-Verlag, 2004.

[59] DURRETT R. Probability: theory and examples [M]. Cambridge: Cambridge University Press, 2010.

[60] XU J P, ZHOU X Y. A class of fuzzy expectation multi-objective model with chance constraints based on rough approximation and it's application in allocation problem [J]. Information Sciences, 2013, 238: 75-95.

[61] ZHANG G Q, LU J, DILLON T. Decentralized multi-objective bilevel decision making with fuzzy demands[J]. Knowledge-Based systems, 2007,20(6): 495-507.

[62] GAO Y, ZHANG G Q, LU J, et al. Particle swarm optimization for bilevel pricing problems in supply chains[J]. Journal of Global Optimization, 2011, 51(2): 245-254.

[63] BIANCO L, CARAMIA M, GIORDANI S. A bilevel flow model for hazmat transportation network design[J]. Transportation Research Part C, 2008, 17(2): 175-196.

[64] POLI R, KENNEDY J, BLACKWELL T. Particle swarm optimization [J]. Technological Forecasting and Social Change, 2007, 1 (6):33-57.

[65] VAN DEN BERGH F. ENGELBRECHT A. A cooperative approach to particle swarm optimization [J]. IEEE Transactions on Evolutionary Computation, 2004, 8(3): 225-239.

[66] VENTER G, SOBIESZCZANSKI-SOBIESKI J. Particle swarm optimization [J] AIAA journal, 2003, 41(8): 1583-1589.

[67] UENO G, YASUDA K, IWASAKI N. Robust adaptive particle swarm optimization[R]. New York: IEEE, 2005: 3915-3920.

[68] AI T. Particle swarm optimization for generalized vehicle routing problem[D].Thesis: Asian Institute of Technology, 2008.

[69] FÜSUN, GÖNÜL, SHI M Z. Optimal mailing of catalogs: a new methodology using estimable structural dynamic programming models [J]. Management Science, 2009, 44(9): 1249-1262.

[70] LEENTJE V, ROBERT K. Architect participation in integrated project delivery: the future mainspring of architectural design firms [J]. Gestao&Tecnologia de Projects, 2010, 5(3): 40-57.

[71] LEICHT R M, LEWIS A, RILEY D R, et al. Assessing traits for success individual and team performance man engineering course [C]. Washington: Seattle, Proceedings from the ASCE Construction Research Congress, 2009.

[72] RAHMAN M M, KUMARASWAMY M M. Assembling integrated project teams for joint risk management[J]. Construction Management and Economics, 2005, 23(4): 365-375.

[73] PRASANTA K D. Integrated project evaluation and selection using multiple-attribute decision-making technique [J]. International Journal of Production Economics, 2006, 4(103): 90-103.

[74] 徐韫玺, 王要武, 姚兵. 基于BIM的建设项目IPD协同管理研究[J]. 土木工程学报, 2011, 44（12）: 138-143.

[75] 张东东. 基于BIM与关联数据的IPD项目协同工作平台研究[D]. 北京：清华大学, 2017.

[76] 刘强. 基于云计算的BIM数据集成与管理技术研究[D]. 北京：清华大学, 2017.

[77] HAMZEH F R, BALLARD G, TOMMELEIN I D. Is the Last Planner System applicable to design a case study [C]. Taiwan, Taipei: Proceedings of the 17th Annual Conference of the International Group for Lean Construction , 2009 , 17: 13-18.

[78] LOSTUVALI B, ALVES T C L, MODRICH R. Lean product development at Cathedral Hill hospital project[C]. //Annual Conference of the International Group for Lean Construction (IGLC). 2012.

[79] CHO S, BALLARD G. Last planner and integrated project delivery[J]. Lean Construction Journal, 2011, 7(11): 67-78.

[80] GAN Z X, ZHANG H, WANG J J. Behavior-based intelligent robotic technologies industrial applications[M].

Springer Berlin Heidelberg: Robotic Welding, Intelligence and Automation, 2007.

[81] ZIMINA D, BALLARD G, PASQUIRE C. Target value design: using collaboration and a lean approach to reduce construction cost[J]. Construction Management and Economics, 2012, 30(5): 383-398.

[82] 郭力萌. 基于统计信号处理的时间序列预测模型选择方法研究[D]. 哈尔滨：哈尔滨工业大学，2015.

[83] BALLARD G. Should project budgets be based on worth or cost[C]. San Diego, CA: International conference of the international group for lean construction. 2012.

[84] SINGER D J, DOERRY N, BUCKLEY M E. What is set-based design[J]. Naval Engineers Journal, 2010, 121(4): 31-43.

[85] 余芳强. 面向建筑全生命期的 BIM 构建与应用技术研究[D]. 北京：清华大学，2014.

[86] 韩路跃，杜行检. 基于 MATLAB 的时间序列建模与预测[J]. 计算机仿真，2005，22（4）：105-107.

[87] 王德明，王莉，张广明. 基于遗传 BP 神经网络的短期风速预测模型[J]. 浙江大学学报（工学版），2012，46（5）：837-841.

[88] 徐斌. 从 WHO 的健康定义到安康（wellness）运动：健康维度的发展[J]. 医学与哲学，2001，22（6）：53-55.

[89] 耿世彬，杨家宝. 室内空气品质及相关研究[J]. 建筑热能通风空调，2001（2）：29-33.

[90] LIU G L, XIAO M X, ZHANG X X, et al. A review of air filtration technologies for sustainable and healthy building ventilation[J]. Sustainable Cities and Society, 2017, 32: 375-396.

[91] MAO P, QI J, TAN Y T, et al. An examination of factors affecting healthy building: an empirical study in east china[J]. Journal of Cleaner Production. 2017, 162: 1266-1274.

[92] TODOROVIC M S, KIM J T. Beyond the science and art of the healthy buildings daylighting dynamic control's performance prediction and validation[J]. Energy and Buildings, 2012, 46: 159-166.

[93] MOHTASHAMI N, MAHDAVINEJAD M, BEMANIAN M. Contribution of city prosperity to decisions on healthy building design: a case study of Tehran[J]. Frontiers of Architectural Research, 2016, 5(3):319-331.

[94] 孟冲. 国内健康建筑的评价和认证[J]. 建设科技，2017（2）：60-62.

[95] 王清勤，范东叶，李国柱，等. 住宅通风的现状、标准、技术和问题思考[J]. 建筑科学，2018，34（2）：89-93.

[96] 王清勤，李国柱，孟冲，等. 室外细颗粒物（$PM_{2.5}$）建筑围护结构穿透及被动控制措施[J]. 暖通空调，2015，45（12）：8-13.

[97] 王清勤，李国柱，赵力，等. 建筑室内细颗粒物（$PM_{2.5}$）污染现状、控制技术与标准[J]. 暖通空调，2016，46（2）：1-7.

[98] 徐双，王印，唐玉环. 一起水污染引发的感染性腹泻调查[J]. 预防医学论坛，2016，22（5）：380-381.

[99] 李培祥. 世界卫生组织定义：健康住宅十五大标准[J]. 中国社会医学杂志，2006（1）：18.

[100] 张华祝. 世界卫生组织定义健康住宅十五大标准[J]. 核工业勘察设计，2004（3）：21.

[101] 王清勤，孟冲，李国柱. 健康建筑的发展需求与展望[J]. 暖通空调，2017，47（7）：32-35.

[102] 王清勤，孟冲，李国柱. T/ASC 02—2016《健康建筑评价标准》编制介绍[J]. 建筑科学，2017，33（2）：163-166.

[103] 李久林，等. 智慧建造关键技术与工程应用[M]. 北京：中国建筑工业出版社，2017.

[104] 中国建筑业协会工程项目管理专业委员会. 建筑产业现代化背景下新型建造方式与项目管理创新研究[M]. 北京：中国建筑工业出版社，2018.

[105] 李久林. 大型施工总承包工程 BIM 技术研究与应用[M]. 北京：中国建筑工业出版社，2014.

[106] 李久林，魏来，王勇，等. 智慧建造理论与实践[M]. 北京：中国建筑工业出版社，2015.

[107] ALFARO S, DREWS P. Intelligent systems for welding process automation[J]. Mechanical Science and Engineering, 2006, 28(1): 25-29.

[108] 张弘，韩冬辰，国萃. 从 CIBIS 到 BIPIS：基于信息物理交互的建筑行业运作模式变革思考[J]. 新建筑，2017（2）：15-18.

[109] 陈昕.《中国建筑施工行业信息化发展报告（2017）智慧工地应用与发展》介绍[J]. 中国建设信息化，2017（14）：48-49.

[110] 李永奎. 建设工程生命周期信息管理（BLM）的理论与实现方法研究：组织、过程、信息与系统集成[D]. 上海：同济大学，2007.

[111] 张志伟，等. 基于 BIM 的水电工程全生命期管理平台架构研究[C]. //中国图学学会 BIM 专业委员会. 第二届全国 BIM 学术会议论文集. 北京：中国图学学会 BIM 专业委员会，2016.

[112] 林佳瑞. 面向产业化的绿色住宅全生命期管理技术与平台[D]. 北京：清华大学，2016.

[113] 陈沙龙. 基于 BIM 的建设项目 IPD 模式应用研究[D]. 重庆：重庆大学，2013.

[114] KENT D C, BECERIK-GERBER B. Understanding construction industry experience and attitudes toward integrated project delivery [J]. Journal of Construction Engineering and Management, 2010, 136(8):815-825.

[115] 中华人民共和国住房和城乡建设部. 建筑信息模型施工应用标准：GB/T 51235—2017[S]. 北京：中国建筑工业出版社，2017.